KB009192

新 프랑스 왕과 왕비

왕과 왕비, 총희들의 불꽃 같은 생애

김복래

한국외국어대학교 불어과를 졸업하고 프랑스의 파리 제1대학교와 제4대학교(소르본대학교)에서 석사 및 박사학위를 받았다. 현재 안동대학교 교수로 재직하며 유럽 문화와 유럽 경제를 연구하고 있다. 《프랑스 문화예술, 악의 꽃에서 샤넬 No.5까지》, 《재미있는 파리 역사 산책》, 《프랑스사》, 《프랑스 왕과 왕비》, 《속속들이 이해하는 서양생활사》, 《프랑스 식도락과 문화정체성》, 《명화들이 말해주는 그림 속 서양 생활사》, 《명화들이 말해주는 그림 속 여성 이야기》, 《낭만적인 프랑스 뮈제 산책》, 《프랑스역사 다이제스트 100》 등이 있고 역서로 《조각난 역사》가 있다.

新 프랑스 왕과 왕비

왕과 왕비, 총희들의 불꽃 같은 생애

2021년 6월 1일 초판 인쇄
2021년 6월 10일 초판 발행

지은이   김복래
펴낸이   이찬규
펴낸곳   북코리아
등록번호 제03-01240호
주소   13209 경기도 성남시 중원구 사기막골로 45번길 14
          우림2차 A동 1007호
전화   02-704-7840
팩스   02-704-7848
이메일   sunhaksa@korea.com
홈페이지 www.북코리아.kr
ISBN   978-89-6324-770-0(03920)

값 25,000원

* 본서의 무단복제를 금하며, 잘못된 책은 바꾸어 드립니다.

프랑스 왕과 왕비

왕과 왕비, 총희들의 불꽃 같은 생애

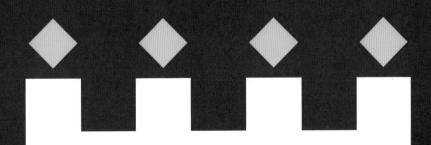

김복래 지음

북코
리아

프롤로그: 왕과 성사, 그리고 권력

프랑스는 권력의 상징인 대관식couronnement을 완벽하게 거행했던 서유럽의 유일한 국가 중 하나다. 오늘날 프랑스 공화국 대통령이 사망했을 경우 파리의 노트르담 대성당에서 거행되는 장대한 의식은 이제는 사라진 구舊왕국의 유서 깊은 행사를 그대로 본뜬 것에 지나지 않는다. 그러나 대관식에서 가장 중요한 의식은 대관식 그 자체가 아니라 바로 '축성식'sacre 이다. 즉, 왕의 몸에 신성한 기름을 바르는 도유식onction을 가리킨다. 그 것이 바로 군주의 머리 위에 관을 올려놓는 단순한 대관식과 프랑스 왕들의 축성식을 명확하게 구분 짓는 것이다. 프랑스에서 최초로 축성식을 거행했던 국왕은 바로 샤를마뉴 대제의 아버지 소 피핀Pépin le Bref(714-768)이다.[1] 752년 3월에 그는 최초로 수아송에서 일명 '독일의 사도'로 불렸던 보니파키우스 대주교Boniface(675-754)로부터 축성을 받았고, 754년 1월 28일 생-드니Saint-Denis 성당에서 교황 스테파노 2세Stefano II(?-757)로부터 두 번째 축성을 받았다.

816년 10월 랭스의 노트르담 성당에서 축성 및 대관식을 거행했던 최초의 국왕은 바로 경건한 루이 1세Louis I(778-840)다. 이 경건한 루이의 축성

---

1 불어식 발음으로는 페팽이다.

생-드니에서 교황 스테파노 2세로부터 축성을 받는 소 피핀과 이를 지켜보는 두 아들과 왕비의 모습을 그렸다. 프랑스 화가 뒤부아 프랑수아Dubois François(1790-1871)의 작품(1837)

식은 모든 프랑크인들의 첫 번째 국왕 클로비스Clovis I(466-511)의 유명한 세례식(496)을 연결시켜주는 중대한 사건이다. 이후 프랑스 국왕들은 그들의 시조 클로비스가 랭스 주교 레미기우스Remigius(437-533)로부터 세례를 받았던 것처럼 랭스 주교에 의해 거룩한 축성을 받았다. 거의 천 년 동안 33명의 군주들이 유서 깊은 랭스의 성당에서 축성식을 거행했으며, "영국왕과 같은 조건으로 왕을 하느니 차라리 숲에서 도끼질을 하는 것이 낫다"던 부르봉 왕가의 불운한 국왕 샤를 10세Charles X(1757-1836)의 축성식(1825)이 마지막이 되었다.

이러한 축성식은 국왕을 나머지 속인들 위에 존재하는 신성한 인물로 고양시킨다. 축성을 받은 국왕은 기적을 일으키는 왕으로도 널리 알려져 있다. 그래서 프랑스 국왕은 연주창을 잘 고치기로 유명했다. "국왕

新 프랑스 왕과 왕비

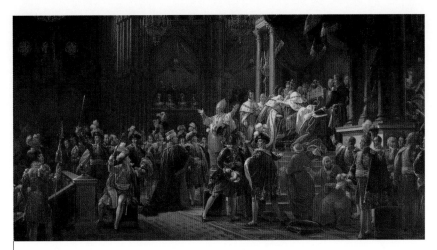

샤를 10세의 축성식. 신권에 입각한 구 절대왕정에 대한 향수에 푹 젖은 완고한 샤를 10세는 혁명의 유산을 말끔히 지우기를 원했고 앙시앵 레짐(구제도)의 의식을 완벽하게 복원하기를 갈망했다

이 너를 만지면 신이 너를 낫게 하리라." 이처럼 신성한 국왕의 지위는 프랑스 왕권을 신성불가침으로 만들었다. 그리하여 국왕에게 가하는 모든 공격은 가장 중범죄로 다스려졌다. 앙리 3세, 앙리 4세를 죽인 국왕시해범의 말로는 혹독하고 잔인하기 이를 데 없었다. 근대에 이르러 '왕가의 피'에 대한 신학이론이 발달했다. 국왕이 사망하면 곧 상속자가 국왕이 된다. 이는 사법이 공법에 적용되는 것과 마찬가지다. 곧 "죽은 자가 산 자를 잡는다"Le mort saisit le vif. 결국 이러한 논리는 "국왕이 서거했다. 국왕 만세"Le roi est mort, vive le roi라는 유명한 문구를 탄생시켰다.

중세시대부터 절대주의시대에 이르기까지 유럽의 가장 대표적인 왕가였던 카페, 발루아, 부르봉 가계의 프랑스 왕과 왕비, 그리고 총비들의 생애를 살펴보기로 한다. 시계의 바늘을 돌려 자유, 평등, 우애를 표방하는 공화국 이전의 프랑스, 그 신성한 왕국의 세계로 돌아가보자.

차례

중세시대

"모든 사람들이 신을 믿고 교회가 통치하던 시대가 있었다. 우리는 그 시대를 '암흑기'라고 부른다."
– 미국 작가 리처드 레더러Richard Lederer(1938-)

1 우울하고 지각 없는 국왕 루이 7세

카페 왕조의 6번째 국왕(재위: 1137~1180)

프랑스의 중세사에서 루이 7세Louis VII(1120-1180)는 무시를 당하는 경향이 있다. 그는 영국 플란타지네트Plantage-net(1154-1485) 왕가를 매우 극적으로 키워 준 어리석은 군주로 평가받는다. 원래 성직자의 길을 가려고 했던 그는 만형의 갑작스러운 죽음으로 인해 정략혼을 하게 되었고, 후계자도 없이 거의 30년 동안 자신의 왕국을 통치했다. 비록 역사는 루이를 정치적 이력보다는 교회와의 관계를 더욱 중시하고 경건한 신앙심에만 매달린 나약한 국왕으로 기억하고 있지만, 그는 나름대로 국내외적인 난관들을 극복해 나가려고 노력을 기울였다.

벨기에 화가 앙리 드케뉴Henri Decaisne(1799-1852)의 〈루이 7세〉(1837)

13

루이 국왕이 되다

프랑스 역사화가 메리-조제프 브롱델Merry-Joseph Blondel(1781-1853)이 그린 뚱보왕 루이 6세의 초상화(1837)

루이는 1120년에 뚱보왕 루이 6세Louis VI(1081-1137)의 둘째 아들로 태어났다. 카페 왕가의 5번째 군주인 그의 부친은 오만불손한 귀족들을 억제하고 왕가의 권위를 반석에 세우고자 노력했던 최초의 군주였다. 기골이 장대한 거인이었던 그는 자신의 신체적 힘을 무척 자랑스러워했고 전투에서는 놀라운 용기를 발휘했다. 그는 35세가 되었을 때 친구와 주교들의 강권에 떠밀려서 교황 갈리스토 2세 Callistus II(1065-1124)의 질녀인 아델라이드 드 사부아Adélaïde de Savoie(1902-1154)와 두 번째로 혼인했다.[1] 그녀는 워낙 못생기기로 유명했지만 매우 독실하고 사려 깊은 여성이었다. 아델라이드는 도합 아들

6명, 딸 3명을 낳았다.[2] 국왕 루이는 과식을 해서 그의 부친과 마찬가지로 뚱보가 되었고, 46세가 되었을 무렵에는 너무 과체중이라서 말에 오를 수조차 없었다. 그는 자신의 서글픈 운명을 이렇게 탄식했다. "나의 경험과 힘을 누릴 수가 없다니 현재 나의 조건은 얼마나 비참한가!" 그는 결국 56세에 이질로 사망했다. 그의 절친인 쉬제Suger(1081-1151) 수도원장에 따

1   그는 왕이 되기 전에 뤼시엔 드 로슈포르Lucienne de Rochefort(1088-1137)란 여성과 혼인했지만, 3년 후 '근친혼'이라는 이유로 이 결혼은 무효화되었고 둘 사이에 자식은 단 한 명도 없었다.
2   국왕이 사망한 후 아델라이드는 다시 재혼해서 딸을 하나 낳았다.

필리프의 낙마사프랑스 대연대기(1332-1350)의 채색삽화

루이 7세와 알리에노르 다키텐의 결혼식

르면 그는 다음과 같은 유언을 남겼다. "성직자와 빈민들, 그리고 아비 없는 아이들을 보호하라. 그리고 모든 사람을 공정하게 대하라!"

차남 루이는 애당초 왕위를 물려받을 운명이 아니었기 때문에 파리의 노트르담 학교에서 성직자가 되는 교육을 받았다. 그런데 갑자기 그의 형 필리프 드 프랑스Philippe de France(1116-1131)가 사망하는 바람에 그는 11세에 왕세자로 책봉되었다. 1131년 10월 13일 벡생Vexin의 영주들을 물리치기 위해 왕실의 군대가 집합했을 때의 일이다. 당시 필리프는 말을 타고 파리의 거리를 지나고 있었는데, 갑자기 어디선가 나타난 돼지 한 마리가 왕세자가 탄 말을 향해서 미친듯이 달려들었다. 그러자 놀란 말이 뒷발로 벌떡 일어서는 바람에 그는 말에서 굴러 떨어져 바닥에 "쿵" 하고 세차게 던져졌다. 인근의 저택으로 즉시 옮겨졌지만 15세의 소년은 숨을 거두고 말았다. 이 불행한 낙상사건 이후로 중세 파리의 거리에서는 돼지들이 더 이상 마음대로 배회할 수가 없게 되었다고 한다.

프랑스 화가 장-밥티스트 모자이스Jean-Baptiste Mauzaisse(1784-1844)가 그린 루이 7세의
대관식(1840). 루이 7세는 성기聖旗를 든 채 무릎을 꿇은 자세로 있고, 알리에노르 역시
기도하는 자세를 취하고 있다

　　1137년에 루이는 아키텐의 공녀인 알리에노르 다키텐Aliénor d'Aqui-
taine(1122-1204)과 보르도의 생 탕트레Saint-André교회에서 세기의 혼인식을
거행했다. 그는 17세였고 꽃다운 신부 알리에노르는 15세였다. 그해에 부
친이 사망하자 대관식이 거행되었다. 신앙심이 매우 깊은 루이는 즉위 초
부터 단순하고 검소한 생활을 영위하기로 유명했다. 그는 자신의 부친과
마찬가지로 쉬제 수도원장과 매우 긴밀하고 우호적인 관계를 유지하는
동시에 교회에 대항해서 왕권 강화를 추진했던 카페 왕조(987-1328)의 전
통을 고수했다. 프랑스의 양대 권력인 왕정과 교회는 토지와 부의 장악을
위해 끊임없이 권력투쟁을 벌였고, 루이는 주교가 죽거나 부재한 교구를

장악함으로써 자신의 왕권을 강화시켜 나갔다. 샹파뉴 백작 티보 드 블루아Thibaut de Blois(1090/1095-1152)와 분쟁이 생겼을 때 국왕은 분노를 이기지 못하고 1,300명의 마을 주민들이 피신해 있던 비트리Vitry 성당을 고의적으로 방화하는 참사를 저질렀다.[3] 여기에 대한 죄책감에 시달리던 심약한 국왕은 속죄의 수단으로 제2차 십자군 원정(1147~1149)에 오르게 된다. 교황 에우제니우스 3세Eugenius III(1080-1153)의 요청에 따라 그는 1145년 부르주 성당의 성탄 미사 때 제2차 십자군 원정의 참가를 결심했다. 교회로부터, 특히 시토회의 설립자인 수도승 베르나르 드 클레르보Bernard de Clairvaux(1090-1153)의 강력한 지지를 받았던 루이는 쉬제 수도원장에게 잠시 권력을 이양한 채, 왕비 알리에노르를 대동하고 원정길에 올랐다.

두 번이나 왕비였던 여자 알리에노르 다키텐

12세기는 프랑스와 영국 간의 분쟁으로 특징지어지는데, 알리에노르 다키텐이란 유력한 여성이 이 분쟁의 중심 속에 있었다고 해도 과언은 아니다. 11세기에 아키텐의 공작들은 매우 강력한 영주들이었다. 그들은 프랑스 왕국에 대항하여 상대적인 독립을 유지하고 있었다. 아키텐 공작 기욤 10세Guillaume X가 사망했을 때 유일한 상속자인 알리에노르는 아키텐의 공비가 되어 프랑스 남서부의 전 지역을 다스리게 되었다. 프랑스 국왕보다 훨씬 더 돈이 많았던 부유한 상속녀 알리에노르는 1137년에 왕세자 루

---

3   왕비 알리에노르의 동생 페트로니이 다키텐Pétronille d'Aquitaine(1125-1152)의 부적절한 혼사문제로 분쟁에 휘말린 국왕 루이와 샹파뉴 백은 거의 2년간(1142~1144) 전쟁에 돌입했다. 샹파뉴 지방을 점령한 왕실군대가 비트리-르-프랑수아Vitry-le-François를 함락시킨 후 루이는 고의적으로 교회를 방화해서 무고한 민간인들을 많이 죽였다.

영국 왕 헨리 2세Henry II(1133-1189)

이와 정략혼을 했고, 루이가 프랑스 국왕이 되자 자동적으로 프랑스 왕비가 되었다. 그러나 십자군 원정 이후로 두 사람의 사이는 악화되었고 결국 이혼(결혼의 무효화)의 수순을 밟게 되었다. 이제 프랑스는 아키텐 공국의 지원을 잃게 된 셈이었다. 1152년 5월 18일 알리에노르는 플란타지네트 왕가의 헨리, 즉 미래의 영국 국왕 헨리 2세Henry II(1133-1189)와 서둘러 재혼했다. 알리에노르의 이 두 번째 결혼은 프랑스와 영국의 권력관계에 상당한 변화를 가져왔다. 이제 영국 왕의 권력이 아키텐을 장악하게 되어 대륙에서의 섬나라 영국의 위상을 미증유로 강화시켜 주었고, 이런 현상은 거의 3세기 동안이나 지속되었다. 그렇다면 부부가 나란히 동반했던 십자군 원정 당시에 과연 무슨 일이 일어났던 것일까?

독일의 콘라드 3세(1093/1094-1152)도 역시 이 십자군 원정에 참가했다. 그러나 비잔틴 제국의 황제 마누일 1세 콤니노스Manuel I Komne-nos(1118-1180)의 적대적인 환대에다 프랑스와 독일의 끊임없는 알력으로 인해 원정길은 매우 순탄치 못했다. 1148년 다마스커스에서의 패배 이후 콘라드 3세는 독일로 돌아갔지만 성지 방문을 결심했던 루이는 그대로 남아있었다. 그리고 부부 사이에는 내적인 긴장감이 감돌았다. 그들이 현 터키의 남부도시 안티오크에[4] 머무를 무렵 알리에노르는 자신의 막내 삼촌인 레이몽 드 푸아티에Raymond de Poitiers(1115-1149)와 부적절한 관계를

---

4   터키어로는 안타키아Antakya다.

안티오크에서 루이 7세를 맞이하는 레이몽(왼쪽)

가졌다는 좋지 않은 소문이 돌았다. 고대 페니키아의 항구 도시 티레Tyre
의 대주교 윌리엄William of Tyre(1130-1186)에 의하면,[5] 레이몽은 지상의 군주
들 중에서 가장 잘생겼으며, 키가 크고 우아한 데다 매력적인 화술의 주
인공이었다. 무기도 잘 다루고 전쟁 경험도 풍부했으며 비록 본인이 글을
읽거나 쓸 줄은 몰랐지만 문예의 보호자였다. 교회도 잘 나가고 10년 연
상의 부인 콩스탕스Constance de Hauteville(1127-1163)에게도[6] 매우 충실한 남
편이었던 레이몽은 프랑스 국왕 루이에게 십자군 원정 시에 부디 안티오
크를 방문해 달라는 요청의 편지를 보냈다. 그는 프랑스 왕비 알리에노

5 　　불어로는 기욤 드 티르Guillaume de Tyr다.

6 　　콩스탕스 드 오트빌은 안티오크 공국의 유일한 상속녀였다.

영국화가 프레데릭 샌디스Frederick Sandys(1829–1904)가 그린 알리에노르 다키텐의 초상화(1858)

르가 자신의 질녀였기 때문에 국왕으로부터 많은 도움을 받을 수 있으리라고 잔뜩 기대했다. 레이몽이 도움을 청하는 편지를 보냈을 때 그는 엄청 값비싼 선물을 '뇌물'로 바쳤다고 한다.

레이몽은 알리에노르가 루이에게 강력한 영향력을 행사해서, 루이가 자신과 함께 안티오크의 안전에 상당한 위협이 되는 알레포 도시를[7] 공격해 주기를 기대했다. 그러나 루이는 이를 거절했다. 알리에노르는 삼촌의 편을 들었고 심지어 상대적으로 만만한 남편 루이를 겁박했다. 그녀는 벌써 그때부터 루이와 헤어질 결심을 굳히고 있었는지도 모른다. 당시 삼촌과 질녀의 관계는 너무도 친밀해서 티레의 주교 윌리엄은 둘 사이에 육체적 관계가 있었을 것이라는 암시를 했을 정도였다. 그동안 많은 사가들이 두 사람이 과연 근친상간의 관계였는지에 대하여 논의를 거듭했지만 진실은 아마도 당사자인 두 사람만이 알 것이다. 티레 주교에 의하면 알리에노르는 매우 '무분별한' 여성이었다. 그녀는 왕비로서의 모든 덕목

---

7   시리아 서북부 도시 알레포는 고대로부터 아시아와 유럽 간의 교역상의 요지였다.

을 저버린 데다 신성한 결혼의 유대를 망각했다. 그러나 '안티오크의 검은 전설'이라는 그 유명한 사건이 발생했을 당시에 티레 주교의 나이는 겨우 18세에 불과했고, 그는 프랑스 국왕을 적극 옹호하는 입장에서 연대기를 기술했다. 어쨌든 알리에노르는 한밤중에 거의 반강제적으로 안티오크를 떠나게 되었다. 국왕의 명을 따르지 않고 끝까지 안티오크에 남으려는 알리에노르의 반항적인 태도는 소심하고 우울한 성격의 루이를 무척 화나게 했다. 그러나 국왕은 쉬제 원장으로부터 "왕비에 대한 원한을 숨기라!"는 충고의 서신을 받았다. 아키텐 공국의 엄청난 부와 권력, 그리고 위신 때문에 프랑스로 귀국하기 전까지는 알리에노르를 꼭 잡아두라는 충고를 받았던 것이다. 주변의 사라센인들로부터 안티오크를 지키느라 정신이 없었던 삼촌 레이몽도 프

알리에노르의 이혼

랑스 국왕의 일행을 만류하지는 않았다. 이 불미스러운 사건 이후로 레이몽과 알리에노르는 더 이상 만나지 못했다. 레이몽은 바로 그해 1149년의 이나브Inab 전투에서 싸우다가 죽었다. 그는 살라딘의 삼촌인 시르쿠Shirkuh 대장에 의해 목이 잘렸고, 방부처리된 그의 머리는 은 상자에 담겨서 바그다드의 칼리프에게[8] 선물로 보내졌다. 아마도 알리에노르는 프

8   과거 이슬람 국가의 통치자를 가리키던 칭호

랑스로 귀국하던 도중에 삼촌의 불행한 죽음에 관한 소식을 늘었으리라. 그녀의 반응은 역사에 기록되어있지 않지만 자신의 친정아버지의 유일한 혈육인 삼촌의 죽음은 대단한 충격이었을 것이다. 만일 루이가 프랑스 국익에는 별로 도움이 되지 않았겠지만 레이몽의 부탁을 받아들여 그의 군대를 빌려주었다면 어쩌면 레이몽은 살아남았을지도 모른다. 레이몽의 10년 연상의 미망인 콩스탕스는 성지에 남도록 선택된 루이의 측근이자 악명 높은 프랑스의 용병기사인 레이노 드 샤티옹Raynald de Châtillon(1125-1187)과 울며 겨자 먹기로(?) 다시 재혼했다. 그러나 그도 역시 레이몽과 똑같이 목이 잘린 채 생애를 마감했다. 처참한 하틴 전투에서 그는 살라딘에 의해 참수를 당했다![9]

프랑스 군대가 전진해야 될 시기에 알리에노르는 남편 루이의 의사에 반해 그대로 안티오크에 남아있겠노라며 당돌한 선언을 했다. 그 당시에는 상상하기 어려운 반항의 행위였다. 알리에노르는 루이의 부하들에 의해 강제로 일행에 합류하기는 했지만 부부 사이에는 치유되기 어려운 장벽이 생겼다. 루이는 십자군의 완결을 시도했지만 쉬제의 요청에 따라 1149년 프랑스로 귀국했다. 제2차 십자군 원정은 재정적·정치적인 실패로 끝났다. 귀국한 국왕 부부는 계속 불화를 일으켰다. 사실상 시작부터 둘은 문제가 있었다.

일찍이 성직자가 되기를 원했던 국왕은 '종교형' 인간이었던 반면에 프랑스 남부 출신의 열정적이고 자유분방한 기질의 알리에노르는 항상 궁정생활의 중심이 되기를 원했고 권력에 대한 의지도 남달랐다. 그녀는 댄스, 음악과 문학에도 상당한 재능이 있었으며 승마와 사냥에 대한 훈

---

9   1187년 7월 4일 십자군 기 드 루지냥Guy de Lusignan(1150-1194)이 다스리던 예루살렘 왕국과 살라딘이 다스리던 이슬람 아유브 왕조 간의 전쟁으로 아유브 왕조가 승리했다.

런도 받았다. 알리에노르는 라틴어 외에도 여러 개 언어를 구사할 줄 알았지만 그녀의 모국어는 푸아투 지방의 방언이었다. 현격한 성격 차이에도 불구하고 침울한 성격의 루이는 화려하고 세속적이며 지성적인 미모의 신부를 미친 듯이 사랑했다. 그렇지만 두 사람 사이에는 무엇보다 남자 상속자가 없었기 때문에 그것이 결국은 문제를 야기했다. 두 사람은 두 명의 딸을 두었다. 장녀인 마리 드 프랑스Marie de

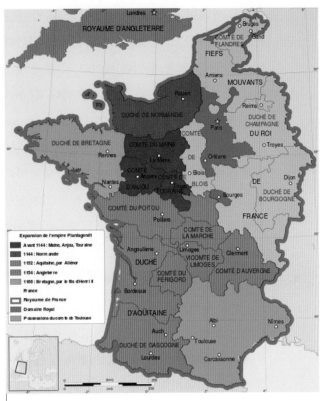

지도에서 붉은색은 영국의 영역을 표시하고 푸른색은 프랑스 영역을 표시한다. 파리를 중심으로 한 푸른색이 프랑스 왕령이며, 하늘색은 툴르즈 백의 영역이다

France(1145-1198)는 문제의 십자군 원정 전인 1145년에 태어났고, 둘째 딸 알릭스 드 프랑스Alix de France(1151-1198)는 원정 후에 왕국의 안위를 염려하는 주교들의 열성 어린(?) 중재에 의한 '합방'으로 1150년에 태어났지만 부부는 이제 더 이상 같이 살 수가 없었다. 이혼을 먼저 요구한 이는 루이가 아니라 알리에노르였다. 결국 루이는 주변에 떠밀려서 1152년에 '근친혼'이라는 이유를 내세워 보장시Beaugency 공의회에서 결혼의 '무효화'를 주선했다. 여기서 결혼의 '무효화'란 결과적으로는 이혼이지만, 원래 "하

나님이 짝지어 준 것을 사람이 나눌 수 없다"는 성서의 구절에 따라 아예 혼인했던 사실 그 자체를 백지화시키는 것이다.

알리에노르는 루이와 헤어진 지 불과 몇 달이 안 돼서 11세나 연하의 영국 왕자 헨리와 보란 듯이 재혼했다. 앙주 백작인 헨리는 프랑스의 최대 지주인 데다, 영국 왕 스티븐Stephen(1092/1096-1154)의 장남 유스타스 4세 Eustace IV(1127/1135-1153)의 사망으로 영국 왕위의 계승자가 되었다. 알리에노르와 헨리의 결합은 아키텐, 앙주, 노르망디 등 엄청난 영토를 형성함으로써 권력의 역학에 커다란 변화를 가져왔다. 그리하여 프랑스 왕국은 앙주 백작이 소유한 땅에 의해 둘러싸이게 되었고 프랑스 영토는 거의 반이나 줄게 되었다. 이렇게 프랑스 내에서 영국의 힘이 커지자 프랑스 상속자의 필요성은 더욱더 절박해졌다.

프랑스에서는 자기네 국왕을 차버리고 그것도 하필이면 프랑스와 앙숙이던 영국 왕 헨리한테 시집가버린 알리에노르를 혐오하는 자들이 부지기수였지만, 알리에노르는 결코 정략혼의 희생물이 아니라 남성우위의 사회에서 독자적인 삶을 영위할 수 있었던 비범한 여성이었다. 그 이유는 그녀가 단지 부와 권력뿐만 아니라, 그것을 부릴 줄 아는 명석한 두뇌를 갖고 태어났기 때문이다. 비록 인생의 대부분을 두 남편의 왕국에서 살았지만 그녀는 여전히 아키텐 공령의 남작들, 즉 그녀의 선친을 섬겼던 충성스러운 부하들의 절대적인 지지와 비호를 받고 있었다. 이 아키텐의 남작들은 알리에노르가 첫 번째 남편 루이와 함께 제2차 십자군 원정에 참여했을 때도 예루살렘의 성지까지 그녀를 수행했다. 또한 여자주군 알리에노르에 대한 그들의 충성서약은 국왕 루이와의 결혼이 백지화된 후에도 변함없이 유지되었다. 불과 몇달 만에 그녀가 헨리와 재혼했을 때도 그녀의 기사들은 알리에노르에게 충성을 다했다. 이러한 기사들의 충성심 덕분에 알리에노르는 남성세계에서 자신의 정치적 권력과 힘을 유지할 수가 있었다. 특히 그녀는 교육방면에서는 자신의 두 남편을 모두 능가했다. 그녀는 외교, 예술, 역사, 언어 등 다방면으로 교육을 받았고, 또 여러 개의 외국어도 자유자재로 구사할 수 있었다. 알리에노르는 수세기 동안 교회의 그늘에 가려져 있던 중세 암흑기의 예술과 문화를 부흥시켰다. 오늘날 비록 그녀가 남긴 글이 하나도 남아있지 않지만, 알리에노르는 '궁정식 연애'amour courtois에[10] 관한 시나 서한을 쓰는 등 교회가 보기에는 매우 사악하고 조야한 취미를 지니고 있었다. 그녀는 아더 왕과 카메롯의 전설을 수호하는 여성 후원자의 역할도 담당했다. 그녀는 실로 '유럽의 할머니'라 불릴 만하다. 오늘날까지도 알리에노르의 후손들이 유럽 각지에서 왕위를 지키고 있으며, 물론 우여곡절이 있었지만 십자군 원

영국화가 에드먼드 레이턴(1852-1922)의 〈기사서임식〉(1901). 이 아름다운 귀족 여성이 알리에노르란 설이 있다

정에서도 그녀는 중요한 인물로 평가받고 있다. 그녀가 프랑스와 영국에 전파했던 궁정문화는 아직도 살아있으며, 그녀는 가장 무자비하면서도 사랑받는 여자군주로서 사람들의 뇌리 속에 기억되고 있다.

10   궁정연애는 중세 유럽 궁정문학의 근간을 이루는 연애관이다. 기사도적 사랑이라고도 하며, 로맨스라는 말이 여기서 비롯되었다.

상속자의 탄생

필리프 오귀스트의 탄생,《프랑스 대연대기》중에서

1154년에 루이는 콩스탕스 드 카스티유Constance de Castile(1136/1140-1160)와 혼인했다. 동년에 스티븐이 사망했고 헨리는 헨리 2세로 영국 왕에 즉위했다. 그러자 루이는 영국 왕의 권력과 싸울 만한 재원이 딱히 없었음에도 불구하고, 헨리에 대항해서 방어적인 태도를 취했다. 1160년에 그의 두 번째 부인 콩스탕스가 둘째 아이를 낳다가 죽었다. 루이는 근친혼이란 이유로 전처인 알리에노르와의 결혼을 무효화시켰지만 콩스탕스는 오히려 그와 더욱 가까운 근친에 속했다. 아들에 대한 절망적인 바람에서 루이는 그녀가 죽은 지 겨우 5주 만에 블루아 백작의 여동생인 아델 드 샹파뉴Adèle de Champagne(1140-1206)와 재혼했다. 그녀는 1165년에 드디어 필리프란 아들을 낳았다. 그가 후일 필리프 오귀스트Philippe Auguste로 불렸던 필리프 2세Philippe II(1165-1223)다. 루이는 통치의 말년을 헨리에 대항한 동맹을 구축하는 데 온통 시간을 소비했다. 아델과의 혼인은 그가 블루아 백작인 외드 2세Eudes II(983-1037), 샹파뉴 백작 앙리 1세Henri I(1127-1181), 부르고뉴 공작 위그 3세Hugues III(1148-1192) 등의 지지를 확보했다는 것을 의미했다. 애당초 정치와는 맞지 않았던 범용한 인물이지만 루이는 교회와는 매우 강력한 유대관계를 유지했다. 루이의 치세기에 프랑스 영토는 거의 반이나 줄었지만, 왕권과 교회와의 끈끈한 동맹 덕분에 왕령과 멀리 떨어진 공령의 가신들이 오히려 불쌍한 국왕에게 더욱 충성을 바쳤다. 루이는 자신의 교회 봉사에 대한 보상 내지 결실을 어느 정도 거둔 셈이었다. 루이는 교회 식구들에게도 '피난처'를 제공했다. 교회의 대분열 이후 이탈리아에서 쫓겨난 교황 알렉산데르 3세 Alexander III(1100/1105-1181)도 프랑스로 피신해 왔고,[11] 교회의 권

MURDER OF THOMAS À BECKET.

켄터베리 대성당에서 헨리 2세의 부하들에게 살해당하는 토머스 베켓

리와 특권을 놓고서 헨리 2세와 치열한 갈등을 겪었던 켄터베리의 대주교 토머스 베켓Thomas Becket(1119/1120-1170)도 역시 영국에서 쫓겨난 후 프랑스로 도피했다. 토머스 베켓도 교황과 마찬가지로 상스Sens 교외의 생트-콜롱브Sainte-Colombe 수도원으로 가서 국왕 루이의 보호를 받았다. 루이의 중재 노력에 의해 헨리 2세와 베켓은 평화협정을 맺었고 영국으로 귀환할 수 있었다. 그러나 1170년에 그는 캔터베리 대성당에서 헨리의 기사들에게 무참히 살해당했다. 교황 알렉산데르 3세가 그를 성인으로 시성하자 헨리는 공적으로 잘못을 고백하고 참회했다. 한편 루이는 반항적인 헨리의 아들들의 편을 들어서 헨리의 권력을 약화시키려고 획책했지만 워낙 불손한 헨리 아들들 간의 지나친 경쟁과 자신의 우유부단함 때문에

11   교황 알렉산데르 3세는 1163-1165년에 프랑스 도시 상스Sens에서 살았고 루이의 충성스러운 지원에 대한 보답으로 '금장미'를 선사했다.

결국 실패하고 말았다. 헨리의 뛰어난 군사적인 무용이나 정치력도 그렇고, 루이는 불행하게도 권력의 균형을 프랑스 쪽으로 유리하게 돌릴 만한 능력은 없었다. 그는 1179년 캔터베리에 묻힌 토머스 베켓의 묘지에 마지막 순례여행을 다녀온 후 몸이 극도로 쇠약해졌다. 1180년에 루이는 왕위를 이미 공동의 통치자인 장남 필리프에게 물려주고 사망했다. 그는 생-드니 교회에 묻히는 대신에 자신이 세운 바르보Barbeau 수도원에 안장되었다.

2 프랑스 국가의 발명자 필리프 2세

카페 왕조의 7번째 국왕(재위: 1180~1223)

필리프 오귀스트Philippe Auguste, 즉 필리프 2세Philip II(1165-1223)는 명실공히 파리를 프랑스의 수도로, 또한 작은 봉건국가에 지나지 않았던 프랑스를 유럽에서 가장 번영하고 강력한 국가로 일으켜 세운 명군이다. 그의 전임자들은 '프랑크인의 왕'roi des Francs이라는 칭호를 사용했지만 그는 '프랑스 국왕'roi de France이라는 칭호를 처음 사용했다. 필리프 2세의 치세기인 12~13세기에 파리는 그야말로 진정한 '혁명'을 맞이했다. 직관력이 뛰어나고 실용주의적인 국왕은 대대적인 토목공사를 일으켜 포장도로를 건설하고

필리프 오귀스트

적의 공격으로부터 파리 시민들을 보호하기 위한 방어성벽을 구축하고, 또 예나 지금이나 파리의 랜드마크인 노트르담 대성당의 건설을 추진했다. 필리프는 부왕 재위 시인 1179년 11월 1일 랭스 성당에서 축성식을 거

랭스 주교가 미래의 국왕 필리프 오귀스트의 축성식을 거행하고 있다(1179.11.1)

행했다. 그는 루이 7세로부터 공동 국왕으로 선포되고, 1180년 9월 18일 부왕의 사망으로 단독 통치자가 되었다. 그는 부친이 사망하기 전인 동년 4월 28일에 이자벨 드 에노 Isabelle de Hainaut(1170-1190)와 혼인했으며, 10세의 어린 신부는 아르투아Artois, 아라스Arras, 생-토메르 Saint-Omer를 프랑스 왕국에 지참금으로 가지고 왔다.

　　생-드니의 수도승이며 연대작가인 리고르Rigord(1145/1150-1207/1209)는 로마 황제 '아우구스투스'(불어로는 오귀스트)란 거대한 호칭을 그에게 부여했다. 그 이유는 물론 필리프 2세가 8월August에 출생한 것도 있지만, 그의 재위기는 프랑스 왕정사에서 '43년'이라는 가장 오래된 치세기 중 하나를 기록했으며, '일 드 프랑스'Ile-de-France 지역에만 국한되어있던 프랑스 왕권을 프랑스 해안 지역까지 거의 4배로 확장시키고 행정, 기록(문서화), 군대, 사법, 국고, 화폐 등 국가의 여러 기능들을 창조한 업적이 실로 지대하기 때문이다.

정복왕

필리프 2세는 헨리 2세와 그의 반항적인 아들들, 즉 '사자심왕'coeur de lion

으로 불리는 용맹한 리처드 1세Richard I(1157-1199)와 '실지왕'이라는 오명의 존 왕King John(1166-1216) 등을 상대로 매우 성공적으로 싸웠다. 그들은 루이 7세의 전처 알리에노르 다키텐의 지참금 덕분에 대륙에 광대한 영토를 소유하고 있었기 때문에 사실상 국왕 필리프의 권위에 직접적인 위협이 되었다. 하틴 전투(1187)로 예루살렘 왕국이 사실상 멸망하고 성지 예루살렘이 아이유브 왕조의 시조이자 '이슬람의 옹호자'라고 알려진 살라딘Saladin(1137-1193) 국왕에게 점령당하자, 필리프는 숙적인 플란타지네트 왕가와 잠시 휴전을 선언하고 새로 영국 왕으로 즉위한 리처드 1세와 함께 성지 탈환을 위한 제3차 십자군(1189-1192) 원정에 참가했다. 그러나 두 왕은 시실리의 메시나에서 승선하자마자 서로 으르렁대며 싸웠다. 필리프는 1차 아크레 공방전(1189-1190) 이후 서둘러 프랑스로 귀국했다. 돌아온 후에 그는 리처드의 오랜 부재를 이용해서 벡상Vexin과 노르망디의 일부를 탈취하고자 시도했다. 리처드가 죽고 난 후, 필리프는 거의 반세기에 걸친 플란타지네트 왕가와의 분쟁을 일시적이나마 타결 짓는 '굴레 화약'traité du Goulet(1200.5.22)을 통해서 리처드의 동생 존 왕과도 화해의 제스처를 시도했다. 그다음 날 필리프의 장남(후일 루이 8세)과 존 왕의 질녀(알리에노르의 손녀)인 블랑쉬 드 카스티유Blanche de Castille(1188-1252)의 혼사가 성사되었지만 두 왕은 다시 적대 관계를 취했다. 1214년 7월 27일 역사적인 '부빈 전투'bataille de Bouvines에서 필리프 2세의 프랑스 기사단과 도시 민병대는 수적인 열세에도 불구하고 영국 왕 존과 플랑드르 백작들, 또 독일 황제 오토 4세Otto IV(1175-1218) 등의 국제 연합군을 물리치고 대승을 거두었다. 이 전투는 헨리 2세 이래 이어져 온 영·프 양국 간의 오랜 영토분규에 종지부를 찍었고, 부르타뉴와 노르망디의 앙주 지역에 대한 프랑스 국왕의 주권을 인정하여 중세 프랑스의 발전에 기반이 되었다. 이 전투를 통해 후대의 프랑스가 만들어졌다는 평가를 받을 만큼 매우 의미 있는 전

부빈 전투. 프랑스 화가 장-오라스 베르네Jean-Horace Vernet(1789-1863)의 작품(1827)

살해당하는 교황의 특사들

투였다.[12]

또한 필리프의 치세기에 알비 십자군 전쟁이 일어났다.[13] 1208년에 교황 이노센트 3세(1160/1161-1216)의 특사가 랑그독의 노정에서 툴르즈 백작의 시종에게 살해되면서 발발했다. 그러나 필리프는 그동안 플란타지네트 왕가와의 싸움에 너무 몰

---

12   수적으로 우세한 전투였음에도 불구하고 연합군이 대패하여 영국 존 왕은 귀국한 후 귀족들이 제시한 '대헌장'에 서명하게 되었다.

13   알비 십자군(1209-1229)은 '기독교의 십자군'으로 당시 로마 가톨릭교회는 프랑스 남부의 알비와 툴루즈를 중심으로 생겨난 기독교 교파인 '카타리파'Catharism(순수파)를 이단으로 규정하고 이들을 토벌하기 위해 십자군을 결성했다.

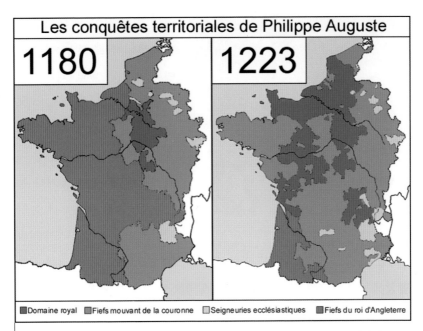

Les conquêtes territoriales de Philippe Auguste

1180

1223

■Domaine royal ■Fiefs mouvant de la couronne □Seigneuries ecclésiastiques ■Fiefs du roi d'Angleterre

필리프 오귀스트의 영토정복: 파란색은 왕권의 직할령, 초록색은 프랑스 왕권에
속하는 봉토, 노란색은 교회령, 붉은색은 영국령을 의미한다. 1180년에 비해
1223년에는 붉은색의 영국령이 많이 줄어든 것을 볼 수가 있다

입했든지, 아니면 장차 자신의 백성이 될 기독교인들에 대항한 불명예스
러운 전쟁에 휘말리는 것을 꺼렸든지 직접 원정에 참가하는 것은 삼갔다.
그래서 시몽 드 몽포르Simon de Montfort(1205-1265) 같은 파리분지의 소小영
주들에게 더러운 임무를 맡겼지만, 후일 그의 아들 루이 8세Louis VIII(1187-
1226)와 손자는 알비 십자군 원정에 직접 참가하게 되었다.

행정왕

필리프는 국가로부터 정기적인 급료를 받는 상설관료기구를 창설했다.
즉, 왕령에서 수많은 부패와 악습을 저질렀다고 비판을 받던 프레보prévôt

중세의 시테 궁

나[14] 전통적인 재무관들을 견제하기 위해 북부에는 왕·영주의 이름으로 재판하던 대법관bailli과 남부에는 지방 판관sénéchal의 직책을 새로이 수립했다. 그는 또한 자치 특허장을 판매하거나 농노들을 현물지대에서 유상 해방시킴으로써 징세수입을 배가시켰다. 그는 수도 파리를 미화하는 작업에 착수했으며, 파리를 외부의 침공으로부터 지키기 위해 튼튼한 성벽으로 주위를 에워쌌다.[15] 이것이 이른바 '필리프 오귀스트'의 성벽이며 오늘날 파리의 마레Marais지구에 가면 아직도 그 흔적을 엿볼 수가 있다.

어느 날 시테 궁palais de la Cité에서 창 밖을 내다보던 필리프는 한순간 얼굴을 찌푸렸다. 창 아래에서는 세 명의 남성이 진흙 투성이의 짐마차를 애써 밀고 있었다. 당시 파리 도로는 진흙길이어서 여름에는 먼지투성이고 겨울에는 통행이 불가능할 때도 많았다. 말똥과 뒤섞인 더러운 진흙의 악취에 분노한 국왕은 생-드니Saint-Denis, 생-탕트완느Saint-Antoine, 생-자크Saint-Jacques, 생-토노레Saint-Honoré 거리를 모두 통행이 가능한 실용적인 간선도로로 변모시켰다. 이러한 결단은 파리를 진정한 수도로 거듭나게 하기 위한 일련의 조치 중 첫 번째 시도였다. 파리 우안의 그랑 퐁 다리를

14　　프랑스 혁명 이전의 다양한 관료·법관 따위의 총칭.

15　　연대기 작가 리고르Rigord에 의하면 1190년 제3차 십자군 원정을 떠나기 전에 필리프는 부르주아들에게 파리를 작은 탑과 성문이 있는 성벽으로 빽 에워싸라는 명을 내렸다(필리프 오귀스트의 성벽).

건너면 도살장을 만나게 된다. 새
로운 정육업자 동업조합이 이노
상Innocents 공동묘지 옆의 새로운
레알 시장 '샹포'Champaux에 정착
했고 그곳에 상주하는 매춘부들
은 다른 곳에서 가서 영업하라는
권고를 받았다. 필리프는 생-라자
르Saint-Lazare 시장을 다시 매입해
서 그곳에 '정기장'을 설치했다.
무두질 직공들은 오래 된 로마 시
장이 있는 그레브 광장에 터를 잡
았다. 파리 좌안에는 수도원, 학
교, 포도밭과 들판이 있었다. 유
럽 전역에서 파리로 몰려온 학생
들은 좌안의 골목길이나 선술집
에 많은 활력을 불어넣었다. 필리
프는 학생들의 지위 및 대학의 자
유를 보장해 주었다. 12세기 말에

프랑스 화가 장-밥티스트 모자이스Jean-Baptiste
Mauzaisse(1784-1844)의 〈1200년 루브르 타워의 건설을
명하는 필리프 오귀스트〉(1841)

경제와 지성의 중심지인 파리의 인구는 대략 2만 5천 명 정도였다. 파리
주교 모리스 드 쉴리Maurice de Sully(1105-1190)는 카페 왕조의 수도가 자신
의 권위에 어울리는 멋지고 웅장한 대성당을 가질 필요가 있다고 여겨, 이
전의 생-테티엔Saint-étienne교회 자리에 '성모 마리아'에게 헌정된 노트르담
대성당을 세우기로 결정했다.[16] 그래서 1160년에 파리 주교의 주도하에

16   원래 노트르담 대성당의 자리에는 갈로로마시대 때 세워진 주피터 신전이 있었

그레브 광장의 정경

노트르담 대성당이 보이는 파리의 정경 (1750)

대성당의 공사가 개시되었다.

　1163년에 43세의 루이 7세는 교황 알렉산데르 3세와 함께 노트르담 성당의 첫 번째 주춧돌을 올려놓았다. 그러나 교황은 신성로마제국의 황제 프리드리히 1세Frederick I(1122-1190)를 파문시키고 프랑스로 곧 피신해 왔기 때문에 파리 역사의 산 증인이나 다를 바 없는 노트르담 성당의 출발은 그리 순탄치만은 않았다. 어쨌든 부왕 루이 7세 때 시작되어, 필리프 오귀스트, 그의 아들인 루이 8세, 그리고 그의 손자인 성왕 루이 9세Louis IX(1214-1270) 때 드디어 완성을 보게 되었고(1260), 그 후로도 고딕 건축의 정수인 노트르담 성당은 계속 보수·개조되어 오늘날과 같은 근사한 위용을 갖추게 되었다.

질투의 국왕

동시대인의 증언에 따르면 필리프는 잘생기고 좋은 체격을 지녔다. 그러나 제3차 십자군 원정에 참가했을 당시에 그는 벌써 대머리였다![17] 쾌활한 성격에 삶의 기쁨을 향유하는 붉은 혈색을 지닌 그는 여성 애호가이며, 프랑스인답게 포도주와 미식을 몹시 즐겼다. 그의 사망요인은 4일 동안 열에 시달린 국왕을 치유하기 위해 '자락'刺絡을[18] 했는데, 그 후 의사들이 권유하는 식이요법을 따르지 않았기 때문이라고 한다. 필리프는 자신의 친구들에 대해서는 관용을 베풀었지만 적들의 재산을 몹시 탐냈으며 무엇보다 뛰어난 '음모술의 달인'이었다. 그는 신앙심도 있고 신속하고 정확한 판단력에다 자신이 말한 것을 지키려고 노력했지만 쉽게 욱하고 빠

다고 한다.

17　　그는 질병으로 머리털과 손톱이 빠졌다고 한다.

18　　침으로 정맥을 찔러 나쁜 피를 뽑아냄.

르게 진정되는 열혈 성격의 소유자였다. 그는 불온한 귀족들을 억압하고 그들의 분열을 선동했지만 서민들의 충고에는 반드시 귀 기울였고 거룩한 교회의 수호자, 거만한 자들의 조련사, 또 백성들을 먹여 살리는 빈민 구제자의 역할을 자처했다.

필리프는 국가와 백성들의 안녕을 위해서 기독교 신앙을 공고화했고, 그 자신을 자신의 왕국과 그대로 동일시하는 경향이 있었다. 카페 가문의 장래가 그의 어깨 위에 걸려 있었던 탓인지 필리프는 매우 자기중심적이고 지배적이었다. 알리에노르의 전남편으로 더 유명했던(?) 루이 7세는 너무도 오랫동안 고대하던 아들(남자 상속자)이었기 때문에 그를 너무 애지중지하여 응석받이로 키웠다. 토머스 베켓의 증언에 따르면, 1169년 루이 7세와 헨리 2세가 켄터베리 대주교의 문제를 놓고서 서로 화해의 실마리를 찾기 위해 몽마르트Montmartre에서 만났을 때의 일이다. 아직 5살인 왕세자 필리프는 갑자기 영국 왕 헨리를 불러 세워서 신의 은총과 백성들의 호의를 얻고 싶다면, 부디 자신의 부왕과 프랑스, 그리고 나를 사랑하라고 명했다. 이 깜찍한 아동에 대하여 제로 드 바리Géraud de Barri란 인물은 또 다른 일화를 들려준다. 1174년 10살이 되었을 때 그는 부왕과 헨리 2세와 함께 프랑스 노르망디의 지소르 성Château de Gisors을 방문했다. 모든 좌중이 이 성의 부와 위력에 감탄하던 차에 그는 오히려 화를 내면서 이 성이 더욱더 강해지고, 더 많은 금과 은, 다이아몬드로 만들어져야 한다고 얘기했다. 왜 그러냐고 누군가 묻자 그는 이 성의 자재들이 더 고급스럽고 값질수록 내가 나중에 이 성을 차지하게 될 기쁨이 클 것이라고 천연덕스럽게 대답했다고 한다. 후일 십자군 원정 당시에 사자심왕 리처드와 생긴 불화도 그가 자신의 가신임에도 불구하고 화려함과 용맹으로 그 자신에게 누가 된다는 질투 의식도 크게 작용했다. 필리프 자신의 왕권에 대한 남다른 의식은 새로운 형태의 봉건적 권리를 창출하면서, 지위 고하를 막론하고 자신의 가신들을 모두 신하로 취급하게 만들었다. 모든 권위가 자신으로부터 나온다고 믿었던 그는 자신의 왕국에서 거의 제국적인 권력을 수용했다. 필리프는 카롤링거 왕조의 후예인양 행세했고 그는 실제로 '카롤리드'Carolide라고 불렸다.[19] 그는 십자군 원정을 떠날 때도 그가 없는 동안 대신 왕국을 관리하게 될 국정자문회의에 왕가의 상징인 백합이 아니라 독수리 문양의

필리프 오귀스트의 인장

연인contre-sceau을[20] 맡겼다.

　　필리프는 자존심이 상처를 받았을 때 매우 역정을 냈다. 1188년 지소르 근처에서 필리프와 헨리 2세 사이에 회담이 있었다.[21] 그런데 회의 결과가 그의 뜻대로 되지 않자 그만 화를 참지 못하고, 물론 그 자신도 뜨거운 뙤약볕 아래 그을리겠지만 영국인들이 그늘에서 쉬고 있는 느릅나무를 당장에 도끼로 베어버리라고 명했다. 1193년에 그는 루앙Rouen을 봉쇄하려고 시도했으나 루앙 측이 너무 철통같이 방어하는 바람에 그만 후퇴하지 않을 수가 없었다. 그러나 그는 화가 난 나머지 철수하기 전에 자신의 무기들을 스스로 불살라 버렸다. 1194년에[22] 그는 노르만인들이 다시

19　그 당시 샤를마뉴를 위시한 프랑크 지도자들을 '카롤리드'라고 불렀으며 프랑스 궁정에서 카롤링거 왕조의 전설은 제국적인 부활에 커다란 역할을 했다.

20　한 통의 문서에 두 사람 이상이 연달아 이름을 쓰고 도장을 찍음.

21　1188년 여름에 영·프 간의 분쟁이 다시 발생해서 헨리 2세는 프랑스 영토를 공격하고 필리프는 노르망디의 영국령을 공격했다.

22　1194년에 포로로 붙잡혀 있다가 풀려난 리처드는 귀국하면서 필리프에게 전쟁

에브뢰Évreux를 차지했다는 소식을 들었다. 그가 자신의 병영을 떠난 사이에 그의 군사들이 적들에게 식량을 버리고 뿔뿔이 흩어지자 그는 화를 참지 못하고 그 지역을 마구 약탈했다. 그의 이런 행동을 기술하기 위해, 당시 연대기 작가들의 펜에서는 "극도의 분노에 의해서" "너무도 격노한 나머지"라는 격한 표현이 수도 없이 흘러나왔다.

리처드와의 불꽃 튀는 경쟁

프랑스화가 메리-조제프 브롱델Merry-Joseph Blondel(1781-1853)의 〈사자심왕 리처드〉의 초상화(1841)

프랑스 화가 루이-펠릭스 아미엘Louis-Félix Amiel(1802-1864)의 〈필리프 오귀스트〉의 초상화(1837)

위의 두 사람의 초상화는 모두 19세기에 그려진 것이지만, 세 권의《십자

을 선포했고, 프랑스 중부의 프레트발Fréteval에서 그를 패배시켰다. 그때 군대 뒤의 화차에 실려 있던 프랑스의 고문서들이 전부 소실되었다.

군의 역사》A History of the Crusades(1951~1954)로 유명한 영국사가 스티븐 런치먼Steven Runciman(1903-2000)의 묘사와 정확하게 일치하고 있다. 리처드는 마치 모든 것에 대한 주권을 천명하듯이 자신의 검 자루를 쥐고 금욕적인 자세로 서 있으며, 그의 결단력 있는 시선은 먼 곳을 향하고 있다. 반면에 자신의 무기 위에 양손을 다소곳이 올린 필리프의 이미지는 뛰어난 군사적 기량을 자랑하기보다는 오히려 상무정신에 대하여 소극적이고 중립적인 태도를 취하고 있다. 신중하고 침착한 그의 얼굴은 마치 군사적 용맹은 그의 전임자(조상)들의 업적으로 돌리고, 그 자신은 왕실 가계와 정치적 요령을 잘 이어받아 통치하는 것에 만족하는 듯한 표정이다.

영국 중세사가 토머스 아스브리지Thomas Asbridge는 리처드 1세의 연

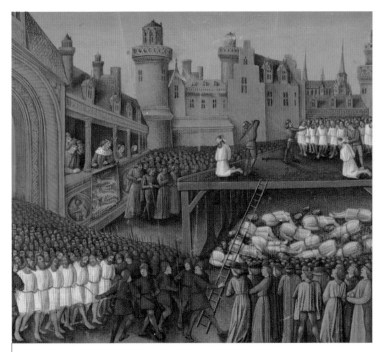

무슬림 전쟁포로들의 대량학살을 진두지휘하는 리처드 1세

구에 새로운 생명을 불어넣었다. 그는 리처드를 "잘생겼지만 멍청한 전사"라고 낙인찍은 런치먼의 진부한 기술방식에 결코 동의하지 않았다. 제3차 십자군 원정 당시에 리처드는 자신의 적수인 살라딘의 능력에 필적하는, 아니 그를 훨씬 능가하는 절묘한 외교술과 조작술을 발휘했으며, 또한 필리프에 대해서도 고도의 정치적 기술과 세련미를 가지고 다루었다는 것이다. 그는 자신의 경쟁자들로부터의 도전을 치밀하게 계산된 방식으로 응수했고 그도 역시 직·간접적인 도전으로 대응했다. 필리프와 리처드 사이의 직접적인 분쟁 요인은 다음과 같다. 리처드는 루이 7세와 두 번째 왕비 콩스탕스의 사이에서 낳은 공주 아델 드 프랑스Adèle de France(1160-1213/1220)와 정혼한 사이였는데,[23] 그가 1191년 메시나에서 정혼의 파기를 선언했다. 리처드는 자신의 정혼녀이자 필리프의 이복누나인 아델에게 남자가 있으며 그녀가 사생아를 낳았다는 소문을 퍼뜨렸다. 1169년부터 둘은 정혼한 사이였지만 부왕 헨리 2세(1133-1189)는 아델이 파혼당할 때까지 계속 두 사람의 결혼을 지연시켰다. 헨리 2세는 그녀의 지참금인 오말Aumale과 외Eu의 백령을 차지할 요량으로 그녀를 영국에 오도록 했지만 장차 며느리가 될 아델을 자신의 정부로 삼는 만행을 저질렀다. 헨리는 계속 결혼을 지연시켰고 그러는 사이 아델은 그의 아들을 낳았다. 부왕 헨리가 나이가 11년이나 연상인 알리에노르와 정략혼을 했다는 것은 주지의 사실이다.[24] 결혼 당시에 알리에노르는 30세, 헨리는 19세였다. 둘 사이에는 13년 동안 8명의 자녀가 있었는데 그중에서 3명의 아들

---

23   콩스탕스는 아델을 낳은 지 하루 만에 세상을 떠났다.

24   젊은 시절에 몹시 자유분방했던 알리에노르는 헨리와의 결혼 전에 이미 헨리의 친부인 앙주 백작 조프루아 5세Geoffrey V(1113-1151)와도 바람을 피웠다는 소문이 있다. 그래서인지 조프루아는 아들 헨리에게 알리에노르와는 결코 엮이지 말라고 신신당부했다고 한다.

필리프(중앙)와 리처드 1세가 아크레의 열쇠를 수락하는 장면

들은 모두 국왕이 되었다. 초기의 부부 사이의 금슬은 그리 나쁘지 않았지만, 알리에노르의 변덕과 응석을 모두 받아주었던 전남편 루이와는 달리, 헨리는 알리에노르의 정치적 영향력을 모두 배제시키고 그녀를 단지 어머니와 아내 역할에만 충실하도록 한정시켰다. 그 후 바람둥이 헨리는 계속 정부를 두었고 둘의 사이는 점점 소원해졌다. 1173년에 헨리는 급기야 알리에노르가 자신에게 대항하도록 장성한 아들들을 부추겼다는 죄목으로 그녀를 16년이나 성에다 유폐시켰다. 그녀는 헨리가 사망하고 자신이 가장 애지중지하는 아들 리처드가 왕위에 오른 후에야 비로소 풀려날 수가 있었다.

한편 필리프는 헨리의 삼남 리처드가 영국의 왕관을 차지하는 데 적극 조력했다. 그들은 동맹 덕분에 헨리 2세에 대항한 싸움에서 이길 수가 있었고 결국 패배한 헨리는 자신을 증오하는 아들 리처드를 자신의 상속자로 지정한 후 이틀 후에 사망했다. 헨리의 사망 후 왕위를 계승한 리처드는 전술한 대로 1191년에 프랑스 국왕 필리프에게 부정을 저지른 아델을 부인으로 삼지 않겠다고 선언했다. 리처드는 필리프의 누이와 정혼한 상태에서 나바르 국왕의 딸 베렝제르 드 나바르Bérengère de Navarre(1163-1230)와 혼인해버렸다. 9세 때 정혼한 아델은 31세의 노처녀가 되었고[25] 필리프와 리처드의 관계는 결과적으로 틀어졌다. 리처드와 필리프는 십자군 원정 당시에 서로 다투었고 필리프는 예상보다 일찍 프랑스로 귀국했다. 리처드가 포로로 붙잡혔을 때 필리프는 리처드의 동생 존에게 "너 자신을 돌아보라. 악마가 풀려났다!"라고 경고했다. 둘은 리처드가 사망하기 마지막 5년 동안 매우 치열한 경쟁과 공공연한 전쟁을 벌였다. 리처드는 수많은 전쟁에서 승전고를 울렸지만 필리프는 그보다 훨씬 더 오래 버티었다. 리처드는 그에게 복수를 하겠다는 한 소년의 활을 맞고 죽음을 맞이했다. 그는 치명적인 상처를 입은 것이 아니라 괴저에 걸렸기 때문에 그래도 감염되기 전에 자신의 주변을 정리할 시간은 벌 수가 있었다. 리처드는 동성애자라는 소문이 있었는데 그 이유는 그가 자신의 아내인 베렝제르를 거의 만나지 않았고 둘 사이에는 합법적인 자식이 없었기 때문이다. 그러나 그는 한 명의 사생아가 있었고 십자군 원정 당시에 다른 여성들과 시간을 보냈다는 이야기가 있다. 필리프도 역시 많은 아내와 자식을 거느렸음에도 불구하고 복잡한 혼인 문제 때문에 그가 동성애자일지도 모른다는 의심을 낳았다. 그는 첫 번째 부인 이자벨에게서 아이를 한 명 낳았다. 이자벨은 두 번째 쌍둥이를 낳다가 사산하고 말았

---

25   필리프는 아델을 리처드의 동생 존 왕과 결혼시키려고 시도하다가 결국 1195년에 그녀를 퐁티유 백작인 기욤 2세 탈바Guillaume II Talvas(1178-1221)와 혼인시켰다.

新 프랑스 왕과 왕비

으며 자신도 목숨을 잃었다. 그는 덴마크 국왕의 딸인 앙주뷔르주 Ingeburge de Danemark(1174-1236)와[26] 재혼했지만 그는 그녀를 경멸했으며, 교황에게 합방을 안 했다는 이유로 결혼의 무효화를 신청하기도 전에 그녀를 수도원에 유폐시켰다. 교황의 명령으로 다시 두 번째 부인에게로 돌아가기 전에 그는 세 번째 부인 아녜스 드 메라니 Agnès de Méranie ou Agnès(1172-1201) 와 두 명의 아이를 낳았다.

의적 로빈 후드와 리처드 1세

리처드 역시 좋은 군주는 아니었다. 그는 영국 왕으로 10년간 재위하는 동안에 고작 6개월만 영국에 머물렀다. 그는 자신의 나라에서 무슨 일이 일어나는지보다는 십자군에만 온통 정신이 팔려있었다. 그렇지만 그는 자신의 열렬한 지지자이며 악한 동생 존의 불구대천의 원수인 가상의 인물 로빈 후드의 전설 덕분에 인기도 높고 좋은 왕으로 기억되고 있다. 물론 그와 싸웠던 필리프도 역시 존 왕의 팬은 아니었다.[27] 리처드의 성격에는 심각한 결점이 있었

26   잉게보르크Ingeborg.
27   리처드의 사망 이후 존이 국왕이 되었을 때 필리프와 존은 또다시 수년간 전쟁을 벌였다. 필리프는 존이 자신의 딸 마리 드 프랑스Marie de France(1198-1224)의 정혼자이자 리처드의 뒤를 이을 유력한 상속자 부르타뉴 공작 아르튀르Arthur Ier de Bretagne(1187-1203)를 납치해서 살인했다고 의심했기 때문이다.

다. 붉은 금발에 장신이며 팔다리가 긴 미남형의 리처드는 신체적으로는 대단히 훌륭했다. 그는 자신의 유명한 어머니 알리에노르로부터 푸아투 Poitou 가문의 훌륭한 용모와 매력적인 매너와 용기, 그리고 시나 로맨스 문학에 대한 취미를 고스란히 물려받았다. 그는 부모로부터 다혈질과 열정적인 자기 의지도 물려받았지만 부왕 헨리의 정치적 노회함과 행정적인 능력이나 어머니 알리에노르의 지적인 양식은 물려받지 못했다. 그는 관용적인 제스처를 부릴 능력은 있었지만 탐욕스러운 인간이었고 지나친 과시를 좋아했다. 그의 에너지는 무한했지만 순간의 임무에만 충실했으며 다른 책임들은 다 잊어버렸다. 오직 전투기술만이 그의 관심사였다. 군인으로서 그는 정말 재능과 전략이 풍부했고 특히 군인들을 지휘하는 능력이 탁월했다. 그러나 필리프는 매우 달랐다. 그는 리처드보다 8살이나 어렸지만 이미 10년 동안 국정을 운영했던 국왕이었고 여러 가지 쓰라린 경험들을 통해서 지혜를 습득했다. 필리프는 신체적 용모로는 잘생긴 리처드와 비견될 바가 못 되었다. 그는 부스스하고 단정하지 못한 번개머리에 한쪽 눈의 시력을 잃었지만 체격은 좋은 편이었다. 그는 개인적으로 용맹한 것도 아니었고 걸핏하면 화를 잘 내고 방종한 성격이었지만 그래도 자신의 정열을 감출 줄도 알았고 과시를 별로 좋아하지 않았다. 정치가로서 그는 인내심과 관찰력이 있었고 매우 교활하며 불충하고 부도덕하기까지 했다. 그렇지만 그는 자신이나 친구들에 대한 비열함에도 불구하고 가난한 백성들에 대해서는 매우 관대하고 그들을 압제자들로부터 보호해 주었다. 결론적으로 그는 매력적이거나 호감이 가는 인물은 아니었지만 좋은 국왕이었다.

둘 사이의 불화는 과연 연인들의 다툼이었을까? 거기에 대한 증거는 매우 빈약하다. 그들의 관계는 브로맨스라기보다는 정치적 동맹이 깨진 것이라고 보는 것이 가장 타당하다. 여기에 대한 추측은 12세기 영국 연대기 작가이자 두 왕과 동시대인이었던 로저 오브 호든Roger of Howden(1174-1201)의 기록에 근거하고 있다.[28] "당시 아키텐 공작이자 영국 왕의 아들이었던 리처드는 프랑스 국왕 필리프와 남아있었다. 필리프는 어찌나 그를 찬미했던지 그들은 매일 같은 테이블에서 같은 음식을 먹었고 밤에는 같은 침대를 사용했다. 프랑스 국왕은 그를 마치 자신의 영혼인 양 좋아했다." 이것이 마치 결정적인 증거처럼 들리겠지만 그 당시에는 침대를 같이 사용하는 것이 별로 대수로운 일은 아니었다. 특히 하층

베르사유 궁에 있는 필리프 오귀스트의 조각상

민 가정에서는 침대가 하나밖에 없거나 혹은 몸을 보온하는 차원에서 가족들끼리 침대를 공유하는 것은 흔히 있는 일이었다. 즉 침대 공유는 일종의 필요성의 문제였고 리처드와 필리프의 경우에 침대 공유나 애정 표현은 일종의 정치적인 성명에 속했다. 그들은 헨리 2세를 무너뜨리기 위

---

28   리처드는 한동안 게이들의 우상으로 떠오른 적이 있지만 그는 과연 동성애자였는가? 그것을 증명해 줄 어떤 사료도 남아있지 않지만 의심이 가는 정황은 있다. 당시 로저 오브 호든은 국왕의 성 정체성에 대하여 애매모호한 태도를 취했다. 1191년에 이탈리아의 메시나에서 리처드는 기독교에서 7대 죄악 중 하나라고 말하는 색욕 때문인지 혹은 남성들과의 성관계 때문인지 자신의 성적인 죄악을 참회하기 위해 스스로 채찍질하는 고행을 했다.

해 같이 공조하는 사이였고, 프랑스와 영국이 동맹이라는 사실을 세상에 널리 공표할 필요가 있었다. 두 사람이 게이였다는 개념에 관해 영국 중세사가인 존 길링험John Gillingham(1940-)은 다음과 같이 언급했다. "1948년까지도 이 문제는 제기된 적이 없었다. 그런데 양국의 합일의 상징으로 두 사람이 한 침대에서 잤다는 기록에서 문제가 제기되었다." 그러나 그것은 용인된 정치적 행위이지 어떤 성적인 암시는 없었다. 마치 오늘날 유명 인사가 대중들에게 인상적인 모습을 보여주기 위해 미리 준비해서 하는 사진촬영과도 마찬가지다. 리처드는 자신의 침실에서 정치적 공판을 열었고 자신이 아끼는 시종들에게 자신의 침대 발치에서 잘 수 있는 영광의 기회를 하사하기도 했다. 즉 그는 신뢰를 상징화하기 위해 다른 사람들과 침대를 공유했던 것이다. 중세 후기의 정치 지도자들은 성경에서도 인가한 이른바 '평화의 키스'로 서로를 환영했는데 이 경우 키스는 오늘날 악수 그 이상의 의미는 아니었다. 비록 침대 공유나 음식을 같이 먹는 일이 반드시 성적 선호도에 대한 긍정적인 지표는 아니었다고 해도 한동안 두 사람은 긴밀한 동맹과 우정을 유지했다.

진정한 의미에서 프랑스 국가의 창시자인 필리프 2세는 왕국의 성장과 자신의 소유지 확대라는 오직 한 가지 목표를 위해 매진했으며, 아키텐과 앙주지역을 재탈환하기 위해 자신의 한평생을 바쳤다. 그는 그 목적을 이루기 위해 부빈전투에서 승리할 때까지 헨리와 그의 아들들을 서로 이간질시키는 데 악착같이 총력을 기울였다. 그래서 말년의 헨리 2세는 필리프에 의해 교묘히 선동된 아들들의 반란을 막는 데 모든 기운을 탕진했다. 필리프는 동시대의 연대기 작가들에 의해 찬양을 받았으나 13세기 말 왕가의 완벽한 모델이 된 그의 손자 성왕 루이Saint Louis(루이 9세)에 의해 그 명성이 가려진 부분이 있다. 그렇지만 부빈 전투에서의 승리는 당시 연대기 작가들, 그리고 후일 제3공화국의 교과서에서 위대한 프랑스 국

가라는 신화의 본질적인 의미를 차지하고
있다. 1882년에 생-피에르 드 부빈Saint-Pierre
de Bouvines 교회가 세워졌고 교회 내부의
21개의 아름다운 스테인드글라스에는 부빈
전투의 전개가 연속적으로 그려져 있다.

　　자 이제부터 복잡한 혼인생활로 동성애
자 의심까지 낳았던 필리프 국왕의 세 명의
왕비들에 대하여 알아보기로 하자.

생-피에르 드 부빈 교회의 스테인드글라스

이자벨 드 에노(재위: 1180~1190)

모후 아델 드 샹파뉴Adèle de Champagne(1140-
1206)의 후견과[29] 모계 쪽 샹파뉴 귀족들의
파벌 세력에서 벗어나고 싶었던 필리프는 본인이 미성년자일 때 아직 사
춘기도 안 된 어린 신부 이자벨 드 에노Isabelle de Hainaut(1170-1190)와 혼인
했다. 그녀는 자신의 바구니 속에 아르투아Artois 등 상당한 땅덩어리를
지참금으로 싸들고 시집을 왔다. 단호하지만 매우 뒤죽박죽의 혼란스러
운 성격의 소유자인 필리프는 둘 사이에 아이가 없자 (그때 그녀의 나이 겨우
14살이었다!) 자신의 가계를 걱정한 나머지 이자벨과 헤어지기로 작정을 했
다. 그러나 부왕 루이 7세가 아키텐의 공비 알리에노르와 헤어지고 난 후
아키텐공국을 실지失地했던 돌이킬 수 없는 과오를 떠올리고는 곧 생각
을 바꾸었다. 그는 이자벨과 화해함으로써 아르투아를 지켰고, 나중에

29　　그녀는 필리프 2세가 제3차 십자군 원정에 참여했을 때 프랑스 섭정(1190~1191)
을 맡았으나 국왕이 돌아오자 정치에서 물러나서 수도원 건립에만 몰두했다. 1206년 모
후가 사망했을 때 필리프는 이틀 동안 그 누구와도 말하기를 거부했다고 전해진다.

필리프의 첫 번째 왕비
이자벨 드 에노. 눈이 예쁘고
키가 컸다고 한다

그녀로부터 상속자도 얻을 수가 있었다.

이자벨의 아버지인 플랑드르 백작 보두앵 5세Bau-douin V de Hainaut(1150-1195)는 자신의 딸이 샤를마뉴의 후손이라고 선언했기 때문에, 당시 연대기 작가들은 이 결혼을 카롤링거 왕조와 카페 왕조의 이상적인 결합으로 보았다. 이처럼 연대기 작가들은 그녀에게 과대한 찬사를 바쳤지만, 어린 신부는 초기에 남자 상속자를 낳지 못함으로써 조급한 성격의 필리프의 애정을 얻는 데는 그만 실패하고 말았다.

그런 와중에 필리프는 장인인 보두앵 5세가 자신의 적들을 지지한다는 이유로 엄청 화를 내면서 플랑드르 백령과 전쟁까지 벌였다. 그는 그녀와 이혼할 요량으로 상스에 회의를 소집했다. 당시 연대기 작가인 질베르 드 몽스Gilbert de Mons(1150-1223/5)에 따르면, 14세의 어린 왕비 이자벨은 맨발의 상태로 참회자의 복장을 한 채 교회에 나타나서 많은 사람들의 눈물 어린 동정을 샀다고 한다. 그중 몇몇 사람들은 상스의 궁까지 달려가서 안에 소리가 들릴 정도로 크게 항의를 했다. 그러자 국왕의 삼촌인 로베르Robert가 중재에 나서 결국 그녀는 왕비 자리를 유지하게 되었고, 아르투아도 그냥 프랑스령으로 남게 되었다. 1187년 9월 5일 마침내 그녀는 그렇게 고대하던 아들 루이를 낳았다. 그런데 그녀의 두 번째 임신은 매우 험난하기 이를 데 없었다. 그녀는 두 명의 쌍둥이 아들을 낳았으나 한 명은 출산 당일에 죽었고, 또 다른 한 명은 3일 후에 죽었다. 이자벨 본인도 20세의 꽃다운 나이에 그 이튿날 사망하고 말았다. 그녀는 노트르담 대성당에 묻혔는데 수많은 시민들이 몰려들어 인기가 많았던 왕비의 죽음을 애도했다. 그러나 그녀의 임종 시에 남편 필리프는 그녀의 머리맡을 지키지 못했고 장례식도 참여하지 못했다.

그때 필리프는 리처드 1세와 싸우느라고 노르망디에 있었는데, 그는 리처드와 휴전을 선언한 채 황급하게 파리로 돌아왔다. 그는 아내의 묘자리를 공식화하고 그다음 주에 전장터인 노르망디로 돌아가기 전까지 여러 날을 고인에 대하여 애도했다. 교황 클레멘스 3세Clement III(1130-1191)에 따르면 필리프는 죽은 왕비에 대하여 무척 상심해 마지않았다고 한다. 어쨌든 이자벨의 아들 루이(후일 루이 8세)는 아르투아 백령을 물려받아 아르투아 백작이 되었고, 그가 후일 프랑스 국왕에 즉위함으로써 아르투아는 정식으로 프랑스 왕국의 소유가 되었다.

앙주뷔르주와 아녜스

필리프 2세에게 두 번째 왕비 덴마크의 앙주뷔르주(잉게보르그)Ingeburge de Danemark(1174-1236)는 마치 눈엣가시와도 같은 존재였다. 변덕스러운 국왕은 그녀와 혼인한 그다음 날로 당장에 결혼 파기를 요구했다. 그녀를 무척 싫어했기 때문에 그는 신속히 그녀를 떼어버릴 작정을 했지만 그것은 커다란 착오였다. 앙주뷔르주는 국왕의 집요한 결혼 무효화 시도에도 불구하고 끝까지 꿋꿋하게 버티었기 때문이다. 그녀는 이혼도, 수도원에 들어가서 수녀가 되라는 명도, 덴마크로 돌아가라는 명도 모두 한사코 거부했으며, 국왕이 결혼한 상태에서 맞아들인 세 번째 왕비 아녜스 드 메라니Agnès de Méranie(1172-1201)와 함께 사는 것도 방해를 놓았다. 그래서 아녜스가 낳은 아이들은 전부 사생아가 될 처지에 놓이게 되었다.

그런데 '나쁜 남자' 필리프는 전처인 이자벨에게 했던 것과 똑같이 모멸적이고 거만한 태도를 앙주뷔르주에게도 그대로 취했다. 그러나 똑똑한 이자벨은 어떻게 그에게 대항해야 되는지를 잘 알고 있었다. 그녀는 백성들이 자신의 편을 들도록 지극히 청순가련한 희생자의 포지션을

두 번째 왕비 앙주뷔르주

취했다. 그러나 이번에 필리프는 앙주뷔르주를 에탕프 Étampes에 있는 수도원에 재빨리 유폐시킴으로써, 그녀가 백성들의 동정을 자아낼 어떤 전략을 짤 시간도 허용치 않았다. 이것은 어찌 보면 지참금으로 어떤 땅덩어리도 가져오지 못했던 앙주뷔르주 본인의 불행이었다. 그녀의 오빠인 덴마크의 국왕 발데마르 2세Valdemar II(1170-1241)는 교황과 합세해서 끊임없이 중재의 노력에 나섰으나 허사였다. 그녀는 공식적으로 왕비 역할을 수행하거나 섭정을 한 적도 없었기 때문에 단지 명의만 왕비였지만, 자신의 비정한 남편보다는 13년을 더 오래 살았다.

이자벨의 사망 이후 홀아비가 된 필리프는 아들이 단 하나밖에 없었기 때문에 자신의 후사를 강화하기 위해 2년 동안 새로운 왕비를 물색했다. 이른바 '근친혼'이라는 이유로 부왕 루이 7세와 알리에노르의 혼인이 무효화되었기 때문에 그는 근친혼의 위험을 피하기 위해 일부러 멀리 있던 덴마크의 공주를 선택했다. 당시 덴마크 국왕 크누드 6세Knut VI(1163-1202)는 프랑스 국왕과 자신의 여동생 앙주뷔르주의 혼인을 수락하고 1만 마르크 은화를 지참금으로 지불하기로 타결했다. 그 지참금 액수는 작은 왕국으로서는 매우 엄청난 금액이었다. 1193년에 필리프는 아미앵Amiens에서 그녀를 처음 만났다. 같은 날 아미앵의 노트르담 성당에서 혼인식이 거행되었다. 그때 결혼식 증인들의 증언에 따르면 국왕은 결혼식 전날에 이상한 발열 증세를 보였다고 한다. 그런데 마른 하늘에 날벼락도 유분수지 혼례 다음날 그는 덴마크 대사들에게 어떤 해명도 하지 않은 채 앙주뷔르주와 함께 당장에 떠나 줄 것을 요구했다. 그러자 그들은 그냥 황망하게 돌아가 버렸고 혼자 남은 앙주뷔르주는 수도원에 유폐되었다. 필리프는 결혼의 무효화를 추진했으며, 1193년 11월 5일 국왕의 삼촌이자 랭스 주교인 기욤 드 샹파뉴Guillaume de Champagne(1135-1202)의 호의로 결혼의 파기가 선언되었다. 소박맞은 새 왕비 앙주뷔르주는 아무런 지지세력도 없이 그야말로 고립무원의 신세였다. 불어도, 라틴어도 할 줄 몰랐던 그녀는 본인이 중세의 배우자 학대 및 결혼 무효화에 관해서 가히 전설적인 케이스가 될 것이라는

필리프와 앙주뷔르주의 결혼식

불행한 사실도 알지 못한 채, 그저 결혼의 무효화에 동의하지 않는다는 것을 표현하기 위해 "말라 프란시아mala Francia!" "로마, 로마Roma, Roma"만을 계속 외쳐댔다.

강제로 수도원에 갇힌 앙주뷔르주의 딱한 사정이 유럽 전역에 널리 퍼졌고, 결국 그녀의 이러한 절규에 측은지심을 느낀 교황 첼레스티노 3세Celestino III(1106-1198)가 중재에 나섰다. 앙주뷔르주는 프랑스 왕국에 속한 유럽 가신의 딸들, 특히 알리에노르의 질녀인 백비 엘레오노르 드 베르망두아Eléonore de Vermandois로부터 전폭적인 지지를 얻었다.[30] 그러나 프랑스 주교들의 호의와 교황의 무력함을 느끼고 본인이 혼인의 굴레에서 해방되었다고 생각한 필리프는 그에게 후사를 보장해 줄 새로운 왕비를 찾았다.

---

30   물론 알리에노르 그녀 자신도 오랫동안 남편 헨리에 의해 성에 유폐되었다가 남편의 사망 이후에야 풀려났다.

《아녜스 드 메라니》의 역할을 맡은
프랑스 여배우 마리 도르발의 초상화로
프랑스 화가 이폴리트 라제르주 Hippolyte
Lazerges(1817-1887)의 작품(1846)이다

1196년 6월 1일 메라니 공작 베르톨트 4세Berthold IV(1125-1186)의 딸 아녜스 드 메라니(1172-1201)는 필리프의 세 번째 왕비가 되었다. 교황 첼레스티노 3세는 그들의 결혼을 불법이라면서 무효화를 선언했지만 아무런 소용이 없었다. 국왕은 아녜스를 무척 진지하게 사랑했다고 한다. 첼레스티노 3세가 사망하고 난 후, 그의 후임자인 이노센트 3세(1160/1161-1216)는[31] 강경한 태도를 취했다. 이노센트 3세는 '교황은 태양, 황제는 달'이라는 말까지 나올 정도로 교황권의 전성기를 이룩하여 중세의 교황들 가운데 가장 강력한 교황으로 손꼽힌다. 그는 앙주뷔르주와의 혼인 무효를 비난하면서 그녀를 반드시 제자리로 돌리고 '찬탈자'라고 여긴 아녜스와 헤어질 것을 국왕에게 요구했다. 교황은 필리프에게 파문시키겠다고 협박하는 동시에, 교황이 보기에 합법적인 배우자인 앙주뷔르주와 육교肉交할 것을 엄숙히 명했다. 1199년 12월 6일 교황은 디종에 공의회를 소집하고 필리프와 아녜스의 결혼을 파기했다. 그는 국왕과 협상을 시도했으나 별로 효과가 없자, 1200년 1월 13일 필리프를 파문시키고 프랑스 왕국(실제로는 왕령에만 국한된)에 '성무집행' 금지령을 내렸다. 이 금지령 때문에 필리프의 장남 루이와 블랑쉬 드 카스티유Blanche de Castille(1188-1252)는 왕령에서는 결혼을 할 수가 없었고

---

31   인노첸시오 3세.

결국 노르망디 공령에서 혼인식을 조출하게 올렸다. 프랑스 백성들은 '무덤에서 요람까지' 인간의 영육을 책임지는 교회로부터 더 이상 성사를 받을 수가 없게 되자 불만을 토로했다. 망자들은 축성된 묘지에 안장될 수가 없었고 특히 여름철에 상황은 더욱 악화되었다. 임시변통의 납골당에서 나오는 악취가 공기를 오염시켰으며 부패된 시체에서 나오는 장독瘴毒이 공중보건을 위협했다. 이러한 상황은 자칫 성난 민중들의 폭동을 불러일으킬 위험이 있었다. 결국 시무룩해진 필리프 2세는 앙주뷔르주를 다시 궁정에 불러오도록 명을 내렸다. 1200년 9월 7일 그는 넬Nesle의 생-레제Saint-Léger성에서 회의를 소집한 다음 금지령이 해제되었음을 널리 선포했다. 1201년 3월 교황 특사인 옥타비앙Octavien 추기경이 수아송에서 공의회를 소집했는데, 이 공의회에는 앙주뷔르주 본인도 참석했다. 결국 필리프는 그의 두 번째 결혼의 무효화에 실패했고, 셋째 아이를 임신한 아네스를 푸아시Poissy로 멀리 보낼 수밖에 없었다. 드디어 필리프는 앙주뷔르주를 석방시켰지만 국왕의 이런 제스처는 모두 아네스가 낳은 두 아이를 '혼외자'로 만들지 않기 위함이었다. 그는 아네스의 품으로 돌아갔고, 천신만고 끝에 공식적인 배우자가 된 앙주뷔르주는 에탕프성으로 돌아가서 "가장 큰 고독과 상대적인 궁핍 속에서" 다시 인고의 세월을 보내야 했다.[32] 1201년 7월에 아네스 드 메라니는 그만 세 번째 아이를 낳다가 사망했고, 영아도 태어난 지 얼마 되지 않아서 사망했다. 필리프는 교황으로부터 아네스가 낳은 아이들의 적법성에 대한 승인을 얻어냈다. 프랑스 시인이자 극작가인 프랑수아 퐁사르François Ponsard(1814-1867)는 자신의 5막 비극《아네스 드 메라니》Agnès de Méranie(1846)에서 아네스의 생애를 그렸

---

32   16세기의 전설에 의하면 앙주뷔르주는 간수와 성관계가 있었고 1203년에 여아를 낳다가 그만 유산했다고 한다.

고, 낭만주의적 스타일의 여배우 마리 도르발Marie Dorval(1798-1849)이 그 타이틀 롤을 맡았다.

　　당시 36세였던 필리프는 새로운 왕비를 얻을 궁리도 했지만, 결국 19년 동안 유폐되었던 왕비 앙주뷔르주를 다시 궁으로 소환했다. 그녀는 국왕이 사망할 때까지 국왕과 그런대로 사이좋게 지냈다. 그녀가 공식적인 지위를 회복했을 때 왕세자 부부는 그녀에게 경의를 표했고 처음으로 아이들을 인사시켰다. 그동안 엄청난 시련을 겪고 그토록 모진 대우를 받았음에도 불구하고 그녀는 국왕의 부빈 전투의 승리를 무척이나 기뻐했다고 한다. 필리프는 자신이 예전에 받았던 지참금을 단 한 푼의 이자도 보태는 일 없이 그대로 돌려주었다. 그녀는 한번도 왕국의 정치생활에 참여한 적이 없었다. 필리프의 사망 이후에 그녀는 작은 수도원에 들어가서 남은 여생을 보냈다. 그녀는 사자왕 루이 8세Louis VIII(1187-1226)의 사망이후 왕비 블랑쉬 드 카스티유의 섭정기와 루이 9세의 초기 집권 10년을 경험했던, 그러나 사람들의 기억 속에서는 거의 잊힌 산 증인이기도 했다. 1236년 7월 29일 그녀는 조용히 숨을 거두었다. 아직까지도 왜 그녀가 혼인 첫날밤 이후에 국왕한테서 갑자기 버림을 받았는지 그 이유는 정확히 밝혀지지 않고 있다. 앙주뷔르주는 그래도 매력적이고 모범적인 여성이었고, 이 결혼은 국왕 자신이 원해서 이루어졌던 것이 아닌가? 특히 왕국의 이해관계가 최우선시되는 왕가의 정략혼에서 배우자의 신체적 용모나 혐오감 때문에 헤어지는 일은 비교적 드문 일에 속했다. 전설에 의하면 국왕은 초야에 성 불능이었고 그것에 화가 난 국왕이 그녀를 당장에 집으로 돌려 보낼 생각을 했다는 것이다. 그런데 그녀가 의외로 완강히 거부하자 거의 20년 동안 가두었다는 것인데 진실은 역시 당사자인 두 사람만이 알 것이다.

3 정의와 도덕의 군주 루이 9세

카페 왕조의 9번째 국왕(재위: 1226~1270)

루이 9세Louis IX(1214-1270)는 프랑스 국왕 중에서 유일하게 성인으로 시성되었던 전설적인 인물이다. 그의 사후 27년 만인 1297년에 교황 보니파시오 8세Boniface VIII(1230-1303)가 그를 성인으로 공표했다. 루이 9세는 가장 이상적인 기독교 군주로 이상화되었기 때문에, 그의 후계자들 중에는 '루이'라는 이름을 가진 국왕들이 압도적으로 많았다. 그는 12세에 루이 9세로 즉위했는데 국왕이 미성년이었기 때문에 모후인 블랑쉬 드 카스티유Blanche de Castille(1188-1252)가 섭정직(1226~1234)을 맡았다. 성년이 되기까지 그는 자신을 둘러

루이 9세의 초상화

싼 많은 고문들로부터 국왕에게 필요한 여러 가지 기술들을 배웠지만, 과연 어떻게 '성인'이 되는가에 대한 가장 중요한 레슨은 자신의 어머니로부터 배웠다. 매우 독실한 가톨릭 신자였던 모후 블랑쉬는 사랑하는 아들에게 종교적인 헌신과 경건함을 깊숙이 주입시켰다. 어느 날 그녀는 어린

루이에게 다음과 같이 서릿발 같은 충고를 했다고 전해진다. "나의 소중한 아들아. 한 어머니가 자기 아이를 사랑하는 것 못지않게 나도 너를 사랑한단다. 그러나 나는 네가 도덕상의 죄를 짓느니 차라리 나의 발 밑에서 죽는 것을 보기를 원한다." 이 두 모자의 관계는 매우 훌륭하고 모범적인 것으로 널리 추앙을 받았다.

루이에게 매우 경건한 교육을 실천한 모후 블랑쉬 드 카스티유

블랑쉬 드 카스티유

블랑쉬는 카스티야 왕국Reino de Castilla의[33] 알폰소 8세Alfonso VIII(1155-1214)의 딸이며, 중세의 여장부 알리에노르의 손녀이기도 하다. 원래 그녀의 언니 우라카Urraca(1187-1220)가 루이 8세와 정혼한 사이였지만, 할머니 알리에노르는 두 자매를 만난 다음에 우라카보다는[34] 블랑쉬가 프랑스 왕비에 훨씬 적합하다는 판단을 내렸다. 1200년 봄, 거의 팔순이 다 된 노구의 알리에노르는 12살의 손녀 블랑쉬를 데리고 험준한 피레네 산

---

33   불어로는 카스티유 왕국royaume de Castille. 중세 유럽, 이베리아 반도 중앙부에 있었던 왕국으로 이베리아 반도 남부의 이슬람 국가를 축출하고 이베리아 반도를 회복하는 '레콩키스타'Reconquista(국토회복운동)에서 주도적 역할을 완수했으며, 훗날 아라곤 왕국과 통합하여 통일 스페인 왕국의 핵심부가 되었다.

34   우라카는 카스티야어로 '까치'를 의미하며 후일 포르투갈 왕비가 되었다.

맥을 넘어 그녀를 프랑스 궁정에 데려다주
었다. 그리고 4년 후에 알리에노르는 사망
했다. 두 사람의 정혼이 결정되었을 때 루
이와 블랑쉬는 전혀 알지 못하는 사이였다.
그들은 프랑스 궁정에서 자라서 5년 후인
1205년에 결혼식을 거행했다. 결론적으로
이 결혼은 매우 성공적이었다. 둘 사이에는
자그마치 12~13명의 자녀가 태어났기 때문
이다. 1223년 필리프 2세가 사망한 후 동년
8월 6일에 루이 8세는 권좌에 올랐다. 그런
데 1226년 남편이 알비 십자군 원정 귀국길

성왕 루이 9세의 탄생

에 갑자기 이질로 사망한 후 38세의 과부는 섭정이 되었다. 루이 8세는 죽
기 전에 장남인 루이가 성년이 될 때까지 통치를 아내에게 맡긴다는 유언
을 남겼다. 그래서 프랑스에서는 최초로 프랑스 왕비가 왕국을 다스리는
일이 발생했다!

동시대 연대기 작가에 따르면 왕국의 어느 여성도 블랑쉬의 우아한
미모에 견줄 수 없었다. 그녀의 아름다움은 계절이 바뀌고 해가 흘러도,
열 명 이상의 아이를 낳아도 여전히 그대로였다. 12번째 아이를 임신했을
때 국왕이 죽자 귀족들은 그 아이의 아버지가 필경 어린 루이의 스승인 이
탈리아 추기경 로마노 보나벤투라Romano Bonaventura(?-1243)이거나 샹파
뉴 백 티보 4세Thibaut IV de Champagne(1201-1253)일 거라고 의심하면서 그녀
의 도덕성에 흠집을 내기 시작했다.[35]

---

35   왕비가 우아하고 예절 바른 로마노 추기경에 대한 연심을 품고 있다는 풍문이
나돌자 대학생들은 두 사람에 관련된 외설적인 풍자시나 샹송을 발표했다.

샹파뉴 백(1201-1253)이자 나바르 국왕(1234-1253) 티보는 그 시대에 가장 유명한 음유시인 중 하나였다

1224년 봄 왕군이 알비인들을 퇴치하기 위해 프랑스 남부지방으로 십자군 전쟁을 떠났을 때의 일이다. 전염병이 왕군을 많이 죽이자 샹파뉴 백 티보는 공성을 풀 것을 왕에게 권고했다. 그러자 화가 난 국왕이 샹파뉴에 전쟁을 선포할 것을 맹세하자 티보는 그냥 자기 영지로 돌아가버렸다. 전쟁은 가을경에 끝났고 루이 8세는 귀국 중에 몽팡시에Montpensier성에서 병에 걸렸고 1226년 11월 8일 사망했다. 신하들이 죽어가는 왕을 살리기 위해 의학처방으로 젊은 소녀를 그의 침실에 들여보냈는데, 자고 있다가 깨어난 루이는 "이런 죄를 짓느니 차라리 죽는 것이 낫다!"면서 그 처방전을 거부했다. 국왕은 또한 이 사랑스러운 소녀에게 정식으로 짝을 지어주라고 명했다. 그런데 국왕의 장례행렬이 파리로 돌아오는데 티보가 국왕을 독살시켰다는 이상한 소문이 퍼졌고 심지어 그가 왕비의 연인이라는 소문까지 나돌았다.

즉 당대의 최고 음유시인이었던 티보가 자신의 숙모이자 궁정문학에 심취한 왕비 블랑쉬에게 사랑의 연가를 바침으로써 왕비의 마음을 사로잡았다는 것이다.[36] 이러한 불미스러운 소문은 티보나 왕비에게 모두

---

36   블랑쉬 드 카스티유의 미모는 음유시인이라는 별명이 붙은 샹파뉴 백 티보의 심

치명적이었다. 국왕의 시신이 매장되자 마자 귀족들은 왕실에 땅을 요구하면서 섭정과 루이 9세에 대항하는 동맹을 결성했는데, 티보도 역시 동맹세력에 가담했다. 그러나 티보는 곧 진영을 바꾸어 섭정 편에 섰다. 이를 보고 화가 치민 귀족들은 티보에게 전쟁을 선포했으며 샹파뉴를 방화와 살육으로 혼란에 빠뜨렸다. 왕실은 평화를 회복하기 위해 샹파뉴에 군대를 보내는 동시에, 많은 돈을

감옥에 갇힌 플랑드르 백 페랑

쏟아 부어 티보가 자신의 가신들의 마음을 사도록 했다. 이처럼 블랑쉬는 몇몇 충신들에게 의지하면서 아들의 왕권을 노리는 야심 많은 귀족들과 대항했고 어떤 때는 전쟁도 불사했다. 1227년 1월 6일 블랑쉬는 왕실에 대한 지지세력을 얻기 위한 일환으로 부빈 전투 이래 12년 동안이나 억류되었던 플랑드르 백 페랑Ferrand(1188-1233)을[37] 석방시켰다.

필리프 오귀스트 이래 '왕권'souveraineté royale과 '국가'Etat라는 개념이 새로 정립되었지만 이 새로운 모델은 아직 견고하지 못했다. '봉건제'라는 옛날의 자유분방한 지방분권 체제를 신봉했던 귀족들은 걸핏하면 섭정과 어린 국왕에게 반기를 들었으나 성공하지는 못했다. 심지어 어린 국왕 루이는 모후 블랑쉬와 함께 몽테리Montlhéry성까지 피신했던 위기의 순간도 있었다. 그러나 모자의 안위를 염려해서 (사실상 모후의 지시에 의해) 그곳까지 찾아온 용감한 파리 시민들의 호위하에 왕실가족은 다시 파

장에 강렬한 인상을 남겼다. 그가 쓴 시나 샹송은 그의 성벽에도 새겨져 그 일부 흔적이 남아있다. 그 시들은 그가 왕비에게 연정을 품고 있었음을 알려준다.

37　　포르투갈어로는 페르난도Fernando.

이단의 저항지로 알려진 프랑스 남부 몽타이유Montaillou
주민들(카타리파)에 대한 대량학살의 장면

리로 귀환할 수가 있었다. 1229년에 가서야 왕군에게 패배한 귀족들은 드디어 고분고분해졌다. 블랑쉬는 국정을 운영하면서도 가장 훌륭한 교사들을 모시면서 루이가 프랑스 국왕 중에서 유일하게 '성인聖人'이 될 수 있도록 아들의 정신(신앙) 교육에 특히 집중했다. 당시 연대기 작가들은 블랑쉬가 그녀의 사생활이나 정부 운영방식에 가해진 온갖 비난과 중상모독, 전대미문의 공격에 대하여 놀라울 정도로 확고부동한 자세로 대처하면서 자신의 임무를 완벽하게 수행했다고 기술했다. 아들 루이 9세의 치세기에 이단 카타리파(청순파)에[38] 대한 대량학살을 부추긴 것도 역시 신앙심 깊은 모후 블랑쉬였다고 알려져 있다. 루이가 성년이 된 후에도 여전히 국정에 남아있었던 블랑쉬는 이처럼 남부 프랑스 지역에 왕권을 확장시키기를 염원했다.

루이 9세의 왕비 마그리트 드 프로방스Marguerite de Provence(1221-1295)의 고해신부였던 프란치스코 수도승 기욤 드 생-파튀Guillaume de Saint-Pathus(1250-1315)에 의하면 루이는 결혼 초야에도 구약 〈토빗기〉에[39] 등장하

---

38   알비파, 혹은 청순파는 12·13세기에 프랑스 남부의 알비와 툴루즈를 중심으로
생겨난 기독교 이단교파다.

39   토빗기는 구약성경(또는 히브리 성경)의 코이네 그리스어 번역본인 칠십인역의

는 '토빗의 3일 밤'을 존중하는 의미에서 자신 의 아리따운 신부를 손가락 하나 건드리지 않 은 채 3일 내내 기도에만 전념했다고 한다! 마그 리트의 여동생 엘레오노르 드 프로방스Eléonore de Provence(1223-1291)가 후일 영국 왕비가 되었 던 것처럼, 루이의 결혼도 역시 정치적 커넥션 의 산물이었다.[40] 그러나 정략혼임에도 불구 하고 새 왕비 마그리트의 종교적인 열정은 경 건한 루이의 파트너로서 하나도 손색이 없었 다. 1240년에 둘 사이에는 첫 번째 공주가 탄생 했는데 이름을 시어머니의 이름을 따서 '블랑

마그리트 드 프로방스

쉬'Blanche(1240-1243)라고 지었다. 마그리트는 그 이후에도 10명의 자녀를 낳아주었다. 교양 있고 신앙적이면서도 매우 쾌활한 성격의 며느리는 엄 격한 시어머니와는 매우 대조적이었다. 거의 36년을 해로하게 될 이 두 사 람은 천생연분이었다. 성왕 루이의 시대는 위대한 건축물의 시대이기도 했는데 루이는 그녀에게 자신이 수도 파리에 세운 많은 공공 건축물들을 보여주는 것을 무척 좋아했으며, 같이 승마를 즐기고 독서를 하며 음악을 감상했다. 그러나 애처가인 루이가 자신의 부인에게 너무도 커다란 관심 과 애정을 쏟자 이를 질투한 모후는 자신이 할 수 있는 한 이 젊은 잉꼬 커 플을 떨어뜨려 놓으려고 훼방을 놓았다. 드디어 루이가 국정을 운영하게 되었지만 그는 여전히 어머니의 고문들에 둘러싸여 있었고 블랑쉬도 현

일부로 총 14장으로 구성되었고, 이스라엘 납달리 지파 사람인 토빗과 그의 아들 토비야 의 일대기다.

40   이 두 자매의 어머니인 베아트리스 드 사부아Béatrice de Savoie도 역시 지성과 미모로 명성이 높았고 프로방스 궁정의 음유시인들의 찬미 대상이었다.

십자군 원정을 떠나는 루이 9세와 왕비 마그리트 드 프로방스

명한 자문 역할을 계속 담당했다. 1248년 8월 제7차 십자군(1248-1254) 원정시에 루이는 국정을 다시 모후에게 맡기고 출발했으며, 블랑쉬는 아들이 없는 동안 나라를 잘 다스렸다. 1250년 루이가 이집트에서 포로로 붙잡혔을 때는 그의 석방을 위해 자금을 동원하기도 하고, 국왕이 성지로 들어갔을 때는 일부 지원군을 보내기도 했지만 무슬림 지도자들과의 힘의 역학관계를 역전시키기에는 역부족이었다. 국왕이 포로 신세가 되었을 때 십자군의 사기를 진작시키고 그를 석방시키기 위한 자금을 끌어모으는데 성공한 장본인은 바로 임신한 상태에서 십자군 원정을 따라갔던 용감한 왕비 마그리트였다.

1251년에 블랑쉬는 십자군 원정에서 죽은 기사들의 아이들을 위한 고아원을 세웠으며, 그 이듬해인 1252년 11월에 향년 64세의 나이로 사망했다. 그녀의 소원대로 유해는 모뷔송Maubuisson 수도원에 묻혔으며 나중에 그녀의 심장은 리Lys 수도원으로 이장되었다. 루이는 멀리서 모후의 사망소식을 알았지만 곧장 들어가지 않았고 2년 후인 1254년에야 프랑스로 귀국했다.

극도로 경건한 루이

생트 샤펠 성당 내부의 스테인드글라스. 구약성서의 첫 부분부터 신약의 마지막 부분까지 1,134 장면을 표현한 후, 마지막에 성유물을 파리로 모셔오는 생 루이 국왕 자신의 모습을 그렸다

군주로서 전권을 물려받게 된 루이 9세는 프랑스를 가장 기독교적인 왕 국으로 만들기 위해 총력을 기울였다. 스스로 '지상의 신의 대리인'임을 자처했던 그는 많은 교회건물들을 지었고, 두 번이나 십자군 원정에 참 여했다. 물론 두 번 다 결과는 처참했지만 그것은 기독교 군주로서의 그 의 권위를 높여주었고 교황으로부터 온갖 존경과 찬사를 한몸에 받았 다. 교회와 프랑스 왕정의 밀월관계는 성왕 루이의 치세기에 절정에 달했

가시면류관과 십자가를 받는 루이

다.[41] 군주가 교회에 대해서 관대하고 아낌없이 통 큰 기부를 하고 있었다면, 별다른 결함이 없는 한 교회 측은 좋게 평가하기 마련이다. 그러나 군주의 그런 행동은 정치적 자살골이나 다름 없다. 교회 측에서 탐욕스러운 군주라고 비난한 경우에는 대개 주목할 만한 정치가인 경우가 많았다.

루이는 파리의 중심에 떠 있는 시테 섬 왕궁의[42] 안뜰에다 후기 고딕 양식의 정수이자 보물이라고 칭송받는 아름다운 생트 샤펠Siante-Chapelle 성당을 지었다. 루이가 이 성당을 지은 이유는 그리스도가 십자가에서 처형될 때 썼다고 하는 가시면류관과 그리스도가 매달렸다고 전해지는 십자가 조각을 수집하면서 각종 귀한 성유물들을 보관하기 위함이었다. 1239~1241년경에 그는 라틴 제국의[43] 최후 황제인 보두앵 2세 드 쿠르트

---

41   프랑스 국왕들은 교회에 의해서 가장 기독교적인 국왕Rex Christianissimus으로 추대되었으며, 프랑스와 교황청의 밀월관계는 12-13세기에 절정에 달했고 교황들은 십자군 원정의 궐기를 호소할 때마다 프랑스 땅에 구원을 요청했다.

42   현 대법원Palsis de Justice의 자리.

43   라틴 제국 또는 콘스탄티노플의 라틴 제국은 비잔틴 제국의 도시 콘스탄티노

네 Baudouin II de Courte-nay(1217-1273)로부터 원래 비잔틴 제국의 국보였던 문제의 가시면류관을 사들였다. 성지 순례나 성유물 숭배가 성행하던 시대에는 그 진위를 별로 문제 삼지 않았다. 후일 미국 소설가 마크 트웨인Mark Twain(1835-1910)은 그의 첫 번째 책《철부지의 해외 여행기》

속죄의 수단으로 자신에 대한 채찍질을 허용하는 루이 9세

Innocents Abroad(1869)에서 "유럽의 다양한 교회에서 모아 놓은 그 '진정한' 십자가들의 파편을 모두 긁어모은다면 아마도 여러 채의 집들을 능히 지을 수 있을 것"이라고 너스레를 떨었다.[44] 인심 좋은 루이는 보두앵 2세가 부유한 베니스 상인 니콜로 키리노Niccolo Quirino로부터 그 관을 '담보'로 얻었다는 막대한 황실 빚을 모두 청산해주기로 했다. 그는 이 관을 얻기 위해서 135,000리브르라는 엄청난 금액을 지불했는데, 정작 성당을 짓는 데는 그 절반도 안 되는 금액(60,000리브르)이 들었다.[45]

플에 세워진 '십자군의 제국'을 가리킨다. 1204년 제4차 십자군 원정은 베네치아 공화국의 사주를 받고 이슬람을 공격한 것이 아니라 콘스탄티노플을 공략하여 비잔틴 제국을 몰아내고 자신들의 제국을 세웠다. 십자군은 1204년 5월 16일 플랑드르 백 보두앵 1세(1171-1205)를 초대황제로 세웠고 이후 57년간 콘스탄티노플을 지배했다.

44   미국 수필가 워싱턴 어빙Washington Irving(1783-1859)의《스케치북》*The Sketch Book*에서도 비슷한 언급이 나온다.

45   나폴레옹 시대 이후 가시관은 파리 노트르담 성당에서 보존하며 특별 미사 때 신자들에게 공개했다. 2019년 노트르담 성당에 큰 화재가 났을 때 소방관들은 매뉴얼에 따라 가장 먼저 이 가시관을 구해서 나왔다고 한다.

가난한 사람들의 발을 씻겨주는 국왕 루이(15세기 세밀화)

루이는 신의 영광과 자기 백성들의 안위를 위해서라면 무슨 일도 마다하지 않았다. 누구도 그가 남에 대한 험담을 하는 것을 듣지 못했다. 그는 연주창 환자를 낫게 하는 능력과 가난한 자들에 대한 적선으로도 유명했다. 국왕은 거지들을 자신의 식탁에 초대하여 함께 식사를 했다. 심지어 그들이 남긴 음식을 먹기도 했으며 그리스도가 그랬던 것처럼 걸인들의 발도 정성스럽게 씻겨주었다. 또한 사람들에게 배척당하는 나환자들을 정성껏 돌보아주었다. 그는 매일 100명 정도의 빈민들을 먹여살렸으며 300명의 맹인수용병원 '켕즈-뱅'Quinze-Vingt(1254)이나 교화된 매춘부들을 위한 시설 등 많은 병원과 구호시설물을 지었다. 루이는 거친 말총으로 만든 참회용 속옷을 입고, 침대 머리맡에서 하룻밤에 50번씩 무릎 꿇고 기도드리고, 자주 금식했다. 그는 자신을 채찍질하는 고행도 서슴지 않았으며 역도들에 대해서도 자비를 베풀었다. 그는 아버지를 따라서 반란에 참여한 젊은 귀족을 사형시키라는 신하들에게 "아들이 아버지 명을 거역하기는 어렵다"면서 이를 거부했다고 한다.

그러나 이처럼 자비롭고 신성한 국왕도 그리스도의 적들에 대해서는 가혹하기 이를 데 없었다. 루이의 치세기에 이단들을 모조리 색출하여 심문하는 종교재판이 설치되었다. 이를테면 십자군의 원정이 유태인이나 카타리파에 대한 집단적이고 대규모적인 탄압이었다면, 표면상 특별 재판의 형식을 취한 이단 심문은 개인 신앙의 자유를 말살시키는 효율적인 보조기구였다. 그는 이단을 단죄하는 종교심문의 범위를 넓혔으며 이른바 '신성모독죄'를 저지른 자의 혀와 입술을 잘랐다. 그는 1242~1243년에 남프랑스의 이단 카타리파를 숙청했고 그들의 재산을 가차없이 몰수했다. 십자군 원정을 갔다가 포로로 붙잡혔을 때도 루이는

맹인병원 킹즈-뱅(1567)

매일 성무일과를[46] 게을리하지 않았다. 거대한 몸값을 지불하고 풀려난 후에도 프랑스로 귀국하기 전에 기어이 성지를 방문했다. 그는 그것이 프랑크족과 샤를마뉴 시대까지 거슬러 올라가는 프랑스의 위대한 소명, 즉 '가톨릭 교회의 장녀'fille aînée de l'Église로서의 신성한 의무를 다하는 것이라고 생각했다. 그의 치세기는 중세 프랑스 문화의 절정이라고 일컬어진다. 그러나 1243년에 그는 파리의 유태인에 관련된 12,000여 개의 수사본(문화재)을 모조리 불태우라고 명하는 만행(?)을 저질렀다.

> "만일 기독교 신앙을 비방하는 자가 있다면 그 자의 복부를 관통할 수 있는 검으로 이를 반드시 응징할 필요가 있다."
> - 성왕 루이

---

46   상급 성직자가 외우는 낭송 및 기도.

파리의 논쟁

제3단프란치스코 도미니코회에 속하는 재속在俗 수도사의 단체의 수호성인 중 하나인 국왕 루이 9세

소위 '탈무드 재판'Procès du Talmud이라고 알려진 이 파리의 논쟁은 1240년에 프랑스 국왕 루이 9세의 법정에서 일어났다. 기독교로 개종한 유태인 니콜라 도냉Nicholas Donin이 탈무드를 번역했다. 그는 탈무드의 내용 가운데 예수와 성모 마리아, 그리고 기독교에 관해 신성모독죄가 적용되는 부분이 있다면서 이를 35가지나 기소했다. 그러자 4명의 랍비들이 도냉의 기소에 대항해서 탈무드를 적극 옹호했다. 13세기 서방 기독교는 특히 토마스 아퀴나스Thomas Aquinas(1224/1225-1274)의 신학 저서들을 통해서 아리스토텔레스 철학을 기독교에 동화시키는 등 신학교리를 집대성해왔다. 그동안 전도열에 불탄 교회는 토론을 통해서 유태인의 신앙을 이기려는 시도를 했고, 또 기독교의 지적 우월성을 입증하기 위해 유태인들을 토론에 참가시켰다.

프란치스코 교단 회원인 도냉은 기독교 측을 대변했다. 그는 탈무드 현자들의 명령이 유태인이 비유태인을 죽이는 것을 허용하고, 또 양심도 없이 기독교인들을 기만하고 그들과의 약속을 깨는 것을 용인한다고 주장했다. 도냉이 자신의 번역본을 교황 그레고리오 9세Gregorio IX(1170-1241)에게 제출할 때까지 교회는 탈무드에 별로 관심을 보이지 않았고 프랑스 왕정도 역시 관심이 없기는 마찬가지였다. 1230년 이전에 프랑스 왕정은 유태인들을 단지 그들의 잠재적인 수입원으로만 간주했다. 네 명의 랍비들은 도넹의 기소에 대항해서 탈무드를 변론했다. 가령 탈무드에는 예수Yeshu라는 이름을 가진 자가 더러운 똥이 펄펄 끓는 지옥에 영구적으로 떨어졌다는 얘기가 나온다. 그러나 유태인 랍비들은 프랑스에 있는 루이가 모두 프랑스 국왕이 아닌 것처럼, 그도 역시 신약에 등장하는 예수는 아니라고 강력히 부인했다. 탈무드의 외설적인 고담에 의하면 아담이 자신의 배우자인 이브를 만나기 전에 모든 동물들과 성교를 했다는 구절이 나온다. 또한 탈무드의 전설에 따르면 노아는 자신의 아들 햄Ham

노란색 원형의 유태인 표지를 단 유태인(16세기)

에 의해 거세를 당했다고 한다. 유태교를 구약의 모세 신앙과 동일시하는 것이 기독교인들의 전통이었기 때문에 교회는 유태인들이 그들의 성서에 대한 이해를 보완하기 위해서 권위적인 탈무드를 개발해 왔다는 사실에 무척 놀랐다. 영국의 유태학자인 하이암 매코비Hyam Maccoby(1924-2004)는 파리 논쟁의 목표가 유태인들을 탈무드에 대한 신앙에서 떼어내서 구약성서의 유태교로 복귀시키고, 궁극적으로는 기독교를 포용하게 만들려는 것이었다고 평가했다. 메코비는 도넹이 개종하기 전에 카라이테 유태교 분파에 속해있었던 것에 주목했다. 즉 그의 주장에 따르면 도넹은 랍비의 전통을 공격하기 위해 일부러 기독교로 개종했다는 것이다.[47]

---

47   유태 학자들은 유태주의Judaism의 역사를 둘로 나눈다. 이스라엘 역사에서 신학적으로 대단히 중요한 위치를 차지하는 바벨론 유수기를 기점으로 하여 그 이전을 '성서 유태주의'Biblical Judaism, 그 이후를 '랍비 유태주의'Rabbinic Judaism로 분류하는 것이다. 그런데 성서 유태주의는 기독교가 유태교와 함께 공유하는 부분이다.

논쟁의 결과 1242년 6월 17일 많은 탈무드 경전들이 모두 불태워지는 보복을 당했다. 자그마치 짐수레 24대 분에 해당하는 막대한 양의 수사본들은 모두 사람이 일일이 손으로 베껴 쓴 것들이었다! 도넹의 탈무드 번역은 유태인에 대한 기독교의 인식을 송두리째 바꾸어 놓았다. 그동안 기독교인들은 유태인을 모세와 예언자들의 율법을 존중하는 구약의 추종자들로 간주했는데, 탈무드에 들어있다는 예의 그 신성모독을 통해서 구약에 대한 유태인의 이해가 기독교인의 것과 판이하게 다르다는 사실을 깨닫게 되었다. 이에 대하여 루이 9세는 "오직 노련한 성직자만이 유태인들과 논쟁을 할 수가 있다. 그러나 우리 속인들은 그리스도를 비방하는 자들에게 칼을 휘둘러야 한다"는 명언을 남겼다. 유태인을 '그리스도의 적'이라고 간주한 루이는 철저한 반유태주의 정책을 폈다. 그는 유태인의 경전을 죄다 소각한 후에 유태인들에게 14세부터 '노란 별'(원형)의 표지 rouelle를 달게 하고[48] 재산을 빼앗더니 급기야 모든 유태인에게 추방령을 내렸다.

두 차례의 십자군 원정

제7차 십자군(1248~1254) 원정 당시에 프랑스는 유럽에서 가장 강한 나라 중 하나였다. 영국 왕 헨리 3세Henri III(1207-1272)와의 전투 이후 루이는 거의 죽음의 문턱까지 갔을 정도로 중병(이질)에 걸려 고생을 했다. 그러자 왕국 전체에서 의연금 모집과 백성들의 기도, 그리고 여러 종교 행렬들이 이어졌다. 모후 블랑쉬도 아들의 치유를 기원하는 의미에서 생트 샤

---

48   기독교인들에게 노란색은 '배반'을 의미했다. 그리스도를 배신한 유다는 유태인과 마찬가지로 노란 의상으로 대표되었다.

펠 교회의 성물을 국왕 옆에 가져오도록 명했다. 성물이 악귀를 쫓고 병을 고쳐준다고 믿었기 때문이다. 루이 9세의 전기작가인 장 드 주앵빌Jean de Joinville(1224-1317)에 의하면 결국 몇 주가 지난 후에야 국왕은 '기적'처럼 건강을 회복했다. 그러자 신의 뜻으로 생명을 되찾았다고 판단한 루이는 감사의 표시로 십자군 원정을 결정했다. 모후 블랑쉬와 측근들이 말렸지만 별로 소용이 없었다. 1248년에 루이는 3천 명의 기사들을 포함한 1만 5천 명의 군대를 이끌고 원정길에 올랐다. 전술한 대로 왕비 마그리트도 역시 남편을 따라서 이집트까지 갔으며 그곳에서 장-트리스탕Jean-Tristan(1250-1270), 피에르Pierre(1251-1283), 블랑쉬Blanche de France(1253-1320) 등 세 명의 자녀를 낳았다. 국왕의 일행은 프랑스의 남부해안을 따라서 30척의 배에 승선한 채 무슬림이 지배하는 성지를 향해 나갔다. 1249년에 그들은 이집트 나일 삼각주 지역의 항구도시 다미에타Damietta에 도착했다. 루이 9세는 다미에타를 통해서 이집트를 공략하고 성지 예루살렘을 탈환하려는 계획을 세웠다. 무슬림들이 이집트의 다른 도시로 피했기 때문에 그는 어렵지 않게 다미에타를 점령할 수가 있었다. 그러나 나일강의 범람을 전혀 예상하지 못했던 루이는 6개월간이나 도시에 갇히게 되었다. 그 후 그는 카이로까지 진격했으나 무슬림 군대에 압도당해서 많은 병력을 손실했다. 1250년 2월 8일 루이는 엘 만수라Al Mansurah전투에서 패했으며 이집트군에게 붙잡히는 신세가 되었다. 그는 몸값 40만 리브르를 지불하고 풀려났는데, 당시 프랑스의 연간 수입이 125만 리브르였다고 한다. 가까스로 몸값을 지불하고 풀려난 루이는 당시 기독교의 거점도시였던 아크레로 도망갔다가 1254년에 드디어 프랑스로 귀국했다. 제7차 십자군 원정은 실패였다. 루이와 그의 군대는 예루살렘을 비롯한 성지의 어떤 영토를 회복하는 데 실패했지만 그 실패가 '신의 신성한 징벌'이라고 여긴 그는 또다시 제8차 십자군 원정을 기획했다.

침상에서 십자군 원정 참가를 맹세하는 국왕 루이

국왕이 두 번째로 십자군 원정을 떠나겠다고 선언하자 주앵빌을 포함한 많은 동시대인들이 이를 '시대착오적'이라고 여겨 반대했지만 이번에도 국왕의 고집을 꺾을 수는 없었다. 국왕이 이런 결정을 하게 된 데는 다음과 같은 정세의 변화가 있었다. 국왕의 막냇동생 샤를 당주Charles d'Anjou(1227-1285)가 시칠리아 국왕이 되었기 때문에 시칠리아는 십자군의 중요한 작전 기지가 될 수 있다. 또한 루이는 궁극적으로 이집트를 공격하기 위해서 하프스 왕조의 술탄 무함마드 알 무스탄시르Muhammad al-Mustansir를 기독교로 개종시키고, 이프리키야Ifriqiya(현 튀니지)를 지상기반으로 삼는다는 전략을 세웠다. 즉 튀니지의 술탄을 기독교로 개종시켜 이집트의 술탄과 대립시킨다는 다소 황당무계한 작전인데, 이는 형의 종교적 신심을 이용한 막내 샤를의 교묘한 계략이었다. 전쟁비용은 교회의 십일조와 각 도시들에서 거둔 비용으로 충당했으나 외교 부분에서는 그리 성공적이지 못했다. 당시 교황 클레멘스Clement IV(1227-1285)가 사망했기 때문에 십자군 당시에 교황은 공석이었고 이제 십자군의 열기도 식어서 동맹을 찾기도 쉽지 않았다. 그나마 참가를 결정했던 아라곤 왕도 그의 함대가 폭풍우로 가라앉은 후 결국 참전을 포기했다.

1270년 3월 14일 이미 56세의 나이가 된 국왕은 생-드니 교회로 가서 순례자의 지팡이와 프랑스 국왕기를 가지고 왔다. 그다음 날 그는 시테

新 프랑스 왕과 왕비

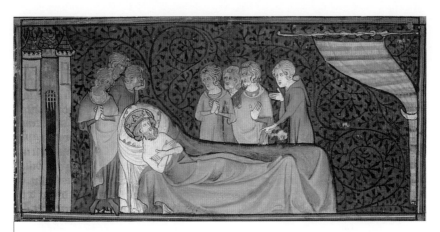

성왕 루이의 죽음

궁에서 노트르담 성당까지 맨발로 걸어갔다. 그리고 뱅센느 궁에서 왕비 마그리트에게 마지막 작별을 고하고 출발했다. 드디어 1270년 7월 1일에 출발한 십자군은 카르타고를 쉽게 점령했으나 당시 물자보급 사정이 열악했던 프랑스군은 전염병이라는 예상 밖의 암초에 부딪혔고 결국 8월 25일 열병에 걸린 국왕은 튀니지의 성벽 밑에서 죽음을 맞이했다. 그는 임종할 때 겸허의 상징인 재의 침대 위에서 기독교의 상징인 십자가를 양 손에 들고 있었다. 이것이 성지를 재탈환하겠다는 서구의 기원과 마지막 십자군의 허무한 종말이었다. 임종 시에 그는 이런 말을 남겼다. "주님, 저는 이제 당신의 집에 들어가렵니다. 당신의 거룩한 성전에서 예배하리다. 당신의 이름에 영광을 드리나이다." 그리고 오후 3시경에 "제 영혼을 당신 손에 맡기나이다" 하면서 숨을 거두었다. 그의 아들 필리프 3세는 대관식을 거행하기 전에 부친의 유해를 프랑스로 이장시켰다.

　유머가 없고 전술이 별로 신통치 못하다든지, 종교적인 불관용에다 교회에는 지나치게 관대했다든지 이러한 여러 결점에도 불구하고 루이는 매우 이상적이고 모범적인 국왕이었다. 그는 선천적으로 위대한 지배

프랑스 신고전주의 화가 조르주 루제Georges Rouget(1783-1869)의 작품으로
성왕 루이가 영국 왕과 제후들 간의 불화를 중재하는 모습을 그렸다

자의 소질을 갖추고 있었지만 정치적 야심은 없었다. 그는 신성로마제국
의 불행한 처지를 이용해서 프랑스 영토를 확장할 생각은 꿈에도 가지지
않았고 영국이나 아라곤과 평화롭게 지내기 위해서는 정복했던 땅도 아
낌없이 내줄 정도였다. 그러나 결과적으로 그러한 '비정치성'이 프랑스의
권위를 높여주었으므로 루이는 언제나 국제적인 분쟁을 도맡아서 조정
해 주게 되었다! 제도보다는 인간관계가 중요했던 봉건시대에는 치세 기
간의 길이가 군주의 자질보다 더 중요하게 평가되는 경우가 많았다. 기근
과 가난이 물러나고 경제적 번영을 구가했던 루이의 오랜 치세기(44년)는
프랑스가 그 뒤의 백년 전쟁에서 견딜 수 있는 기초를 마련한 시기였다고
긍정적인 평가를 받는다.

4   미남왕 필리프 4세

카페 왕조의 11번째 국왕(재위: 1285~1314)

필리프 4세Philippe IV(1268-1314)는 '미남왕'이라는 별명이 있었는데 그것은 그가 잘생긴 용모를 지니고 있었기 때문이다. 그러나 '철인왕鐵人王'이라는 또 다른 별명이 말해주듯이 그는 이상할 정도로 감정이 거의 없는 '냉혈한'에 가까웠다. 그래서 그의 정적인 파미에Pamiers의 주교 베르나르 새세Bernard Saisset(1232-1314)는 그를 가리켜 "인간도 동물도 아닌 조각상"이라고 언급한 바 있다. 그의 치세기에 프랑스는 그야말로 중세 권력의 정점에 도달했다. 당시 프랑스 인구는 1천 6백만에서 2천만 명 정도에 달했는데 이 수치는

필리프 4세

서구의 기독교 왕국에서 가장 많은 인구를 확보한 것이었다. 프랑스는 경제적인 번영을 이룩했고 왕권도 미증유로 강화되었다. 소위 '법학자들'에 둘러싸인 그는 중앙집권화된 근대국가의 첫 번째 군주였다.

미남왕 필리프 4세의 치세는 여러 가지 굵직한 사건들로 점철되어 있다. 흑마술로 왕비 잔 드 나바르Jeanne Ire de Navarre(1273-1305)를 살해했

필리프 4세와의 갈등으로 유명해진
파미에의 주교 베르나르 새세

다는 혐의를 받았던 트루아의 주교 귀샤르Gui-chard(?-1314)의 소송, 파미에의 주교 베르나르 새세 Bernard Saisset의 소송, 바람 난 국왕의 며느리들을 유폐시키고 그녀들의 정부 2명을 무참히 공개처 형시킨 넬 탑의 사건, 그리고 유명한 탕플 기사단 의 소송사건을 들 수가 있다.

중세의 파리

국왕이 되기까지

1285년 10월 5일 필리프 4세의 부친인 '용맹왕' 필리프 3세Philippe III(1245-1285)가 40세의 나이로 사망했다. 프랑스인들이 대량학살되었던 '시칠리

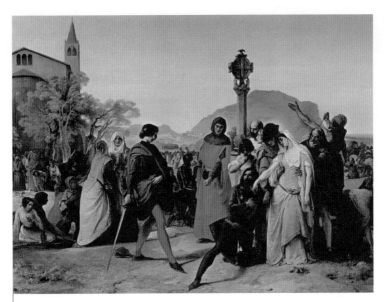

이탈리아 화가 프란체스코 하예즈Francesco Hayez(1791-1882)의 〈시칠리아 만종 사건〉(1846년 그림)

아 만종 사건'(1282) 이후[49] 필리프 3세는 그 일을 보복하기 위해 그 사건의 한 선동자였던 아라곤[50] 왕을 카탈루냐에서 공격하다가 패했다. 설상가상으로 그의 군대는 이질에 걸려서 말할 수 없는 고생을 했으며, 필리프 3세는 1285년 10월 5일 철군하던 도중에 페르피냥Perpignan에서 병사했다. 국왕이 수도에서 멀리 떨어진 곳에서 사망하는 바람에 그의 시체 처리 문제가 발생했다. 고대의 시체방부 처리술은 이미 실종된 지 오래였

---

49   1282년 부활절에 시칠리아 왕국에서 카페 앙주Capet-Anjou가의 시조 카를루 1세Carlo I(1226-1285), 즉 성왕 루이의 막냇동생 샤를 당주Charles d'Anjou에게 대항하여 일어난 반란이다. 6주에 걸쳐 이어진 반란에서 3천여 명의 프랑스인들이 살해당했고, 카를루 1세는 왕국에서 쫓겨났다.

50   아라곤 왕국은 오늘날 스페인의 아라곤 자치지방에 해당하는 이베리아 반도에 있었던 중세와 근세시대의 왕국이다.

생-드니 교회의 지하분묘에 누워있는
필리프 3세

고, 그 당시 부패방지는 뼈와 살을 분리하거나 내장을 적출하는 방법에 국한되어 있었다. 필리프 3세는 시신이 삼등분(심장, 내장, 해골)되었던 최초의 국왕이었다. 그리하여 그의 살은 나르본 성당으로 보내졌고, 내장은 노르망디 지방의 노에Noë 수도원으로, 그의 유골은 생-드니 교회 지하의 왕실분묘에 매장되었다. 마지막으로 그의 심장은 도미니크 수도회의 고해신부에게 맡겨졌는데 그는 그것을 파리의 자코뱅 수도원에 기증했다. 이처럼 여러 개의 묘를 세우는 관행은 1299년 교황 보니파시오 8세Pope Boniface-VIII(1230-1303)의 칙령에 의해 금지되었지만,

카페 왕가는 고인에 대한 장례식을 여러 번 치를 수 있다는 이유 때문에 이런 관행을 되풀이했다.

1286년 1월 6일 필리프 4세는 랭스 성당에서 대관식을 거행했다. 그러나 그도 원래 프랑스 국왕이 될 운명은 아니었다. 그의 부친 필리프 3세는 첫 번째 부인 아라곤의 이자벨Isabelle d'Aragon(1247-1271)과의 사이에서 장남인 루이(1264-1276), 차남 필리프(필리프 4세), 삼남 로베르, 그리고 막내 샤를Charles(1270-1325)을 두고 있었다.[51] 그는 부왕 루이 9세를 따라서 제8차 십자군 원정에 참가했는데,[52] 귀국길에 그만 부인 이자벨이 말에서 떨어

---

51   이 발루아 백 샤를은 앙주의 마그리트Marguerite d'Anjou(1273-1299)와 혼인해서 필리프 드 발루아Philippe de Valois(1293-1350)를 낳았는데, 그가 후일 '필리프 6세'로 프랑스 발루아 왕조의 시조가 되었다.

52   부왕 루이 9세와 함께 제8회 십자군에 출정했다가 부왕이 아프리카의 진중에서

져 죽는 사고가 발생했다. 그녀는 그때 5번째 아이 를 임신한 상태였다.

어린 왕세자 루이

필리프는 브라반트Brabant(불어로는 브라방) 공국의[53] 공주인 마리 드 브라방Marie de Brabant (1254-1321)을 두 번째 왕비로 맞이했다. 그런데 왕비 마리가 첫 번째 아이를 낳은 달에 공교롭게도 어린 왕세자 루이가 12세의 나이에 갑자기 죽었다. 그러자 국왕의 신임을 독차지해서 귀족들의 시기와 질투의 대상이었던 대시종 피에르 드 라 브로스Pierre de la Brosse(1230-1278)가 어린 왕세자가 독살되었다는 소문을 은밀히 퍼뜨렸다. 피에르는 자신의 사촌인 바이유의 주교 피에르 드 브네Pierre de Benais와 짜고서 베긴 교단의 한 여신도를[54] 매수했다. 바이유 주교는 그녀에게 어린 루이의 돌연사가 브라방 도당, 즉 왕비 패거리들의 작품이라고 떠들고 다니도록 했다. 즉 악독한 계모가 자신의 아들을 왕위에 올리기 위해서 그런 짓을 했다는 것이었다.

피에르는 국왕과 대시종이 '연인' 관계라는 소문이 나돌 만큼 국왕이 무척 아끼고 의지하던 총신이었지만 교양 있고 재기발랄한 젊은 왕비의 등장은 그에 대한 국왕의 신망을 상대적으로 약화시켰다. 왕비는 피에르에 대한 국왕의 애정(?)을 용납하지 않았다. 왕비는 대시종을 고발했고 그러자 그도 자기 변론을 위해 왕비를 고발했다. 그러나 1277년 11월 리에주의 주교가 그 베긴 여신도를 심문했을 때 대시종과 사촌의 음모가 백일하에 드러났다. 곧이어 피에르가 썼다는 서신들이 필리프 3세에게 전달되었

죽었으므로 튀니스성 밖에서 즉위했다.

53 현재 벨기에의 플랑드르 지역.

54 서원을 맹세하지 않은 채 수도원 생활을 하던 벨기에와 네덜란드의 여신도.

피에르 드 라 브로스의 처형식

고 국왕은 그를 체포하라는 명을 내렸다. 6개월 후에 피에르는 결국 교수형에 처해졌다. 그에 대한 어떤 재판도 열리지 않았고 증거 공개도 금지되었기 때문에 그 문제의 서신들에 관한 내용은 후세에 알려지지 않고 있다.

부왕이 사망하고 17세의 나이에 왕좌에 오른 필리프 4세는 법학자들, 특히 그의 충실한 협력자인 기욤 드 노가레Guillaume de Nogaret(1260-1313)의 도움으로 지방분권적인 봉건국가를 국왕의 의지가 만인에게 부과되는 근대적인 왕정으로 변모시켰다. 그는 중세의 전통을 버리고 근대적인 행정제도를 적극 추진했으나 대영주들은 왕정의 중앙집권화 정책에 불만을 품었고 도시의 부르주아들도 역시 새로운 세금징수에 크게 반발했다. 근대 사가들은 그가 기독교 왕권 강화에 혁혁한 업적을 이루었고, 인간의 육체적인 약점을 거의 보이지 않았던 것으로 평가했다. 그는 새로운 재정수입과 정부기관을 창설하고, 또 그의 경쟁자들을 상대로 한 전쟁이나 교회의 권위에 대한 도전을 통해서 프랑스 왕권의 권위를 세우려고 노력했다. 그러나 자신의 사망연도인 1314년부터 그는 재정 곤란에다 국내 정치 상황의 악화로 어려움에 직면했다. 이처럼 그의 약해진 정치적 위상이 뒤이어 닥쳐온 가족의 위기나 왕정의 몰락에도 크게 일조했다고 사가들은 본다. 필리프 4세는 그냥 '고전적인' 중세의 군주는 아니었다. 비록 그가 경건한

필리프 4세가 법학자들과의 회의를 주재하는 장면(1303)

국왕이고, 가장 존경했던 인물이 조부인 성왕 루이 9세이며, 일세기 전부터 추진되어온 '중앙집권화'를 계속 추진했다고 할지라도, 그는 과거와의 연속성이 아니라 그동안 프랑스 국왕과 교황청이 유지했던 특수한 밀월 관계의 '단절'을 상징하는 국왕이다. 성왕 루이의 시대를 이른바 '황금기'로 여기던 많은 동시대인들은 이를 '훼손' 내지는 '악화'로 여겨 통탄해 마지않았지만, 그는 분명히 또 다른 시대를 예고하는 새로운 유형의 군주였다. 자 이제부터 유명한 넬 탑 사건의 전모와 탕플 기사단의 몰락을 살펴보기 전에 그의 배우자에 대해 간단히 알아보기로 하겠다.

잔 드 나바르(재위: 1285~1305)

잔 드 나바르Jeanne Ire de Navarre(1273-1305)는 나바르 국왕 앙리 1세(?-1274)

필리프 4세의 첫 번째 왕비 잔 드
나바르(재위: 1285~1305)의 초상화

와 블랑쉬 다르투아Blanche d'Artois(1248-1302)의
딸이었다. 잔은 1273년에 샹파뉴에서 출생했
으며, 바로 그 이듬해 부친이 사망한 후에 샹
파뉴 백비와 나바르의 여왕이 되었다. 그러나
두 살도 안 된 어린 나이 때문에 어머니 블랑
쉬가 그녀의 보호자 및 섭정이 되었다. 다양
한 세력들이 어린 상속녀와 섭정이 여성이란
점을 이용해서 이익을 취하려 들자 두 모녀는
프랑스의 필리프 3세에게 보호를 요청했다.
어머니 블랑쉬는 오를레앙 조약을 통해서 잔
을 필리프의 아들에게 정혼을 시켰다.[55] 블랑
쉬는 이처럼 어린 딸과 나바르 왕국의 안위를
프랑스 국왕의 보호하에 두었고, 이후부터 잔

은 미래의 국왕 필리프와 함께 프랑스 궁정에서 자랐다. 1284년 8월 16일
그녀는 나이 11세에 필리프와 혼인했고 1년 후에 프랑스 왕비가 되었다.
그녀는 도합 6명의 자녀를 낳았는데, 그중 3명의 아들들은 모두 프랑스
국왕이 되었고, 유일한 딸인 이자벨은 영국 왕비가 되었다. 1995년 미국에
서 만든 휴먼 드라마 성격의 전쟁영화〈브레이브하트〉Braveheart에서 나온
왕세자비 이자벨이 바로 그녀다.

　　잔은 '뚱보왕'이란 별명이 있었던 부친의 영향 탓인지 통통한 편이었
고 용모도 평범하다 못해 못생긴 편이었지만, 매우 대담하고 용기가 있으
며 진취적이었다. 아름다운 딸 이자벨은 어머니보다 잘생긴 아버지의 용
모를 가장 많이 빼닮았다. 잔은 상속문제도 그렇고 국모로서의 역할을

55　　장남 루이 또는 필리프.

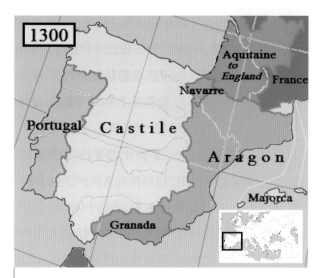

1300년의 이베리아 반도. 나바르 왕국(초록색)의 일부는 1512년에 아라곤 왕국에 의해 병합되었다가 1516년에 스페인 왕국에 편입되었다. 나머지는 독립적이었다가 앙리 4세의 치세기인 1589년부터 프랑스 왕국에 통합되었다. 나바르의 방언은 바스크어였다

매우 성공적으로 해냈다. 그녀는 위엄 있고 유능한 왕비였으며 국왕과도 사이가 매우 좋았다. 같이 자라서 부부가 된 두 사람은 매우 긴밀한 관계를 유지했고 필리프는 그녀를 진심으로 사랑하고 존중했다. 필리프가 감정적으로 너무 그녀에게 의존했기 때문에 그녀는 프랑스 궁정에 온 후로 단 한 번도 나바르를 방문하지 않았다고 한다. 1294년에 필리프는 장남이 미성년일 때 왕위를 계승할 경우를 대비해서 그녀를 프랑스 섭정으로 임명했다. 그러나 필리프는 그녀의 영지인 나바르나 샹파뉴 지역을 제외하고는 왕비가 프랑스 국사에 관여하거나 영향을 미치는 것을 결코 허용하지 않았다.

　　문예의 보호자였던 잔은 1305년에 파리에 유명한 나바르 대학Collège de Navarre을 건립했다. 전술한 대로 잔은 명색이 나바르 왕국의 여왕이면

서도 단 한 번도 그곳을 방문하지 못했다. 필리프 3세의 생전에는 시아버지인 필리프 3세가 '그녀의 이름으로' 임명한 프랑스 지사(총독)들이 나바르를 다스렸고, 나중에는 남편 필리프 4세가 임명한 지사들이 통치했다. 그러나 이 프랑스 지사들은 나바르에서 극도로 인기가 없었다. 그녀의 오랜 부재에 대하여 나바르인들은 분개했지만 아무도 그녀의 통치권을 의문시하는 사람은 없었다. 나바르인들은 프랑스 국왕이 아닌 그녀를 그들의 진정한 군주로 여기고 있었다. 그래서 나바르 왕국에서는 모든 칙령이 그녀의 이름으로 내려졌고 나바르에서 통용되는 주화에도 그녀의 이미지가 새겨졌다. 비록 나바르 여왕으로서의 지위는 명목적이었지만 샹파뉴 백비로서 그녀는 매우 활동적이고 독립적인 통치자였다. 샹파뉴는 왕국이 아니라 백령이지만 나바르보다 훨씬 더 부유하고 전략적인 요충지에 속했다. 물론 남편 필리프가 샹파뉴의 행정관들을 임명하기는 했지만 잔은 정기적으로 샹파뉴를 방문했다. 잔은 이 샹파뉴 백령에서만큼은 거의 모든 업무에 참여했다. 바르 백작이 반란을 일으켜 샹파뉴를 침범했을 때의 일이다. 그 당시에 남편인 필리프가 부재했기 때문이지만 그녀는 친히 군대를 소집하고 이를 이끌었으며, 남편과 재회하기 전에 바르 백을 감옥에 처넣었다. 1305년에 잔은 아이를 낳다가 그만 사망했다.[56] 그녀는 자신의 어머니가 사망한 지 3년 만에 죽었기 때문에 사람들은 이 두 모녀의 돌연사를 의심했다. 1308년에 드디어 한 남성이 그녀의 형상을 한 인형을 바늘로 찌르는 주술을 행해서 그녀를 죽였다는 혐의로 체포되었다. 그는 트루아 주교 귀샤르Guichard(?-1314)로 어머니 블랑쉬를 비방하고 샹파뉴의 기금을 횡령한 자였다. 재판 당시에 귀샤르는 마녀와 자코뱅 수사의

---

56   그녀의 주치의는 유명한 이탈리아 의사이자 발명가인 귀도 다 비제바노Guido da Vigevano(1280-1349)였다.

도움을 받아서 왕비 두 명을 죽음에 이르게 한 것을 무척 자랑스러워 했다고 한다. 그의 공범자는 교수형에 처해졌고 귀샤르 본인은 5년 동안 수감되어있다가 사면을 받았고 귀양지에서 한많은 생을 마감했다. 사랑하는 아내의 죽음에 몹시 상심했던 국왕 필리프는 죽을 때까지 후처를 얻지 않았고 홀아비로 지냈다.

왕비의 장례식

넬 탑의 사건

이 치명적인 왕실 스캔들은 필리프 4세Philippe IV(1268-1314)의 치세 말기에 터져나왔다. 필리프 4세는 장남 루이, 필리프, 샤를 등 세 명의 아들이 있었다. 그 당시 상류층 사회에서는 모두 정치적 이득을 얻기 위한 정략혼이 일반적인 관례였기 때문에 국왕은 세 명의 왕자들을 모두 대귀족 가문의 딸들과 혼인시켰다. 초기에 국왕은 자신의 장남 루이를 부르고뉴 공 오통 4세Othon IV의 장녀인 잔 드 부르고뉴Jeanne de Bourgogne(1291-1330)와 혼인시키려고 했으나, 최종적으로 부르고뉴 공 로베르 2세Robert II de Bourgogne의 딸인 마그리트 드 부르고뉴Marguerite de Bourgogne(1290-1315)와 혼인시켰다. 그리고 차남 필리프는 마그리트의 사촌인 잔, 그리고 삼남인 막내 샤를은 잔의 여동생인 블랑쉬 드 부르고뉴Blanche de Bourgogne(1296-1326)와 각각 결혼을 시켰다. 국왕이 가장 총애하는 딸 이자벨 드 프랑스Isabelle de France(1295-1358)는 아키텐과 플랑드르 영토를 둘러싼 영국과 프랑스 간의 긴장관계를 완화시킬 목적으로 영국왕 에드워드 2세Edward II(1284-1327)에게 시집을 보냈다. 이자벨은 지성과 미모, 또 뛰어난 외교력으로 명성이 자자했다. 그녀는 극이나 문학에서 아름답지만 잔인하고 기만적인 '팜므

영화 〈브레이브 하트〉의 이자벨

파탈'로 많이 그려졌는데, 스코틀랜드의 독립영웅 윌리엄 윌리스William Wallace(1270-1305)의 일대기를 그린 영화 〈브레이브 하트〉에서는 프랑스 여배우 소피 마르소가 이자벨의 역할을 맡았다. 영화 속에서는 청순가련한 이미지의 이자벨의 뱃속에 있는 아이가 윌리스의 아들이라는 설정이 나오는데 그것은 완전 허구다. 그런데 실제로 이자벨은 결혼 사정이 매우 복잡했다. 그것은 암군이었던 남편 에드워드가 자신의 친구이자 아마도 동성애 연인일 가능성이 높은 피에르 가베스통Pierre Gaveston(1284-1312)이란 기사를 지나치게 총애한 탓도 있었다. 그 결과 이자벨은 자신의 결혼문제를 상담하기 위해 친정인 프랑스 궁정을 자주 찾았다.

외견상 세 아들들의 결혼은 국익에 매우 유익한 듯했으나 일단 왕세자 루이(후일 루이 10세)의 결혼은 실패였다. 테니스광이었던 루이는 자신의 세련되고 열정적인 배우자 마그리트를 등한시했다. '고집 센', '싸우기 좋

중세의 테니스 레슨

아하는'이라는 그의 별명에서도 알 수 있듯이 그는 같이 살기에는 너무 힘든 남성이었고 그들의 결혼생활은 불행했다. 그들 사이에는 잔이라는 딸이 있었는데 후일 나바르의 여왕이 되었다. 자기 부친처럼 잘생겨서 '미남왕'이란 별명을 얻은 엄격한

성격의 샤를(후일 샤를 4세)도 블랑쉬와 매우 진
부한 결혼생활을 영위했다. 카페 왕조의 마
지막 국왕이었던 그는 자신의 부왕 필리프처
럼 강력한 권력 의지나 에너지도 없었지만 왕
실의 존엄성만큼은 나름 유지했다. 한편 차
남인 필리프(후일 필리프 5세)는 아내 잔에게 지
나칠 정도로 관대한 애정을 보였다. 이 부부
는 결혼한 지 불과 수년 안에 여러 명의 아이
들을 두었고, 필리프는 아내에게 수많은 러
브레터를 보냈다고 한다. 이 세 명의 며느리
들은 남편에 대한 애정이나 성격도 제각기 달
랐지만 매우 긴밀하고 사이좋게 지냈으며 엄

미남왕 샤를 4세(1294-1328)

격한 필리프 4세의 궁정에 밝고 명랑한 분위기와 활기찬 매력을 불어넣었
다. 이 세 며느리의 아찔한 교태coquetterie와 우아함은 궁정에 곧 파멸적인
소문을 불러일으켰다. 그녀들이 젊은 남성들을 몰래 끌어들인다는 의심
을 받았지만 그 어떤 증거도 발견되지 않았다. 세 며느리들은 계속 즐거
운 생활을 유지했다.

> "남자가 부정을 저지르면 그것은 그가 개이기 때문이다. 그러나 여자
> 가 부정을 저지르면 그것은 그녀의 남편이 개이기 때문이다."
> - 남아공의 사회비평가 모코코마 모코노아나Mokokoma Mokhonoana

왕실 스캔들

1314년의 왕실 스캔들은 실크 염낭 때문에 탄로가 났다. 1313년 5월과 7월에 에드워드와 이자벨 부부는 필리프 4세를 만나기 위해 프랑스를 방문했다. 부부가 머무는 동안에 루이와 샤를 왕자는 인형극을 준비했고 공연이 끝난 후에 이자벨은 오빠 부부들에게 답례로 실크로 만든 고급 염낭을 선물했다.[57] 그해 12월에 에드워드와 이자벨은 자신들의 귀환을 축하하는 의미에서 런던에서 성대한 연회를 열었다. 그런데 이자벨은 두 명의 노르망디 기사의 허리띠에 자신이 올케들에게 선물로 준 것과 똑같은 염낭이 걸려 있는 것을 발견하고 속으로 그만 놀라움을 감추지 못했다. 그들은 고티에 도네Gauthier d'Aunay(1288/1291-1314)와 필리프 도네Philippe d'Aunay(1293-1314)형제였다. 이자벨은 이 두 남성이 자신의 올케들과 부정한 관계를 맺고 있다고 직감적으로 느꼈으며, 다시 프랑스를 방문했을 때 그것을 부친에게 몰래 고했다. 필리프 4세는 이 두 명의 기사들을 한동안 감시했으며 둘을 심문한 결과 드디어 이자벨의 이야기가 옳다는 것이 입증되었다. 두 며느리, 즉 마그리트와 블랑쉬가 수년 동안 넬 탑에서 도네 형제들과 밀애를 즐겼다는 충격적인 사실이 밝혀졌다. 형인 고티에는 셋째 며느리 블랑쉬와, 동생 필리프는 왕세자비 마그리트와 부적절한 관계를 맺고 있었다. 이 스캔들이 바로 넬 탑의 사건이다. 그리하여 3명의 며느리들이 모두 체포되어 조사를 받았다. 마그리트와 블랑쉬는 도네 형제와 간통했음을 자백했다. 두 며느리는 가이아르Gaillard성에 종신 투옥되었고, 두 기사는 지독한 고문을 받은 후 '불경죄'라는 죄목하에 사형에 처해졌다. 두 형제는 우선 살가죽을 벗긴 후 거세를 당했고 거열車裂형에 처해진[58] 다음 최종적으로 목이 잘렸다. 교수대에 매달린 양인의 처참한 시체는 만인에 대한 '본보기'로 수 주 동안 거리를 행진했다. 당시 연대기는 "이토

---

57   오빠들의 기사서임식에 대한 기념으로 이자벨이 올케들에게 실크 염낭을 선물했다는 얘기도 있다.

58   형차에 매달아 돌려 죽이는 형벌.

1607~1608년 겨울의 파리의 일상생활을 그린 그림으로 넬 탑을 배경으로
보여주고 있다

록 죽은 사체가 고통을 받은 적이 유사 이래 없었다"라고 기술했다.

> "(간통이) 유죄냐 무죄냐? 둘 다 최악이지만 유죄보다 더 나쁜 것은 들
> 킬 것에 대한 두려움이다."
> - 미국 작가 엘린 힐더브랜드

이 넬 탑은 원래 '암므랭'Hamelin탑이었는데 루브르 탑을 마주한 채 센
강 좌안에 세워졌다. 넬 탑이나 루브르 탑 모두 파리를 방어할 목적으로
1214년에 세워진 '필리프 오귀스트' 성벽의 일부를 이루고 있었다. 블랑쉬

잔 드 부르고뉴

의 언니인 잔도 체포되었지만 단지 그 사건
(간통)을 알고 있었다는 것에만 그쳤기 때문에
그녀는 두르당 성에서 감시체제 하에 놓여있
었다. 필리프와의 결혼은 매우 행복한 결혼이
었다. 그래서 애처가로 소문난 필리프는 파리
고등법원에서 자신의 아내를 적극 변호했다.
필리프의 변론 하에 잔은 자신의 결백을 국왕
앞에서 눈물로 호소했고 결국 그녀는 다시
자기 남편에게로 돌아갈 수가 있었다.

　　　이 넬 탑의 사건은 프랑스 왕정을 와해
시키기 위한 음모라고 알려져 있지만 거의
모든 사가들이 간통사건은 실제로 발생했다고 믿고 있다. 이 스캔들은
카페 왕조의 말년에 어둡고 음산한 그림자를 드리웠다.[59] 필리프의 세 아
들들 중에 누구도 그들의 왕계를 이을 남자 상속자를 내지 못했다. 14세
기 초에 발생한 스캔들은 프랑스 왕정을 핵심까지 뒤흔들었고 결국 카페
왕조의 몰락을 가져왔다. 1314년은 격동의 한 해였다. 탕플 기사단의 제
23대 총장 자크 드 몰레Jacques de Molay(1240/1250-1314)와 노르망디의 지부
장 제오프루아 드 샤르니Geoffroi de Charny가 시테섬에서 화형에 처해졌을
때 탕플 기사단은 완전히 해체되었다. 몰레는 타오르는 불길 속에서 필리
프 4세와 그의 자손들을 저주하면서 죽었다고 한다. 그래서인지 몰라도
필리프 4세는 일 년 만에 죽었고 카페 왕조는 1328년 그의 막내 아들 샤를
4세의 죽음 이후 대단원의 막을 내렸다.

59　　　이는 도덕적 훼손이나 왕가에 대한 모욕이라기보다는 직계상속제도에 근간을
둔 카페 왕조의 정통성에 치명적인 타격을 입혔다.

탕플 기사단의 몰락

> "탕플 기사단은 진정으로 두려움을 모르는 용감한 기사이며 사방을 안전하게 철통같이 사수한다. 왜냐하면 그들의 신체가 강철 갑옷에 의해 보호를 받듯이 그들의 영혼도 신앙의 갑옷에 의해 철저히 보호받기 때문이다. 이처럼 이중 갑옷을 입었기 때문에 그들은 악마나 사람을 결코 두려워할 필요가 없다."
> - 프랑스 성직자 베르나르 드 클레르보Bernard de Clairvaux (1090-1153)

국왕 필리프는 탕플 기사단(성전 기사단)에 많은 부채를 지고 있었다. 문제의 탕플 기사단은 기독교 역사상 가장 논란의 대상이 되었던 기사단이었다.[60] 이 기사단의 원래 목적은 기독교 성지순례여행의 보호였으나 13세기 말경부터 은행 대출 업무 및 기타 상업 활동으로 대체되었다. 그들은 도처에 수많은 영지와 성채들을 보유하여, 이른바 기독교 제일의 금융 기관이 되었다. 오늘날의 국제적 헤지펀드처럼 그들이 축적한 부와 권력은 가히 국가적 위상에 견줄 만했고, 이는 당연히 국왕들의 시기와 우려의 대상이 되었다. 탕플 기사단이 몰락의 길을 걷게 된 결정적 전환점은 1291년, 즉 십자군 원정의 쇠퇴를 가져온 아크레Acre시市의 함락 때부터였다. 원래 탕플 기사단은 십자군과 불가분의 관계에 있었는데 그만 성지를 잃게 되자 그들의 입지도 자연 축소될 수밖에 없었다. 당시 프랑스국왕 필리프 4세가 탕플 기사단의 최대 채무자債務者였다는 사실은 기사단

---

60   이 기사단의 기원은 정확하지 않지만, 1118년 샹파뉴 출신의 기사 위그 드 팽 Hugues de Payens (1070-1136)이 예루살렘 성지를 수호하고 그곳을 방문하는 순례자들을 사라센인의 공격으로부터 보호하기 위해 설립한 것으로 알려져 있다.

기독교인들을 예루살렘 성지로 인도하는 탕플 기사단

의 최대비극이었다. 그런데 때마침 탕플 기사단이 비의적 의식을 행한다
는 이상한 소문이 나돌았다. 필리프 4세는 그것을 빌미로 부채에서의 해
방, 이단 색출, 약화된 교황권에 대한 프랑스의 지배 확립, 또 재정부문에
서 탕플 기사단 대신 왕실관리들로 대체화하기 위해 교황 클레멘스 5세
Clemens V(재위: 1305~1314)와 손을 잡고서 탕플 기사단의 부와 권력을 몰수
할 계획을 세웠다.[61] 1307년 10월 13일 금요일 새벽, 날랜 기습공격에 의해
프랑스에 있는 탕플 기사단이 전원 체포되었다. 클레멘스 5세는 당시 프
랑스 아비뇽으로 옮긴 교황청에서 선출된 최초의 교황이었기 때문에 그
저 국왕의 입김에 좌우되는 '바지사장' 격에 불과했다. 탕플 기사단의 죄
목은 그들이 은밀히 거행되는 심야의 제식에서 그리스도를 부정하고, 십
자가 위에 침을 뱉으며 우상을 숭배하고 남색을 행한다는 것이었다. 탕플

---

61   탕플 기사단이 이미 상당한 부채를 진 국왕에게 더 이상 추가대출을 허용하지
않았기 때문이란 설도 있다.

화형대에 오르기 전에 자신의 결백을 주장하는 자크 드 몰레

기사들로부터 허위자백을 얻어내기 위해 '고문'은 무시무시한 역할을 했다. 만일 형사피고인이 결백하다면, 신이 그의 편이기 때문에 어떠한 고통(고문)도 감내할 수 있다는 것이 당시의 지배적인 이데올로기였다. 결국 모진 고문에 못 이겨 몰레와 성전사 간부들은 자백했고 종신형에 처해졌다. 수년간의 옥중생활 끝에 그들은 고문에 의한 자백을 완강히 재차 부인했지만, 다시 이단에 빠졌다는 죄목으로 파리에서 집단화형식을 당했다. 당시 목격자들의 증언에 따르면, 서서히 산 채로 타들어가는 극심한 고통의 순간에도 몰레의 얼굴에는 전혀 두려움이 없었다고 한다. 또한 마지막 임종의 순간에 활활 타오르는 불길을 뚫고서 몰레의 그 유명한 '저주'의 목소리가 들렸다는 얘기가 전해진다. "신은 누가 잘못을 했고 무슨 죄를 지었는지 잘 알고 계신다. 그래서 우리를 부당하게 선고한 자들에게는 불행이 닥치리라. 신은 반드시 우리의 죽음을 복수해 줄 것이다. 우리에게 대항한 모든 자들은 우리로 인해 고통을 받으리라!" 물론 그 진위는 확실치 않지만, 마치 '신의 징벌' 같은 그 저주의 탓인지 허수아비 교황 클레멘스

필리프 4세의 죽음

5세Pope Clement V(1264-1314)는 몰레가 처형된 지 불과 33일 만에 죽었다.

교황 클레멘스 5세는 1314년 4월 20일에 사망했다. 사인은 장암으로 알려져 있는데, 그의 주치의들은 환자의 고통을 경감시키기 위해 잘게 부순 에메랄드 조각을 먹였다고 한다. 그가 사망한 후 갑자기 한밤중에 천둥과 번개가 몰아치는 통에 화재가 발생했다. 혹은 장례식장에 세워둔 촛대가 쓰러지는 바람에 그의 시신의 장딴지를 태웠다는 설도 있다.[62] 이 탕플 기사단 사건의 주범인 미남왕 필리프 4세도 역시 7개월이 지난 후, 사냥을 하다가 뇌졸중 발작을 일으켜 몇 주 만에 사망했다. 이 모든 비극적인 죽음은 필리프 후계자들의 공통된 숙명이기도 했다. 필리프 4세의 아들들은 워낙 재위기간이 짧은 데다 후사도 없이 사망했기 때문에, 결국 300년 이상이나 존속되었던 카페 왕조의 명맥은 마침내 끊어지게 되었다. 탕플 기사단에 대하여 비교적 우호적인 사가들은 이 자크 드 몰레의 죽음을 서유럽의 문명화 기운의 소진消盡으로 보기도 한다. 어쨌든 이 탕플 기사단의 몰락 이후에 프랑스는 영국과의 백년 전쟁이란 커다란 국가적 재앙의 소용돌이 속으로 서서히 진입하게 된다.

"종교심문에서 방어는 죄수에게 거의 아무런 도움도 되지 않는다. 왜냐하면 단지 '의심'만으로도 충분히 기소의 사유가 되기 때문이다. 그

---

62   고인의 유언에 따라서 교황의 시신은 고향 근처에 있는 교회에 안장되었다.

리고 죄수가 돈이 많으면 많을수록 위험은 더욱 커지기 마련이다."

-영국의 역사가·순교학자 존 폭스John Foxe(1517-1587)

저주받은 필리프의 후계자들

1314년 11월에 왕위에 오른 필리
프의 장남 루이 10세Louis X(재위:
1314~1316)는 교황에게 결혼의 무효
화를 신청했다. 그러나 교황 클레
멘스 5세는 이혼을 허락하기 전에
사망했고 1316년까지 새로운 교황
은 아직 선출되지 않은 상태였다.
그런데 그 와중에 마그리트가 죽
었다. 루이의 명에 의해서 목이 졸
렸을 것으로 추정하기도 한다. 그
러나 장 파비에Jean Favier 같은 중
세사가는 '추위' 탓으로 보고 있다.
사실상 마그리트는 가장 지독한
수감을 당했다. 그녀는 가이아르
성의 맨 꼭대기 층에 갇혔는데 사
방에서 바람이 숭숭 들어와서 극

프랑스 화가 프레데릭 페이송Frédéric Peyson(1807-1877)의 〈앉아있는 마그리트 드 부르고뉴〉(1844)

심한 추위로 고통을 받았다. 그래서 그녀가 사온느 에 루아르Saône-et-Loire
에 있는 쿠쉬Couches성으로 도망을 갔다는 전설까지 등장했는데 이 도피
설의 가능성은 제로다.

　　루이는 헝가리 공주 클레망스Clémence de Hongrie(1293-1328)와 재혼했

으나, 1316년 6월에 새 신부는 결혼한 지 1년 만에 청상과부가 되었다. 클레망스는 11월에 아들 장을 출산했지만 나흘 만에 죽어버렸다. 이처럼 남편과 자식을 한꺼번에 잃고 난 충격 때문인지 클레망스는 그만 정신이 이상해져 파산할 정도로 낭비벽이 극심해졌다. 1318년 클레망스는 궁정을 떠나서 엑상프로방스의 한 수도원에 들어갔다. 그후 다시 파리로 돌아온 그녀는 35세의 나이로 사망했다.

　　루이는 매우 열렬한 테니스 선수(?)였다. 그런데 악천후에도 테니스를 야외에서 치는 것을 몹시 성가시게 여겼던 그는 13세기 말 최초로 파리에 실내 테니스장을 만들었다. 이 신식모델은 어찌나 인기가 있었던지 유럽 전역의 왕궁으로 널리 퍼져나갔다. 1316년 6월 테니스를 치고 몹시 기진맥진해진 루이는 많은 양의 차가운 와인을 마신 후에 그만 죽어버렸다. 독살설도 의심되는데 아마도 사인은 폐렴이거나 흉막염일 것으로 추정된다. 루이는 첫 번째 왕비 마그리트와의 사이에서 얻은 잔Jeanne II de Navare(1311-1349)이라는 공주가 있었다.[63] 그러나 1341년의 치명적인 스캔들로 궁정 사람들은 잔의 혈통을 의심했기 때문에 루이의 갑작스러운 죽음 이후 동생 필리프가 섭정으로 임명되었다. 그러나 전술한 대로 두 번째 왕비 클레망스가 낳은 아들이 며칠 만에 죽어버렸기 때문에 필리프가 필리프 5세(재위: 1316~1322)로 국왕에 즉위했다. 그런데 1322년에 필리프도 역시 딸만 남긴 채 사망했기 때문에 왕위는 또다시 그의 동생인 막내 샤를에게로 넘어갔다.

　　참고로 프랑크족族의 한 부족인 살리족의 관습을 모아 놓은 법전을 '살리카법'Lex Salica이라고 한다. 그런데 이 살리카법은 토지상속에만 적

63　　앙리 4세의 어머니인 잔 달브레Jeanne d'Albret를 포함해서 나바르 왕국의 후손들은 모두 잔을 통해서, 프랑스 국왕 루이로부터 나오게 되었다.

新 프랑스 왕과 왕비

용되었고 왕위 계승에는 한 번도 적용된 적이 없었다. 그런데 1316년에 필리프는 조카인 잔을 몰아내고 자신이 왕이 된 것을 정당화하기 위해서, 당시의 법학자들로 하여금 이 케케묵은 살리카법을 적용시키도록 했다. 그러나 필리프 자신도 역시 딸만 남기고 죽었기 때문에, 그의 네 딸 중에서 아무도 왕위를 물려받지 못했다. 왕 위에 오른 미남왕 샤를 4세(재위: 1322~1328)는 가이아르성의 지하감옥에 갇힌 블랑쉬와 이혼부터 먼저 했고 그녀를 노르망디의 한 수도원으로 보냈다. 거기서 그녀는 수녀가 되었고 그 이듬해에 사망했다. 1328년 2월에 샤를 4세도 임신한 세 번째 부인 잔 데브뢰Jeanne d'Evreux(1310-1371)를 남겨둔 채 그

잔 2세 드 나바르(호아나 2세). 잔의 어머니 마그리트가 간통에 연루되었기 때문에 잔의 적법성은 오늘까지도 의문시되고 있지만 루이 10세는 죽기 전에 딸의 적법성을 공식적으로 인정했다

만 병사했다.[64] 1328년 4월에 그녀는 그토록 학수고대하던 아들 대신에 딸 블랑쉬를 낳았다. 공주의 탄생은 프랑스 왕위를 여성에게 물려줄 수 없다는 논쟁을 빚으면서 왕위 승계의 혼란을 낳았다. 이처럼 몰레의 음산한 저주 탓인지 필리프 4세의 직계 혈통이 전부 끊어지게 되자, 필리프 3세의 손자인 필리프가 발루아 왕가의 초대왕 필리프 6세Philippe VI(재위: 1328~1350)로 즉위했다.[65]

---

64   그의 두 번째 부인 마리 드 뤽생루르Marie de Luxembourg(1305-1324)는 마차 전복사고로 인해 아이를 임신한 채 사망했다.

65   그러나 나바르 왕국에서는 여계승계가 인정되었고 필리프 자신도 나바르 왕가의 피를 이어받았기 때문에, 루이 10세의 딸 잔이 왕위를 계승했다.

문제의 1328년에 세 명의 가능한 국왕 후보가 있었다. 발루아 백인 필리프, 루이 10세의 딸인 잔, 그리고 어머니 이자벨을 통해서 필리프 4세의 유일한 손자였던 영국 왕 에드워드 3세Edward III(1442-1483)였다. 에드워드는 필리프 4세의 외손자였으므로 왕위계승권을 주장했지만 살리카법으로 모계계승은 인정받지 못했고 프랑스 측도 그가 '영국인'이라는 이유로 결사반대했다. 결국 그는 발루아 왕조의 시조인 필리프에게 밀렸지만 이를 백년전쟁의 구실로 삼았다.

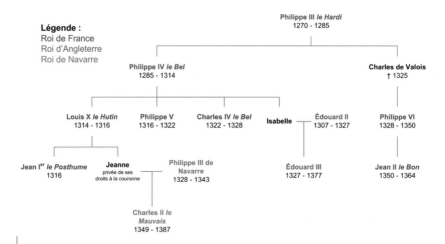

〈카페왕조의 가계도〉 파란색은 프랑스 왕, 붉은색은 영국 왕, 초록색은 나바르 왕을 나타낸다

新 프랑스 왕과 왕비

5 광인왕 샤를 6세

발루아 왕조의 4번째 국왕(재위: 1380~1422)

"천체의 움직임은 계산할 수 있어도 인간의 광기는 계산할 수 없다."

- 영국 수학자 아이작 뉴턴Isaac Newton(1642-1726/1727)

프랑스 화가 프랑수아-오귀스트 비아르François-Auguste Biard(1799-1882)의 〈광인왕
샤를〉(1839)

1380년 11월 4일 샤를 6세Charles VI(1368-1422)는 부왕 샤를 5세Charles V(1338-1380)로부터 왕위를 물려받았다. 그의 나이 11살이었다. 랭스 성당에서 축성을 받았는데 랭스 주민들은 "프랑스 국왕 만세!Vive le roi de France!" "몽주아 생-드니!Montjoie Saint Denis"(왕실의 전통적인 전투구호)를 외치면서 환호성을 올렸다.[66] 1378년 2월 6일 왕비 잔 드 부르봉Jeanne de Bourbon(1338-1378)이 죽고 난 후에 샤를 5세는 비탄에 잠겼다. 비록 정략혼이지만 그들은 부부애가 남달리 두터웠기 때문이다. 왕비가 별세한 지 2년 만에 그도 세상을 떠났다.[67]

　　새로운 국왕 샤를은 아직 미성년이었기 때문에 루이 당주Louis d'Anjou, 장 드 베리Jean de Berry, 루이 드 부르봉Louis de Bourbon, 필리프 드 부르고뉴Philippe de Bourgogne 등 강력한 삼촌들이 섭정을 맡았다. 그런데 그들은 왕국의 재원을 함부로 낭비하고 개인적인 영리를 위해서 새로운 세금을 마구 징수했으므로 수차례의 폭동이 왕국을 뒤흔들었다. 1388년에 샤를은 드디어 국정을 직접 담당하게 되었다. 원래 부왕이 정한 성년은 14세였지만 그는 20세가 돼서야 친정親政을 시작할 수가 있었다. 그는 부패한 삼촌들을 축출한 다음에 부왕의 현명한 고문관들을 다시 불러들였다. 그들은 한미한 출신들이었기 때문에 강력한 제후들은 그들을 경멸적인 의미에서 '마르무제'Marmousets(난쟁이, 또는 보잘것없는 젊은이)라고 불렀다. 젊은 국왕은 백성들의 지지와 사랑을 받았기 때문에 치세 초기에는 '친애왕'으로 불렸고 왕국은 오랜 소강 국면으로 접어들었다.

66　　몽주아montjoie는 원래 길을 가리키기 위해 쌓아놓은 돌이나 진흙 더미를 가리킨다. 순례자들은 작은 돌산을 만들고 그 위에 십자가를 세워놓았다. 몽주아는 매우 다의적인 용어이며, 중세에 '몽주아 생-드니'는 왕실의 전투구호를 의미했다.

67　　1380년 9월 16일 그는 사망했다.

선천적인 광기: 한 남자와 한 왕국의 불행

갑자기 미쳐서 칼을 휘두르는 국왕(15세기 채색삽화). 그는 미친 이후로 자신이 '유리'로 만들어져 있다고 믿었다고 한다

1392년 아직 24세밖에 안 된 국왕이 군대의 선두에 서서 망Mans의 숲을 지날 때의 일이다. 갑자기 국왕 앞에 누더기를 걸친 한 노인이 나타났다. 그는 국왕의 말굴레를 잡고 이렇게 외쳤다. "고귀한 국왕이여, 더 이상 말을 타고 전진하지 말지어다. 그대는 배신을 당했노라!" 연대기 작가 장 프루아사르에 의하면 동년 8월 5일 왕의 호위대가 망의 숲길을 막 빠져나갈 무렵 일행은 푹 찌는 더위와 피로감으로 반수면 상태에 빠져있었다. 그런데 졸고 있던 한 시종이 실수로 그만 창을 투구(혹은 방패) 위에 떨어뜨렸다. 역시 깜빡 졸다가 그 소리에 잠이 깬 국왕이 느닷없이 "음모다!"라

고 소리치면서 자신의 검을 빼서 옆에 있던 호위하는 군사들을 마구 찌르기 시작했다. 누군가 그를 제지하기도 전에 그는 벌써 네 명의 기사들을 그 자리에서 죽이고 말았다. 그는 계속 의식불명이다가 이틀 만에 깨어났다.[68] 그때부터 광란의 위기가 젊은 군주의 곁을 떠나지 않았다. 그는 이제 더 이상 말에 오르지도 못했고 행진도 멈추었다. 그래도 그는 '통치'를 하려고 필사적으로 노력했지만 그의 오랜 치세기(42년)는 광기와 일시적인 차도를 번갈아가며 오락가락했다. 다행히 초기에는 오직 최측근만이 그 비밀을 알고 있었다. 불행한 국왕은 자신의 의식이 또렷이 돌아왔을 때 자신의 동생 루이 1세 오를레앙Louis Ier d'Orléans(1372-1407)에게 국정을 위임하고, 자신의 장남인 왕세자의 후견은 왕비 이자보 드 바비에르 Isabeau de Bavière(1370-1435)와 세 삼촌들에게 맡겼다. 1422년 10월 21일 그가 사망할 때까지 그는 무려 50~60회 이상의 정신발작을 일으켰다. 오늘날에도 과연 젊은 국왕을 미치게 만든 병인病因이 무엇이었는지에 대하여 의견이 분분하다. 원시병리학적 조사에 따르면 샤를의 병세는 망상장애(편집증)에서 심각한 조현병으로 발전된 것으로 보고 있다. 한편으로는 '근친혼'으로 인한 유전병으로 보기도 한다. 부왕 샤를 5세는 잔과 사촌지간이었다. 생전에 어머니 잔은 기억상실증 같은 이상증세로 시달렸고 삼촌인 루이 드 부르봉도 역시 우울증 증세가 있었다. 그의 외가 쪽 고조부도 역시 광기의 증세를 보였다고 하니, 아무래도 모계 쪽에 문제가 있었던 것 같다. 근자의 연구는 극단적인 양극성 장애(조울증)의 가능성도 열어두고 있다. 왕을 치유하기 위해서 몇몇 궁정귀족들은 마법사들을 불러들였다. 그렇지만 그들은 별다른 성과도 거두지도 못한 채 마법사들을 궁정에 유치하기 위해 거액의 돈만 낭비했다. 그래서 교회의 영향력 하에 신학교수

---

68   사람들은 모두 그가 곧 죽을 것이라고 생각했다.

단은 이런 이교적인 관행을 목청 높여 성토했다. 왕이 사망할 때까지 그를 아꼈던 백성들은 여전히 광인 샤를을 '친애왕'이라는 애칭으로 다정하게 불렀다. 그런데 19세기가 되면서부터 역사가들은 이 친애왕이라는 별명을 '광인왕'으로 바꾸었다!

침상에 누워 있는 샤를 6세

추문의 왕비 이자보(재위: 1385~1422)

> "프랑스는 한 여인에 의해 망하고, 한 여인에 의해 다시 구원받으리라."

이자보 드 바비에르는 바이에른 공 슈테판 3세Stephen III(1337-1413)의 딸로 독일식 이름은 엘리자베트 폰 바이에른Elisabeth von Bayern이다. 이탈리아 출신의 어머니 덕분에 그녀는 매혹적이고 가무잡잡한 피부에 탐스러운 갈색머리를 지녔으며, 키가 작지만 예쁜 독일 여성이었다. 1385년 그녀는 14세의 나이에 16세의 미래 국왕 샤를 6세와 혼인했다. 부왕 샤를 5세는 죽기 전에 영국의 야심을 꺾기 위해 독일 왕가와 아들의 혼인을 주선했다. 1389년 8월 22일 이자보는 파리 시민들에게 처음으로 소개되었다. 그녀는 화려한 사륜마차를 타고 도시를 행진했는데 왕비를 보려고 모여든 군중들로부터 열렬한 환영을 받았다. 생-드니의 정문에서 두 어린이가 그녀의 머리 위에 왕관을 올려놓고 다음과 같이 노래했다. "백합 송이 속에서 환하게 피어난 귀부인이여! 왕비여 그대는 정녕 천국에서 오셨나요? 프랑스, 그리고 모든 나라에서 오셨나요? 우리도 (그대처럼) 천국에 가리다." 그

왕비 이자보의 파리 입성

다음 날 그녀는 왕비로 즉위했다. 이 왕실 커플은 12명의 아이를 낳았지
만 단지 4명만이 성년에 도달했다. 즉위 초에 그녀는 만인의 사랑을 한몸
에 받았지만 프랑스 왕비들을 통틀어 가장 인기 없는 왕비로 그만 추락
하고 말았다. 불어를 거의 할 줄 몰랐던 그녀는[69] 점점 자신의 부모와 가
까운 지인들에게만 의존했으며, 친정으로 몰래 국고를 빼돌린다는 소문
때문에 평판이 나빠졌다. 불행하게도 남편 샤를이 정신이 이상해지면서

---

69   그녀의 남편도 독어를 이해하지 못하기는 마찬가지였다.

新 프랑스 왕과 왕비

그녀에게는 더 안 좋은 소문이 나돌았다. 그것은 그녀가 '간통'을 저질렀다는 것이었다. 3세기가 지난 후 사디즘sadisme(가학성 음란증)으로 유명한 사드 후작(1740-1814)은《이자보 드 바비에르의 비사》라는 소설에서 왕비가 프랑스 왕국을 통치할 의욕이나 의지가 없었을뿐더러 그녀가 낳은 아이들도 모두 다 국왕 소생이 아니었다고 주장했다. 사드의 이런 주장은 '팜프 파탈'femme fatale, 즉 희대의 요부로서의 그녀의 평판에 결정적인 영향을 미쳤다.

이기주의, 성적 방종, 그리고 정치적 무능으로 악명이 높았던 왕비 이자보

이자보는 국왕이 실성한 후에 시동생인 루이 오를레앙과 '겁 없는 장'이란 별명의 부르고뉴 공작 장 1세Jean Ier de Bour-gogne(1371-1419)와 함께 섭정위원회를 주재했다. 그러나 '협치'를 해야 할 두 남성은 사촌지간이면서도 매우 증오하는 사이였다. 1393년 가장무도회 때의 일이다. 국왕과 5명의 귀족들은 털이 많은 야수들로 변장했는데 그들은 털을 붙이려고 몸에 송진을 잔뜩 발랐다. 그때 오를레앙 공이 매우 '부주의하게도' 그들의 의상을 자세히 감상하기 위해 이글거리는 횃불을 쳐들고 가까이 다가왔다. 그런데 갑자기 털 위에 불이 옮겨 붙고 말았다. 무도회장은 삽시간에 도깨비불의 아수라장이 되었다. 몸에 꽉 죄는, 그것도 송진을 바른 털과 깃털 투성이로 뒤덮인 의상이 불길에 휩싸이자 그것은 참가자들을 '인간 횃불'로 바꾸어 놓았다. 한 귀부인의 옷에도 불이 붙었고 왕비는 그 자리에서 기절을 해버렸다. 이미 정신이 심약해진 국왕은 불이 붙자마자 무도회장을 미친 듯이 뛰어다녔다. 국왕은 왕비가

왕의 목숨을 구한 베리 공비 잔

아닌, 숙모인 잔에 의해 구출되었다. 그녀는 자신의 긴 망토를 덮어 불을 끄는 기지를 발휘했다. 그러나 그동안 제정신과 실성의 경계를 오락가락하던 국왕은 그때부터 완전히 미치고 말았다!

국왕의 동생 루이 오를레앙은 새로운 세금을 자주 징수했기 때문에 백성들로부터 원성이 자자했다. 장의 추종자들은 백성들이 그를 더욱 미워하도록 왕비가 시동생과 부적절한 관계라는 악성 루머를 마구 퍼뜨리고 다녔다. 그 후로 백성들은 왕비가 실성한 남편과 자식들을 팽개쳐두고 시동생과 불륜의 관계를 맺었다고 철석같이 믿게 되었고 사악한 왕비에

가장무도회

게는 '뚱뚱한 암퇘지'란 천박한 별명을 붙여주었다. 몇몇 후대의 사가들은 이자보에 대한 불미스러운 소문이 1405년 2월 왕비와 루이가 올린 세금에 대한 민중들의 '보복' 내지는 '앙갚음'으로도 보고 있다. 미친 샤를은 더 이상 자기 배우자를 알아보지 못했다. 생-드니의 수도승 미셸 팽투앵Michel Pintoin(1350-1421)은 자신의 연대기에서 다음과 같이 기술했다. "왕비 이자보를 가장 고통스럽게 한 것은 국왕이 사람들 보는 앞에서 공공연하게 그녀를 밀쳐내면서 "나를 귀찮게 만드는 이 여성은 도대체 누구지? 나를 더 이상 귀찮게 하지 않도록 그녀가 과연 무엇을 원하는지 알아보거라"라고 그의 부하들에게 부드럽게 속삭이는 것이었다."

1400년 초에 국왕의 증세가 악화되었을 때 이자보는 자기 남편을 버렸다는 비난을 받았다. 1401년에 그녀가 시테 궁 밖의 바르베트Barbette 저택으로 이사를 결정했을 때 그녀에 대한 비난은 극에 달했다. 사학자 레이첼 기본스Rachel Gibbons는 이자보의 그런 결정이 배우자와 그의 질병으로부터 '거리'를 두기 위한 조치였다고 변론했다. 즉 광인과 살고 싶어하지 않았던 왕비를 비난하는 것은 부당하다는 것이 그녀의 지론이다. 한편 동시대의 아우구스티누스회 수도승 자크 르그랑Jacques Legrand은 가슴을 과감하게 드러낸 왕비의 농염하고 사치스러운 패션을 매우 절도 있게 비난하면서, "왕비시여, 제 말이 제대로 믿기지 않는다면 가난한 아낙네로 변장을 하고 한번 저자에 나가서 사람들이 하는 얘기를 들어보시오!"라고 충고했다. 그는 최종적으로 왕비가 백성들과의 '접촉'을 모조리 끊었다고 결론을 내렸다. 이 르그랑의 충정 어린 설교 외에도, 〈진실한 몽상〉 Songe Véritable이라는 풍자적인 정치 팸플릿이 시중에 널리 유포되었는데 그것은 시동생과 왕비의 불륜을 노골적으로 고발하는 내용이었다. 그 당시 '궁정이나 도시에 만연했던 퇴폐적인 풍속도 왕비 때문이며, 중압적인 세금징수도 왕비의 사사로운 탐욕 때문이다. 또한 왕비의 아이들이 너무

오데트 드 샹디베르. 그녀가 낳은 딸 마그리트는 국왕의 사후에 적출로 인정을 받았다

일찍 죽은 것도 사치만 일삼고 자식들을 돌보지 않았던 무정한 왕비의 책임이다. 또 국왕은 정신발작을 일으킬 때마다 옷을 입거나 씻는 것을 일체 거부했는데 이러한 발병 원인도 역시 무관심한 왕비 탓'이라면서 사람들은 독일에서 온 암퇘지(왕비)를 저주해 마지않았다.

궁정인들은 왕이 왕비의 '존재' 때문에 더욱 발작 증세를 보이자, 정부를 제공하는 것이 시의적절하다는 판단을 내렸다. 그래서 마굿간 담당 수석 시종의 딸인 오데트 드 샹디베르 Odette de Champdivers가 선발되었는데 그녀는 왕비와 너무도 외모가 닮았기 때문에 '작은 왕비'라는 별명을 얻었다. 1405년부터 오데트는 '이자보의 동의 하에' 첩의 노릇을 수행했다. 그녀는 매일 밤마다 왕비의 의상을 걸치고 국왕의 침실에 들었다. 이처럼 오데트가 밤에 들어간 이유는 국왕이 그녀가 대체여성임을 알아보지 못하게 함이었다. 어쨌든 국왕은 차도가 있을 때마다 남편의 역할을 빠뜨리지 않고 이행해서, 1393~1407년 사이에 왕비는 또 다른 7명의 자녀들을 낳았다. 그중 4명이 왕자였다. 이자보 왕비의 마지막 출산일은 1407년 11월 10일이었다. 현존하는 고문서 기록에 의하면 국왕 부부는 그 이후에도 같은 침대를 사용했음을 알 수가 있다. 국왕은 제정신일 때는 왕비와 선물이나 편지를 교환했고 부부 사이도 가까운 편이었다. 그래서 트레이시 애덤스Tracy Adams 같은 미국 사학자는 이자보가 프랑스 왕실을 지키기 위해서 나름 지대한 노력을 기울였다고 후하게 평가했다. 그 당시 이자보의 평판이 결정적으로 추락한 요인은 왕실의 돈을 빼돌린 것과 시동생과 잤다는 것 때문이다. 현대사가들은 왕비의 회계장부를 꼼꼼히 조사한 결과 그녀가 자신의 이해관계를 몹시 챙겼다는 것 외에도 돈 문제에 관한 한 매우 인색했다는 점을 발견했다. 그러나 그 어디에도 왕비가 국고를 슬쩍했다는 기록은 없었으며, 시동생과의 악명 높은 불륜설도 오직 시동생 오를레앙 공의 정적인 부르고뉴파의 기록에서만 나온다는 점을 지적했다.

시녀들의 시중을 받는 왕비 이자보

생-드니의 수도승 미셸 팽투앵의 기록에 따르면, 루이 오를레앙은 젊고 예쁜 왕비 이자보에게 상당한 집착을 보였다고 한다. 남편이 정신분열증의 증세를 나타냈을 때 그녀의 나이는 겨우 22세였다. 그리고 매력적인 시동생은 댄스를 무척 좋아했다는 식이다. 팽투앵은 두 사람이 왕을 제대로 돌보지 않았고 파렴치하고 퇴폐적으로 행동했으며 '육욕의 진미'를 즐겼다고 싸잡아 비난했다. 그러나 사학자 트레이시 애덤스는 간통이 언급된 것은 오직 팽투앵의 연대기에만 나오기 때문에 구체적인 증거는 될 수 없다고 반박했다. 1406년에 등장한 부르고뉴파의 풍자 팸플릿에서는 이자보를 '머리가 텅 빈' 멍청한 독일 여성에 비유하면서, 그녀가 나태한 근성 때문에 왕국을 내란의 위기에 빠뜨렸다고 통렬하게 비난했다. 물론 18~19세기에도 왕비 이자보는 사치스럽고 무분별하며 낭비벽이 심한 간통녀 내지는 타락한 음모가로 묘사되었다. 애덤스는 이자보에 대한 '검은 전설'이 특히 프랑스 혁명기의 여류문인 루이즈-펠리시테 드 케라리오Louise-Félicité de Keralio(1756-1822)의 〈왕정의 시작부터 마리 앙투아네트까지 프랑스 왕비들의 범죄〉라는 팸플릿(1791)에서 나왔다고 지적했다. 이 길고 장황한 제목의 팸플릿에서 왕비 이자보는 나라를 무너뜨리고 적들에게 나라를 팔아넘긴 파렴치한 여성이며, 그녀의 결혼식은 프랑스사에서 가장 끔찍한 순간으로 묘사되고 있다. 19세기까지도 이자보는 여전히 '나쁜 왕비'의 원형이었지만 20세기부터 그녀에 대한 평가는 점차로 수정주의적으로 바뀌었다. 즉, 애덤스를 위시한 여성사가들은 비록 이자보의 행동이 왕국의 수뇌로서는 재앙적인 수준이었지만 그녀에 대한 악평은 너무 과장된 것이 많다는 점을 명시했다. 이처럼 몇몇 현대사가들의 학문적인 노력으로 그녀는 사후에 어느 정도 자신의 명예나 존엄성을 회복한 것처럼 보인다. 그러나 위중한 시기에 일국의 왕비로서 그녀의 행동이나 처신은 납득하기 어려운 점이 적지 않다. 1422년 남편이 사망한 후에 이자보는 이미 영국군이 점령한 파리에 정착했고, 1435년에 사망할 때까지 조용한 은둔 생활을 했다. 생전에 낭비스러운 생활방식이나 부정不貞으로 비난을 받았던 그녀의 치세기는 장밋빛 호조에서 시작되었다가 프랑스 왕국사에서 가장 암흑 같은 시기로 음산하게 막을 내렸다. 오를레앙의 한 구국처녀의 용기와 군사적 지도력, 그리고 그녀의 아들 샤를 7세의 끈기있는 재정복을 통해서 프랑스는 서서히 전화의 재앙으로부터 구제될 수 있었다.

6 승리왕 샤를 7세

발루아 왕조의 5번째 국왕(재위: 1422~1461)

"너 자신을 도우라, 그러면 신이 너를 도우리라!"

- 잔 다르크Jeanne d'Arc(1412-1431)

샤를 7세Charles VII(1403-1461)의 치세기는 '백년 전쟁'(1337~1453)이라는 커다란 국가적 재앙 이후에 프랑스 땅에서 영국군을 축출하고 다시 강력한 프랑스 왕정을 재수립한 것으로 특징지어진다. 샤를은 1403년 2월 22일에 출생했다. 그의 어머니 이자보는 원래 음탕한 여성으로 소문이 난 데다 부왕이 정신질환으로 고통을 받던 시기에 태어났으므로 그는 '사생아'로 의심까지 받았다. 그도 역시 왕이 될 팔자는 아니었지만 두 형이 죽고 난 후에 1417년 4월 4일 14세의 나이로 왕세자가 되었다.

샤를 7세

그는 아쟁쿠르Agincourt에서 영국군이 대승할 때까지는[70] 프랑스 왕위의 '상속자'로 인정을 받았다. 그러나 트루아 조약(1420)의 체결에 의해 어머니 이자보의 사주를 받은 실성한 부왕은 영국왕 헨리 5세Henry V(1386-1422)를 위해 자기 아들의 상속권을 제 손으로 박탈시키는 처지에 놓이게 되었다. 1422년 부왕의 사망 이후에 프랑스 왕 샤를 7세(재위: 1422~1461)는 경멸적인 의미에서 '부르주의 왕'으로 불리게 되었다. 당시 부르주Bourges는 영국군과 영국의 동맹인 부르고뉴파에게 점령되지 않았던 프랑스의 극히 '일부' 지역의 수도였으며, 발루아 왕조의 '정통성'을 인정하는 몇 안 되는 도시들 중에 하나였다.

험난한 집권의 길

부왕이 죽고 난 후에 그는 프랑스 국왕 샤를 7세로 바로 즉위해야 했지만, 오를레앙의 구국처녀 잔 다르크Jeanne d'Arc(1412-1431)가 그를 랭스 성당에서 대관식을 치르게 하기 전까지 그에게 왕이 되는 길은 그야말로 험난한 가시밭길이었다. 어머니인 이자보가 노골적으로 그가 '적출'이 아님을 암시했기 때문에[71] 그의 권력은 상대적으로 미약했고 궁정의 많은 사람들이 그를 조롱하거나 무시하는 경우가 많았다. 아일랜드의 극작가 겸 소설가 버나드 쇼Bernard Shaw(1856-1950)는 왕세자 샤를을 가리켜 "신체적

---

70   아쟁쿠르 전투는 백년전쟁 중 하나로 1415년 10월 25일 북부 프랑스의 아쟁쿠르에서 벌어졌다. 이 전투에서 영국 왕 헨리 5세는 프랑스 측에 막대한 손실을 입히면서 승리했고, 이 전투 이후 헨리 5세가 프랑스 공주 카트린 드 발루아와 결혼하면서 그의 아들 헨리 6세가 프랑스의 왕위계승권을 가지게 되었다.

71   즉 그가 실성한 국왕의 친자가 아니라 시동생 루이 오를레앙의 소생일지도 모른다는 것이었다.

으로 빈약한 피조물"이라고 인색하게 평가했다. 한마디로 '가엾은 놈'이라는 뜻이다. 그는 비쩍 마르고 옷도 잘 못 입는 '워스트 드레서'였지만 대화에 능숙하고 매우 총명했다. 초기에 샤를은 정치나 군사문제에 대하여 무관심한 편이었다. 그는 밖에 나가서 싸우기보다는 오히려 방해를 받지 않고 집에 조용히 머무르는

루이 오를레앙의 암살사건

것을 선호했던 내성적인 인물이었다. 그러나 구국용사 잔은 그에게 보다 신성하고 권위적인 임무를 수행하도록 강력히 촉구했으며, 그 결과 잔이 처형된 지 25년이 지난 후에 그는 여러 개의 군사적 승리를 거두어 '승리왕'이라는 명예로운 칭호를 얻게 되었다. 또 잔이 억울하게 죽은 지 25년 만에 잔 다르크의 명예회복에 대한 재판을 지시하여, 드디어 잔의 '유죄(반역과 이단)' 선고가 파기되었다는 희소식을 듣게 되었다. 그것은 그가 이단자에 의해서가 아니라, 합법적으로 집권했다는 것을 의미했다. 자 이제부터 그가 불과 네 살박이였을 무렵, 그의 숙부인 루이 오를레앙의 암살사건이 발생했던 혼란의 정국으로 다시 돌아가보자.

1407년 11월 23일 밤 루이는 마레 지역의 거리에서 복면을 쓴 15명의 괴한들에게 갑자기 습격을 당했다. 그는 왕비 이자보가 '광인' 남편을 피해서 마련한 도피처인 바르베트 저택에서 나오다가 그의 정적인 부르고뉴 공으로부터 사주를 받은 불한당들에 의해 그 자리에서 숨지고 말았

부르고뉴 공작 장 1세

다. 이 암살사건이 일어난 후 이자보는 이 저택을 바로 매각했다고 한다. 이자보는 연인으로 소문난 시동생 루이를 암살한 범인을 잡으려고 필사적이었지만, 그녀의 그런 행동은 그녀의 평판을 더욱더 실추시켰다. 며칠이 지나서 부르고뉴 공은 자신의 범죄사실을 시인했고, 그는 사업을 핑계 삼아 플랑드르 지방으로 피신했다. 파리 시민들은 루이 오를레앙 공이 사라진 것을 경축해 마지않았다. 그의 이름은 세금과 동의어였기 때문이다. 영리한 장은 오를레앙 공의 이런 학정을 근거로 자신의 살인을 정당화시켰으며 파리 시민들도 자신의 편임을 공언했다. 우리는 루이의 지지자를 '아르마냑파', 장의 지지자를 '부르고뉴파'라고 한다. 루이의 지지자를 아르마냑파로 부르는 이유는 암살당한 루이의 아들, 즉 부친의 복수를 맹세한 샤를 오를레앙Charles d'Orléans(1394-1465)이 아르마냑의 본 Bonne d'Armagnac(1395-1430/1435)과 혼인했기 때문이다. 샤를은 장인 아르마냑 백작 베르나르 7세Bernard VII d'Armagnac(1360-1418)와 결탁하여 부르고뉴파에 대항했다.

당시 파리는 남부 프랑스 귀족 중심의 아르마냑파와 부르고뉴파 간의 주도권 쟁탈전으로 끊임없는 혼란의 상태에 있었다. 그러나 실성한 국왕 샤를 6세는 이러한 내전을 조정할 능력이나 의사를 가질 수가 없었다. 상기한 대로 시집올 때부터 불어를 전혀 몰랐던 이자보는 프랑스의 실질적인 국익에 관심이 없었다. 부르고뉴 공의 사주로 오를레앙 공이 암살당해 사태가 역전되자, 이자보는 권력보전을 위해 자신의 옛 정부의 적이었던 장의 새로운 연인이 되었다! 1411년에 이자보와 공모한 장은 파리를 점

부르고뉴 공 장 1세의 암살 사건

령했다. 전세는 그에게 유리했으며 파리의 지성인과 노동자들의 지지를 확보할 수가 있었다. 그는 또 군사지원을 위해서 영국과 숙명적인 동맹을 맺었다. 백년 전쟁의 와중에 프랑스는 내분으로 몸살을 앓았다. 결국 장과 왕세자는 화친을 시도했는데 암살을 두려워한 쌍방은 1419년 9월 11일 몽트로Montereau 다리의 중간지점에서 만나기로 정했다. 그러나 회견은 곧 분쟁의 소용돌이에 휘말리고 장은 왕세자를 수행하는 아르마냑 기사들에게 도끼로 맞아 그 자리에서 즉사하고 말았다. 왕세자가 그렇게 신변보호를 누누이 약속했음에도 불구하고, 아르마냑파가 부르고뉴 공을 암살함으로써 협상은 그만 결렬되고 말았다.

당시는 프랑스가 봉건국가에서 국민국가로 넘어가는 혼란스러운 이행기였다. 이 두 파의 싸움은 단순히 프랑스 귀족들 간의 분쟁을 넘어

이자보의 딸, 카트린 드 발루아

서 프랑스 '민족주의'를 태동시켰다. 암살당한 장이 영국과 동맹한 것은 민족과 프랑스의 이해관계를 무시하고 자신의 편의와 이익에 따른 처사였으나 그는 자기 세계에서 태동하는 민족의식을 간과하고 있었다.[72] 아버지의 뒤를 이어 새로 즉위한 부르고뉴 공 '착한 필리프'Philippe le Bon(1396-1467)는 아버지의 갑작스러운 죽음을 전적으로 무능한 왕세자의 탓으로 돌렸다. 그는 앙심을 품고서 적국인 영국과 서슴없이 손을 잡았고, 영국과 부르고뉴 동맹군은 프랑스 대부분의 영토를 파죽지세로 점령하기에 이르렀다. 아들에 의한 자신의 '동맹'(부르고뉴 공)의 암살사건 이후에 이자보도 아들과 결정적인 '결별'의 수순을 밟게 된다.

1420년에 17세의 왕세자 샤를의 '정통성'에 대한 문제가 제기되었다. 1420년 초에 영국 왕 헨리 5세는 프랑스 왕국의 장래를 결정하기 위해 왕비 이자보에게 수차례 밀사들을 파견했다. 사학자 트레이시 애덤스에 의하면, 이자보는 헨리 5세의 밀사들의 설득력 있는 논거에 그만 굴복했고, 자기 남편을 설득해서 영국과 조약을 맺도록 주선했다. 부르고뉴 공의 암살 소식을 듣고 진노한 샤를 6세도 역시 왕세자의 '엄청난 범죄'를 이유로 들어 그의 상속권을 박탈하기로 결정했다. 결국 이자보는 헨리 5세와

---

72   그는 자신의 영지인 부르고뉴에는 거의 머무르지 않았고 파리에 없을 때는 네덜란드에서 생애의 대부분을 보냈다.

영국 왕 헨리 5세와 샤를 6세의 딸 카트린 드 발루아의
결혼(1420)

부르고뉴 공과의 이면공작을 통해서 문제의 '트루아 조약'traité de Troyes을
체결하여, 영국과 프랑스의 국왕이 '하나'임을 시인했다. 즉, "영국 왕 헨
리 5세가 샤를 6세와 이자보 왕비의 딸인 카트린 드 발루아Catherine de Va-
lois(1401-1437)와 반드시 혼인한다는 전제 하에 영국왕을 프랑스의 섭정으
로 임명하고, 샤를 6세의 사망 시에는 그가 프랑스 국왕이 된다"는 것이
조약의 주요 골자였다. 이 트루아 조약은 영국 랭카스터 왕가의 승리를
의미한다. 33세의 헨리는 18세의 아리따운 공주 카트린를 만났을 때 그녀
에게 홀딱 반했다고 한다. 1420년 12월 1일 드디어 두 사람의 결혼식이 거
행되었다.

샤를 6세와 그의 사위가 된 헨리 5세가 파리에 성대하게 입성하자 그동안 전쟁으로 피폐해진 수도 파리의 시민들은 대환영이었다. 대학과 제삼신분층도 두 왕에게 지지를 보냈고 트루아 조약을 두말없이 등기했다. 이제 풍전등화 속의 프랑스 발루아 왕조는 실성한 왕과 부모로부터 버림받은 불행한 왕세자에 의해 단지 명목적으로 대표될 뿐이었다. 그러나 이처럼 굴욕적인 조약이 체결된 지 2년 만에 영국 왕 헨리 5세도 태어난 지 수 개월밖에 안 되는 영아를 상속자로 남긴 채 이질로 사망했고, 샤를 6세도 한 많은 생을 마감했다. 영·프 양국을 다스리기 위해 2명의 섭정이 임명되었는데 그들은 모두 고인이 된 영국 왕 헨리 5세의 형제인 동시에 어린 헨리 6세Henry VI(1421-1471)의 후견인이기도 했다. 이자보는 이런 정치적 수완(?)을 발휘한 후 파리의 마레 지역에 있는 생-폴Saint-Paul 저택으로 은퇴했고 만인의 경멸과 무시 속에서 64세를 일기로 생을 조용히 마쳤다.

잔 다르크의 출현

생모 이자보로부터도 버림을 받은 채 장래가 극도로 불투명했던 왕세자 샤를은 문맹의 양치기 소녀 잔이 출현할 때까지, 극도의 우울증에 시달린 나머지 자신의 권리(상속권)를 거의 포기할 태세였다. 1429년 초에는 프랑스 북부의 대부분 지역과 남서부 지방의 일부가 모두 외세의 지배를 받게 되었다. 벌써부터 북부 프랑스에서는 시세를 좇는 무리들이 이구동성으로 "프랑스와 영국 왕 헨리 만세!"를 외치고 있었다. 영국인들은 이미 수도 파리와 루앙을 장악했고, 부르고뉴인들은 프랑스 국왕의 대관식이 거행되는 도시 랭스를 점령해버렸다. 프랑스의 '진짜' 국왕인 왕세자의 대관식이 아직도 치러지지 않은 상태에서 랭스가 이처럼 적군에게 점령되었다는 사실은 아주 중대한 의미를 내포하고 있다. 그 당시 민간에서는 실추

된 프랑스가 한 처녀에 의해 구원을 받는다는 설이 퍼져 나갔다. 이자보가 불명예스러운 트루아의 조약으로 프랑스를 영국인에게 넘겨주었다면, 잔 다르크는 프랑스인들이 학수고대하며 기다리던 구원의 여성이 아니었던가?

잔의 도래는 샤를과 프랑스의 운명을 송두리째 바꾸어 놓았다. 1429년 2월 25일에 그는 시농Chinon성에서 신으로부터 왕국을 구원하라는 소명을 받았다는 어린 소녀를 만났다. 잔은 12세 때 교회 뒤의 자신의 집 마당에서 최초로 "프랑스 땅에서 영국인들을 몰아내고 유일하

1429년 프랑스 지도: ■ 분홍색은 영국이 지배하는 영토, ■ 연보라색은 부르고뉴 공이 지배하는 영토, ■ 푸른색은 샤를 왕세자가 지배하는 영토, ■ 노란색은 주요전장을 표시한다

게 합법적인 국왕 샤를을 복원시키라!"는 계시를 들었다고 한다. 이제 벼랑 끝에 몰린 샤를은 마치 물에 빠진 사람이 지푸라기라도 잡는 심정으로 "프랑스 군대를 이끌고 나가서 승리를 거두라"는 계시를 받았다는 잔의 말을 그대로 믿게 되었다. 잔은 그때까지 군사적 훈련을 한 번도 받은 적이 없지만 왕세자 샤를의 이른바 '테스트'를 거쳐 신임을 얻었고 갑옷과 말, 칼, 프랑스 왕가의 문장이 수놓인 군기를 하사받았다. 잔의 영웅적인 활약으로 프랑스군은 오를레앙에서 크게 승리했다. 군중들은 신의

랭스 성당에서 샤를 7세의 대관식

선택을 받은 처녀의 기마행렬을 보려고 구름 떼처럼 몰려들었다. 1429년 5월 8일 오를레앙의 포위를 푼 후 잔은 왕세자를 호위하여 기앵Gien에서 랭스까지 오랜 행군을 지속했다. 그녀는 단지 '신의 여전사' 잔 다르크라는 이름이 주는 위세만으로도 적군을 압도하여, 단 한 방울의 피도 흘리지 않고 영국군이 점령한 요새와 도시를 무사히 통과할 수가 있었다. 미국의 소설가 마크 트웨인Mark Twain(1835-1910)은 1429년 7월 17일 랭스 성당에서 거행된 샤를 7세의 대관식을 '외교의 걸작품'으로 당당히 손꼽았다.

샤를은 이처럼 신성한 성유를 바르는 도유식을 행함으로써 '정통성' légitimité을 회복했다. 그는 역대 이스라엘 왕들과 성웅 다비드와 연결고리를 맺게 되며, 정식으로 프랑스 국왕으로 축성되어 1430년 12월 16일 파리의 노트르담에서 임시로 거행된 영국 왕 헨리 6세(1421-1471)의 대관식을 보란 듯이 선취할 수가 있었다.

하지만 얼마 후 잔은 마리니에 있는 부르고뉴군과 격전을 벌이다가 포로로 사로잡힌 후 적군인 영국 측에 넘겨졌다. 배은망덕하게도 잔 덕분에 왕좌에 오른 샤를 7세는 그녀를 구할 생각이 없었다. 이미 프랑스에서 그녀의 인기가 너무 치솟았기 때문이었다. 그녀는 결국 1431년 5월 30일 루앙의 구시장에서 '이단'으로 선고받고 산 채로 화형에 처해졌다. 이 일로 인해 샤를 7세는 훗날 많은 프랑스 역사학자들의 비난의 대상이 되었다. 잔 다르크는 작은 한촌에서 태어나 불과 십대에, 그것도 글을 모르는 문맹의 농가처녀가 유럽 전역에 이름을 날려 불세출의 셀럽이 된 케이스다. 당시

잔의 화형식

영국 왕과 프랑스 왕들은 천년이나 묵은 오래된 살리크법을 서로 경쟁적으로 해석해가면서 계속되는 전쟁을 정당화시켰다. 이 분쟁은 군주들 간의 야욕적인 상속다툼이 주원인이었다. 그런데 잔은 군주들 간의 지리멸렬한 싸움에 방치되고 소외된, 그래서 냉담해진 프랑스 민초들을 위대한 '민족해방'이라는 기치 아래 집결시키고, 그들의 뜨거운 에너지를 다시 용솟음치게 만든 장본인이다. 더구나 잔 다르크를 종교재판에 회부해서 마녀로 몰아 화형에 처해버린 몹쓸 부르고뉴인들조차도 자기의 동맹자인 영국은 언어습속이 다른 '외국인'임을 깨닫게 되었다. 한편 입으로는 영국인에게 아첨하면서 속으로는 그들을 증오하던 사람들도 이제는 침략자 영국인에 대해 잔 다르크 못지않게 분개하며 행동을 개시했다. 그래서 1435년에는 아르마냑파와 부르고뉴파가 화해함으로써 프랑스인 전체가 대동단결하여, 새삼스럽게 잔의 죽음을 애도하며 한마음 한뜻으로 영

국에 대항했다. 이 갑작스러운 변화에 놀란 영국은 1435년 아라스 조약을 맺고 화해했다. 그동안 부르고뉴파가 장악하고 있던 파리에 1463년 드디어 샤를 7세가 입성했고, 이후 프랑스 국민은 침략자 영국인을 노르망디에서, 또 기엔Guienne에서도 차례로 내몰았다. 그리하여 1453년에는 칼레지방만이 아직 영국인의 수중에 남아있는 가운데, 그 기나긴 백년전쟁은 종말을 고했다. 덕분에 샤를은 '승리왕'으로 불리게 되었다.

> "배은망덕은 복수보다 더 비열한 범죄다. 복수는 단지 원수를 원수로 갚는 것이지만, 배은망덕은 은혜를 원수로 갚는 것이다."
> - 미국의 편집자 윌리엄 조지 조던William George Jordan(1864-1928)

자크 쾨르. 프랑스 화가 장 푸케Jean Fouquet(1420-1481)의 작품

배은망덕한 샤를 7세

1451년 자크 쾨르Jacques Coeur(1395/1400-1456)의 소송이 있었다. 이 부르주의 재능 있는 상인은 그의 부하들이 동양에서 가져온 사치품을 궁정에 납품함으로써 엄청난 부를 획득했다. 그는 국왕의 재무대신이었다가 고문으로 승진했다. 그러나 그는 곧 국왕의 시샘을 받아 1451년에 체포당했다. 당시 "국왕은 할 수 있는 것을 할 수 있을 뿐이다. 그러나 자크 쾨르는 그가 원하는 것을 할 수 있다"는 유행어가 세간에 떠돌 정도로 그의 권세와 부는 대단했다. 당시의 재판은 피고의 증언에 따라 이루어지는 것이 아니라 고문을 당한 후에 심문관이 원하는 대로 전부 자백하는 것이 상례였다. 1453년에 그는 결국 사형을 언도받았고

그의 재산은 국왕의 자의대로 모두 몰수되었다. 그러나 시대의 풍운아 자크는 친구들의 도움으로 수도원의 운하를 통해서 푸아티에 감옥에서 탈출한 후 로마에 가서 교황을 만났다. 그는 유명한 주인(교황)의 이름으로 배를 빌려 이교도들을 토벌하러 원정을 떠났다. 1456년 12월 25일 그는 키오스섬에서 터키군과의 해상전투 도중에 그만 전사하고 말았다.

그의 생애는 잔 다르크와 유사한 점이 많다. 둘 다 무명의 신분에서 출발한 것, 전격적인 신분상승에 이어 샤를 7세에게 커다란 위안을 제공한 것도 비슷하다. 국왕을 위해 모든 것을 바쳤으며 국민들로부터 많은 지지를 받았다. 그리고 몰락과정도 유사하다. 즉 샤를 7세의 '배은망덕'으로 인해 둘 다 극적인 최후를 맞게 된다. 옹졸한 샤를 7세는 잔 다르크가 죽은 지 25년이 지나서야 겨우 잔의 명예 복권을 선언했다. 1456년에 잔 다르크에 대한 복권재판에서 이단, 마녀 혐의 및 파문 조치를 철회하여 '무죄'라는 결론을 내려 드디어 사자死者의 명예를 회복시켰다. 한편 자크 쾨르의 죽음 이후 샤를은 그의 가족에 대해서는 호의적이었다. 그는 자크 쾨르의 아들들에게 남아있는 아버지의 부를 상속받는 것을 허락했다. 동시대의 프랑스 시인 프랑수아 비용François Villon(1431-1463)은 자신의 시 〈비문〉에서 자크 쾨르의 부를 언급했다.

"나의 가난을 경감하기 위해 나의 심장은 종종 나에게 말하노라. 결코 조바심하거나 고통으로 미치지 말거라. 자크 쾨르처럼 부자가 아니라면 영주가 되거나 화려한 무덤에서 썩느니, 차라리 거친 옷을 입고 가난하게 사는 편이 훨씬 나으리라."

자크 쾨르나 잔 다르크 양인 모두 그들의 군주에 의해서 제대로 보상을 받지 못했지만, 전자는 근대적인 행정(회계)에 착수했으며, 후자는 영국인들을 강산에서 내몰고 백년 전쟁을 종결시켜 프랑스를 서유럽의 중심적 위치에 올려놓은 일등 공신들이다.

"굶주린 개를 주워 잘 돌보면 그 개는 절대 당신을 물지 않을 것이다.
이 점이 바로 인간과 개의 근본적인 차이점이다."
- 미국 소설가 마크 트웨인

국왕의 애첩들: 아녜스 소렐과 앙투아네트 드 메뉴레

그동안 혹독한 불의 시련기를 거쳤던 샤를 7세는 이제는 개인적인 신앙
심도, 또 나라의 실지失地도 회복했으며 자크 쾨르를 위시한 유능한 자문
관들의 보필 덕분에 재무나 국정 운영에도 놀라운 성공을 거두었다. 그리
고 그는 아녜스 소렐Agnès Sorel(1422-1450)이라는 최고의 미녀를 프랑스 국
왕의 첫 번째 공식적인 정부로 지정했다. 원래 아녜스는 왕비의 가문인 앙
주 가의 시녀였는데, 그녀를 보고 반해 버린 샤를의 정부가 되어 도합 4명
의 아이를 낳았다. 1444년에 국왕은 아녜스에게 최상급의 다이아를 비롯
해서 2,600에퀴écu나[73] 되는 값진 보석들을 아낌없이 선물했다. 화려한 장
신구들을 구입하기 위해서 아녜스는 부르주의 무역상인 자크 쾨르의 최
상의 고객이 되었다. 국제상인 자크는 부르주의 자신의 신비한 성에 동양
에서 온 온갖 보물과 재화들을 잔뜩 쌓아놓고 있다는 소문이 파다했다.
아녜스는 몸단장을 위해서 어마어마한 양의 고급 실크 천들을 소비했고
궁정의 모든 여인네들이 그녀의 사치스러운 의상을 앞다투어 모방했다.
두 사람 사이에는 우정이 싹텄고 아녜스는 자크 쾨르를 보호해주었다.
그것이 자크의 신망을 드높여주었고 그의 사업은 날로 번창했다. 그는
국왕의 회계책임자가 되었으며 국왕이 신임하는 유언집행자 3명 중 하나
였다. 몇몇 낭만적인 작가들은 자크 쾨르와 아녜스 소렐 간의 비밀스러운

---

[73] 옛 금·은화.

애정 관계가 이 대★무역상의 몰락에 결정적인 요인이 되었을 것으로 본다. 아녜스는 1450년 2월 9일 28세의 나이에 '산욕열'로 공식적으로 사망했다.[74] 그녀가 죽은 지 불과 몇 주만에 그녀의 네 번째 아이(공주)도 사망했다. 아녜스의 죽음이 너무도 신속했기 때문에 사람들은 곧 '독살'을 의심하기 시작했다. 2000년대 고생물병리학 연구에 따르면 아녜스는 다량의 수은 중독으로 사망한 것으로 밝혀졌다. 중세에는 수은이 구충제로 사용되었다고 한다. 그래서 학자들은 수은이 그녀의 회충치료제 혹은 암살의 목적으로 쓰였을 것으로 추정한다. 어쨌든 그녀가 죽

한쪽 가슴을 드러낸 아녜스 소렐의 초상화

은 지 8개월 만에, 자크 쾨르가 그녀를 독살시켰다는 소문이 나돌았다. 당시 자크 쾨르의 막대한 재산은 만인의 시기와 질투의 대상이었다. 그에게 많은 돈을 빚진 궁녀와 이탈리아 태생의 궁정조신이 자크 쾨르를 기소했지만, 그는 자신이 아무런 잘못도 저지르지 않았다는 것을 열렬히 증명해 보였다. 그러자 그는 또다시 공금횡령으로 기소를 당했다. 그는 모진 고문을 받았지만 어떤 자백도 나오지 않았다.[75] 전술한 대로 그는 푸아티에

---

74   초기에는 이질이라는 설도 있었다.

75   그에 대한 또 다른 기소는 그가 기엔에서의 전쟁을 위해 거액의 자금을 비축했다는 것이었다.

아녜스 소렐의 유명한 톱리스 패션

성에 갇혀 40만 에퀴라는 거액의 돈을 국가에 납부하라는 명을 받았다. 아녜스의 사망 이후에 국왕은 자크 쾨르의 헌신적인 봉사와 업적을 망각한 채 그의 생명은 물론이고 전 재산의 몰수를 명했다.

아녜스는 1422년에 쿠덩Coudun의 작은 성주 장 소렐Jean Sorel의 딸로 태어났다. 그녀는 스물이나 스물하나였을 무렵에 처음으로 국왕에게 소개되었다. 당시 아녜스는 나폴리 가문의 르네 1세의 배우자인 로렌의 공비 이사벨의 시녀였다. 그리고 나서 아녜스는 샤를 7세의 정비인 마리 당주Marie d'Anjou(1404-1463)의 시녀가 되었다가 국왕의 정부가 되었다. 국왕은 로쉬성Château de Loches을 아녜스의 사저로 흔쾌히 제공했다. 그곳은 잔 다르크가 생전에 샤를에게 부디 프랑스 국왕으로 즉위하라고 간곡하게 요청했던 장소다. 쉬농의 궁정에서 그녀의 진가(?)는 빛을 발했다. 그녀는 국왕을 이른바 '우울증'이라는 길고 어두운 터널에서 구출했기 때문이다. 아네스는 최초의 공식적인 국왕의 정부가 되었다. 그녀는 최고 권력자인 자신의 애인에게 막강한 영향력을 행사했고, 너무 지나친 사치의 취미 덕분에 궁정에서 많은 적들을 만들었다. 그녀는 '방탕함과 부패의 대명사'인 가슴이 깊이 파인 '데콜테'décolleté[76] 혹은 톱리스 패션을 궁정에서 크게 유행시킴으로써 단연 스캔들의 여왕이 되었다. 특히 한 쪽 유방을 과감하게 드러낸 매우 파격적인 그녀의 패션은 무절제하게 모방되거나 조롱의 대상이 되었다. 랭스의 대주교 장 쥐베날 데 쥐르생Jean Juvénal des Ursins(1388-1473)은 국왕에게 여성의 젖꼭지와 가슴을 전부 드러내는 파렴치한 '프론트 오프닝'ouvertures de par devant(전면 개방) 패션을 당장에 중지하거나 교정해 줄 것을 요청했으나 허사였다. 아네스는 자칫 현기증(?)을 일으킬 만큼 높고 현란한 피라미드 장식을 헤어장식으로 이용했고 길이 8m정도의 바닥에 질질 끌리는 그녀의 기나긴 벨벳 옷자락은 담비나 검은 담비의 탐스러운 모피로 테두리를 풍성하게 장식했다. 그녀는 또한 고급스러운 슈미즈(코르셋 속에 입는 여성용 내의)와 진주목걸이를 크게 유행시켰다. 그래서 후일 '아네스 스타일'은 '공주 스타일'로도 통한다. 그녀는 미용과 주름 방지를 위해서 매일 아침 고급 향유와 크림을 발랐고, 저녁에는 반드시 꿀 팩을 하고 난 후 취침했다. 중세의 도덕적인 설교자들은 심홍색의 개양귀비 꽃잎으로 만든 연지를 바른 그녀의 입술을 '퇴폐적'이라며 혹평해 마지않았다. 그녀는 새하얀 밀가루와 갑오징어 뼈를 곱게 분쇄한 가루로 만든 분 화장을 해서, 그 당시에 최상으로 여겼던 순백색의 무

---

[76]   옷의 깃을 파낸 부분

결점 피부를 자랑했다. 중세에는 무엇보다 넓은 이마와 가느다란 눈썹을 최고 미인의 조건으로 쳤다. 아네스는 시녀들로 하여금 눈썹과 이마 가장자리의 머리카락을 뽑도록 했다. 그러나 그녀가 이마 주변의 머리털을 뽑은 이유는 고혹적이고 관능적인 자태로 보이거나 이마가 불쑥 튀어나온 유명한 '피렌체 모드'를 따라 하려는 것이 아니라, 자신의 용모를 보다 균형 잡히게 보이도록 하기 위함이었다. 그녀는 주먹만한 얼굴에 비해 너무 비대칭적일 정도로 커다란 눈동자를 지니고 있었기 때문이다. 그녀는 네 번째 아이를 임신했을 때, 쥐미에주Jumièges 전투에 참가한 '애인' 샤를에게 정신적 위안을 주기 위해 로맨틱한 여행을 감행했다. 그러나 그녀는 갑자기 병에 걸렸고 아이를 출산한 후 그녀와 어린 딸은 모두 숨을 거두었다. 그녀의 유해는 로쉬의 생 투르St. Ours 교회에 안치되었고 심장은 쥐미에주의 베네딕트 수도원에 따로 묻혔다.

아네스의 죽음에 대해서는 자크 쾨르에 의한 독살설 외에도 미래의 국왕 루이 11세Louis XI(1423-1483)가 부친이 젊은 정부의 치마폭에서 놀아나는 것을 막기 위해 그녀를 은밀히 독살했다는 소문이 심심찮게 나돌았다. 왕세자 루이는 4년 전부터 부왕에게 공공연히 반란을 일으켰다. 그러나 샤를 7세는 그녀의 사후 상실감의 여운이 미처 가시기도 전에 아네스의 사촌인 16세의 앙투아네트 드 메뉘레Antoinette de Maignelais(1434-1474)를 다시 자신의 정부로 삼았다. 1448년경에 아네스는 자신이 낳은 세 명의 어린 공주들을 돌보는 유모로 그녀를 채용했고, 그때 궁정에 처음 앙투아네트를 소개했다. 그녀는 아네스 못지않게 용모가 뛰어났기 때문에 곧 국왕의 관심을 끌었다. 샤를 7세는 앙투아네트를 그의 첫 번째 왕실 궁내관인 앙드레 드 비퀴이예André de Villequier 남작과 결혼시켰다. 국왕은 결혼

선물로 신혼부부에게 세 개의 섬과 이수댕Issoudun 토지,[77] 또 평생 동안 매년 2천 리브르의 연금을 하사하는 동시에 그들이 살 저택으로 귀에르쉬Guerche성의 건설을 명했다. 또한 앙투아네트가 낳은 딸 잔을 로쉬포르 경과 혼인시키는 데 거금을 들였으나 물론 앙투아네트가 결혼하고 낳은 또 다른 딸은 자신의 딸로 인정하지 않았다. 그녀는 남편과의 사이에서 서너 명의 자녀를 낳았다. 그런데 앙투아네트는 배은망덕하게도 국왕의 정부 노릇을 하는 동안에, 국왕과 사이가 나쁜 왕세자 루이와 공모해서 국왕의 일거수일투족을 감시하는 스파이의 역할을 했다!

프랑스왕 샤를 7세의 두 번째 정부 앙투아네트 드 메뉴레

1461년 국왕 샤를이 사망한 후에 앙투아네트는 (아마도 루이 11세의 요청으로) 또다시 부르타뉴 공 프랑수아 2세François II de Bretagne(1435-1488)의 정부가 되었다. 그녀는 애인 부르타뉴 공으로부터 거액의 돈과 숄레Cholet성을 하사받았다. 교양 있는 앙투아네트는 유명한 문화인사들을 초청하여 그녀가 기거하는 숄레성은

낭트의 묘지에 있는 프랑수아 2세의 조각

---

77   이 토지는 죽은 아녜스의 소유였다.

후일 안 드 부르타뉴 왕비의
데콜테 패션(15세기)

부르타뉴 문화의 중심이 되었다. 그녀는 부르타뉴 공과의 사이에서 5명의 자녀를 두었다. 그녀가 부르타뉴 공의 정부가 되었을 때 루이 11세는 다시 스파이 역할을 해주기를 기대했고 초기에 그녀는 이러한 역할을 기꺼이 수락했다. 그러나 시간이 차츰 경과함에 따라서 그녀는 한 살 연하남인 브루타뉴 공과 진심으로 사랑에 빠졌는지 변심을 했다. 프랑스와 부르타뉴가 전쟁을 했을 때, 앙투아네트는 자신의 보석들을 모두 팔아서 부르타뉴 군대를 도왔다. 이 소식을 전해들은 프랑스왕 루이 11세는 프랑스에 있는 그녀의 자산을 전부 몰수해버렸다. 그녀는 1474년에 프랑수아 2세의 궁에서 매우 평화롭게 숨을 거두었다.

참고로 앙투아네트의 정부였던 프랑수아 2세가 두 번째 부인 마그리트 드 푸아Marguerite de Foix(1458-1486)에게서 얻은 딸이 바로 '두 번씩이나' 프랑스 왕비였던 그 유명한 안 드 부르타뉴Anne de Bretagne(1477-1514)다. 그녀의 사후에 드디어 부르타뉴도 프랑스 왕국에 병합되었다(1532).

> "우리 남성들에게는 쾌락을 위해서는 정부, 일상생활의 돌봄을 위해서는 첩, 또 적법의 상속자를 낳고 가문의 충실한 수호를 위해서는 부인이 필요하다."
> - 그리스 웅변가 데모스테네스Demosthenes(B.C. 384-322)

샤를 7세의 후덕한 조강지처 마리 당주
(재위: 1422~1461)

마리 당주Marie d'Anjou(1404-1463)는 앙주 가문의 루이 2세의 장녀였다. 1413년에 9살의 그녀는 사촌지간인 막내 왕자 샤를과 약혼했다. 1422년 12월 18일에 두 사람은 부르주에서 결혼식을 올렸다. 그녀는 이 결혼을 통해서 프랑스 왕비가 되었지만 한 번도 대관식을 올린 적은 없었다. 샤를이 여전사 잔 다르크의 호위로 적진을 뚫고 대관식을 거행하러 랭스 성당으로 행진할 때 그녀는 그냥 시농성에 남아있었다. 샤를이 백년 전쟁에서 승리할 수 있었던 요인은 그녀의 친정인 앙주 가문의

왕비 마리 당주

조력이 컸고, 특히 장모인 아라곤의 욜란드Yolande d'Aragon(1381-1442)의 공헌이 지대했다. 부르고뉴인들의 위협으로 파리가 위험하다고 판단한 현명한 욜란드는 루브르 궁에서 약혼식을 거행한 샤를과 마리를 앙주성으로 오도록 했다. 둘은 그곳에서 2년 동안 평화롭게 지냈으며, 그 평화로운 시절 덕분에 이 부부는 평생 서로 '우정'을 간직하게 된다. 그녀는 1423~1446년까지 샤를에게 14명의 자녀들을 낳아줌으로써 어머니의 역할을 완벽하게 수행했다.[78] 부르주에서 출생한 그녀의 맏아들이 바로 미래의 국왕 루이 11세다.

당시 연대기 작가들은 왕비 마리를 매우 경건하고 존재감이 미약한 인물로 묘사했다. 그러나 그녀는 남편의 옆을 묵묵히 지키면서 결코 적지 않은 역할을 수행했다. 그녀는 남편의 부재 시에는 '국왕의 대리자'의 자

---

78   그중 다섯 명은 일찍 사망했다.

격으로 수차례 국무회의도 주재하고 간헐적이나마 왕실의 행정에도 참여했다. 그녀는 시농성의 완벽한 보수공사를 총 지휘했고, 국왕의 비서 겸 재무관인 자크 쾨르의 도움을 받아서 자신의 자산도 매우 성공적으로 관리했다. 19세기 고고학자 루이-프랑수아 드 빌뇌브-바르주몽Louis-François de Villeneuve-Bargemon(1784-1850)은 그녀를 '모든 배우자와 왕비들의 모델이며 영웅적인 여성, 그리고 가난한 자와 불우한 자들의 어머니'라고 높이 평가했다. 1424년에 그녀는 국왕과 함께 퓌Puy로 순례여행을 갔으며, 1447년에는 몽 생 미셸Mount St Michel로 단독 순례여행을 떠나기도 했다.

전술한 대로 마리와 샤를은 총 14명의 자녀를 두었지만 남편 샤를의 애정은 그의 정부인 아녜스 소렐에게만 온통 쏠려 있었다. 원래 아녜스는 마리의 시녀였다가 1444년부터 국왕의 공식 정부로 전격 발탁된 케이스다. 자타가 공인하는 '미의 귀부인' 아녜스는 돌연사할 때까지 궁정에서 주도적인 역할을 행사해서 자신이 한때 섬겼던 왕비의 존재를 여지없이 퇴색시켜 버렸다. 그러나 마리는 이에 아랑곳하지 않고 언제나 온정과 자비심을 가지고 남편을 대했다. 아녜스가 죽고 난 후 그녀가 낳은 세 딸들은 합법적인 프랑스 공주들로 인정을 받아서 모두 궁정의 대제후들에게 시집을 잘 갔다. 1741년《백과사전》의 공저자인 디드로와 달랑베르는 "왕비 마리 당주는 매우 덕망이 높은 공주였다. 그녀는 자기 남편을 너무도 지극히 사랑한 나머지, (우울한 남편에게 더할 나위 없는 '회춘'의 기쁨을 선사한) 아녜스 소렐을 사랑했을 뿐 아니라 높이 평가했다. 오로지 국왕의 행복과 영광을 위해서 그녀는 정부인 아녜스와 함께 온갖 노력과 정성을 아끼지 않았다"라고 기술했다. 1455년에 로베르 브롱델Robert Blondel(?-1462)이란 시인 겸 역사가는 이처럼 후덕한 왕비 마리를 위해서《지옥의 12가지 위험》이라는 풍자적인 우화집을 썼다.

1461년에 샤를 7세가 사망하고 난 후 즉위한 루이 11세는 자신의 어머니를 대비로 책봉하고 모후에게 앙부아즈성Amboise을 하사했다. 1462년 겨울에 그녀는 산티아고 데 콤포스텔라Santiago de Compostela로 순례여행을 떠났다. 학자들은 그녀가 루이 11세의 명을 받고 '비밀 대사'의 자격으로 스페인을 방문했을 것으로 추정한다. 당시 정치적 상황이나 열악한 도로 사정을 감안할 때, 대부분 겨울 여행은 가급적 피했기 때문이다. 1463년 11월 29일 그녀는 순례여행에서 귀국하던 도중에 시토회 수도원에서 59세의 나이로 사망했다. 그녀의 유해는 생-드니 교회의 남편의 무덤 옆에 나란히 안장되었다.

7 신중왕 루이 11세

발루아 왕조의 6번째 국왕(재위: 1461~1483)

> "숨기거나 위장할 줄 모르는 자는 통치할 자격이 없다."
> - 프랑스 국왕 루이 11세

루이 11세Louis XI(1423-1483)는 어렸을 적부터 부왕 샤를 7세와 늘상 긴장관계를 유지했던 반항아였다. 1436년에 샤를 7세가 정략혼을 추진했을 때 그는 이를 거부했고 부자 간의 불화는 더욱 골이 깊어졌다. 루이는 심지어 아버지의 정부인 아녜스 소렐을 '구타'했을 정도였고 나중에는 그녀를 독살했다는 혐의까지 받았다. 루이는 17세 때 샤를 7세에 대항하는 귀족 반란에 참가해서 더욱 아버지의 노여움을 샀다. 드디어 부왕의 사망 소식을 들었을 때, 거의 마흔이 다 된 그는 국왕이 되었다는 사실에 너무도 기쁜 나머지 희색이 만면한 표정을 도저히 감추지 못했다. 1461년 8월 8일 샤를 7세의 장례식이 거행되었으나 그는 끝내 참석하지 않았다.

못생긴 비만형의 군주 루이 11세

그의 외모에 대하여 현대사가 이반 고브리Ivan Gobry(1927-2017)는 중세의 연대기 작가인 토마 바쟁Thomas Basin(1412-1491)의 글을 인용한 바 있다. "지나치게 마른 허벅지와 다리의 소유자인 그는 결코 잘생긴 미남형도 아니고 그렇다고 해서 유쾌한 호남형도 아니었다. 그의 정체가 누구인지 모르는 사람이 처음에 그를 보면 왕이나 지체 높은 신분의 귀족이라기보다는 오히려 광대나 주정뱅이, 혹은 열악한 조건의 하층민으로 보기가 십 상이다." 이른바 '백년 전쟁의 승리자(샤를 7세)'의 아들인 루이는 '거친 군주' 또는 '폭군'으로도 잘 알려져 있다. 그의 치세기는 부르고뉴 공 무모한 샤를Charles le Téméraire(1433-1477)과의 죽음의 사투, 그리고 국왕 일인에게 온통 권력이 집중된 중앙집권형 군주제의 확립 등으로 특징지어진다. 이처럼 교활하고 냉혹한 마키아벨리형 군주인 그에 대한 평가는 매우 상반적이다. 이상한 짧은 털모자를 푹 눌러 쓴 루이는 외모나 성격 등 인간적인 면에서는 매우 불리한 평가를 받고 있지만 그는 프랑스 국왕들 중에서도 가장 유명한 왕 중 하나다.

> "인간은 대체로 내용보다는 외모를 통해서 사람을 평가한다. 누구나 다 눈을 가지고 있지만 통찰력을 가진 사람은 드물다."
> - 이탈리아 정치철학자 니콜로 마키아벨리Niccolò Machiavelli
> (1469-1527)

반항아 루이

루이는 트루아 조약(1420)이 체결된 지 3년 후에 출생했다. 백년 전쟁 중에도 가장 암울했던 시기에 태어난 셈이다. 그는 부르고뉴 공과 영국인들에 의해 자기 아버지의 왕국이 어떻게 유린당하고 황폐해지는가를 똑똑히 목도했다. 그 후 어언 60년의 세월이 흘러 그가 사망했을 무렵에 영국인

왕세자 루이

들은 프랑스 땅에서 오직 칼레Calais만을 소유했고 부르고뉴 공국은 영원히 사라졌으며, 강력한 제후들과 유랑하던 군인들도 역시 왕권에 복종하게 되었다. 이제 왕령은 부르고뉴, 아르투아, 피카르디, 앙주, 프랑쉬-콩테Franche-Comté, 멘느Maine, 프로방스 등을 모두 흡수·병합하게 되었다. 그는 이처럼 백년 전쟁을 끝내고 프랑스 경제를 튼튼하게 만들었다. 과연 누가 이처럼 훌륭한 군주를 감히 부정할 수 있겠는가?

그는 자신의 유년기의 대부분을 루아르 골짜기의 외딴 로쉬Loches 성채와 투렌Touraine에서 보냈다. 그는 자신을 위해 특별히 지정된 가정교사들로부터 훌륭한 교육을 받았다. 그 당시 많은 왕자들이 그러했던 것처럼 그는 고전 라틴어를 배웠지만 그의 모국어인 불어도 매우 심도 있게 배웠다. 그는 자신의 유니크한 스타일로 불어를 기술했던 몇 안 되는 국왕 중 하나였다. 루이는 공부를 무척 잘했고 학자라고 해도 거의 손색이 없을 만큼 아는 것도 많았다. 그는 수학, 과학, 역사를 공부했고 또 학문적인 공부를 안할 때는 승마, 석궁과 활쏘기, 검이나 창을 다루는 무예 따위를 연마했다.

그는 거의 격리된 상태에서 성장했기 때문에 조용하고 내성적이며 고도의 지능을 소유한 비밀스러운 인물이 되었다. 그는 틴에이저 시절에 부친을 따라서 군사원정에도 수차례 참여했다. 그 당시 프랑스는 태반이 영국인의 지배를 받고 있었는데, 설상가상으로 몇몇 제후들은 샤를 7세에 대항해서 계속 음모를 꾸몄다. 그들은 의도적으로 샤를의 반항적인 아들 루이를 도왔다. 1440년 17세의 루이는 귀족들의 반란 프라그리

Praguerie에 가담했으나[79] 실패하여 이후 17년 동안이나 유배를 당했다. 유배에서 풀려난 이후에도 그는 역시 음모에 가담하여 1456년 부르고뉴 공국으로 피신해서 샤를의 최대 맞수였던 부르고뉴 공 '착한 필리프'Philippe le Bon(1396-1467)의 보호를 받았다.[80] 그때 샤를 7세는 "부르고뉴의 내 사촌이 자기 닭들을 잡아먹는 여우를 지금 키우고 있다!"면서 냉소했다. 왕세자 루이는 부왕이 1461년에 사망할 때까지 부르고뉴 공의 궁에서 눌러살았다.

그 누구도 예상치 못한 일이었지만 그는 억척스럽게 일 잘하는 위대한 군주가 되었다. 물론 그의 적들에게는 미움과 증오의 대상이 되었지만 그래도 민생을 잘 보살펴 백성들의 사랑을 받았다. 그가 13세였을 때의 일이다. 부친은 그를 스코틀랜드 공주 마가렛 스튜어트Margaret Stewart(1424-1445)와 혼인시켰으나[81] 그들의 결혼은 불행했다.

첫 번째 부인 마가렛 스튜어트

1436년 6월 24일에 루이는 스코틀랜드 왕 제임스 1세(1394-1437)의 딸 마가렛을 처음 만났다. 두 사람이 서로 첫인상에 대하여 느낀 감정에 대한 기록은 남아있지 않다. 루이와 마가렛의 결혼은 중세왕가 외교의 산물이다. 역사가들은 루이가 순전히 외교상의 이유로 선정된 자신의 배우자를 처

---

79   이 프랑스 귀족들의 반란이 '프라그리'란 명칭을 갖게 된 것은 그 당시 프라하에서 발생했던 내란과 그 성격이 매우 유사했기 때문이다.

80   부르고뉴 공 '착한 필리프'의 선친은 샤를 7세에 의해 목숨을 잃었고, 그의 사후 자신의 아들은 결국 자신이 보호해 준 루이에게 목숨을 잃게 되니 그의 가계나 인생은 매우 기구한 운명이라 하겠다.

81   스코틀랜드는 영국에 대항해서 프랑스와 동맹을 맺었다.

마가렛 스튜어트(16세기 작품)

음부터 아예 무작정 미워하기로 작정했다고 본다. 두 사람의 결혼식은 둘이 만났던 바로 그다음 날인 6월 25일 랭스 대주교 르뇨 드 샤르트르Re-gnault de Chartres(1380-1444)의 주재로 투르Tours성의 예배당에서 매우 조촐하게 거행되었다. 13세의 루이는 11세의 신부보다는 훨씬 더 성숙해 보였다. 어린 신부는 마치 살아 있는 예쁜 인형 같았다. 시아버지 샤를은 식장에서 예복이 아닌 회색 승마복을 걸쳤는데 그는 자신의 박차를 제거할 생각조차도 안 했다. 당시 프랑스 궁정이 매우 빈궁했던 만큼 스코틀랜드에서 온 하객들은 웨딩 리셉션이 끝나자마자 서둘러 쫓겨났다. 오랜 전쟁으로 피폐해진 프랑스 궁정은 화려한 웨딩 의식을 거행하거나 스코틀랜드의 하객들을 오래 붙잡아 둘 만한 재정적인 여력이 없었기 때문이다. 그러나 스코틀랜드인들은 프랑스인들의 이러한 태도를 비록 작지만 자랑스러운 그들의 나라를 모욕하는 처사로 간주했다.

젊은 왕세자는 부친에 대한 증오심 때문에 이 정략혼을 탐탁치 않게 여겼다. 아름답고 교양 있는 마가렛은 궁정생활을 찬미했지만 남편은 그녀를 싹 무시했다.[82] 그러자 그녀도 자기 남편에 대항해서 시아버지 샤를의 편을 종종 들었다. 소문에 의하면 그녀는 임신을 두려워한 나머지 일부러 꽉 조이는 강력 코르셋을 착용했고 풋사과와 사과 식초만을 마셨다고 한다. 남편에게서 버림받은 그녀의 유일한 소일거리가 바로 시작詩作이었다. 오늘날 비록 그녀의 작품은 하나도 남아있지 않지만 그녀

---

82   그녀에게 어떤 지병이나 신체적 장애가 있었기 때문이란 설도 있다.

는 여러 밤을 꼬박 지새우며 '롱도'rondeau(16세기에 유행한 정형 단시)를 지었다. 전설에 의하면 마가렛이 고이 잠들어 있을 때, 알랭 샤르티에Alain Chartier(1385/90-1430)란 시인이 그녀의 입술에 키스를 했다고 하나, 그가 1430년에 사망했기 때문에 실제로 그랬을 가능성은 제로다.[83] 그러나 루이는 마가렛이 궁정의 시인들과 불륜의 관계를 맺었다고 의심을 했기 때문에 자메 드 틸레Jamet de Tillay라는 기사를 시켜서 그녀의 거동을 염탐하도록 했다. 그래서 가엾은 왕세자비는 죽음의 침상에서도 끝까지 자신의 결백을 외치게 된다. 그녀는 결국 결핵이나 폐렴 때문에 20세의 젊은 나이로 자식 없이 사망했다. 그녀의 불행한 결혼생활이 그녀의 우울증을 악화시킨 요인도 있다고 본다. 1445년 8월 7일에 마가렛과 시녀들은 단거리 순례 여행에 참석했다. 그녀는 너무도 더운 나머지 생 테티엔느Saint-Étienne 수도원의 석실에서 옷을 벗고 있었다. 그다음 날 그녀는 고열에 시달렸고, 의사는 이를 폐의 염증이라고 진단했다. 그녀는 자메 드 틸레를 향해서 마지막으로 "저런, 이 이승에서의 삶이라니, 내게 더 이상 아무런 말도 하지 말아요!"라고 절규하면서 죽었다. 그녀는 남편이 자신에게 냉담했던 이유가 바로 자메가 퍼뜨린 악성 비방 때문이라고 생각했기 때문이다.

> "예술은 숙명에 대한 반란이다. 모든 예술은 인간의 숙명에 대한 반란이다."
> - 프랑스 작가 앙드레 말로André Malraux(1901-1976)

[83]   그때 마가렛의 나이는 겨우 6살이었다.

두 번째 부인 샤를로트 드 사부아
(재위: 1461~1483)

샤를로트 드 사부아

루이는 부왕 샤를에게 충성과 존경의 편지를 보내서 양호한 관계를 유지하려고 노력하는 동시에, 뒤로는 자신의 봉토를 넓히려는 이면 공작을 벌였다. 이러한 소기의 목적을 달성하기 위해 그는 사부아 공 루이 1세Louis I(1413-1465)와 상호원조조약을 체결하고, 당시 6살이던 사부아 공의 딸 샤를로트 드 사부아 Charlotte de Savoie(1443-1483)와 혼인한다는 조약을 맺었다.[84] 그는 이 소식을 부친에게 일방적으로 통보했다. 그러자 경악한 샤를은 자신의 분노를 알리기 위해 사부아 공에게 즉시 밀사를 파견했다. 그러나 루이는 그 밀사를 호위한다는 미명 하에 자신의 사자들을 보내서 중간에서 그를 저지했다. 드디어 1451년 3월 9일 루이는 샤를로트와 성대한 결혼식을 거행했다. 당시 신랑의 나이는 28세였고, 신부는 8~10세 정도였다. 신부가 너무도 어렸기 때문에 부부 간의 합방은 신부가 14세가 되었을 때 이루어졌다. 그들은 도합 8명의 자녀를 낳았는데 다 어려서 죽고 오직 3명만이 살아남았다. 즉 공주 안과 잔, 그리고 후일 프랑스 국왕 샤를 8세다.

어린 신부는 결혼지참금으로 20만 에퀴를 가져왔는데, 그중에서 만 2천 에퀴는 현금이었다. 루이와 사부아 공은 서로 독점적인 동맹에 조인

---

84   1443년 3월 11일 샤를로트는 겨우 1살 때 독일 작센의 선제후 프리드리히(1439-1451)와 정혼을 했지만 미상의 이유로 약혼이 무효화되었다.

했으나 루이의 재혼은 샤를 7세의 승낙 없이 이루어진 것이었다. 전하는 바에 따르면 루이는 전처에게 했던 것과 마찬가지로 샤를로트를 계속 무시했다. 드디어 왕세자 루이가 프랑스 왕위를 승계한다는 소식이 부르고뉴 궁에 전해지자, 그는 궁에 그녀를 두고 자기 혼자 수도로 향했다. 1461년 7월 22일 파리에 입성했을 때 그가 제일 먼저 한 일은 자기 부친을 섬겼던 자들을 멀리하고 자신에게 충성하는 부르주아들을 결집시키는 것이었다. 샤를로트도 자동적으로 프랑스 왕비가 되었다. 그 이듬해 그녀는 갑자기 병이 나서 거의 죽을 만큼 아팠으나 회복했다. 그렇지만 그녀의 건강은 상당히 약해진 편이었다. 루이 11세는 너무도 바삐 돌아다니느라고 화려한 궁정 생활을 별로 즐길 새가 없었다. 그는 이른바 '심플라이프' 스타일로 대중들에게 인기가 높았다. 그는 장대하고 화려한 궁정 생활이나 권력, 또 막대한 부를 자랑하지도 않았다. 그는 길에서 그야말로 많은 시간을 보냈고 겸양과 소탈함을 보이면서 농부들과 함께 식사를 했다.

　　샤를로트는 무난하고 후덕한 여성이란 평가를 받았다. 한 동시대인은 "그녀는 매우 훌륭한 공주였지만 남성에게 대단한 기쁨을 선사해 주는 그런 여성은 아니다"라고 평가했다. 그녀의 용모가 너무 못생겼기 때문이다. 루이 11세는 왕비가 국사에 관여하는 것을 미리 차단했기 때문에 그녀는 거의 정치적 역할을 담당하지 못했다. 그는 왕비를 멀리 떨어진 앙부아즈Amboise성에 기거하도록 명했다. 그녀는 거기서 자신의 자매들이나 궁정 조신들과 함께 지내면서 공주들의 교육을 담당했다.[85] 체스나 구슬치기로 소일하면서 류트 연주를 듣거나 바느질도 하고 종교적인 의무를 이행했다. 외국의 중요한 손님들이 방문했을 때 그녀는 간혹 왕비의

85　　아들 교육은 국왕이 담당했다.

공식적인 역할을 수행했다. 문학에 관심이 많았던 샤를로트는 자신의 개인도서관을 소장하고 있었다. 그녀는 수백 개의 수사본들을 후세에 남겼는데, 오늘날 이를 프랑스 국립도서관의 효시로 보고 있다. 즉 앙부아즈 성이 프랑스 국립도서관의 요람이 된 셈이다. 1472년에 그녀가 마지막 아이를 출산했을 때, 루이는 그녀에게 더 이상 불성실한 남편이 되지 않겠다는 맹세를 했다. 연대기 작가 필리프 드 코민Phillip de Commynes에 의하면 루이는 그 약속을 지켰다. 샤를로트는 남편에게 헌신적이었지만 매우 고독한 삶을 보내야만 했다. 그녀는 갑자기 시름시름 앓더니, 1483년 12월 1일 남편이 죽은 지 불과 몇 달이 안 되어 세상을 떠났다. 그녀의 나이 겨우 마흔(혹은 42세)이었다. 남편의 옆에 묻히기를 간절히 소원했던 왕비는 생-드니 성당의 왕실묘지가 아니라 남편 루이가 잠들어 있는 노트르담 드 클레리-생 탕트레 성당에 나란히 묻혔다.

상반된 두 인물의 숙명적인 대결

루이 11세의 치세기는 부르고뉴 공 무모한 샤를Charles le Téméraire (1433-1477)과의 숙명적인 대립으로 특징지어진다. 루이가 즉위했을 때 부르타뉴와 부르고뉴 지방은 프랑스의 합일을 방해하는 커다란 위험요소였다. 소위 루이의 왕권사업을 방해하는 공공복지동맹Ligue du bien public이란 조직이 결성되었는데 이 동맹의 리더는 착한 필리프의 아들 '무모한 샤를'이었다. 늘 자신이 프랑스 제후임을 자처했던 그의 부친과는 달리 그는 모계의 포르투갈 혈통을 의식하여 "우리 포르투갈인들은" 또는 "프랑스 반, 포르투갈 반인 우리들은" 운운하면서 자신이 마치 외국의 군주인 양 행세했다.

1468년 부유한 플랑드르 지방을 부르고뉴에 통합시켜 하나의 독립

국가 건설을 꿈꾸었던 샤를은 로렌, 알자스, 샹파뉴를 공격할 태세를 갖추었다. 국왕 루이는 한때 자신의 옛 보호자였던 부르고뉴 공의 아들 샤를이 전쟁을 포기할 것을 설득하기 위해 페론에서 양자 회담을 제의했다. 국왕이 페론에 도착하자 이를 신호로 국왕의 사주를 받은 플랑드르 지방의 리에주(벨기에 도시) 사람들이 반란을 일으켰다. 이를 명백한 '음모'로 파악한 샤를은 분노해 마지않았고, 페론의 성문을 굳게 닫아걸었다. 국왕은 이제 그의 인질이 된 것이다. 샤를의 조신들은 분기탱천한 샤를이 혹시라도 국왕을 치지 않을까 우려해서, 그를 진정시키려고 무진장 애를 썼다. 결국 볼모로 잡힌 루

무모한 샤를

이는 페론에서 매우 굴욕적인 조약을 체결했다. 그는 샤를의 선친 착한 필리프로부터 얻었던 많은 부르고뉴의 영토들을 포기해야만 했다. 결국 진퇴양난의 루이는 샤를이 요구하는 것을 다 들어주기로 하고 1468년에 가까스로 풀려났다. 그러나 일단 위험한 샤를의 영지에서 벗어나자마자 루이는 조약이 '무효'임을 선언했고, 다시 그의 세력들을 규합시켰다. 루이의 목적은 마지막으로 한 번 부르고뉴를 완전히 제압하는 것이었다. 중앙집권적 왕정을 꿈꾸는 루이에게 부르고뉴 공처럼 지나치게 오만불손하고 막강한 가신은 그야말로 눈엣가시가 아닐 수 없었다. 그는 자나깨나 설욕할 기회만을 노렸다.

1471년 루이와 샤를은 피카르디에서 서로 맞대결을 했다. 1472년 샤를이 노르망디를 공격했을 때 보베의 주민들은 남녀노소 가릴 것 없이 군인들을 도왔다. 장인의 딸 잔 레네Jeanne Laisné는 침략자들을 도끼로 내리치고 군기를 빼앗는 등 놀라운 투혼을 발휘했다. 그래서 '잔 아세트'Jeanne

샤를의 침략에 용감하게 맞선
보베인들의 저항의 상징적인 인물
잔 아셰트의 동상

Hachette라는 별명을 얻게 된 그녀는 평생 동안 세금을 면제받았다.[86] 참고로 아셰트는 불어로 '손도끼'를 의미한다. 루이는 보베인들의 영웅적인 행위를 기리는 차원에서 '공격의 행렬'procession de l'Assaut이라는 축제를 만들었다. 오늘날도 보베에서는 해마다 용감한 여성 잔 아셰트를 기념하는 축제가 열린다.

10년 동안 서로 대립하던 루이와 샤를 두 사람은 서로 화해하기 어려운 기질을 지니고 있었다. 항상 검소한 복장에 총명하고 현실주의적인 성격의 루이는 음모나 모의 따위를 하도 좋아해서, 그의 정적들은 그를 '세계의 거미'universelle aragne라는 별칭으로 불렀다. 루이는 대봉건영주들과의 분쟁을 끝내고 싶어했다. 반면에 무모한 샤를은 가장 부유한 부르고뉴 공령의 주인으로서 매우 사치한 의상과 값비싼 보석을 선호했다. 역시 총명하고 다혈질인 그는 무모할 정도로 용맹하고 독선적이며 권위적인 인물이었다. 그래서 샤를은 '무모한'이란 별칭을 얻게 되었다. 그는 플랑드르에서 부르고뉴까지 부유한 영토들을 하나로 통합해서 자신의 독립적인 왕국을 건설할 계획을 꿈꾸고 있었다.

루이는 자기 부친과 마찬가지로 대부분의 통치 기간을 프랑스 내부의 적敵으로 여겨지던 부르고뉴 공과의 정치적 분쟁을 해결하는 데 소요했다. 루이는 그러한 소기의 목적을 달성하기 위해 당시 가장 날래고 강하기로 유명했던 스위스 용병대를 고용했다. 샤를과 스위스 용병 간의 싸

---

86   루이는 잔을 그녀의 연인 콜랭 필롱Colin Pilon과 결혼까지 시켰다.

무모한 샤를의 죽음

움이 발생했는데, 아까 언급한 대로 그랑송에서 스위스군은 부르고뉴군
을 패배시켰고 무모한 샤를은 낭시의 전투에서 비참한 최후를 맞이했다.
그해 겨울은 혹독하기 이를 데 없었다. 스위스 구원병들과 대적했으나 돈
으로 고용된 샤를의 용병들은 모두 비겁하게 도망쳤다. 그래도 그는 용
감하게 선두 공격에 나섰으나 이틀 후 늪지의 웅덩이 가장자리에서 보석
이 모두 털린 채 굶주린 늑대들에게 반쯤 먹힌 샤를의 참혹한 사체가 발
견되었다. 그래서 루이는 그의 불공대천의 원수의 파멸을 흐뭇하게 지켜
볼 수가 있었다. 무모한 샤를의 비극적인 죽음은 부르고뉴 전쟁의 종말
과 또 '하나' 된 프랑스의 탄생을 의미했다. 결국 이 사건을 계기로 지방분
권적인 봉건제도를 선호했던 다른 영주들도 역시 강력한 왕권 앞에 무릎
을 꿇을 수밖에 없었다.

루이에 대한 평가

루이는 무역과 상업을 장려하고 도로를 건설·유지·보수하는 것으로 왕국을 번영케 했으며 유능한 부르주아 관리들을 기용해서 왕국의 행정을 체계적으로 조직하고 재정비해나갔다. 이러한 의미에서 볼 때 그는 프랑스 혁명 때까지 존속될 근대 프랑스 정부의 기본적인 틀을 구축한 셈이었다. 그래서 그는 중세로부터 프랑스를 탈출시킨, 첫 번째 근대적인 군주로 평가받는다. 그는 교활한 간지와 전쟁이란 수단을 총동원해서 프랑스의 독립적인 봉건영주들을 하나씩 제압시켰다. 플레시-레-투르Plessis-lez-Tours성에서 임종을 맞이할 무렵에 그는 프랑스를 통일시켰고 강력한 왕정의 토대를 마련했다. 그러나 워낙 비밀이 많고 은둔형의 인간인지라 그의 죽음을 슬퍼하는 자들은 주변에 별로 없었다. 한 제후는 그를 가리켜 "여태껏 한 번도 없었던 가장 끔찍한 군주"라고 비난해 마지않았다. 부르고뉴인들도 그를 전 세계로 통하는 거미줄의 중심에서 모든 것을 통제하는 '세계의 거미'라고 불렀다. 한 밀라노 대사는 국왕과 회견을 마친 다음 땀으로 전신 목욕을 했을 만큼 가히 공포스러운 충격을 받았다. 동시대인들 중에서는 그가 두 명의 샤를, 즉 아버지(샤를 7세)와 동생 샤를(1446-1472)을[87] 모두 독살시켰으며, 자기 아들(샤를 8세)을 일부러 '무지' 속에 키웠다고 믿는 자들이 수두룩했다. 그러나 18세기 철학자 볼테르는 그를 가리켜 어리석은 백성들만큼이나 '미신에 사로잡힌' 국왕이지만 강력한 제후들을 때려잡고 왕국을 확장시키는 데 공헌했다고 긍정적인 평가를 내렸다. 민중사가 미슐레도 역시 루이를 프랑스에 필수적인 방책을 제공한 '민중의 왕'으로 평가했다. 19세기에는 국왕의 업적을 제대로 인정하려

---

87   학자들은 동생 샤를이 결핵이나 자신의 정부인 콜레트 드 샹브Colette de Chambes로부터 얻은 성병으로 인해 죽었을 것으로 추정하고 있다.

는 분위기가 있었지만 그래도 많은 사람들이 그를 여전히 '악마적인 천재'로 간주했다.[88] 20세기에 이르러 비로소 이 수수께끼의 국왕을 복원하려는 시도가 나타났다. 시대마다 그에 대한 평가는 상이하지만 루이는 '신중왕'이라는 자신의 별명에 어울리게 왕국의 질서회복을 위해 노력했으며, 프랑스 왕국을 널리 확장시키면서 특히 가난한 자들과 교회에 기부를 많이 했던 좋은 국왕이었다.

루이 11세의 초상화(1925년 작품)

---

88   스콜틀랜드 태생의 영국 소설가 월터 스콧Walter Scott(1771-1832)은 그의 치세기의 공포스러운 분위기를 강조했다.

8 　상냥왕 샤를 8세

발루아 왕조의 7번째 국왕(재위: 1483~1498)

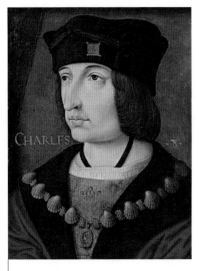

샤를 8세

샤를 8세Charles VIII(1470-1498)는 루이 11세의 유일한 아들로 태어났다. 그는 아주 못생긴 추남이었고 유년시절에 지적 발달 장애증세까지 보였을 정도로 소심하고 우울한 성격의 소유자였다. 그래서 무엇보다 왕위 승계를 염려한 부왕 루이는 아들의 교육보다는 건강을 가장 최우선시했다. 그래서 초기에는 라틴어 교육이 금지되었으나 6세 때부터 그는 라틴어를 배우기 시작했다. 인문학자 기욤 타르디프Guillaume Tardif(1440-1492)가 왕세자의 가정교사로 선발되었다. 국왕 루이는 또한 당대 최고 명의인 장 마르탱Jean Martin을 기용해서 허약한 아들의 건강을 돌보게 했다.

유년기의 샤를은 부왕의 정치도구로 활용되어 계속 유력가문들과 정혼을 되풀이했다. 루이 11세는 1483년에 사망했고, 샤를 8세는 겨우 13세의 나이로 즉위했지만 국가를 경영할 능력은 전혀 없었다. 바로 이러한 이유 때문에 루이는 맏딸 안 드 보주Anne de Beaujeu(1461-1522)와 사위인 피에르 드 보주Pierre II de Beaujeu(1438-1503)에게 공동섭정을 하도록 부탁했다. 그의 어머니도 역시 부왕이 사망한 해에 따라 죽었기 때문에 1492년까지는 그의 누나인 안 드 보주가 국정에 큰 영향력을 행사했다.

안 드 보주

안은 매우 똑똑하고 영리하며 강인한 여성이었다. 부왕 루이는 그녀를 가리켜 프랑스 여성들 중에서 "가장 덜 바보 같은 여성"이라고 인색하게 평가했다. 왜냐하면 국왕의 여성혐오적인 세계관에서 현명하고 분별력 있는 여성이란 결코 존재하기 않기 때문이다. 루이는 가장 덜 바보 같은 안이 어린 샤를을 보필하기를 희망했다. 그는 이처럼 22세의 장녀에게 '왕국의 보호'를 맡기고 죽었지만 그의 선택은 옳았다. 13세의 샤를 8세는 군주로서의 위대한 자질이나 변변한 능력도 없이 그저 '상냥한' 인물이었지만 안은 '위대한 귀부인'

안 드 보주

이라는 칭호에 어울리는 가공할 만한 능력자였기 때문이다. 그녀는 높은 이마에 갈색 머리, 활처럼 휜 눈썹에 얇은 입술과 가느다란 손을 지니고 있었다. 그녀의 밝은 밤색 눈동자의 시선은 강렬하고 노골적이며 아무런 거침이 없었다. 동시대인들의 말에 따르면 그녀는 곧은 창처럼 결코 자세를 흐트리는 법이 없었다.

루이 11세가 사망하자 그동안 억눌려 왔던 귀족들은 왕권에 대항해서 일제히 들고 일어났다. 안은 1484년에 삼부회를[89] 소집했다. 그녀는 이른바 '광기 전쟁'guerre folle(1485-1487) 중에[90] 공공연히 반란을 주도했던 오를레앙가에 대항해서 왕권의 합일을 추구했다. 당시 루이 오를레앙, 즉 미래의 루이 12세Louis XII(1462-1515)는 자신이 직접 섭정을 맡으려 했으나 삼부회는 왕의 누나인 안의 편을 들었다. 결국 1488년에 생-토뱅-뒤-코르니에Saint-Aubin-du-Cormier 전투에서 패배한 오를레앙공 루이는 3년간 요새의 감옥에 갇혔다가 샤를 8세에 의해 다시 석방되어 그와 함께 첫 번째 이탈리아 전쟁(1494-1498)에 참여하게 된다.

마그리트 도트리쉬(1495년경)

프랑스 섭정으로서 안은 15세기 말 유럽에서 가장 강력한 여성 중 하나가 되었다. 그녀는 후일 앙리 2세의 애첩이었던 디안 드 푸아티에Diane de Poitiers(1499-1566)나 프랑수아 1세의 모친인 루이즈 드 사부아Louise de Savoie(1476-1531) 같은 많은 귀족 여성들을 데려다가 기거할 거처를 제공하고 교육을 시켰다. 안은 젊은 귀족 여성들에게 절대 손으로 코를 풀지 말고 손수건 같은 천을 사용하라는 등 르네상스기의 우아하고 '세련된 매너'들을 가르쳤다. 안으로부터 교육을 받았던 루이즈도 역시 자신의 아들이 국왕이었을 시절에 여러 번 섭정을 지내게 된다. 안은 또한 프랑스 왕위계승자인 샤를 8세와 결혼하기 위해 프랑스로 건너온 신성로마

---

89   삼부회États généraux는 프랑스의 삼신분(귀족·가톨릭 고위 성직자·평민)의 대표자가 모여 중요 의제에 관해 토론하는 장으로 근세에 이르기까지 존재했던 신분제 의회다.

90   광기 전쟁은 1485-1488년에 프랑스 섭정 안에게 대항했던 제후들의 연합을 가리킨다.

랑제Langeais성에서 샤를 8세와 안 드 부르타뉴의 결혼식(1491.12.6)

제국의 황제 막시밀리안 1세의 장녀인 마그리트 도트리쉬Marguerite d'Au-triche(1480-1530)를 교육시켰다. 안은 백년 전쟁을 종결시킬 최종 조약인 에타플 조약traité d'Étaples을 체결했고, 1491년에 영국과 오스트리아의 극력 반대에도 불구하고 부르타뉴 공령을 프랑스에 병합시키기 위해서 동생 샤를과 (이미 막시밀리안 1세와 정혼했던) 부르타뉴 공비 안과의 결혼을 주선했다. 섭정으로서 그녀의 위대한 업적은 이처럼 마그리트 도트리쉬와의 정혼을 깨고 샤를 8세와 안 드 부르타뉴를 결혼시킨 것이었다. 그녀는 1491년의 렌Rennes조약을 통해서 부르타뉴 공령의 독립에 일단 종지부를 찍었다. 그것은 선친 루이 11세가 추구했던 영토확장을 완성시키는 것이었다.

전술한 대로 1491년 6월 28일 루이 오를레앙 공(루이 12세)이 다시 궁궐로 복귀하고 국왕 샤를과 화해했으며, 동년 12월 6일 국왕의 결혼식이 거행된 후에 섭정으로서의 그녀의 위치는 퇴색했다. 1492년 7월 5일 국왕 부부와 루이 오를레앙, 그리고 안과 그녀의 남편 피에르는 다 같이 모여 언제나 사랑하고 서로 보호하기를 맹세했다. 이 서약 이후에 안과 피에르는 다시 부르봉 공령으로 돌아갔고 이로써 그녀의 섭정 시대는 끝났다.

이탈리아 원정 후 사망하다

1491년 샤를 8세는 국정을 장악했다. 그의 주요목표는 나폴리 왕국의 정복이었다. 우선 그는 나폴리 왕국의 앙주 왕가에 대한 권리를 요구했고 이를 빌미로 이탈리아를 침공하여 이탈리아 전쟁이 개시되었다. 1495년에 그는 나폴리에 입성했으나 곧 막시밀리안 1세, 아라곤 왕 페란도 2세와 교황 알렉산데르 6세 등이 프랑스의 약진에 위협을 느끼고 대불 동맹을 결성했다. 결국에는 동맹군이 포르노보Fornovo 전투에서 프랑스를 격파하여 샤를은 프랑스로 퇴각할 수밖에 없었다. 샤를은 이탈리아 원정을 계속하고 싶었지만 전쟁으로 인한 프랑스의 부채가 너무 많아서 뜻을 이룰 수가 없었다. 나폴리는 곧 스페인군에 의해 정복되었다. 비록 첫 번째 이탈리아 전쟁은 실패로 끝났지만 샤를 8세가 이탈리아 원정에서 가져온 많은 예술품들은 프랑스 땅에 이탈리아 르네상스 문화를 널리 전파하고 이식하는 데 지대한 공헌을 했다. 다시 새로운 이탈리아 원정을 준비하고 있을 무렵에 그는 갑자기 사고로 사망했다.

1498년 4월 7일 마지막 사산을 한 왕비 안은 앙부아즈성으로 돌아왔다. 상심한 그녀를 위로하기 위해 국왕은 성의 해자에 있는 테니스 경기장으로 안을 인도했다. 그때 발걸음을 재촉하던 왕이 갑자기 돌로 만든 상인방上引枋[91]에 머리를 그만 세게 부딪히고 말았다. 그는 순간 비틀거렸지만 그래도 정신을 잃지는 않았다. 경기장에 도착한 그는 경기를 관람하면서 옆에 있는 사람들과 관전평을 나누었으나 두 시간이 지난 후 그는 돌

---

91 문·창 위의 횡목橫木.

오늘날 테니스의 원조인 프랑스의 실내경기 '주 드 폼'Jeu de Paume

연히 바닥에 쿵 하고 쓰러졌다. 그는 더 이상 아무런 말도 하지 못했다. 그는 짚을 넣은 매트 위에 누워 의사들이 도착하기만을 기다렸다. 그는 죽을 때까지 9시간을 그 위에 그대로 누워있었다고 한다.[92] 9시간 동안 의사들은 그를 살리려고 백방의 노력을 다했지만 허사였다. 실어증에 걸렸던 그는 3번 말하기를 회복했다. "오 주여, 영광의 성모 마리아여, 성인 클로드여, 성인 블라시오여! 부디 나를 도와주소서!"라고 그가 나즈막히 기도하는 소리를 주변의 사람들은 겨우 알아들을 수가 있었다. 샤를 8세는 28세의 나이로 그날 밤 11시경에 사망했다. 그의 아들이 어렸을 때 죽었기 때문에 그는 자신의 왕국을 사촌 형인 36세의 오를레앙 공 루이에게 넘기게 된다. 그것은 발루아 직계 왕조의 종말을 의미했다.

프랑스 사가들은 불행한 왕 샤를 8세에 대하여 매우 인색한 평가를

---

92   궁 안의 편안한 침대로 끝까지 그를 옮기지 않았기 때문에 그 당시 간질 증세를 의심하는 학자들도 있다.

하는 편이다. 아버지 루이 11세는 결코 그에 대해서 다정다감하지 못했다. 어머니도 일찍 죽었고 그의 누나도 결코 부드러운 여성은 아니었다. 부인 안 드 부르타뉴 역시 막시밀리안 1세와 정혼했다가 파혼한 일을 항상 후회했다고 한다. 자신을 사랑하지도 않으며, 그것을 계속 느끼게 하는 아름다운 여성과 결혼해서 사는 일은 젊은 국왕에게 무척 괴로운 일이다. 그는 나폴리 정복을 하고 나서 서른도 채 안 돼서 사망했다. 대부분의 프랑스 사가들은 미숙한 군주 샤를이 이탈리아 원정이라는 비합리적이고 기사도적인 모험을 감행해서 왕국의 에너지를 쓸데없이 낭비했다며 맹비난을 했지만, 이본 라방드-마이페르Yvonne Labande-Mailfert 같은 사가는 "15세기 말의 세계 속에 굳이 현대인의 합리성을 끼워 넣을 이유가 없다"면서 샤를 8세의 도덕적인 명예를 회복시키는 데 선구적인 역할을 했다.

> "1494년에 샤를 8세는 이탈리아를 침공했다. 그러나 몇 달이 안 가 그의 군대는 무너져 흩어졌다. 그런데 프랑스 군대가 무너진 이유는 이탈리아 군대 때문이 아니라 미생물 때문이었다. 이 신비한 새로운 질병이 성교를 통해 샤를의 많은 군인들을 죽였으며 생존자들을 쇠약하게 하거나 흉하게 망가뜨렸다. 프랑스 군인들은 이 정체불명의 병을 유럽 전역에 퍼뜨렸고 그것은 다시 아프리카와 아시아로 퍼져나갔다. 프랑스인들은 그것을 '이탈리아병'이라고 불렀고 아랍인들은 '기독교병'이라고 불렀으나 오늘날은 매독이라고 불린다."
> - 미국 과학저술가 칼 짐머Carl Zimmer

안 드 부르타뉴

안 드 부르타뉴Anne de Bretagne(1477-1514)는 결혼을 통해서 '두 번이나' 프랑스 왕비였던 여성이다. 그녀는 부르타뉴 공 프랑수아 2세François II(1435-1488)와[93] 그의 두 번째 부인 나바르의 공주 마그리트 드 푸아의 장녀다. 그녀의 유년기는 부르타뉴 영주들의 끊임없는 배신과 음모, 또한 호시탐탐 부르타 뉴 공령을 차지하려는 프랑스의 책략과 공격 으로 가득 차 있었다.[94] 안은 태어날 때부터 그 의 부친의 정치적 도구였다. 프랑수아 2세는 중앙집권화를 추구하는 프랑스 국왕에 대항 해서 자신의 정치적 입지와 부르타뉴 공국의 '독립'을 강화시키고 군사와 재정적인 지원을 얻기 위해서 프랑스와 외국 군주들에게 수차

안 드 부르타뉴

례나 안을 정혼시켰다. 이러한 부친의 정치적 셈법에 의해서 안은 유럽의 여러 군주들과 정혼을 거듭하게 된다. 1488년 8월에 안의 아버지 프랑수 아 2세는 사블레Sablé 조약에 따라, 프랑스 국왕의 허락 없이는 딸을 절대 로 혼인시키지 않겠다는 맹세를 했다. 그녀의 아버지가 사망한 후, 안은 11세에 부르타뉴 공령의 여주인이 되었다. 어린 나이에도 불구하고 일찍 부터 국사를 몸에 익혔던 그녀는 부르타뉴의 핵심적인 권력을 장악했다. 아름답고 총명했던 그녀에게는 여기저기서 구혼자들이 쇄도했다. 13세 가 되던 해에 안은 부친이 서명한 조약을 어기고, 오스트리아의 신성로마 제국의 황제 막시밀리안 1세와 상징적인 대리결혼을 했다. 그러자 프랑 스 국왕 샤를 8세는 고故 프랑수아 2세와 체결한 조약의 명백한 위반인 이

---

93   샤를 7세의 두 번째 정부였던 미모의 앙투아네트 드 메뉴레를 다시 자신의 정부 로 취했던 인물이다.

94   그때까지만 해도 부르타뉴 지방도 프랑스 영토가 아니었다.

결혼에 대하여 즉각 이의를 제기했다. 그러나 샤를 8세 역시, 막시밀리안 1세의 딸인 마그리트와 이미 '성관계 없는 결혼'mariage blanc을 한 상태였다. 그는 군대를 보내 부르타뉴 지방의 도시들을 거의 점령해 버렸다. 드디어 샤를 8세의 군대는 안이 피신해 있던 렌 지방까지 완전히 포위했다. 그러자 곤경에 처한 부르타뉴 사람들은 그들의 여주인에게 달려가, 부디 막시밀리안 1세와의 혼인서약을 깨고 프랑스 국왕과 혼인해 달라고 간곡히 청을 올렸다. 그래서 안은 어쩔 수 없이 백성의 청을 수락하지 않을 수가 없었다. 안은 직접 샤를 8세를 만났고, 이 젊은 한 쌍은 렌에서 약혼식을 거행했다. 이때 로마 교황청은 그들의 이전 혼인을 모두 무효화시켜 주었다.[95] 그녀는 1491년 12월 6일 랑제성에서 샤를 8세와 혼인식을 성대히 거행한 후 프랑스 왕비가 되었다. 전쟁까지 치르는 북새통 난리를 겪고 이루어진 이 결혼식은 본질적으로 정치적인 것이었다. 그리하여 부르타뉴 지방의 상속에 관한 각자의 권리를 조정·해결하기 위해, 다음과 같은 조건이 제시되었다. 만일 두 사람 사이에 자녀가 하나도 없는 경우, 나중에 죽는 배우자의 편의를 위해 '상호포기원칙'을 채택했다. 즉 국왕이 먼저 죽으면, 왕비는 자동적으로 부르타뉴 공령의 여주인으로 원상복귀하게 된다. 그러나 이 경우에 결코 재혼을 해서는 안 된다. 만일 그래도 결혼을 한다면, 반드시 미래의 프랑스 국왕과 혼인을 해야 한다. 그러나 그것마저 형편이 여의치 않은 경우에는 왕위상속 일 순위의 제후와 혼인해야 한다. 즉 어떤 경우라도 부르타뉴 지방이 프랑스 왕국에서 다시 이탈되는 일이 없도록 만반의 장치를 해놓은 것이다. 국왕 샤를은 안에게 부르타뉴 공비라는 칭호를 더 이상 사용하지 못하도록 했다. 이 결혼은 프

---

95   막시밀리안 1세 측은 당연히 격노했지만 교황 이노센트 8세(1432-1492)는 막시밀리안 1세와의 첫 번째 혼인(대리혼)의 무효화를 승인했다.

유명한 여성들을 찬양하는 책의 저자이자 수도승인 앙투안
뒤푸르Antoine Dufour가 안 드 부르타뉴에게 자신의 책을
헌정하고 있다(1508)

랑스와 부르타뉴 간의 '평화의 증서'였기 때문이다.

결혼한 후로 계속 힘든 '출산'만 거듭하면서 안은 프랑스나 부르타
뉴에서나 자신의 실질적인 영향력을 상실하고 말았다. 두 사람 사이에는
왕세자가 태어났으나, 그만 세 살 때 사망해 버렸다. 나머지 세 명의 아이
도 출산할 때나 유아기에 모두 사망했다. 그런데 갑자기 1498년에 샤를
8세는 정말 어처구니없는 사고로 목숨을 잃게 된다. 뜻밖의 남편의 죽음
으로 인해 자유로워진 안은 부르타뉴 공국의 권리를 되찾게 되었다. 안은
이틀 만에 즉시 부르타뉴의 상서국을 개설했다. 결혼생활 6년 동안에 오

직 장식적인 역할만을 하도록 좌천(?)되었던 그녀는 이제 부르타뉴의 국사를 열정적으로 돌보았다. 사실상 안은 카트린 드 메디치Catherine de Médicis나 마리-앙투아네트Marie-Antoinette 못지않게 유명한 왕비였지만, 프랑스 초등학교 교과서에서는 그녀의 이름이 한 번도 등장하지 않는다. 그러나 오늘날 부르타뉴 지방에 가면 그녀의 이름을 딴 거리나 대로, 공원, 광장 등이 즐비하다. 또한 여성의 권리를 보호하고자 하는 페미니스트 단체나 우크라이나의 급진적 여성주의단체 '페멘'FEMEN에게도 그녀는 여권 신장에 대하여 무한한 영감을 불어넣어주고 있는 훌륭한 표본이다. 그녀는 과연 어떤 인물인가?

두 번째 프랑스 왕비

1498년 4월 7일 샤를 8세가 갑자기 사망한 후 안은 루이 12세Louis XII(1462-1515)와 다시 결혼을 해야 했다. 전술한 대로 국왕의 부재 시에 남자상속자가 없는 경우 왕비 안이 다음 왕위계승자와 혼인해야 한다는 의무조항이 있었기 때문이다. 그러나 루이 12세는 이미 부인이 있었기 때문에 안은 루이의 결혼 무효화가 이루어질 때까지 기꺼이 부르타뉴 공령으로 복귀했다.

안의 재혼 상대인 루이의 결혼 이야기는 22년 전으로 한참 거슬러 올라간다. 1476년에 루이 11세는 이 오를레앙 공 루이를 자신의 둘째 딸 잔 드 프랑스Jeanne de France(1464-1505)와 강제로 혼인시켰다. 간교한 루이 11세는 잔이 불구에다 '불임'이라는 사실을 이용해서 강력한 경쟁 가문인 오를레앙 가의 씨를 아예 절멸시키기를 원했다! 그러나 그의 아들 샤를 8세가 직계 상속자도 없이 그만 불귀의 객이 되는 바람에 결국은 루이 오를레앙이 운수 좋게도 프랑스 왕이 되었다. 야심 많은 모사가인 루이는 샤를 8세의 매형과 누이의 섭정체제에 반기를 들었으나 이미 거사에 실패한 경력이 있었다. 그래도 그는 후일 '좋은 왕 루이', '백성들의 아버지'라는 매우 긍정적인 평가를 받았으며 그의 치세기는 '평화와 안식의 황금기'라고 칭송받는다. 새로 국왕이 된 루이 12세는 프랑스 왕국과 부르타뉴 공령과의 합병을 깨뜨리지 않기 위해 교황 알렉산데르 6세Pope Alexander VI(1431-1503)에게 부랴부랴 도움을 청했다. 그리하여 그는 전처인 잔과의 혼인을 파기하고, 샤를 8세의 미망인 안 드 부르타뉴에게 구혼을 했다. 이 루이 12세의 결혼 무효화 소송사

루이 12세

건은 그 시대의 가장 불결하고 지저분한 소송 중 하나로 알려져 있다. 부인 잔의 경악에도 불구하고, 루이는 그 당시 가장 흔해 빠진 사유인 '근친혼' 대신에, 잔이 신체적으로 심각한 기형인 데다 결혼생활에서 단 한 번도 부부 간의 합방이 이루어진 적이 없었다는 점을 이혼사유로 들었다.[96] 그러자 잔은 이 기소에 대항해서 맹렬하게 싸웠다. 그녀는 심지어 남편 루이가 "한밤중에 서너번 씩이나 부인 위에 올라탔다!"고 자랑스럽게 떠벌린 것을 목도한 증인까지 내세웠다. 그러자 루이는 자신이 마법에 의해 성기능이 억제되어있었다는 식의 무리한 주장을 펼쳤다. 만일 그 당시에 교황청이 중립적이었다면 잔은 이 더러운 결혼무효소송에서 이길 수 있었을지도 모른다. 그러나 르네상스시대 교황들 가운데 가장 논란의 대상이었던 교황 알렉산데르 6세는 이 무효화를 허용할 정치적 이유가 명백히

---

96   그는 잔의 신체적 불구사항을 매우 길고 자세하게 일일이 나열했다.

잔 드 프랑스. '절름발이
잔'이라고도 불리며, 후일 잔은
가톨릭 성녀로 시성되었다

있었다. 교황은 루이가 자유의사에 의해 결혼한
것이 아니라 잔의 부친인 루이 11세에 의해 억지로
혼인했다는 점을 근거로 이 결혼의 무효화를 허락
했다. 잔은 처음에는 무척 격노했지만 "전남편을
위해 기도하겠노라!"면서 이 결정을 마지못해 수
용했다. 그녀는 수녀가 되었고 1950년에 가톨릭 성
녀로 시성되었다.

안은 루이 12세의 청혼을 받아들였다. 그러나
이번 혼인만큼은 자기 백성에게 내린 재앙을 피하
기 위해 정복자와 마지못해 맺어지는 것이 아니라,
공령의 독립적인 여주인으로 당당하게 결혼하는
것이었다. 두 사람의 결혼식은 1499년 1월 8일 낭
트에서 성대하게 거행되었다. 안은 루이 12세와의
새로운 결혼계약에서 부르타뉴에 대한 자신의 권리들을 모두 인정받았
다. 두 사람 사이에서 낳은 두 번째 아이가 남아이건 여아이건 상관없이
부르타뉴 공국을 상속받기로 했고, 부르타뉴인들에게도 어느 정도 '독
립'을 인정해주기로 했다. 그러나 이 조항은 끝끝내 지켜지지 못했다. 안
은 이 두 번째 결혼에서 모두 8명의 자녀를 낳았다. 그러나 맏딸인 클로드
드 프랑스Claude de France(1499-1524)와 페라레의 공작 부인이 된 르네 드 프
랑스Renée de France(1510-1574)만이 살아남고, 나머지는 모두 일찍 세상을 떠
났다. 두 사람이 낳은 딸 클로드는 후일 프랑수아 1세와 혼인했지만 프랑
수아 1세는 이 부르타뉴 공령을 프랑스에 완전히 통합시켜버렸다.[97] 자신
의 부르타뉴 공령을 지키기 위해 일생을 바쳤던 안은 그런 사실을 끝까지

97   1532년 8월 부르타뉴는 공식적으로 프랑스 왕권에 병합되었다.

안 드 부르타뉴의 두 번째 왕비 대관식(1504)

모른 채 1514년 1월 9일 조용히 눈을 감는다.

부르타뉴 공령을 구하기 위한 마지막 시도

1504년 9월에 안은 딸 클로드와 미래의 카를 5세Karl V(1500-1558)와의 혼인을 명기하는 블루아 조약을 체결시켰다. 그녀는 프랑스인보다는 오스트리아 합스부르크 가와의 혼인을 통해 자신의 고향 부르타뉴의 독립을 지키는 것이 최우선이라고 생각했다. 그러나 중병에 걸린 루이 12세는 돌연

클로드 드 프랑스

히 마음을 바꾸어, 클로드와 카를의 약혼식을 파기해 버렸다. 그리고 최대한 빨리, 미래의 프랑수아 1세와 딸의 혼인식을 서둘렀다. 그는 자신의 왕국이 오스트리아에 의해 지배될까 봐 이를 몹시 두려워했다. 그래서 결국 부르타뉴의 독립을 지키려던 안의 부단한 노력은 수포로 돌아갔다. 그녀는 부르타뉴 지방에 순례여행을 갔다 돌아와서, 다시 남편의 결심을 돌리려고 무진 애를 썼다. 그러나 국왕의 태도는 확고부동했다. 루이 12세는 삼부회를 소집하여 결혼을 승인시켰을 뿐만 아니라, 서둘러 혼인 날짜를 잡았다. 루이 12세는 평생 두 번 그녀의 뜻을 거역했다. 첫째는 부르타뉴의 상속녀인 딸 클로드를 프랑수아 1세에게 시집보낸 것, 둘째는 낭트에 있는 자기 부모님의 무덤 곁에 묻히고 싶다고 한 그녀의 마지막 유언을 무시한 채 그녀를 생-드니 성당에 안치시킨 일이다. 그녀가 36세가 되었을 때, 첫 번째 병상(결석)의 조짐이 나타났다. 이제 부르타뉴를 구할 수 있는 유일한 방법은 딸 르네를 혼인시켜, 딸의 지참금 명목으로 부르타뉴를 물려 주는 일뿐이었다. 그러나 잦은 임신으로 몸이 너무 쇠약해진 그녀를 급습한 병은 시시각각으로 깊어만 갔다. 그리하여 이렇게 찾아든 어두운 병세는 어떤 특단의 조치를 취할 수 있는 시간을 그녀에게 허락지 않았다. 1514년 1월 9일 안은 프랑스 왕비로서 죽음을 맞이했다. 그녀의 장례식은 유례없이 40일간이나 지속되었다. 그녀는 유언으로 카페 왕조의 특권인 시체의 삼등분(뼈, 내장, 심장)을 명했다. 그녀의 시신은 생-드니 바실리카 성당에 고이 안치되었다. 그러나 가장 소중한 심장만은 그녀가 그토록 사랑하고 지키

고 싶어 했던 부르타뉴 지방에 유증되었다. 그것
은 그녀의 얼굴모형을 그대로 본떠 금으로 만든
집합소 안에 안치되었다가, 나중에 낭트 지방으
로 이송되었다. 그래서 안의 얼굴 한편에는 다음
과 같은 글이 적혀 있다. "1477년 낭트에서 출생하
여, 1514년 블루아에서 사망하다. 안 드 부르타뉴
는 부르타뉴 공 프랑수아 2세의 딸이다."

르네 드 프랑스

그 당시만 해도 신체적인 미를 그리 높이 평
가하던 시대가 아니었기 때문에 그녀는 도덕적인
미로 동시대인들의 칭송을 받았다. 1492년 베니스
의 대사 자카리아 콘타리니Zaccaria Contarini는 그
녀의 용모에 대하여 다음과 같이 기술했다. "왕비
는 겨우 17살이다. 그녀는 작은 키에 가늘고 호리호리한 몸매를 지니고
있다. 왕비는 자신의 기형을 감추기 위해 일부러 높은 굽의 구두를 신었
음에도 불구하고 표가 나게 한쪽 다리를 저는 편이다. 그녀는 가무잡잡
한 피부에 매우 예쁘장한 얼굴을 지녔으며, 자신의 어린 나이에 비해 놀라
울 정도로 섬세하고 수려한 정신을 지니고 있다. 일단 무엇을 하기로 결
정하면 왕비는 어떤 수단과 방법, 희생을 가리지 않고 힘차게 추진하는
편이다."

전남편 샤를 8세의 치세기에 그녀는 국왕의 옆을 묵묵히 지키는 왕비
의 소임을 다했고, 재혼한 남편 루이 12세의 치세기에는 '평화'와 '부르타
뉴와 프랑스의 합일' 등을 상징적으로 대표했다. 이처럼 동시대인들의 찬
미의 대상이었던 그녀의 이름과 이미지는 오늘날까지도 부르타뉴인들의
무의식적인 집단의식 속에서 강하게 살아 꿈틀거리고 있다.

르네상스시대

9 모험적인 기사왕 프랑수아 1세

(재위: 1515~1547)

> "파리는 도시가 아니다. 그것은 하나의 세계다."
> - 프랑스 국왕 프랑수아 1세

사람들은 새로운 국왕 프랑수아 1세 François I(1494-1547)를 가리켜, 용맹하기 이를 데 없는 '사자의 심장coeur de lion'이라 칭송해 마지않았다. 그러나 정작 프랑수아 1세 자신은 '기사왕'이란 칭호를 좋아했다. 그는 첫 번째 왕비 클로드 드 프랑스를 내팽겨 두고, 자신이 '작은 무리la petite bande'라 했던 재기발랄한 미인들과 마음껏 방탕한 궁정생활을 즐겼다. 그러나 이 바람둥이 국왕은 그렇다고 해서 결코 정치를 소홀히 하는 법은 없었다. 원래 프랑수아는 미래의 프랑스 국왕이 될 왕세자로 태어난 인물은 아니었다. 그는 근심걱정 하나 없는,

프랑수아 1세

누이 마그리트와 함께 즐거운 한때를 보내는 프랑수아

매우 행복한 유년시절을 보냈다. 소년 프랑수아는 문학을 무척 좋아했다. 그래서 할아버지 장 당굴렘Jean d'Angoulême의 서재에 온종일 파묻혀 지냈다. 그는 '인문주의'라는 이탈리아에서 온 새로운 사상에 심취했다. 그의 어머니 루이즈 드 사부아는 불과 20세 안팎의 나이에 청상과부가 되었다. 그는 어머니와 누이 마그리트로부터 깊은 감화를 받았다. 그는 평생 동안 이 두 여인을 존경했다. 프랑수아는 매우 교양 있는 청년이었다. 그는 이탈리아어와 스페인어 등 여러 나라 국어를 능란하게 구사했다. 또한 항해술이나 지리상의 발견에도 지대한 관심을 보였다. 이 건장한 체구의 활달한 젊은이는 사냥에 몹시 능했고, 구기종목에도 뛰어났다. 또한 토너먼트 경기에도 열심히 참가했다. 그는 고대 영웅의 연구에 조예가 매우 깊었으며, 군사지식도 부지런히 습득했다.

때는 바야흐로 중세의 겨울에서 르네상스의 화사한 봄으로 넘어가는 이행기였다. 프랑스의 국운도 한층 파릇하게 상승하는 시기에, 유럽문화와 예술의 중심에 우뚝 선 모험적인 기사왕 프랑수아 1세의 파란만장한 일대기. 자, 이제부터 그를 자신의 후계자로 지목했던 장인 루이 12세의 이야기부터 꺼내 보자.

프랑수아의 누이 마그리트 당굴렘 Marguerite d'Angoulême(1492-1549). 두 번째 결혼에 의해 나바르 왕비가 되었고, 앙리 4세의 어머니 잔 달브레Jeanne d'Albret를 낳았다

> "내게 아무것도 없고 단지 명예만 남아있다면 그래도 내 인생은 구원을 받았노라."
> - 프랑수아 1세

루이 12세

당시 국왕이었던 루이 12세에게는 불행하게도 남자상속자가 없었다. 두 번째 부인 안은 첫딸 클로드를 낳은 이후로, 여러 차례 계속 임신을 거듭했다. 그러나 아이가 뱃속에서 유산되거나, 태어난 지 얼마 안 되어 곧 사망하는 일이 많았다. 드디어 안은 그토록 고대하던 아들을 하나 얻었다.

루이 12세의 마지막 부인 영국의
메리. 눈부신 미모로 사위
프랑수아 1세의 마음을 잠시
사로잡았다

그러나 그 아이는 태어난 지 불과 몇 시간 만에 사망하고 말았다. 이때 국왕 부부의 상심이란 이루 말할 수가 없었다. 초창기에 루이 12세는 왕비 안의 뜻대로, 맏딸 클로드를 미래의 카를 5세와 혼인시킬 생각을 했었다. 그러나 그는 곧 마음을 바꾸어, 자기 사촌인 프랑수아와 혼인시키기로 작정했다. 그는 본능적으로 프랑수아가 자기의 상속자임을 강하게 느끼고 있었다. 이 두 사람의 사이는 마치 부자지간과도 같았다. 프랑수아와 클로드는 1506년 5월 21일에 약혼식을 거행했다. 그런데 너무나 잦은 임신 때문에 몸이 허약해질 대로 허약해진 왕비 안이 갑작스럽게 사망했다. 그러자 국왕은 이 젊은 쌍을 서둘러 혼인시켰다. 그러나 홀아비가 된 루이 자신도 영국 왕 헨리 8세Henry VIII(1491-1547)의 여동생인 젊은 영국 아가씨 메리 튜더Mary Tudor(1496-1533)와 곧 재혼을 했다.

원기왕성한 프랑수아는 이 새파랗게 젊은 장모에게 잠시 마음을 빼앗겼고, 그녀에게 곧 수작을 걸기 시작했다. 그러나 이러한 사실을 알고 대경실색한 어머니 루이즈 드 사부아는 젊은 새 왕비의 침실에서 '자신의 시저'(아들의 애칭)를 멀리 떼어놓으려고, 잠시도 감시의 눈길을 늦추지 않았다. 만일 혹시라도 불미스러운 일이 발생하게 된다면? 프랑스의 왕위가 자기 아들에게서 영영 멀어지게 되기 때문이다. 그러나 지칠 대로 지쳐 있던 루이 12세 역시, 결혼한 지 불과 6주 만에 사망하고 말았다. 그리하여 패기만만한 프랑수아는 '프랑수아 1세'란 명칭으로 프랑스 왕위에 올랐다. 프랑수아 1세가 즉위한 후, 그동안 침침하고 무거웠던 프랑스 궁정의 분위기는 갑자기 화사하고 경쾌한 축제분위기로 바뀌었다. 국왕의 어머니인 루이즈는 37세, 국왕은 20세, 왕비 클로드의 나이는 이제 겨우 15세였다. 봄의 신록이 파릇파릇하게 돋아나는 궁정에는 활기가 넘쳐흘렀다.

한편 아리따운 메리는 34년 연상의 남편 루이가 죽자마자 서퍽 공 찰스 브랜던(1484-1545)과 혼인했다. 그들의 결혼은 메리의 오빠인 헨리 8세의 동의 없이, 프랑스에서 비밀리에 이루어졌다. 이 결혼은 영국 대주교 토머스 울지Thomas Wolsey(1473-1530)의 중재를 필요로 했다. 헨리는 이 커플이 많은 벌금을 낸 후에야 겨우 그들을 용서했다. 청상과부가 된 메리는 재혼이었지만 서퍽 공은 벌써 이 결혼이 세 번째였고 그는 그 후에도 다시 네 번째 아내를 맞이했다.

모험적인 국왕

프랑수아 1세는 신체적으로 위풍당당하고 매우 결단성 있는 성격을 지닌 호걸이었다. 그는 넓적하고 호방한 얼굴에 보기 드문 장신이었다. 그는 유럽에서 최대강자가 되기를 원했고 자신의 포부대로 유럽에서 가장 강력한 군주 중의 하나가 되었다. 그의 강력한 라이벌로는 영국 왕 헨리 8세와 합스부르크가의 카를 5세Karl V(1500-1558)가 있었다. 즉위 초라서 국왕의 역할이 아직 몸에 배지는 않았으나 그는 자기 주변에 유능한 인물을 배치시킬 줄 아는 능력이 있었다. 국왕의 어머니 루이즈 드 사부아는 아들이 프랑스 국왕으로 추대되자 추밀원Conseil privé에 들어가 자기 아들과 함께 권력의 핵심을 장악했다. 그녀는 언제나 왕국의 정치를 예리하게 주시했다. 프랑수아 1세는 전왕 루이 12세를 섬겼던 중신에게 깊은 존경과 사의謝意를 표명했다. 또한 자기 유년기 친구에게도 중책을 맡겼다. 그는 선임자의 꿈을 계속 이어나가기를 희망했다. 그것은 '문화의 보고'인 이탈리아

프랑수아의 모친 루이즈 드 사부아

를 정복하는 것이다.[1]

그러나 프랑수아 1세는 정녕 위대한 국왕이었을까? 그의 건장한 신체만 보면 아무도 이에 반론을 제기하는 사람은 없을 것이다. 앵발리드 군사박물관에 진열된 그의 무기와 갑옷을 통해 유추해 보면 그는 신장이 자그마치 190m나 된다. 이는 당시로서는 매우 보기 드문 거구였다. 그러나 정치적인 측면에서 이의를 제기하는 사가들도 적지 않다. 카를 5세와의 무익하고 끊임없는 전쟁, 또 엄청난 비용이 들었던 이탈리아 원정 역시 프랑스 왕국에 실질적인 이득은 없었다.[2] 또한 그가 세운 무수한 성과 화려한 저택으로 인해 국가재정은 말할 수 없이 고갈되었다. 그러나 오늘날까지도 프랑스 국민이 상상하는 프랑수아 1세는 문예의 보호자이다. 제왕답고 총명하며 특히 아름다운 여성과 예술의 애호가였다. 프랑수아는 살아생전에도 국민들로부터 많은 사랑을 받았다. 그래서 그가 전쟁 포로가 되었을 때 마음씨 좋은 프랑스 백성들은 그의 어마어마한 몸값을 치르기 위해 자발적으로 성금을 모았다. 그는 예술을 발전시킨다는 미명 하에 돈을 물 쓰듯 낭비하는 것으로 자기 직분을 정당화하는 군주의 원형

---

1   프랑스의 이탈리아 침입은 샤를 8세의 나폴리 진격에서 시작되었고, 다음 왕 루이 12세도 밀라노 공국을 목표로 거듭 침입했으나 처음은 신성로마제국 황제 막시밀리안 1세의 반격으로 좌절되고, 다음은 교황 율리오 2세를 중심으로 한 이탈리아 국내의 반프랑스 동맹세력의 반격으로 좌절되었다.

2   1521~1544년 이탈리아의 패권을 둘러싸고 프랑스와 독일 사이에 벌어진 네 차례의 전쟁을 가리킨다.

이 되었다. 프랑스의 가난한 직물 짜는 여공은 국왕의 석방을 위해 주야를 가리지 않고 열심히 일하면서 다음과 같이 중얼거렸다. "그분은 만인이 우러러보는 우리의 사치품이야. 우리는 오직 그분을 통해서 꿈을 꿀 수가 있지!"

이탈리아 원정

불과 19세의 어린 나이에 과부가 된 어머니 루이즈는 자신의 '가장 사랑하는 시저' 프랑수아 1세를 위해 일평생을 바쳤다. 어머니와 누나에 의해 이처럼 금지옥엽처럼 키워진 프랑수아는 지에 원수maréchal de Gié(1451-1513)로부터 체계적인 무술 수업을 받았다. 시와 전투에 대한 취미를 동시에 지니고 있었던 그는 낭만적인 기사모험담을 꿈꾸었다.

자, 국왕으로서 그의 첫 번째 무용담은 이탈리아 북부를 재정복하는 것이었다. 그는 옛 무술시합 동료들의 유쾌한 호위를 받으면서 위풍당당하게 알프스산맥을 넘었다. 그는 이 원정에 72대가 넘는 대포를 대동시켰다. 저 멀리 광활하게 펼쳐진 푸른 평원에서는 용맹무쌍한 스위스 용병들이 그를 기다리고 있었다. 유명한 모라 전투 이후에 이른바 '불패신화'를 만들어낸 스위스 용병들은 당시 전 유럽이 두려워 떨던 무서운 상대였다. 기병대의 선두에 선 늠름한 프랑수아 1세는 마릴리아노(마리냥) 평원에서의 전투를 누구보다 열정적으로 지휘했다. 당시 이탈리아인들은 이를 가리켜 '프랑스적 광기'라고 평했다. 갈리오 드 주누이악Galiot de Genouil-lac(1465-1546)이 이끄는 프랑스 포병대는 조밀하게 운집해 있던 스위스 보병의 대열을 보기 좋게 산산조각 내버렸다.[3] 이 마리냥 전투에서 프랑스군

---

3   그가 후세에 알려진 이유는 마리냥 전투 때 포병대 총사령관으로서 보여준 열정

마리냥 전투에서의 프랑수아 1세

이 거둔 혁혁한 승리는 전 유럽의 수도를 놀라게 했다.

　자 드디어 새로운 국왕이 탄생했다. 불과 20세밖에 안 된 국왕이 '무적'이라던 스위스 용병대를 거뜬히 물리친 것이다. 이 얼마나 장한 일인가! 당시 프랑스의 인구는 2천만 명을 자랑했다. 프랑스는 유럽에서 러시아 다음으로 가장 인구가 많고 부강한 나라였다. 당시 프랑스 국왕이 거두어들이는 막대한 세금은 아메리카 금이 대량으로 유입되기 시작한 스페인의 국고와 거의 맞먹는 수준이거나 이를 훨씬 앞지르고 있었다. 당시 금은 국부와 전쟁의 젖줄이었다.

과 놀라운 기량 때문이다.

쾌활한 낙천가

프랑수아 1세는 명랑하고 행복한 성격의 소유자였다. 그의 어머니는 "타고난 운명의 복수(운명개척)를 꿈꾸라"고 아들을 가르쳤다. 어머니 루이즈는 자기 아들이 훗날 국왕이 될 것이라는 예언을 들은 적이 있었고, 이를 굳게 확신했다. 결국 운명은 그에게 복수할 기회(?)를 주었다. 그는 호방하고 담대한 국왕이 될 충분한 자질과 이유를 완벽하게 구비하고 있었다. 그는 무엇보다 인생의 활력을 사랑했고, 많은 여성으로부터 호감을 샀다. 그는 타고난 열정가였다. 그 탄력적인 열정 속에는 사냥과 기사도적인 전투기술, 여행, 또한 시적 재능도 포함되어 있었다.

그러나 너무 열정적이었던 나머지 국가원수의 신분에 걸맞지 않는 행동을 하는 경우도 있었다. 특히 최대의 경쟁자였던 카를 5세를 대하는 그의 태도는 믿기 어려울 정도로 졸렬한 실수투성이로 얼룩져 있다. 그는 신뢰할 만한 자문가와 대장을 기용할 줄 몰랐고, 간혹 전투에서 쓸데없는 허세도 곧잘 부렸다. 그리하여 치명적인 파비 전투Bataille de Pavie에서는 포로 신세가 되었다. 그는 마드리드로 호송되어, 너무나 무거운 몸값을 지불하는 등 혹독한 대가를 치러야 했다. 그는 적을 결정적으로 무찌르기 위해 물불을 가리지 않았으나, 운명은 항상 그의 반대편에 있었다. 왜냐하면 그는 자신의 불같은 야망을 전혀 자제할 줄 몰랐기 때문이다. 생전에 그의 치적으로는 부르봉 원수의 봉토(1531)와 부르타뉴 지방(1532)을 프랑스에 완전히 병합시킨 것과 국가재정의 재정비, 또 사법개혁을 들 수 있다. 그는 모든 법령을 프랑스어로 작성케 하였다. 또한 블로뉴 화약을 통해 왕국의 대주교·주교·수도원장의 성직임명권을 확보했다. 왕국과 군주의 영광과 권위를 위해 르네상스 예술을 적극 장려했고, 블루아·샹보르·퐁텐블로같이 유려하고 우미한 궁을 대대적으로 건설했다. 화려한 성과 저택에 레오나르도 다빈치 같은 유명한 이탈리아 예술가를 초빙하여 작업을 시켰다.

파비 전투(1525)

그는 뷔데 같은 인문주의자의 작품을 번역하도록 명했으며, 미래의 콜레주 드 프랑스를 세웠다(1529). 그러나 그는 평생소원이던 이탈리아 원정의 꿈을 결국 이루지 못하고 세상을 떠났다. 그는 화려했던 일생과 걸맞게 여성 편력도 대단했다. 자 이제부터 프랑수아 1세의 여인들을 기술해 보기로 한다.

> "여성은 항상 변덕스러우며, 그런 여자를 믿는 남자는 바보다."
> - 프랑수아 1세

프랑수아 1세와 카를 5세는 서로 상대방을 전혀 인정하지 않았지만 공식석상에서는 완전한 존경을 표시했다. 1540년 파리에서 카를 5세를 영접하는 프랑수아 1세

첫 번째 왕비 클로드 드 프랑스(재위: 1515~1524)

1514년 5월 8일, 클로드 드 프랑스(1499-1524)는 프랑수아 1세와 혼인했다. 어머니 안 드 부르타뉴의 갑작스러운 죽음으로 상심의 나날을 보내던 그녀는 이번 결혼이 자기 인생에 행복을 가져다주는 일종의 탈출구가 되기를 간절히 기원했다. 그러나 이 결혼은 당시 상류층의 결혼이 그러하듯이, 사랑의 결실보다는 정략적인 성격이 강했다. 자신의 임종이 가까웠다고 생각한 루이 12세는 그의 사촌 프랑수아 당굴렘을 조용히 침상으로 불러들였다. 그는 프랑수아에게 프랑스 국왕의 자리를 약속했고, 그 대신 클

프랑수아와 클로드의 약혼식

로드 공주와의 혼인을 서약하도록 했다.

　이 결혼식을 조속히 끝내고 싶어 하는 분위기가 지배적이었다. 그래서 궁정에서는 아예 결혼식장에 참석조차도 하지 않았다. 루이 12세도 역시 결혼행사의 분위기를 돋우는 화려한 마상시합이나 음유시인의 공연을 전면 중지시켰다. 절름발이인 데다, 원체 못생긴 방년 14세의 클로드 공주는 그래도 이 미래의 잘생긴 신랑에게 애틋한 연모의 정을 품고 있다. 프랑수아 1세는 자기 누이인 마그리트에게 다음과 같이 기탄 없는 자신의 심정을 토로했다. "나는 어떤 의미에서 국왕의 딸을 존경은 하지. 그러나 결코 그 여자를 사랑하게 되는 일은 없을 거야. 나는 그녀에게서 아무런 매력도 발견할 수가 없으니까. 오, 국사國事의 중대함이여! 골치 아픈 부르타뉴 문제에서 왕국의 이해관계에 이르기까지 얼마나 많은 문제가 산적해 있는가? 그러나 연애는 이와는 전혀 별개의 문제지! 나는 고개조차 까딱하지 않고, 사람의 마음을 홀리는 가장 매혹적인 꽃을 따는 즐거움을 무진장 누릴 작정이야." 이 두 사람의 결혼식이 진행되는 동안 대법관은 줄곧 혼인계약을 낭독했다. 클로드는 지참금 명목으로 금화 10만 에퀴와 부르타뉴령, 수아송·블루아·쿠쉬·에탕프·몽포르 백령을 상속받았다. 그녀는 또한 밀라노의 권리도 보유하고 있었는데, 이 모든 것(즉 아내의 막대한 재산)이 젊은 프랑수아 1세의 구미를 잡아당겼다. 그러나 혼인식이 끝나자마자 신부 클로드는 혼자 남겨지게 되었다. 아버지인 루이 12세는 식사가 끝나자마자 곧 사냥을 가버렸다. 남편 프랑수아 1세 역시, 자리를 비우는 일이 많았다. 또한 이 의기충천한 새 신랑은 그녀를 매우 차갑고 냉랭한 태도로 대했다. 프랑수아 1세의 어머니 루이즈 드 사부아 역시, 며느리에게 적대적인 태도를 보였다. 1515년 1월 1일 클로드는 랭스에서 거행된 남편의 대관식에 참여했다.

그러나 승승장구하는 새 국왕의 위풍당당한 모습과는 달리 왕비의 존재는 거의 사람 눈에 띄지도 않았다. 대관식이 끝난 후에 국왕 부부는 파리에 입성했다. 또 다른 대관식이 생드니 성당에서 엄숙하게 거행되었다. 이 생드니에서 또다시 미사를 드리게 될 파리의 노트르담 성당까지 화려한 가두행렬이 이어졌다. 그리고 궁에서는 새로운 국

클로드의 초상화

왕의 출범을 알리는 연회가 성대하게 열렸다. 남편 프랑수아가 건장한 장신이었던 반면에 클로드는 키가 매우 땅딸막했다. 잦은 임신으로 인해 매우 뚱뚱해 보이는 그녀의 몸매는 궁정에서 조롱의 대상이었다. 외국 대사들은 "왕비가 비록 인정이 많지만, 정말 키도 작고 못생기신 분이다. 비만에다 절름발이이며 왼쪽 눈이 사시다"라고 비밀리에 메모했다. 클로드는 자신의 부모가 모두 타계한 후에 자신이 자란 궁정에서도 냉대를 받는 신세가 되었다. 프랑스 전기 작가인 브랑톰Brantôme(1540-1614)은 다음과 같이 기술했다. "남편인 국왕은 그녀에게 매독을 옮겨주었고 그것이 결국 왕비의 생명을 단축시키는 요인이 되었다. 그리고 섭정(시어머니 루이즈 드 사부아)은 그녀를 매우 혹독하게 다루었다." 국왕은 지나칠 정도로 많은 정부들을 거느리고 있었지만 언제나 비밀을 지켰고 왕비 클로드에 대해서는 부

드러운 존경심을 표했다. 국왕의 이러한 신중한 태도는 궁정에서 항상 모범적인 행동을 요구하는 어머니 루이즈의 독려에 의한 것이기도 했다.

클로드는 비록 남편의 사랑을 차지하지는 못했으나, 사람들한테는 '좋은 왕비'로 불렸다. 또한 자손을 널리 번식시키고, 타인의 모범이 되는 왕비의 역할도 의젓하게 수행했다. 당시 여론은 그녀에 대해 다음과 같이 얘기했다. "매우 착하고 자비로우며, 누구에게나 부드럽게 대하는 왕비는 궁정이나 왕국의 그 누구에게도 잘못하신 적이 없는 분이다." 결혼생활 10년 동안에 클로드는 7명의 자녀를 낳았다. 처음에는 딸만 2명 낳았으나, 세 번째에 드디어 첫아들 프랑수아를 얻었다. 그녀가 네 번째 낳은 아들이 바로 후일 앙리 2세이다. 그러나 계속된 임신으로 클로드의 건강은 몹시 악화되었다. 더욱 살이 찌기 시작한 클로드는 점점 혼자서 거동을 하지 못했고, 침대 위에 누워 지내는 일이 많아졌다. 결국 쇠약해질 대로 쇠약해진 그녀는 1524년 7월 20일에 25세의 젊은 나이로 그만 세상을 떠났다.

두 번째 왕비 엘레에노르 드 합스부르크(재위: 1530~1547)

엘레에노르 드 합스부르크Eléonore de Habsbourg(1498-1558)는 신성로마제국의 황제 카를 5세의 맏누이였다. 그녀의 할아버지는 바로 막시밀리안 황제다. 그녀는 네덜란드에서 남동생 카를과 함께 자랐다. 엘레에노르는 카스티야 공주였지만 그녀의 언어와 문화는 불어였다. 18세 때 엘레에노르는 바바리아(바이에르) 공국의 4남인 팔라틴 프레드릭 왕자에게 반했다. 그러나 카를 5세는 그를 매우 탐탁지 않게 여겼다. 자기 손위 누이의 결혼 상대로는 항상 부족하다고 생각해서, 이 두 사람의 사이를 갈라놓으려고 훼방을 놓았다. 그 당시 누이를 결혼시키려는 생각에 자나깨나 골몰하고 있었던 카를 5세는 돈 많은 포르투갈 국왕과의 혼인을 서둘러 주선했다. 그러나 미래 신랑의 나이는 이미 48세였다. 그는 매우 못생긴 추남인 데다 반신은 불구상태였다. 그러나 모든 것을 체념한 엘레에노르는 이 혼인을 무조건 수락했다. 결혼식은 1518년 7월 16일에 거행되었다. 그녀는 식이 거행되기 전까지, 늙은 신랑의 얼굴을 단 한 번도 보지 못했다. 리스본에서 근엄한 종교 결혼식이 거행되었다. 이 결혼을 통해 그녀는 두 명의 자녀를 낳았다. 첫 아이는 아들이었으나 어렸을 적에 일찍 사망했고, 둘째 아이는 계집아이었다. 그리고 결혼한 지 3년 만에, 그녀는 과부가 되었다. 그러자 남편의 가족은 그녀에게서 어린 딸 마리아를 억지로 떼어놓았다.

4살 때의 엘레에노르

1530년에 그녀는 프랑수아 1세와 재혼을 했다. 이 결혼 역시 상호 애정에 의한 것이 아니라, 평화보장으로 이루어진 정략 결혼에 불과했다. 당시 카를 5세의 포로가 되었던 프랑수아 1세는 자유의 몸이 되는 조건 중의 하나로, 과부가 된 황제의 누이와 혼인을 하게 되었다(마드리드 조약). 물론 이 두 군주의 평화는 일시적인 것에 불과했지만 말이다.

이 두 번째 결혼에서는 단 한 명의 자녀도 탄생하지 않았다. 물론 프랑스와 신성로마제국 간의 관계도 결코 유화적이거나 평화롭지 못했다. 이 두 번째 정치적 결혼도 첫 번째와 마찬가지로 불행하기는 마찬가지였다. 당시 엘레에노르는 자기 남편인 프랑수아 1세를 진심으로 사랑했다. 그러나 프랑수아 1세는 그녀에게 어떤 관심도 보여주지 않았다. 그가 격정적인 사랑을 불태운 것은 오직 혼외정사나 연애를 통해서였다. 더욱이 국왕은 두 번째 왕비에게 자신의 정부인 에탕프 공작 부인(안 드 피셀루)을

엘레에노르 드 합스부르크

소개하여, 이를 보란 듯이 과시하기도 했다. 파비 전투의 패배 이후에 전처 클로드의 소생인 프랑스 왕자들이 아버지 대신 카를 5세의 인질로 스페인에 잡혀가게 되었는데, 4년이라는 억류 세월 동안에 왕자들에 대한 처우도 점점 나빠졌다. 그것은 계모인 엘레에노르가 전처의 자식들을 홀대한다는 인상을 프랑스 궁정에 심어주었다. 또한 열렬한 가톨릭 신자였던 새 왕비는 자신의 손위 시누이인 나바르 왕국의 왕비 마그리트 당굴렘이라는 만만치 않은 적수를 상대해야만 했다. 비록 남편은 그녀를 겉으로나마 존경심을 가지고 대했고, 가끔씩 프랑스와 합스부르크 두 왕가 간의 중재 역할을 담당하기도 했지만, 그녀는 프랑스 왕비로서 어떤 정치적 권력도 행사하지 못했다. 엘레에노르는 포르투갈에 살고 있는 자신의 딸을 만나기 위해 포르투갈을 방문했으나, 갑작스러운 천식의 발작으로 사망하게 된다. 그녀의 인생은 조금도 행복한 것이 아니었다. 왜냐하면 자기 친딸마저도 어머니를 거부했기 때문이다.

프랑수아즈 드 푸아

1505년, 11세의 어린 미소녀 프랑수아즈(1495-1537)는 미사 때 최초로 19세의 젊은 귀족 청년 장 드 라발-샤토브리앙Jean de Laval-Châteaubriant을 만났다. 샤토브리앙 영주인 장은 첫눈에 그녀에게 반해 버렸다. 1년 후에 그녀는 예쁜 여아를 잉태했다. 1508년에 그들은 결혼했고, 1515년까지는 별다른 사연이 없는 행복한 잉꼬부부로 지냈다. 당시 국왕은 말할 것도 없이 프랑스 발루아 가문에서도 사치스럽기로 유명한 프랑수아 1세였다. 그는 신성로마제국 황제의 자리를 놓고 카를 5세와 팽팽한 접전을 벌이기도 했다. 또한 레오나르도 다빈치 같은 거장을 프랑스 궁정에 초대하여, 프랑스 르네상스의 꽃을 활짝 피웠다. 정식으로 두 번이나 결혼을 한 그는 화려한 여성 편력으로도 그 명성이 자자하지 않았던가! 프랑수아는 "아름다운 귀부인이 없는 궁정은 마치 봄이 없는 삭막한 해, 또 장미꽃이 없는 봄과도 같도다!"라면서 프랑스에서 가장 매혹적인 여성들을 찾아다녔다. 1515년에 프랑수아 1세는 프랑수아즈 드 푸아, 즉 샤토브리앙 백작 부인의 굉장한 미모에 대한 소문을 듣게 되었다. 장난기가 발동한 국왕은 그녀의 자색을 한 번 볼 요량으로, 블루아성에 이 젊은 부부를 초대하기로 마음먹었다. 남편 장은 왕의 초대를 그리 탐탁지 않게 여겼다. 그래서 부인한테 자기 영지에 그대로 남아있으라는 명을 내리고는, 혼자서 국왕을 알현했다. 그러나 여성을 유혹하는 재능이 남달랐던 프랑수아 1세는 그녀가 궁에 제 발로 걸어오도록 기발한 계략을 짰다. 드디어 부드러운 갈색 머리에 지성과 우아함이 넘치는 프랑수아즈의 푸른 눈동자를 마주하게 된 순간, 국왕은 단번에 그녀의 매력의 포로가 되었다. 그 후 국왕은 3년이란 긴 세월에 걸쳐 구애 작전을 펼쳤고, 결국 그녀의 마음을 얻는 데 성공을 거두었다. 국왕은 질투하는 그녀의 남편을 멀리 떼어놓으려고, 장을 군사령관으로 임명해 변방으로 내쫓아버렸다.

프랑수아즈는 1518~1528년에 국왕이 가장 총애하는 애첩이 되었다. 그녀는 왕국의 중요한 국가행사에 빠짐없이 참석했다. 또한 프랑수아 1세가 영국 왕과 담판을 짓는 국제회견장에도 클로드 왕비(첫 번째 왕비)와 함께 나란히 나갔다. 그러나 1528년에 그녀는 안 드 피셀루라는 금발의 미

프랑수아즈 드 푸아

녀에게 국왕의 애첩 자리를 넘겨 주게 된다.

　국왕의 어머니인 루이즈 드 사부아 Louise de Savoie(1476-1531)는 매우 교양 있고 지적인 귀부인이었다. 그녀는 12세가 되기도 전에 샤를 당굴렘 백작과 혼인했다. 이 혼인 역시 당시 상류층의 결혼이 대개 그러하듯이 정략결혼에 지나지 않았다. 그녀는 남편의 영지인 코냑에 도착하자마자, 곧 자기 남편에게 정부가 있다는 사실을 알게 되었다. 그녀는 매우 아름다운 잔 드 폴리냑이란 여성이었다. 그러나 남편의 정부와 싸우기에는 너무도 나이가 어렸던 루이즈는 오히려 남편 정부의 보호자가 되었다. 그래서 적대적인 연적 관계에 놓인 이 두 여성은 기이하게도 절친한 친구 사이로 발전했다. 나중에 잔은 루이즈가 낳은 아이들을 매우 정성스럽게 돌보아 주었다. 루이즈는 일찍 작고한 남편 대신에, 늘 사랑스러운 외동아들에게 폭풍 같은 애정을 쏟아부었다. 그런데 루이즈는 아들의 정부인 프랑수아즈의 존재를 그리 탐탁지 않게 여겼다. 그것은 루이즈의 지나친 도덕성 때문이 아니라 그녀 자신의 푸아 가문에 대한 개인적인 증오심 때문이었다. 그러던 차에 마침 아들이 스페인에 포로로 잡혀 있다가 풀려나 1526년에 귀국을 하게 되었다. "바로 기회는 이때다!"라고 여긴 루이즈는 자기가 총애하는 시녀 안을 대동하고 아들을 맞이하러 나갔다. 그때 프랑수아즈는 국왕을 영접하는 이 자리에 참석하지 못했다. 당시 그녀에게는 두 고관과 부적절한 관계를 맺었다는 불미한 소문이 나돌던 참이었다. 결국, 어머니의 예상은 적중하여, 프랑수아 1세는 젊은 시녀 안에게 흠뻑 매료되었다. 그 후 몇

달 동안 국왕의 두 총비 사이에서는 냉랭한 기운
이 감돌았다. 마침내 체념한 프랑수아즈는 다시
자기 남편의 품으로 돌아가게 되었다.

그러나 새로운 총비의 출현에도 불구하고,
그녀는 국왕과 서신을 교환하는 우정 어린 친구
로 계속 남게 되었다. 1532년에 프랑수아 1세는
프랑스 왕정에 대한 부르타뉴인들의 충정을 확
인하기 위해 그녀가 사는 지방을 방문했다. 그래
서 국왕은 잠시 샤토브리앙성에 체류했는데, 바
로 그때가 옛날 애인 사이였던 두 사람의 마지막
조우였다. 그 후 5년 후인 1537년 10월 16일에 프
랑수아즈는 사망했다. 그녀의 남편 장은 1543년

프랑수아즈의 남편 장 드 라발-
샤토브리앙(1486-1543)

까지 생존했다. 그리고 이 평탄했던 부부 사이에 끼어들었던 프랑수아
1세 역시, 1574년 3월 31일에 세상을 떠났다.

프랑수아즈 드 푸아라는 이 역사적인 실존 인물은 문학작품의 무한
한 상상력 덕분에 전설적인 인물이 되었다. 그리하여 아무런 역사적 근거
도 없이, 그녀의 남편 장 드 라발-샤토브리앙은 시기심 많고 음침하며 잔
인한 성격으로 묘사된다. 그는 불성실한 아내를 살해하는 악당이 되었다.
그래서 전설에 따르면 매년 프랑수아즈의 생일 때마다, 남편에게 억울하
게 살해당한 그녀의 아리따운 혼백이 샤토브리앙성에 출몰한다는 것이
다.[4] 또 다른 일설에 따르면, 프랑수아즈는 10년이란 긴 세월 동안 국왕의

---

4   프랑스 역사가 바리아Varillas는 프랑수아즈의 남편 장의 성격이 매우 잔인하고
난폭했다는 점을 들어 질투심에 눈이 먼 샤토브리앙 백작이 자신의 아내를 (정신 병원에서
환자의 자해를 막기 위해) 벽면에 패드를 댄 어두운 방에 가두고 그녀를 죽였다는 주장을 했지
만 그녀가 병사했다는 것이 훨씬 신빙성이 있다고 본다.

애첩이 되었다. 그런데 두 사람의 연인관계가 그토록 오래 유지되었던 비결은 이 젊은 백작 부인의 숨겨진 남다른 재능 덕분이었다고 한다. 그녀는 국왕의 환심을 사기 위해 술 속에 오래 담근 영롱한 작은 포도알로 사랑의 묘약을 만들었다. 국왕은 이 묘약에 몹시 열광했고, 그로 인해 그녀에 대한 국왕의 애정은 더욱 두터워졌다. 나중에 이러한 비밀을 알게 된 샤토브리앙 지방의 한 초콜릿 장수가 이 불운했던 미녀에게 최대한의 경의를 바쳤다. 즉 그는 프랑수아즈의 술에 절인 포도와 신선한 버터로 살살 녹인 부드러운 편도 초콜릿을 만들었던 것이다. 이 세련되고 우아한 초콜릿 덕분에, 프랑수아즈는 프랑스 귀부인의 매력과 정신을 대표하는 훌륭한 문화외교의 사절로 후세에 명성을 날리게 되었다.

안 드 피셀루

프랑수아 1세는 결혼이라는 딱딱한 제도적인 틀 밖에서, 늘 자유분방한 연애에 탐닉했다. 그의 첫 번째 정부였던 프랑수아즈와의 사랑은 한여름 밤의 뇌우처럼 뜨겁고 격정적이었지만 그들의 사랑은 결국 쓰라린 환멸과 불화로 막을 내렸다. 안 드 피셀루Anne de Pisseleu(1508-1580)라는 새로운 미녀의 등장으로 프랑수아즈가 국왕의 곁을 떠났을 때 그녀의 나이는 원숙한 30세였다. 그러나 그때 안은 한창 꽃다운 방년의 17세 소녀였다. 국왕의 어머니인 루이즈는 늘 프랑수아즈를 의심하고 경계했다. 그녀는 처음부터 아들의 품에서 프랑수아즈를 떼어놓기 위해 늘 노심초사했고 결국 자신이 그토록 미워하던 여성에게 이처럼 은밀한 복수를 가했던 것이다.

안 드 피셀루는 오아즈 지방의 한 작은 귀족 가문에서 태어났다. 모친이 일찍 사망하자 그녀의 아버지는 곧 새 장가를 들었다. 안은 계모 마들렌 밑에서 완벽한 귀족 여성의 교육을 받았다. 그녀는 문학에 대한 취미와 열정이 대단했다. 그리스·라틴 문학 외에도, 다양한 예술과 학문을 배웠다. 그녀는 시나 운문을 짓는 것도 무척 좋아했다. 1522년에 그녀는 궁에 들어갔다. 그 이듬해에 국왕의 어머니인 루이즈를 모시는 시녀가 되었다. 안은 3년 동안 루이즈의 밑에서 고상한 기품과 남성을 유혹하는 세련된 기법을 다시 익혔다. 루이즈의 치밀한 계산과 배려 덕분에, 안은 포로의 몸에서 풀려난 국왕과 처음으로 대면하게 되었다. 그녀는 푸른 눈에 눈부신 금발, 또 균형 잡힌 아름다

프랑스의 르네상스 시인 클레망 마로

운 몸매의 소유자였다. 물론 다분히 작위적인 것이었지만, 그녀는 천사처럼 천진난만하고 순진한 표정으로 병영에서 갓 풀려난 프랑수아 1세의 마음을 사로잡았다. 당시 프랑스 대운압파 시인이었던 클레망 마로Clément Marot(1496-1544)는 다음과 같이 그녀의 미모를 찬양했다. "나는 아무런 사심 없이 그대에게 미의 황금 사과와 강렬한 충성과 월계관을 바치노라!" 시인 마로에 따르면 그녀의 안색은 매우 창백하기 이를 데 없었다. 아마 하얀 종잇장이나 사기그릇처럼 핏기 없이 투명하고 희디희었던 것 같다. 그래서 안은 자신의 그윽한 푸르른 눈빛에 잘 어울리는 따뜻한 색조 화장을 했다고 전해진다.

사람들의 전언에 따르면, 안은 순진무구해 보이는 외모와는 달리 당차고 야심만만한 여성이었다. 또한 그녀의 행동은 다분히 작위적이고 계산된 것이었다. 두뇌가 매우 영민했던 그녀의 소원은 프랑수아즈를 누르고, 바로 제 자신이 국왕의 총비가 되는 것이었다. 프랑수아즈가 국왕과

안 드 피셀루

합류하기 위해 뒤늦게 보르도에 당도했을 때 그녀는 여성의 직감으로 새로운 연적의 이런 의도를 곧 눈치챘다. 결국, 1528년에 안 드 피셀루는 나이 든 프랑수아즈를 보기 좋게 누르고 국왕의 제일 총비가 되었다. 이 두 사람의 새로운 연인관계는 국왕이 사망할 때까지 계속되었다.

드디어 그토록 소원하던 국왕의 애첩이 된 안은 미모와 지성으로 한껏 명성을 날렸다. 안은 자기 애인인 국왕에게 자기 의사를 교묘하게 관철시키는 영악한 재주가 있었다. 그녀는 대놓고 국왕을 조정하지는 않았다. 그러나 자기 의견을 내놓고, 국왕에게 그것을 경청하도록 했다. 사실상 안은 신체적 용모보다는 (물론 그것도 그녀의 유리한 장점이었지만) 정신적인 활력과 지성으로 프랑수아 1세의 마음을 오래 붙잡았다. 그녀는 궁정과 일정한 거리를 유지하면서 궁정으로부터 존경받는 방법을 잘 알고 있었다. 그래서 그녀는 결코 궁정에 기거하지 않았다. 또한 자기 저택에 문인을 초대하여 그들을 몹시 우대했다.

안 드 피셀루는 디안 드 푸아티에Diane de Poitiers(1500-1566)라는 또 다른 막강한 경쟁상대를 만나게 된다. 디안은 당시 왕세자였던 20세의 청년 앙리 2세의 정부였다. 이 두 여인에게는 공통점이 거의 없었다. 안은 국왕과 왕세자를 동시에 조종할 줄 아는 디안을 매우 위험한 여성으로 간주했다. 그리하여 그녀는 디안을 제거하려고 무척 애를 썼다. 안은 결코 국왕을 진심으로 사랑하지는 않았다. 그러나 그녀는 국왕의 마음을 항상 기쁘게 할 줄 알았고, 그래서 끝까지 국왕의 애첩으로 남아있었다. 이런 사실에 작가

브랑톰Brantôme은 다음과 같이 의미심장한 말을 남겼다. "만일 국왕이 에탕프 부인(안)에게 그다지 충실하지 않았다면, 그녀도 역시 국왕한테만 정절을 지켰다고 보기는 어렵다." 안 드 피셀루는 정치적인 음모에 가담하려고 여러 번을 시도했지만 그녀는 결국 아무것도 얻지를 못했다. 왜냐하면 프랑수아 1세는 결코 국사와 남녀의 정사를 혼동하지는 않았기 때문이다. 그래도 안은 프랑수아 1세의 결정에 상당한 영향력을 행사하는 여인이 되었다.

디안 드 푸아티에

1534년에 프랑수아 1세는 자기 정부인 안 드 피셀루를 장 드 브로스Jean IV de Brosse (1505-1564)와 혼인을 시켰다. 추방당한 가문의 아들이었던 장은 이 결혼을 몹시 다행스럽게 여겼다. 그는 국왕의 애첩과 혼인을 한 덕택에, 부르타뉴 지방의 실지를 도로 회복했다. 국왕은 이 부부에게 에탕프 백령을 하사했다. 이 백령은 1537년에 공령이 되었다. 이때부터 안 드 피셀루는 에탕프 공작 부인이란 칭호를 얻게 된다. 프랑수아 1세는 이 부부에게 아주 관대한 태도를 보였고, 장을 부르타뉴 지사로 임명했다. 국왕은 정부의 남편을 멀리 보내기 위한 방편으로 이런 칭호를 하사했던 것이다. 또한 국왕은 안 드 피셀루에게 뫼동Meudon의 땅을 하사했다. 그녀는 국왕의 이러한 각별한 은총 덕분에, 클레망 마로 같은 예술가들의 보호자로서 자신의 명성과 입지를 굳혔다. 그러나 1539년부터 안은 자신이 더 이상 영향력이 없다는 사실을 서서히 감지하기 시작했다. 그것은 어느새 자기의 라이벌인 디안 드 푸아티에의 수중으로 넘어가고 있었다. 그녀는 모든 면에서 디안과 대립하고 있었다. 디안은 독실한 가톨릭 지지자였던 반면에, 안은 스스로 신교도임을 자처하면서 서정시인 클레망 마로 같은 이들과 함께

안의 남편 장 드 브로스

칼뱅 사상을 전파하고 있었다.

안은 정치 생활에 관여하는 것을 너무나 좋아했다. 프랑수아 1세가 사망할 무렵에, 그녀는 카를 5세에게 국가기밀을 팔아넘겼다는 죄목으로 기소되었다. 미래의 국왕 앙리 2세의 정부였던 디안 드 푸아티에와 안 드 피셀루의 위험한 경쟁 관계가 이처럼 대외정책에서도 불미스럽게 표출된 셈이다. 즉 안은 왕세자 앙리 2세의 위신을 실추시키기 위해 카를 5세와 영국 왕 헨리 8세에게 중대한 국가기밀을 넘긴 것이었다.[5] 그녀는 또한 프랑스 군대의 행군까지도, 적국에게 소상히 알려 주었다. 안이 저지른 죄상의 소문이 재빨리 퍼지도록 부추긴 장본인은 바로 희색이 만면해진 디안이었다. 그러나 안의 이러한 돌출행동을 미리 알고 있었던 프랑수아 1세는, 샹보르성의 벽에 다음과 같이 한탄스럽게 기술했다. "변덕스러운 여성을 믿는다는 것은 그야말로 미친 짓이지!"

국왕은 이 사건에 자기 아들에게 의견을 구하지 않고, 그냥 혼자서 결정을 내렸다. 가급적이면 이 일을 조용히 수습하려고 했던 것이다. 그런데 아들 앙리는 가끔 비정상적인 에너지를 분출시키며, 그에게 함부로 대들곤 했다. 프랑수아 1세도 역시 디안이 몹시 못마땅했으나, 그녀를 절대로 내치지는 못했다. 그랬다가는 자기 상속자의 격렬한 저항에 부딪힐 것이 불을 보듯 뻔했기 때문이다. 그러나 자신의 경쟁상대를 물리칠 수 있는 호

---

5   안은 카를 5세와도 관계를 맺었다는 소문이 있다.

기회를 절대로 놓칠 수 없었던 디안은 프랑수아 1세에게 용감하게 도전장을 내밀었다.

안 드 피셀루

결국 국왕은 주변의 압력에 굴복하지 않을 수가 없었다. 이렇게 크게 불거진 사건으로 말미암아 안 드 피셀루는 제 스스로 무덤을 판 셈이었다. 그녀가 국왕으로부터 하사받았던 재산과 보석은 거의 압류되었다. 또한 안의 몰락에 결정적인 공헌을 한 디안은 그 보석의 일부를 하사받았다. 안은 자신의 공령으로 좌천되었으며, 그녀의 보호하에 있던 사람과 철저하게 격리되었다. 그녀의 남편은 안을 거의 18년 동안이나 부르타뉴 지방에 있는 성에 유폐시켰다. 1576년부터 그녀는 자기 성에 신교도들의 우두머리를 하나, 둘씩 맞아들였다. 안은 장수를 했다. 그녀는 이처럼 오래오래 살아서 1547년에 자기의 보호자였던 프랑수아 1세의 죽음을 맞이했다. 1559년에는 자기의 적인 앙리 2세의 죽음을 목도했다. 또한 1566년에는 자기의 경쟁상대였던 디안 드 푸아티에의 죽음까지 차례로 목도했다. 그리고 나서 1580년의 가을에 그녀도 낙엽처럼 마지막 숨을 거두었다. 그녀는 비록 말년에 몰락하기는 했지만, "미인 중에 가장 학식이 높고, 학식 있는 여성 가운데 가장 아름다운 여성"으로 높이 숭앙을 받았다.

미남자 앙리 2세

(재위: 1547~1599)

> "나의 아들들은 네 마리의 새끼 독수리다. 그런데 그들은 거의 죽음에
> 이를 만큼 나를 괴롭힌다. 그중 막내(앙리 3세)는 내가 가장 사랑하는 아
> 들인데, 그는 유독 다른 형제들보다 나를 끝까지 격렬하고 위험하게
> 모욕하려 든다."
> - 프랑스 국왕 앙리 2세

불행한 유년기

앙리 2세Henri II(1519-1559)는 프랑수아 1세
와 첫 번째 왕비 클로드의 둘째 아들로 태
어났다. 1536년 왕세자 프랑수아François de
France(1518-1536)의 병사로 인해,[6] 그는 왕위
계승권자가 되었다. 파비 전투에서 대패
한 후 스페인군의 포로가 되었던 프랑수
아 1세는 마드리드 감옥에서 다음과 같은

프랑수아 왕세자

---

6   학자들은 늑막염이었을 것으로 추정하고 있다.

조약에 서명했다. 즉 국왕의 고귀한 지체가 풀려나는 조건으로, 대신 자기 아들들을 적국에 보내기로 한 것이었다. 그래서 앙리 2세는 형 프랑수아와 함께 1526년 스페인에 볼모로 잡혀갔다. 그리고 캉브레 화약이 맺어진 후인 1530년에 다시 프랑스로 돌아왔다. 이 두 왕자가 볼모로 떠나던 날, 궁정의 분위기는 침통하기 이를 데 없었다. 그때 아무 말도 없이 조용하기만 하던 어린 앙리의 손에, 마지막 작별 키스를 해준 아름다운 여인이 있었다. 그 여인은 후일 앙리 2세의 정부가 될 브레제 백작 부인(디안 드 푸아티에)이었다. 당시 7세의 소년이었

앙리 2세

던 앙리는 결코 이 여인의 부드러운 미소와 키스를 잊어버리지 않았다. 앙리는 1553년에 카트린 드 메디치와 혼인을 했다. 그러나 그는 결혼한 지 얼마 안 되어 디안 드 푸아티에를 자기의 정부로 삼았다. 디안은 장미꽃으로 화사하게 장식된 프랑수아 1세의 궁전에서 가장 아름다운 여인 중 하나였다. 아버지 대신에 적국에 볼모로 잡혀서 지내는 수모를 치렀던 앙리는 아버지 프랑수아 1세와 별로 사이가 원만하지 못했다. 이 부자지간의 불화는 국왕의 총애를 잃은 몽모랑시 공을 앙리가 계속 지원한 사실과, 앙리의 정부인 디안 드 푸아티에와 프랑수아 1세의 정부인 에탕프 공작 부인(안) 사이의 알력으로 인해 더욱 심각해졌다. 아버지의 바통을 이어받은 앙

리 2세는 치세 기간 중에 행정 분야에 탁월한 능력을 발휘했다. 그러나 프로테스탄트를 극심하게 탄압함으로써 후일 정국을 내전 상황으로 치닫게 했다.

연상의 여인 디안 드 푸아티에

디안의 남편 브레제 백작

디안 드 푸아티에Diane de Poitiers(1500-1566)는 1499년 12월 31일 푸아티에에서 출생했으며 1566년에 아네Anet성에서 마지막 숨을 거두었다. 생·발리에의 백작 장 드 푸아티에의 딸이었던 디안은 어려서부터 사냥을 배웠고, 산으로 들로 날렵한 사슴들을 쫓아다녔다. 그녀는 사냥 도중에 강렬한 햇빛이나 거친 바람으로부터 연약한 피부를 보호하기 위해, 마스크로 얼굴을 가렸다. 또한 탱탱한 피부를 유지하기 위해 아침마다 찬물로 목욕하는 습관이 있었는데, 그녀는 죽을 때까지 이러한 냉수욕을 즐겼다고 전한다. 그녀는 15세가 되던 해에, 노르망디 지방의 대원님이자 아네의 영주인 브레제Brézé 백작에게 시집을 갔다. 남편은 그녀보다 40세나 연상이었다. 1531년에 연로한 남편은 디안을 홀로 남겨 둔 채 세상을 떠났다. 과부가 된 디안은 당시 프랑스 국왕 프랑수아 1세의 어머니인 루이즈 드 사부아를 모시는 시녀가 되었다.

나중에 그녀는 신성로마제국의 황제 카를 5세의 누이인 합스부르크 가의 엘레오노르 왕비(프랑수아 1세의 두 번째 왕비)의 시녀 노릇도 했다. 그리고 프랑수아 1세가 죽을 때까지 국왕의 정부로 지냈다. 디안은 이탈리아

상인 메디치가의 딸 카트린 드 메디치Catherine de Médicis(1519-1589)와 프랑수아 1세의 아들(미래의 앙리 2세)과의 혼사를 도왔다. 새로 시집온 카트린 드 메디치는 잘생기고 늠름한 왕세자의 마음을 사로잡기 위해, 별별 것을 다 시도했다. 그녀는 이탈리아식 '아마존 승마법'을 최초로 프랑스 궁정에 선보였다. 즉 두 다리를 한쪽으로 모으고 말을 타는 방법이다. 그 후로 프랑스 여자들은 모두 카트린의 흉내를 냈다고 한다. 그것이 승마하는 여성을 더욱 우아하게 보이게 한다고 믿었기 때문이다. 게다가 카트린은 매우 교양 있는 여성이며, 라틴어와 그리스어에 능했고 수학도 무척 잘했다. 그러나 카트린의 어떤 노력도 이미 마음이 브레제 백작의 나이 든 과부(디안 드 푸아티에)에게로 쏠린 앙리 2세의 마음을 돌이키지는 못했다. 영리한 디안은 마음속으로 쾌재를 불렀다. 대략 1538년경부터, 디안은 앙리 2세의 정부가 되었다고 전한다. 결국 그녀는 부자(父子)와 차례대로 정을 통한 셈이었다.

> "나이에 상관없이 모든 남성은 결코 철이 들지 않는다. 사회적인 중요도에 상관없이 그들은 단지 철부지 소년에 불과하다."
> - 디안 드 푸아티에

정치적 여인

1523년에 디안은 프랑수아 1세에게 눈물로 간청하여, 반역죄로 기소된 아버지의 목숨을 구해냈다. 그러나 프랑수아 1세는 그녀를 그다지 총애하지는 않았다. 아마도 사랑을 믿지 않는 그녀의 계산적이고 이중적인 성격을 잘 간파했기 때문이었을 것이다. 32세에 과부가 된 그녀는 왕세자(앙리 2세)의 정부로서, 아주 색다르고 은밀한 정치적 이력을 시작했다. 당시에 디안

프랑스 화가 프랑수아 클루에François Clouet의 〈목욕하는 귀부인〉(1571)이라는 작품인데 디안 드 푸아티에를 그린 것으로 알려져 있다

은 잘 웃고 발랄하며 지극히 청순한 매력을 풍기는 안 드 피셀루와 치열한 경쟁 관계에 놓여 있었다. 젊은 안은 그녀를 손가락질하여 '늙은이'라고 불렀다. 그래서 나중에 이 늙은(?) 여인은 자기보다 훨씬 젊은 연적에게 지독한 복수를 가하게 된다. 디안은 자신의 유일한 목적인 '권력' 장악을 위해서 아주 치밀하고 냉철한 행동을 개시했다. 디안은 20년의 나이 차에도 불구하고, 아니 오히려 그러한 나이 차를 이용해서, 앙리라는 젊은 기사에게 짐짓 '플라토닉한 사랑'의 구애 작전으로 접근을 시도했다. 왕세자가 19세의 나이로 갑자기 사망하자, 차남이었던 앙리와 카트린 드 메디치는

프랑스 건축가 장 구종Jean Goujon(1510-1565)의 아틀리에를 방문한 디안과
앙리 2세(프라고나르의 작품)

왕세자 부부가 되었다. 디안은 이때부터 미래 국왕의 마음, 즉 프랑스를
이미 지배하고 있었다. 그녀는 왕세자 루이에게 부왕 프랑수아 1세의 궁
을 지배하는 참을 수 없는 경박함과 가벼움을 멀리하고, 엄격하고 근엄하
기 이를 데 없는 스페인 마드리드 궁의 분위기를 따를 것을 권유했다. 디안
은 40세가량의 합스부르크 왕가의 카를 5세를 존경해 마지않았다. 그는
비록 몸은 허약했지만 광대한 제국의 주인이었기 때문이다. 카를 5세는
자신이 기독교 제국을 바로 세우는 신성한 사명을 띠고 태어났다고 굳게
믿고 있었다. 디안 역시 매우 독실한 가톨릭 신자였다. 그녀는 후일 국왕
에게 왕국의 신교도 탄압을 부추겼다.

앙리 2세가 28세에 왕위에 올랐을 때, 그녀의 나이는 이미 48세였다.
매우 기이한 연상과 연하의 커플이었으나, 그녀는 무려 20년 동안이나 앙
리 2세의 마음을 사로잡았다. 국왕에게 디안은 언제나 여신과도 같이 신

말년의 디안 드 푸아티에

성하고 사랑스러운 존재였다. 그러나 앙리 2세는 아버지의 정부였던 여인을 또다시 정부로 삼았기 때문에, '르네상스의 부도덕'이란 비난을 면치 못했다. 디안은 마흔을 훨씬 넘긴 나이임에도 불구하고 섬세하고 가는 허리, 백옥처럼 새하얀 피부, 풍성하고 윤기 있는 다갈색의 머리 등 여전히 빼어난 미모를 자랑했다. 그리고 당시로서는 보기 드물게 몸매 가꾸기 운동(피트니스)을 했다고 전한다. 앙리 2세는 오직 평생 그녀만을 사랑했다. 국왕은 눈에 넣어도 아프지 않을 연인에게 사랑의 정표로서 디안을 발랑티누아 공작 부인으로 임명했다. 또 아름다운 쉬농소Chenonceaux성을 그녀에게 선물로 하사했다. 그러나 이 성은 원래 프랑스 국가의 소유였다. 앙리 2세도 젊은 왕세자 시절에는 젊은 여성과 연애를 해서 사생아를 낳았다. 그런데 신기하게도 그는 여아에게 디안이란 이름을 붙여 주었다! 그야말로 산전수전(?) 다 겪은 여인 디안은 매우 신앙심이 깊으며, 돈과 권력을 사랑했다. 그녀는 또한 영리하고 세련되기 이를 데 없는 궁정의 귀부인이었다. 그녀는 치명적인 마상 창 시합의 사고가 발생하기 전까지, 프랑스 왕국에서 정비인 카트린 드 메디치를 제치고 첫째가는 자리를 지켰다. 또한 연하의 애인인 국왕의 사랑을 독차지했다.

앙리 2세는 스페인 국왕 필리프 2세와 딸 엘리자베스의 결혼식 때, 토너먼트 경기에 참가하기로 마음을 먹었다. 그는 결국 마상시합에 참여했던, 마지막 프랑스 국왕이 되고 말았다. 독실한 가톨릭 신자이면서도 원래 미신을 신봉했던 카트린은 불길한 예감 때문에 국왕을 극구 만류했으나 아무런 소용이 없었다. 파리에 있는 생-탕투안 거리에서 창 시합이 열렸다. 국왕은 느무르 공과 기즈 공을 가볍게 물리친 후, 드디어 몽고메리 경과 운명적인 대결을 하게 되었다. 당시 국왕의 투구가 제대로 닫히지 않은 불안한 상태에서 경기를 하던 도중, 적의 창칼이 국왕의 왼쪽 눈을 그만 정통으로 찔렀다. 부서진 나무창이 상처 속에 그대로 박힌 채, 1주일을 고통스럽게 신음하던 앙리 2세는 결국 사망하고 말았다. 국왕이 죽고 난 후, 살아생전에 단 한 번도 국왕의 총애를 받지 못했던 왕비의 복수가 시작되었다(그래도 이 냉랭한 국왕 부부 사이에는 10명이나 되는 많은 자녀가 탄생했

프랑스의 서정시인 롱사르

다!). 국왕의 갑작스러운 사망으로 카트린 드 메디치의 어린 아들 프랑수아가 국왕이 되었다.

섭정이 된 그녀는 연적 디안으로부터 남편이 하사했던 왕가의 귀한 보석과 쉬농소성을 빼앗아 버렸다. 이처럼 디안은 하루아침에 궁에서 쫓겨난 처량한 신세가 되었다. 디안은 자신의 영지인 아네성으로 물러나, 67세로 사망할 때까지 거기서 쓸쓸하게 여생을 마쳤다. 그녀는 일생 동안 문예 발달에 기여했고, 델로름의 지휘 하에 아네성의 중요한 공사를 하도록 명했다. 그녀는 또한 프랑스 최대의 서정시인 피에르 드 롱사르Pierre de Ronsard(1524-1585)의 후원자이기도 했다.

철의 여인 카트린 드 메디치(재위: 1547~1559)

> "내가 최초로 배운 교훈은 남성이 구조해주기를 결코 기다리지 말라는 것이다."
>
> - 프랑스 왕비 카트린 드 메디치

카트린 드 메디치

카트린 드 메디치Catherine de Médicis (1519-1589)는 1519년 플로렌스에서 태어났으며, 1589년 블루아에서 사망했다. 그녀는 메디치 가문의 딸이었는데, 탄생한 지 불과 몇 주 만에 고아가 되었다. 그녀의 부모 모두 매독으로 사망했기 때문이다. 그녀는 삼촌인 교황 클레멘스 7세Clement VII(1478-1534)의 주선으로 14살에 프랑스의 앙리 왕자와 혼인을 했다. 그러나 프랑스 궁정에서는 그녀를 은근히 무시하고, 제대로 인정하려 들지 않았다. 왜냐하면 카트린이 우선 장사치의 딸인 데다가 용모도 그다지 출중하지 못했기 때문이었다. 그녀는 차라리 못생긴 편이었다. 프랑스 왕가와 결혼을 주선했던 교황 클레멘스 7세는 조카의 결혼조건으로 막대한 지참금을 내걸었다. 그러나 혼인식을 올린 뒤에도 그녀는 결코 이 약속을 이행하지 못했다.

이 꺼림칙한 부부 사이에는 오랫동안 자녀가 탄생하지 않았다. 그녀의 남편은 연상의 여인 디안에게 이미 마음이 쏠려 있었기 때문에, 본처는 아예 거들떠보지도 않았다. 그러자 왕가는 물론이고, 왕세자의 정부였

앙리 왕자와 카트린 드 메디치의 결혼. 두 사람의 가운데 교황 클레멘스 7세가
결혼을 주재하고 있다

던 디안 역시 왕세자비의 불임을 걱정하기 시작했다. 카트린은 지적으로
는 자기보다 훨씬 열등하지만, 신분상으로는 자기보다 훨씬 월등한 앙리
2세를 몹시 연모했다. 그녀는 지아비를 사랑하는 애절한 마음으로 열병
을 앓을 정도였다. 그래서 그녀는 점성술과 마녀 등 자신의 불행한 운명을
도와줄 수 있는 그 모든 비기와 민간요법을 모조리 동원했다. 그래서 그
녀는 당시 '불임의 동물'로 알려진 노새의 등을 타고 여행하는 것을 절대
로 삼갔다고 한다. 1544년 1월 19일, 드디어 카트린은 그토록 학수고대하
던 첫 번째 사내아이를 낳았다. 그 후로 그녀는 남편인 앙리 2세에게 자녀
를 해마다 한 명씩 선사했다. 카트린은 도합 10명의 아이들을 낳았다. 국

프랑수아 2세와 배우자인 스코틀랜드
여왕 메리 스튜어트

왕의 한결같은 애정으로 의기충천했던 디안은 자신이 직접 국왕의 아이들의 교육을 맡겠노라고 자청하고 나섰다. 1552년 국왕이 카를 5세와의 전쟁 때문에 프랑스를 비우는 사이, 왕비 카트린은 일시적이나마 왕국의 섭정직을 맡기도 했다. 앙리 2세가 갑자기 불의의 사고로 사망하자, 그녀의 장남이 프랑수아 2세François II(1544-1560)로 즉위했다. 당시 14세 소년이었던 국왕은 국정을 제대로 다스릴 수가 없었다. 그리하여 모후인 카트린이 왕국의 가톨릭 세력을 대표하는 기즈가와 손을 잡고 권력의 핵심을 장악했다. 카트린은 타고난 정치적 감각을 지닌 여걸이었다. 그러나 남편이 살아 있는 동안에는 결코 자신을 드러내는 법이 없었다. 그녀는 그저 묵묵히 소박의 세월(?)을 인내하는 현명함을 보였다. 초기에 카트린은 종교 관용책을 펼쳤다. 신교도를 위해서 이단을 처벌하기 위한 사형제도를 폐지하고, 도시 밖에서의 예배와 신앙의 자유를 허용했다. 그러나 이러한 관용정책은 기즈가를 중심으로 뭉친 구교도 세력의 불만을 샀다. 열렬한 가톨릭교도인 대다수 백성의 반대에도 불구하고, 카트린은 신교도에게 앙부아즈 법령이나 생제르맹의 평화조약을 허용했다. 또한 구교도와 신교도의 화해를 조인하기 위해, 자신의 딸인 마그리트 드 발루아와 신교도인 앙리 드 나바르를 혼인시켰다. 그러나

콜리니 제독

성 바르텔레미의 학살사건. 검은 상복을 입은 카트린이 루브르 궁 밖에 서서 바닥에 즐비한 시체들을 바라보고 있다. 프랑스 화가 에두아르 드바-퐁상Édouard Debat-Ponsan의 작품

신교도의 우두머리인 가스파르 드 콜리니Gaspard de Coligny(1519-1572) 제독이 점차로 자기 아들인 샤를 9세Charles IX(1550-1574)에게 영향력을 행사하게 되자, 그녀는 조금씩 겁을 먹기 시작했다. 그녀의 장남인 프랑수아 2세는 원래 몸이 허약하고 신경질적인 체질이었다. 그런데 그가 즉위한 지 불과 몇 달 만에 사망하자, 차남인 샤를 10세가 10살의 어린 나이로 형의 뒤를 이었다. 그런데 샤를 9세는 어머니보다 점점 콜리니 제독을 정신적인 대부로 의지하기 시작했다. 그러나 샤를 9세도 형과 마찬가지로 몸이 허약하고 의지가 약했으므로, 어머니 카트린과 콜리니 제독 사이에서 계속 방황을 거듭했다. 그러던 차에 마침 신교도에 의한 국왕의 납치미수사

건이 발생했다. 그러자 샤를 9세의 마음도 차츰 흔들리기 시작했다. 결국 1572년 8월 23~24일 카트린 드 메디치의 사주로 그는 운명적인 성 바르텔레미의 축일에 신교도의 대학살을 자행하게 된다.

11　멋쟁이 앙리 3세

(재위: 1574~1589)

"프랑스와 그대(모친 카트린)는 폴란드보다 훨씬 더 가치가 있소!"

- 프랑스 국왕 앙리 3세(모친에게 보내는 1574년 6월 2일자 서신에서)

폴란드 국왕에서 프랑스 국왕으로 등극하기까지

카트린이 가장 애지중지했던 자식은 국왕 샤를 9세가 아니라, 바로 사남이었던 알렉상드르, 즉 미래의 앙리 3세Henri III(1551-1589)였다. 알렉상드르는 어렸을 적부터 응석받이로 자라났다. 남편 생전에 별로 사랑을 받지 못했던 카트린은 언제나 이 아들에게 폭풍 같은 애정을 쏟아부었다. 그리하여 귀여운 아들의 모든 변덕을 용서하였고, 언제나 그의 이익을 옹호했다. 그는 불과 16세에 국왕대리관이 되었다. 또한 노련한 노장의 명령에 따랐을 뿐이었음에도 불구하고, 자르낙Jarnac의 신교도의 승리(1569)나 콜리

진주 귀걸이를 한 앙리 3세

니 제독에 대항한 몽콩투르Moncontour 전투의 공로를 독차지하는 특혜를 누리기도 했다. 카트린의 이러한 넷째 아들 편애는 샤를 9세의 심기를 항상 거슬렀다. 몸도 허약했던 그는 이런 일로 인해 신경이 더욱 과민해지고, 지나친 히스테리 증세마저 보였다. 그의 이러한 정신적·신체적 허약성을 이용하여, 어머니와 동생 앙리는 성 바르텔레미 학살사건을 명하도록 그를 부추겼다.

1573년 폴란드 국왕이 사망했다. 당시 폴란드 국왕은 선거제도에 의해 임명되었다. 카트린은 자신의 사랑하는 아들을 그 자리에 앉히려고 노력했다. 1573년 8월 19일, 우아한 튈르리 궁의 정원에 임시로 세워진 홀에서 폴란드 발레가 공연되었다. 이 축제는 폴란드 대사의 파리 방문을 축하하기 위해 열린 것이었다. 이탈리아의 댄스 거장과 카트린 드 메디치의 궁정 시종이 안무를 담당했다. 발레는 1시간 정도 공연되었다. 폴란드 대사들은 무용수들의 세련된 동작과 화려한 안무에 깊은 감명을 받았다. "프랑스의 무도는 지상의 모든 국왕이 흉내 낼 수 없는 최상의 것"이라고 극찬해 마지않았다. 당시 폴란드 의회는 러시아의 무서운 이반 황제도, 오스트리아 대공이 즉위하는 것도 원치 않았다. 그래서 프랑스 후보자가 가장 독재적이지 않을 것이라는 점에 중론을 모았던 의회는 미래의 앙리 3세에게 상당한 만족을 표명했다. 그러나 정작 본인 앙리에게 폴란드 국왕이란 자리는 마치 외로운 사막을 횡단하는 고행이나 다를 바가 없었다. 그는 폴란드의 이른바 '황금의 자유'라는 정치제도 속에서 극도로 제한된 왕권에 실망했다. 그는 입법권과 행정권을 모두 거머쥔 귀족들과 권력을 공유해야만 했다. 그는 폴란드 의회의 열띤 토론에 영원한 이방인이었다. 그는 일종의 공용어라고 할 수 있는 라틴어를 구사할 줄 몰랐다. 또한 자신이 전혀 알지 못하는 폴란드 대가문끼리의 분쟁이나 알력에 도통 무관심했다.

新 프랑스 왕과 왕비

폴란드를 탈출하는 앙리 3세

그가 폴란드에 도착한 지 얼마 안 되어, 갑자기 그의 형 샤를 9세가 죽는 변고가 생겼다. 1574년 6월 18일 밤, 그는 백성에게 아무것도 알리지 않은 채 비밀리에 폴란드를 탈출했다. 그는 겨우 146일간의 폴란드 통치 기억을 쉽게 지워 버렸다. 폴란드인은 이 사건 때문에 두고두고 무책임한 앙리 3세를 원망했다. 그는 프랑스로 귀국하는 도중에 1주일가량 빈과 베니스에 들러 약간의 여흥을 즐기는 여유(?)마저 보였다.

그는 리용에서 자신이 결혼하고 싶어 했던 마리 드 클레브Marie de Clèves(1553-1574)의 죽음에 대한 소식을 접했다. "그대는 내가 얼마나 그녀를 사랑하는지 잘 알 것이오. 그녀를 애도하기 위해, 그대는 내게 그녀의 운명을 미리 알려주어야 했소. 나는 이제 더 이상 말하지 않겠소. 왜냐하면 사랑은 마치 술에 취한 것과 같으니까." 당시 폴란드 국왕 미래의 앙리 3세는 자신이 신뢰하는 한 지인에게 이와 같이 애절한 사연의 서신을 보냈다.

1578년에 서정시인 롱사르는 그녀의 꽃다운 죽음을 기리는 주옥같은 소네트를 짓기도 했다.

　마침내 파리에 당도했을 때, 그는 어머니에게 루이즈 드 로렌Louise de Lorraine(1553-1601)이라는 여성과 혼인하겠다는 자신의 의사를 밝혔다. 1575년 2월 13일 그는 랭스에서 대관식을 올렸다. 그리고 프랑스 국왕으로서, 바로 이틀 후에 루이즈 드 로렌과 혼인식을 올렸다. 그는 1574~1589년 종교 내란으로 혼란스러운 프랑스를 통치했다. 그는 가장 미약한 프랑스 국왕 중의 한 사람으로 기억되고 있다. 그는 국가재정을 파탄에 빠뜨렸으며, 결국 이를 막기 위한 미봉책으로 매관매직과 중세를 남발했다. 그는 끊임없이 종교전쟁에 말려들었으며, 결국 이로 인해 자크 클레망이란 가톨릭 수사에 의해 암살당했다. "만일 그가 태평성대에 태어났더라면 아마도 좋은 군주였을 것이다." 이는 국왕이 사망했을 당시에 앙리 3세의 기이한 성격이나 그에 대한 사람들의 증오심 폭발에도 불구하고 연대기 작가인 피에르 드 레투알Pierre de L'Estoile(1546-1611)이 남긴 얘기다. 심지어 오늘날까지도 앙리 3세의 정체성, 특히 그의 성적 정체성은 여전히 논쟁의 대상이다.

마리 드 클레브

마리 드 클레브Marie de Clèves(1553-1574)는 1553년 느베르 공인 프랑수아 드 클레브와 마그리트 드 부르봉의 셋째 딸로 태어났다. 어머니가 작고한 나바르 국왕의 여동생이었기 때문에, 마리는 앙리 드 나바르(미래의 앙리 4세) 어머니인 잔 달브레Jeanne d'Albret의 조카가 되었다. 그녀는 가톨릭으로 양육되었다. 카트린 드 메디치는 열렬한 위그노 교도였던 앙리 드 콩데 공(1552-1588)과 그녀의 결혼을 협상했다. 또한 엄격한 잔 달브레에게 자신의 딸 마고(마그리트 드 발루아)를 며느리로 삼도록 설득하여 승낙을 얻어냈다. 가톨릭과 위그노의 이러한 혼합형(?) 결혼은 당시 종교정책을 반영하는 것이었다. 그 결과, 오랜 종교 내란을 일시적이나마 잠재우는 생·제르맹 화약이 맺어졌다.

마리의 남편 앙리 드 콩데 공

방년 19세의 마리 드 클레브는 궁에 들어갔다. 그녀는 아직 세상에 물들지 않은 순결한 마음씨에 생생하고 발그레한 볼 기운, 비록 가냘프지만 건강하고 발랄한 육체를 지닌 시골 처녀였다. 자연스럽게 깔깔대며 잘 웃기를 좋아했던 마리는 분을 바르거나 아양을 떨지도 않았다. 그녀의 솔직성과 눈부신 아름다움은 궁정의 신사숙녀들의 눈을 모두 휘둥그레지게 했다. 그때 카트린의 총아였던 미래의 앙리 3세 역시 그녀를 주목했다. 마리의 약혼자는 키도 땅딸막한 데다가 못생기고, 식탐이 많은 뚱보였다. 그녀는 미래 신랑의 용모에 적잖이 실망했다. 그러나 천성이 밝은 마리는 자신의 운명을 순순히 받아들였다. 그러나 궁정에서 가장 잘생긴 고귀한 왕자 신분의 앙리의 섬세하고 유려한 칭찬에 어찌 귀를 쫑긋 기울이지 않을 수 있겠는가? 당시 21세의 앙리는 왕국에서 가장

마리 드 클레브

멋지고 매력적인 용모와 극도로 세련된 화술로 젊은 여성의 가슴을 송두리째 뒤흔들었다. 그는 우아와 정중함의 화신이었다.

그의 댄디즘(멋 부리는 취미) 역시 만인의 뇌리에 강렬한 인상을 남겼으나, 한 여성에게 보내는 변함없는 지고지순한 애정이 물론 그의 장점은 아니었다. 진정한 쾌락의 아도니스로서, 그는 유혹의 기술을 남용하는 경향이 있었다. 당시 발루아 궁은 모든 유흥과 오락의 공간이었다. 귀족이 반

궁정 무도회

란 같은 나쁜 짓(?)을 저지르지 않도록, 귀족들을 최대한 즐겁게 해주는 것이 당시 실권을 쥐고 있던 어머니 카트린의 기본적인 정치노선이었다.

전설에 따르면, 마리 드 클레브는 프로방스 지방의 파랑돌farandole 무용을 춘 후에 탈의실에 들어가서 땀에 흠뻑 젖은 슈미즈를[7] 갈아입었다. 그녀가 나간 후에 그 방에 들어간 앙리는 역시 더운 나머지 바닥에 떨어진 그녀의 슈미즈를 소중히 집어 들어 이마를 닦았다고 한다. 그런데 리넨에서 풍기는 이상한 악취 때문에, 그는 마치 홀린 사람처럼 비틀거리며 옷을 바닥에 그대로 내동댕이쳤다. 그 순간 그는 타오르는 듯한 불기운이 자신

7   옛 코르셋 속에 입는 여성용 내의.

의 몸을 엄습하면서 형언하기 어려운 강렬한 감정에 사로잡혔다. 앙리 3세는 그때 소문대로 마술에 걸렸던 것일까? 당시는 종교전쟁이 한창이었지만, 한편으로 미신이나 요상한 마술이 극성을 부리던 시대였다. 동시대인들은 앙리 3세가 마법에 걸린 마리의 슈미즈로 이마를 훔친 다음부터, 갑자기 실성한 사람처럼 그녀에 대한 지독한 열정에 빠졌다고 믿었다.

어머니 카트린이 아들에 대한 지나친 사랑과 질투심 때문에 둘의 사이를 갈라놓기 위해 이러한 처방을 했다는 소문도 있으며, 또 어떤 사가들은 마리 드 클레브 자신이 앙리 3세의 마음을 차지하기 위해 이런 요술의 비방을 사용했다고 비난하기도 했다. 그 진의의 여부를 정확히 알기는 어렵지만, 앙리 3세는 마리에게 홀딱 반했고 당사자인 마리 역시 앙리의 열렬한 구애를 거부하지 않았다. 오히려 희색이 만면해진 그녀는 이를 기뻐했다. 앙리 3세는 마리와의 사랑을 계기로, 단순한 성애와 진실한 애정의 차이를 깊이 인식했다. 그는 과거의 부도덕하고 가벼운 애정행각을 모두 잊어버리고(그에게는 여동생 마고와의 근친상간 같은 해괴한 소문마저 나돌고 있었다), 오직 순수하게 마리만을 사랑했다. 혹자는 마리와 앙리 간의 관계가 순수한 플라토닉한 애정이었다고 주장하기도 한다. 앙리 3세는 눈에 넣어도 아프지 않을 사랑스러운 자기 애인이 난쟁이인 데다 천박한(?) 위그노 교도인 콩데 공에게 시집가는 것을 결사반대했다. 마리와의 결혼을 맹세하였을 정도로 그의 태도는 사뭇 진지했다. 그는 어머니에게 감히 자신의 불타오르는 정열과 두 사람의 은밀하고 비밀스러운 관계, 또한 마리를 향한 자신의 굳은 맹세 등을 고백했다. 어떤 이유를 대서든지, 마리와 콩데 공의 결혼을 무효화시켜 달라고 어머니를 졸랐다. 그는 애절한 목소리로 자신의 사랑과 고통, 질투심을 하소연했다. 이런 청천벽력 같은 얘기를 듣고 카트린은 그만 대경실색했다. 그렇게 자신이 공을 들였던 사랑하는 아들이 영국 공주와의 좋은 혼사도 마다하고, 그 풋내기 시골 귀족처녀 마리

검은 상복의 카트린 드 메디치　　　마리 드 클레브

드 클레브와 결혼을 하겠다고 나선다? 그녀는 아무런 반응도 보이지 않
았다. 응석받이로 자란 아들의 철없는 변덕이라 단정 지은 카트린은 아들
을 합리적으로 설득시키고, 또 좋은 말로 달래 보려고 온갖 노력을 기울였
다. "이 결혼은 반드시 이루어져야만 한다. 그것은 국가 이성이 시키는 일
이다. 네 여동생 마고 역시 촌스러운 앙리 드 나바르와 혼인함으로써, 왕
가의 의무를 위해 자신을 희생시키지 않았느냐?"

　　마리 드 클레브와 콩데 공의 결혼은 '성 바르텔레미의 학살'의 전주곡
이 되었던 마그리트 드 발루아와 앙리 드 나바르의 '피의 결혼식'이 거행되
기 바로 며칠 전에 이루어졌다. 앙리 3세는 대규모의 신교도 학살이 이루
어지는 동안에, 마리를 결혼의 굴레에서 해방시키기 위해 그녀의 신교도
남편을 마치 개처럼 도륙할 수도 있었다. 그러나 죽음의 명단에서 연적인
콩데 공은 제외되었다. 포로가 된 그는 마고의 남편이었던 앙리 드 나바르
와 마찬가지로 가톨릭으로의 개종을 강요받았다. 그는 마리와 가톨릭 의

식에 따라 다시 결혼식을 올리기 전에, 가톨릭 영세를 받았다. 성 바르텔레미의 학살 이후에, 앙리와 마리 두 사람은 다시 비밀스러운 만남을 가졌다. 마리의 남편 콩데 공을 안심시키기 위해, 앙리는 짐짓 샤토네프 영양과의 관계를 일부러 공개하고 다녔다. 그러나 앙리는 라로셀 지방의 위그노교도들과 전쟁을 치르기 위해, 부득이 마리의 곁을 떠나야만 했다. 라로셀의 전장으로 떠나기 전에 그는 마리 드 클레브의 언니인 앙리에트에게 이제는 '접근이 불가능한' 영원한 연인에게 절절한 사랑을 표현한 세 통의 편지를 보냈다. 그러나 앙리에트의 남편 느부르 공은 처제에게 앙리의 애정에 대한 저항을 적극 독려했다. 앙리 3세는 1573년 7월에 파리로 다시 돌아왔으나, 또 한 번 마리 곁을 떠나지 않으면 안 되었다. 이번에는 폴란드 국왕으로 선출되었기 때문이다. 이때 앙리가 고용한 시인 데포르트는 주인의 상심을 제법 감동적인 연애시로 노래했다. 1574년 6월 1일. 한 장의 편지가 새 폴란드 국왕 앙리에게 도착했다. 그것은 형 샤를 9세의 죽음을 통보하고, 이제 그가 프랑스 국왕이 되었음을 알리는 중대한 서신이었다. 그는 마리를 다시 본다는 기쁨에 그만 눈물을 흘릴 지경이었다. 그 후 나흘째 되던 날, 앙리는 성대한 만찬을 열었다. 그는 곧 변장을 한 다음 눈가림천으로 눈을 가린 채, 그가 신임하는 5명의 친구들과 함께 몰래 심야의 궁궐을 빠져나갔다. 곧 국왕이 없어졌음을 알고 맹렬한 추격전이 벌어졌으나, 그는 최대한 속력으로 달려 오스트리아 국경에 도달했다. 그곳에서 그는 즉시 마리 드 클레브에게 자신의 도착을 알리는 서신을 급하게 띄웠다. 그런데 한 장의 편지가 그에게 날아들었다. 그것은 출산하다가 21세의 나이로 죽은 마리의 비운을 알리는 잔인한 편지였다. 그는 그만 정신을 잃고 쓰러졌다. 어머니 카트린은 그를 자기 방으로 옮기게 했다. 그는 거기서 곡기도 거부한 채, 몇 날 며칠을 그렇게 꼼짝도 않고 멍하니 지냈다. 그는 줄곧 벙어리 상태로 지냈으며, 가끔씩 오열을 터뜨리기 위해서만 침묵을 깨뜨릴 정도였다. 그의 신음소리는 마치 성난 사자가 포효하는 소리와도 같았고, 그때문에 카트린 역시 무척 괴로워했다. 그는 연인의 죽음 때문에 정말 실성한 사람처럼 행동했고, 사람들은 '마리의 슈미즈' 때문에 그가 지독한 마술에 걸렸다고 생각했다. 그리하여 비록 루이즈 드 보데몽과 '성 관계 없는 결혼'을 하였지만, 그의 심장은 언제나 마리 곁에 머무르고 있다고 믿었다.

백의의 왕비 루이즈 드 로렌(재위: 1575~1589)

앙리 3세는 아름답고 유쾌한 자기 나라 여인과 혼인하고 싶어 했다. 당시 국왕 총재 슈베르니Cheverny의 전언에 따르면, 그는 자신의 조상들처럼 멀리서 배우자를 찾기보다는, 가까이서 자신이 선택한 여성을 사랑하고 아이를 낳기 원했다. 루이즈의 결혼 이야기는 마치 행운의 신데렐라 이야기나 마찬가지였다. 1574년 폴란드에서 돌아온 앙리 3세는 중대한 발표를 했다. 그의 이러한 결정은 국왕의 측근뿐만 아니라 왕국 전체를 놀라게 했다. 그는 로렌 공 가문의 분가 줄기인 루이즈 드 로렌Louise de Lorraine(1553-1601)과 혼인하겠다고 선언했다. 그런데 루이즈는 프랑스 국왕과 혼인하기에는 너무 수수한 가문의 출신이었다. 그들이 서로 알게 된 것은 거의 1년 남짓했다. 즉 앙리 3세가 마지못해 폴란드로 떠나기 바로 직전이었다. 또한 마리 드 클레브Marie de Clèves를 향한 정열이 채 식지도 않은 상태에서, 곧바로 루이즈에 대한 사랑이 불타오르기에는 아직 무리였다. 그러나 마리의 갑작스러운 죽음 이후 그는 곧 모친의 정략결혼 시도를 막기 위해, 누군가와의 혼인을 급히 서둘렀다. 그때 앙리 3세는 부드럽고 소박한 한 젊은 여성의 자태를 떠올렸다. 그때까지 그 여성은 계모의 집에서 신데렐라와 똑같은 처지의 불우한 생활을 하고 있었다. 국왕과 루이즈의 결혼은 당시 정치적 이해관계가 개입되지 않은 유일한 결혼이었다. 그는 불꽃 같은 사랑의 정열 대신에 바람직한 부부간의 신의를 맹세했다. 루이즈는 남편의 인생에서 중요한 역할을 차지했다. 그도 역시 부인과 매우 견실한 관계를 유지했으나, 그들의 부부생활에 문제가 전혀 없었던 것은 아니었다. 아내에 대한 앙리 3세의 부정, 그의 총신들 mignons, 불임, 내란 등 여러 가지 불안이 그치지 않았다. 앙리에게 예외적으로 헌신적인 애정을 바쳤던 루이즈는 이 모든 불행을 몸소 체험하게 된다. 앙리 3세의 갑작스러운 죽음은 그녀를 도저

마리 드 루이즈

히 헤어나기 어려운 비탄에 빠뜨렸다. 그녀는 시어머니 카트린이 검은 상복을 입었던 것과는 달리 하얀 상복을 입었으며, 쉬농소성으로 조용히 물러났다. 나중에는 물랭으로 거처를 옮겼는데, 1601년 1월 그곳에서 안타까운 생을 마감했다. "나는 그렇게 잘생기고 좋은 남편과 이렇게 멀리 떨어져 혼자 살아야 한다는 사실이 너무 고통스러워요. 나는 이 세상에서 가장 행복한 여인이었지요. 그는 내게 더할 나위 없이 친밀한 우정을 보여 주었고, 나는 하느님께 그를 부디 내 곁에 있게 해달라고, 오직 그를 위해 살게 해달라고 기도를 했었지요." 이런 처연한 고백담은 루이즈가 1585년 느무르의 공작 부인인 자기 숙모에게 보낸 서신의 일부다.

불행한 유년기

루이즈 드 로렌

루이즈는 1553년 4월 30일, 로렌가의 보데몽 백인 니콜라 드 메르쾨르의 딸로 노메니Nomény 지방에서 태어났다. 그녀는 보데몽 백이 세 번 결혼해서 낳은 총 14명의 자녀 중 맏이였다. 네덜란드의 유력한 가문 출신이었던 그녀의 친어머니가 죽었을 때, 루이즈는 겨우 한 살배기 어린애였다. 아버지가 맞아들인 두 번째 부인 잔 드 사부아-느무르는 매우 상냥하고 자상한 계모였다. 새어머니는 루이즈에게 견실한 고전교육을 시켰다. 또한 루이즈가 10세가 되던 해에 그녀를 낭시궁의 사교계에 데뷔시켰다. 루이즈는 여기서 단연 두각을 나타냈다. 그러나 다시 홀아비가 된 보데몽 백은 카트린 도말Catherine d'Aumale이란 여성에게 세 번째 장가를 들었다. 이 새로운 두 번째 계모는 매우 성격이 냉혹하고 투기심이 강한 여인이었다. 계모 카트린은 결코 루이즈에게 말을 건네지도, 그녀를 찾아보지도 않았다. 루이즈는 거의 외부와 격리된 상태에서 힘들고 외로운 나날을 보냈다. 가끔 앙리 2세와 카트린 드 메디치의 딸인 클로드 공작 부인이 어쩌다가 한 번씩 그녀를 방문했을 따름이었다. 키도 훤칠하게 크고 살결이 희디희며 밝은 갈색 눈동자를 지닌 금발의 루이즈는 실루엣도 가냘프고 기품이 넘쳐흐르는 부드러운 심성의 소유자였다. 그녀는 예뻤다. 그녀는 섬세하고 은은하며, 보는 이를 감동시키는 감성적인 미모를 지니고 있었다. 그녀가 미래의 남편 앙리 3세와 처음으로 만난 것은 1573년 가을이었다. 그때 앙리 3세는 크라코비에 가기 위해 로렌 지방에 묵었다. 그런데 갑자기 문제가 생기는 바람에, 그는 급히 출발을 서둘러야만 했다. 그때 그는 루이즈의 부드러운 겸양에 깊은 인상을 받았다. 그는 루이즈에게 자신을 위해 기도해달라고 간곡히 청했다. "만약에 하늘로부터 장차 이 왕국이 잘되는 은총을 입는다면, 나는 그녀의 가치를 높이 기리리라!" 후일 왕비의 전기 작가들은 국왕의 이러한 언약을 혼인의 첫 신호탄으로 종종 기술했다. 그러나 당시에 앙리 3세가 그녀와 혼인할 생각을 가졌다고 보기는 어렵다. 그는 단번에 그녀에 대한 사랑을 불태우지는 않았다. 당시에 국왕이 죽도록 사랑했던 여성은 바로 마리 드 클레브였다. 그러나 그는 어머니의 정략적인 결혼을 막기 위해, 우선적으로 혼인부터 서둘렀다. 그때 그의 뇌리 속에 번개처럼 떠오른 여성이 바로 루이즈였다. 부드러움과 겸양의 미덕 외에도, 루이즈의 외모는 어딘지 모르게 죽은 연인 클레브를 연상시키는 데가 있었다. 루이즈는 높은 신분이나 재산도 없었고, 잘난 체 거드름을 피우지도 않았다. 그녀는 오직 그를 통해서만 존재하였고, 국왕에게 자신의 모든 것을 바칠 정도로 헌신적이었다.

동화 속의 신데렐라

국왕의 신분상 어울리지 않는 이 급하게 서두른 '불평등한' 혼사를 두고 동시대인 모두가 놀라지 않을 수 없었다. 사람들은 마리 드 클레브가 사망한 지 얼마 안 되어 앙리 3세가 표명했던 다소 신파적인 상심을 '진정한 코미디'라고 빈정거렸다. 혹시 국왕은 누구도 진심으로 사랑할 수 없는 것이 아닐까? 아니면 자신이 살아 있다는 것을 느끼기 위해, 누군가를 끊임없이 사랑하지 않으면 안 되는 수수께끼 같은 인물인지도 모른다. 물론 현대인이 사랑과 결혼이 분리되어 있었던 그 시대의 심성이나, 배우자에 대한 국왕의 신심을 제대로 이해하기는 어렵다. 어쨌든 국왕과 루이즈의 결혼은 정치적 이해타산이 전혀 개입되지 않았던 유일한 혼사였다.

앙리 3세의 정부였던 르네 드 리유

원래 별난 행동이 취미였던 앙리 3세는 어머니에게 감히 정공법을 쓰지는 않았다. 그는 자신이 총애하는 슈베르니에게 자신의 혼사와 관련된 일을 상의하고, 그에게 모든 것을 일체 위임했다. 사랑하는 여성의 죽음에 대한 충격으로 인해 아들이 다른 여성에게 무관심해졌다고 단순하게 생각했던 카트린은 뒤늦게 이 사실을 알고, 또 한 번 놀라움을 금치 못했다. 그러나 그녀는 아들을 너무나 극진히 사랑했고, 또한 이 일로 인해 자식과 조금이라도 불화가 생길까봐 몹시 노심초사했다. 그래서 그녀는 자신이 제어할 수 없다고 판단한 혼사를 차라리 따뜻하게 격려해 주는 긍정적인 방향으로 가닥을 잡았다. 한편 새 왕비와 인척 관계였던 야심 많은 기즈가는 이 혼사를 통해 많은 이득을 취하려고 시도했다. 또한 기즈가의 사람이 수집한 정보에 따르면, 새 왕비는 정치에는 원래 뜻이 없는 여성이었다. 어머니 카트린의 승낙을 얻어내자, 앙리 3세는 곧 남자의 마음을 홀리게 하는 매력이 있는 샤토네프의 영양 르네 드 리유Renée de Rieux(1550-1586)를 멀리 내쫓았다. 앙리 3세는 마리와의 관계를 은폐하기 위해 방패막이로도 사용했던 그녀와도 일시적인 관계를 맺었었다. 또한 그는 루이즈가 자신을 위해 두 명의 청혼자를 물리쳤다는 소식을 듣고서는, 그중 한 명에게 다음과 같은 기사 풍의 보상을 제의했다. "나의 사촌이여! 나는 당신의 애인과 결혼을 하였네. 그러니 자네도 내 애인과 혼인을 하게나!" 다른 청혼자에게는 3일 동안 깊이 고심한 끝에, 룩셈부르크의 땅을 도로 찾게 해주었다. 그리고 국왕이 신임하는 두 남자 슈베르니와 루이 뒤 귀아스트Louis du Guast(1545-1575)는 국왕의 청혼장을 품에 고이 간직한 채, 벌써 말을 타고 로렌 지방으로 달려가고 있었다. 그때 루이즈는 성인 니콜라의 성소에 도보 순례를 떠났기 때문에, 왕의 사절은 그녀의 아버지에게 국왕의 청혼장을 바쳤다. 늦게 피곤한 몸을 이끌고 귀가한 루이즈는 그냥 침대에 들어가 곤히 잠들었다. 그다음 날 루이즈는 침대 머리맡에 누군가 서 있는 기척을 느끼고 두 눈을 떴다. 그것은 바로 계모 카트린이었다. 계모는 그녀에게 세 번 공손히 절을 했다. 평상시에 자신을 몹시 구박하던 계모인지라, 그녀는 그만 어리둥절하지 않을 수 없었다. 그래서 자신이 무언가 크게 잘못을 저

앙리 3세와 루이즈

지른 모양이라고 생각했던 루이즈는 발딱 일어나, 계모에게 급히 용서를 구했다. 그래서 제시간에 먼저 일어나 옷 매무새를 단정히 하고 먼저 인사 드리지 못한 점을 사과했다. 그러나 뜻밖에도 계모는 그녀가 지금껏 들어본 적이 없는 부드러운 음성으로 그동안 잘 대해주지 못했던 점을 사죄하면서, "그대는 이제 프랑스 국왕과 혼인할 것이요"라고 했다. 이 말에 놀란 처녀는 그것이 계모의 못된 농담이라고 받아들였다. 그때 아버지 보데몽 백이 들어와서 이 경이로운 소식을 다시 한 번 확인시켜 주었다. 그녀는 선녀의 요술 지팡이가 자신의 옷깃을 살짝 건드렸다고 믿었다. 루이즈는 자신을 선택해 준 앙리 3세에게 무한한 감사를 드렸다. 그 후로 시간은 달리는 말처럼 질주하여, 어느덧 2월 초가 되었다. 국왕은 자신의 결혼식을 장엄하고 성대하게 치르기 위해, 같은 달 13일로 예정된 대관식과 함께 거행하기로 작정했다.

랭스의 대관식

그는 11일에 랭스에 도착했다. 루이즈도 국왕이 도착하기 바로 전에 당도해 있었다. 그러나 이 두 사람의 재회는 약간 불안정한 상태였다. 또 다른 로렌의 공주 엘베프Lorraine d'Elbeuf 영양은 자신이 국왕과 혼인하기 위해, 루이즈가 국왕보다 옛 구혼자 중의 한 명을 더 좋아한다고 몰래 고해바쳤다. 국왕은 그때 자신의 결정이 너무 충동적이지 않았는지 스스로 반문했다. 한편 루이즈 역시, 국왕이 자신을 다시 보고 실망하면 어떻게 하나 극도로 마음을 졸였다. 그러나 그녀가 국왕 앞에 나타났을 때, 그녀는 한 치의 의심도 없는 기쁨으로 아름답게 빛나고 있었다. 이러한 그녀를 본 순간 국왕의 가슴 역시 부드럽게 용해되었다. 일요일, 그녀는 진주와 보석으로 영롱하게 반짝이는 망토를 걸치고 국왕의 대관식에 참여했다. 그녀는 금과 다이아몬드로 호화롭게 장식된 옷을 두른 채 기운이 소진된 상태에서 장중한 국가의식을 치르고 있는 신랑을 보았다. 단식 상태였던 국왕의 머리 위에 누군가 무거운 왕관을 올려놓을 때, 관이 미끄러져 자칫 아래로 떨

빌라 콘타리니에 도착한 앙리 3세

어질 것 같았다. 그것은 불길한 조짐이었을까?

화려한 결혼식

결혼식은 이틀 후에 거행되었다. 여성스러운 열정에 들뜬 앙리 3세는 대관식을 치르는 동안에 누적되었던 피로도 말끔히 잊어버린 채, 일류 재봉사와 보석세공인과 함께 진지하게 의상 문제를 토론했다. 의상이나 보석을 선택하는 문제는 그에게 그야말로 진정한 행복과 감각적인 도취를 선사했다. 그는 지칠 줄도 모르고 온순한 마네킹같이 부드러운 루이즈에게 화려한 벨벳, 금란, 레이스 등으로 온몸을 치장시켰다. 결혼식 날 아침에 그는 자신의 신부의 머리를 직접 손질하겠다고 자청하고 나섰다. 얼마나 이 머리치장에 많은 공을 들였던지, 그는 혼인미사를

앙리 3세의 기마 초상화

오후로 미룰 정도였다. 결국 저녁 해가 떨어졌을 때, 부르봉 추기경은 제단 앞에서 드디어 국왕과 루이즈 드 로렌의 결합을 축성했다. 2월 말에 국왕 부부는 파리에 함께 입성했다. 루이즈는 국왕이 기대했던 것처럼, 결혼 초기의 눈부실 정도로 아름다운 생기와 광채를 잃지 않았고 언제까지나 남편에게 진심 어린 애정을 바쳤다. 그녀는 세월과 온갖 시련, 남편의 불성실, 그리고 심지어 죽음까지도 바다처럼 넓고 깊은 사랑으로 모두 포용하고 감쌌다. 카트린 드 메디치가 가장 사랑했던 아들 앙리 3세는 결코 단순하지도 않으며, 같이 살기에 쉬운 사람은 아니었다. 그의 애매모호한 성격

은 치명적인 공격(암살)을 자초했고, 결국 순종적인 아내에게 돌이킬 수 없는 마음의 상처와 고통을 남겨 주고 떠났다.

잉꼬 부부

  루이즈는 '너무 여성적인' 국왕과 혼인을 했다. 국왕의 세면대는 멋에 상당히 조예가 깊은 어떤 고혹적인 여인네의 그것보다 화려했다. 그는 정성 들여 자신의 머리를 손질했고, 새로운 모드에 열광했다. 그는 너무 예의 바르고 언어 구사가 너무 질서정연했다. 가끔 불같은 성질을 폭발시키기는 했으나 너무 부드럽고, 너무 유혹적이며 도가 지나칠 정도로 세련된 인물이었다. 그는 독서열, 도덕이나 철학적 담론의 취미, 신비주의의 애호 등으로 사태를 악화시키는 경우가 많았다. 그리하여 이 지성적인 국왕은 '게으름뱅이'로 비쳐졌다. 그러나 그의 명성에 결정적인 누를 입힌 것은 극단적인 애정으로 국왕을 호위하고, 또한 국왕의 지극한 총애를 받는 남자 총신들 때문이었다. 사람들은 국왕에 대한 이상한 소문을 놓고 저마다 수근거렸지만, 그는 결코 자기 부인을 소홀히 대한 적은 없었다. 국왕부부는 그 시대에 보기 드문 부부애를 과시했다. 만일 루이즈가 역사 연대기에서 차지하는 비중이 거의 없다면, 그녀가 역사 속에서 어떤 역할도 수행하지 않았고, 또 그러한 취미도 정치적 능력도 없었기 때문일 것이다. 앙리 3세의 전기작가들이 '왕비'를 언급하는 경우에는 부인 루이즈보다는 앙리 3세의 어머니인 카트린을 언급하는 경우가 거의 대부분이다. 어쩌다가 언급을 하는 경우에도 '젊은 왕비' 그 정도가 고작이었다. 루이즈는 자기를 나타낼 줄도 모르고 겸손하기 이를 데 없었지만, 프랑스의 어떤 왕비보다도 남편의 인생에 깊이 밀착되어 있었다. 그 당시에 그려진 성상화나 초상화를 연구해 보면, 루이즈는 언제나 사랑하는 남편 곁에 있었다. 모든 축

앙리 3세와 카트린 드 메디치, 그리고 루이즈 드 로렌

제나 공식적인 국가행사 시에 그녀는 국왕 곁을 떠나지 않았다. 삼부회 소집이나, 유서 깊은 퐁뇌프Pont-Neuf 다리를 건설할 때 초석을 놓는 행사에도 루이즈는 국왕과 함께 참석했다.

　　전투적인 국왕은 보통 배우자를 내팽겨 둔 채 오랜 세월을 전쟁터에서 보내기가 일쑤였으나, 정주형 스타일이었던 앙리 3세는 부인 곁에서 지내는 시간이 더 많았다. 당시 궁정 에티켓에 따르면, 국왕은 디너를 한 후에, 왕비를 일상적으로 방문하도록 되어 있었다. 저녁 또는 만찬을 의미하는 디너 시간은, 당시 오전 11~12시로 오늘날 점심시간에 해당한다. 또한 어머니 카트린 왕비와 함께 수페super라는 저녁을 먹은 다음, 궁정의 사람들과 함께 모여 음악과 댄스파티를 감상하는 것이 관례였다. 그러나 앙리는 이러한 의무보다는 자기 부인과 함께 있는 시간을 더욱 소중히 여겼다. 국왕은 루이즈에게 전혀 예상 밖의 깜짝 데이트나 밀행을 제의하는 경우가 많았다. 1574~1575년의 겨울에 프랑스는 한창 전쟁 중이었다. 이러한

쉬농소성

긴박한 전시상황임에도 불구하고, 국왕은 아내 루이즈와 손을 맞잡고 파리 근교를 산책하러 몰래 궁궐을 빠져나갔다. 수도원이나 수녀원, 다른 재미있는 장소들을 방문한 다음, 날씨도 사나운 날 밤늦게 진흙탕 길을 통해 환궁하는 일이 많았다. 다음 해 여름에는 아내 루이즈에게 바다를 보여주기 위해 노르망디 지방을 여행하기도 했다. 같은 해에 그는 루이즈를 위해 올랭빌 땅을 사들였고, 성을 다시 화려하게 증축했다. 국왕 부부는 함께 그곳에 머무르면서 둘만의 다정하고 오붓한 시간을 보냈다. 루이즈는 비록 그녀보다 남자들을 더 선호했던(?) 남성과 혼인을 했지만, 국왕의 자상한 온정을 듬뿍 받았던 여인이었다. 생 클루에서 앙리 3세가 암살당했을 때, 더할 나위 없이 극심한 비통에 잠겼던 그녀는 일평생 상심과 우울에서 벗어나지 못했다. 그리하여 사람들은 그녀를 '하얀 여왕'이라고 불렀다. 국왕의 어머니 카트린은 70세의 나이로 블루아성에서 사망했는데, 쉬농소성을 며느리에게 물려 주었다. 루이즈는 아름다운 쉬농소성을 그녀

의 하얀 슬픔을 상징하는 '명상과 고독의 장소'로 만들었다. 발루아 왕가
는 이 쉬농소성을 무척이나 애지중지하였지만, 앙리 4세로부터 시작되는
부르봉 왕가는 이 성에 그다지 애착을 보이지 않았다.

앙리 3세의 총신들

결혼과 아내의 섬세한 애정도 앙리 3세의 치명적인 결점을 감추지는 못했
다. 그것은 바로 앙리 3세의 '여성성'이었다. 그러나 앙리 3세는 결코 동성
애자는 아니었다. 그것은 분명히 그의 독실한 가톨릭 신앙과는 모순된 일
이었다. 그것은 신교도들에 베푼 국왕의 상대적인 관용이 못마땅했던 기
즈가와 극우 가톨릭 세력들이 꾸며낸 음모일 공산이 크다.

이러한 불미스러운 소문의 근거로 다음 두 가지가 있다. 우선 첫째로
앙리 3세 궁정을 대표하는 극도의 세련미를 들 수 있다. 음식을 먹을 때 포
크를 사용하게 한 것도 앙리 3세였다. 또한 측근들에게 비누를 사용할 것

앙리 3세의 총신 가운데 하나인 주아이유즈 공의 결혼 무도회(1581)

과 남자용 셔츠를 자주 갈아입을 것을 강요한 것도 바로 그였다. 그는 남성에게도 복잡하고 까다롭기 이를 데 없는 궁중 예식을 강요했다. 그 시대의 심성은 청결한 동시에 남성처럼 용감하고, 또한 여성처럼 우아한 동시에 이성애자인 경우를 아직 용납하기는 어려웠던 것이다. 아직은 그러한 진보적 취미를 받아들일 준비가 되어 있지 않았다. 두 번째 요인은 역시 앙리 3세가 출신 성분이 아닌, 충성심에 의거해서 선발했던 젊은 청년 무리에게 베푼 정치적·재정적인 특혜와 호의 때문이었다. 그 당시 상류 귀족은 권력과 궁정의 총애로부터 멀어진 것에 분개했다. 또한, 그들은 사회질서의 전복과 연륜·서열에 따른 위계질서의 혼란을 국왕의 타고난 퇴폐성의 산물이라 규정지었다. '총신들의 결투'에서 8명이 서로 죽이는 사태에 이르자, 국왕은 고통으로 일그러진 자세를 취했다. 모름지기 일국의 국왕이라면 그러한 감정의 동요를 전혀 드러내지 않고, 보다 의연하게 처신해야 했을 것이다. 그의 후계자인 앙리 드 나바르도 역시 애매모호한 사촌 관계였기 때문에, 역사의 진실을 바로 세우거나 고인의 명예를 회복시키려는 어떠한 노력도 하지 않았다. 그래서 앙리 3세는 '명예를 실추한' 발루아 가문의 마지막 국왕이 되었다.

여기서 총신, 즉 미뇽mignon은 16세기 초에 '귀여운 아들'을 지칭하는 용어였다. 그런데 앙리 3세가 자신을 따르는 총신들에게 보여 준 부성적인 관용과 농염한 청춘(?) 덕분에, 사람들은 그 젊은 미청년들을 '미뇽'이라 부르게 되었다. 종교적 광신자에 의해 앙리 3세가 암살당한 후에 이 미뇽이라는 칭호는 '한 남성의 젊은 남자애인'을 지칭하는 용어가 되었다. 앙리 3세를 비방하는 자들은 '작은 침대의 미뇽mignon de couchette'까지 언급할 정도였다. 그는 보석으로 치장하기를 좋아했고 진한 향수를 뿌리고 다녔다. 가끔 여성 복장을 하기도 했다. 그는 사냥이나 마상경기 같은 남성적인 무술경기를 혐오했고, 빌보케bilboquet(손잡이에 공받이와 공이 매달린 장난감) 같은 게임을 즐겼다. 그는 미뇽에 둘러싸여 있기를 좋아했고, 미적 기준에 따라 그들을 선발했다. 그는 공공연하게 거리낌 없이 그들을 포옹하기도 했다. 가장 유명한 미뇽은 에페르농Epernon 공(1554-1642)과 주아이유즈Jouyeuse 공(1560-1587)이었다.

주아이유즈 공

기즈 공의 암살

당시는 '암살의 계절'이라고 할 만큼 정국이 어수선했다. 시민이나 귀족은 일종의 '복장도착자'인 국왕을 그다지 존경하지 않았다. 그는 루이즈 드 로렌과 혼인을 했지만, 이 부부 사이에서는 단 한 명의 상속자도 태어나지 않았다. 국왕의 막냇동생이며 왕국의 상속자로 지정된 앙주 공 프랑수아가 사망하자, 결국 살리법에 의해 루이 9세의 자손인 신교도 앙리 드 나바르가 왕국의 상속자가 되었다. 그러나 가톨릭의 영수인 앙리 드 기즈(1550-1588) 공의 압력 하에 앙리 3세는 신교도를 억압하고, 앙리 드 나바르의 권리를 무효화시키는 법령을 내리게 되었다. 1588년 5월 12일 기즈 공이 파리에 입성한 다음, 앙리 3세는 파리를 도망쳤다.

앙리 드 기즈

　　1588년 12월 23일, 블루아성에 기즈 공이 당도했다. 회의실에서는 그의 형제인 추기경이 기다리고 있었다. 기즈 공은 국왕의 침실과 연결된 한

프랑스 화가 샤를 뒤Charles Durupt의 작품(1832). 화가는 기즈 공의 시체 위에 발을 쭉 뻗는 앙리 3세 옆에, 몸에 꽉 끼는 노란색과 분홍색의 선정적인 남자저고리 '푸르푸앵'pourpoint을 입은 두 명의 경박한 미뇽(총신)들을 의도적으로 배치시켰다.

사실私室에서, 국왕이 그를 은밀히 만나고 싶어한다는 전갈을 받았다. 그가 방에 들어가자 국왕을 호위하던 총신들이 기즈 공에게 우르르 달려들었다. 곧이어 추기경도 같이 죽임을 당했다. 앙리 3세는 프랑스 왕가에 대한 도전이나 후환을 없애기 위해, 기즈 공의 아들도 투옥시켰다. 또한 가톨릭 연맹의 주요급 지도자들도 모조리 잡아들였다. 기즈 형제의 시체는 불태워졌고, 그 재는 루아르 강에 던져졌다. 기즈 공은 원래 기만적이고 잔인한 성격의 소유자임에도 불구하고, 프랑스에서 상당히 인기가 높았다. 그리하여 국민들은 암살을 명령한 국왕에게 등을 돌렸으며, 고등법원도 국왕의 형사처벌을 준비했다. 그래서 그는 앙리 드 나바르와 힘을 합치기 위해 다시 파리를 도망쳤다.

앙리 3세의 암살사건

1589년 8월 1일 앙리 3세는 그의 군대와 함께 생 클루에 묵었다. 그는 내일 파리를 공격할 준비를 하고 있었다. 그때 자크 클레망Jacques Clément(1567-1589)이란 22살의 젊은 도미니크 수사가 중요한 기밀서류를 전달한다는 명목으로 국왕과의 면회를 청했다. 수사는 국왕에게 서류뭉치를 전달했다. 그가 비밀스러운 전언이 있다고 말하자, 국왕은 잠시 측근들에게 뒤로 물러날 것을 명했다. 클레망은 왕의 귀에다 무언가 소곤거리면서, 재빨리 단도로 국왕의 복부를 찔렀다. 그는 상처에서 단도를 빼낸 다음 암살자를 세 번 내려치면서 "아 이런 고약한! 네가 나를 죽였구나!"라고 외쳤다. 국왕의 몸이 피로 물든 것을 본 수비대는 창으로 수사의 몸을 깊이 관통시킨 다음, 열린 창문을 통해 그의 시신을 집어던졌다. 국왕의 상처는 그리 치명적인 것으로 보이지는 않았다. 그러나 국왕은 모든 수하들을 불러 모았다. 급히 연락을 받은 앙리 드 나바르 역시 국왕의 침실로 달려왔다. "형제여! 그대의 적과 나의 적이 내게 한 짓을 보게나. 그대에게 이런 짓을 못하도록, 그대도 부디 조심해 주기 바라오." 그는 부하들에게 새로운 국왕으로서 앙리 드 나바르에게 충성을 보일 것을 명하고, 그다음 날 새

프랑스 화가 위그 메를르Hugues Merles(1822-1881)의 〈앙리 3세의 암살〉. 22세의 도미니크 수사 자크 클레망이 바닥에 누워있다

벽에 영원히 눈을 감았다. 그날은 바로 그가 파리를 탈환하기 위해 공격을 개시하기로 한 날이었다.

절대주의시대

12 좋은 국왕 앙리 4세

부르봉 왕조의 첫 번째 국왕(재위: 1589~1610)

> "왕국의 모든 농민이 일요일에는 냄비에 닭 한 마리씩!"
> - 프랑스 국왕 앙리 4세

앙리 4세의 유년기

앙리 4세는 1553년 12월 12일 (혹은 13일) 자정에 나바르 왕국의 포Pau성에서 태어났다.[1] 이 성의 주인은 그의 외조부이며 나바르의 국왕인 앙리 달브레Henri d'Albret(1503-1555)였다. 외조부 앙리는 외동딸인 잔 달브레Jeanne d'Albret(1528-1572)가 남자상속자를 낳아주기만을 오랫동안 학수고대하면서 기다려 왔다. 딸이 옥동자를 낳자마자 그는 전통에 따라서 아기를 두 팔에 안고 자신의 방에 데려갔다. 그는 아기의 입술에 통마늘을 대고 쓱쓱 문지른 다음, 쥐랑송 산의 포

앙리 4세의 어머니 잔 달브레

---

1   나바르는 피레네산맥 위로 튀어나온 작은 왕국이었다. 그의 가문은 나바르에 근접한 베아른Béarn 지방도 소유하고 있었다.

도주 냄새를 흠뻑 맡도록 했다.[2] 또한 아기에게 거북이 등딱지를 선물로 주었다고 한다. 그것은 독자들에게 매우 기이하게 여겨질지도 모르겠으나, 당시 나바르 왕국에서 질병 방지 차원에서 신생아에게 흔히 베풀던 '베아른식' 세례식이었다.

앙리 4세의 아버지는 성왕 루이 9세의 직계자손인 앙투안 드 부르봉 Antoine de Bourbon(1518-1562)이었고 어머니 잔 달브레는 신교도였다. 어린 앙리는 나바르에서 엄격한 동시에 매우 자유분방한 교육을 받았다. 그는 코아라즈성에서도 어린 시절의 상당 부분을 보냈고 사냥하러 가는 길에 그 지역의 농민들과도 자주 소탈하게 어울렸다. 그래서 그의 별명은 '바르바스트(지명)의 방앗간 주인'meunier de Barbaste이었다. 칼뱅주의 사상에 매우 충실했던 어머니 잔은 그를 매우 엄격한 종교개혁의 도덕적인 원리에 따라서 키우려고 노력했다. 샤를 9세가 프랑스 국왕으로 즉위한 다음 1561년에 그의 아버지 앙투안 드 부르봉은 아들을 최초로 프랑스 궁정에 데려갔다. 거기서 앙리는 자기 또래의 왕자들과 어울렸다. 그의 부모는 아들의 종교에 대하여 서로 대립하는 입장이었다. 어머니는 엄격한 칼뱅식 교육을 시키고 싶어 했지만 아버지는 그를 견실한 가톨릭으로 키우고 싶어 했다. 앙리는 부친의 사망으로 인해 파리에서 일 년 만에 고향으로 다시 돌아오게 된다. 총명하고 원기 왕성했던 앙리는 정치·군사적인 야망과 사냥과 육욕적인 쾌락에 거의 평생을 바쳤다. 학문에 별로 뜻이 없었던 그는 15세에 신교군대에 들어갔다. 때는 1569년, 3차 종교전쟁이 발발했던 초기였다. 그는 삼촌 콩데 공과 콜리니 제독을 따라서 자르낙과 몽콩투르 전투에 참가했다. 신교도가 패배한 후에 그는 남프랑스에 갔다. 비록 소규모의 전투였지만 그는 전쟁을 승리로 이끌었고, 생제르맹 화약을 맺은

2　나바르 왕국은 1553년에 이 쥐랑송Jurançon 포도원을 사들였다.

후 다시 베아른 지방으로 돌아갔다. 구교도와 신교도를 화해시킨다는 구도 하에, 카트린 드 메디치와 앙리의 어머니 잔 달브레는 앙리 드 나바르(미래의 앙리 4세)와 마그리트 드 발루아(마고)의 혼인을 결정했다. 그러나 이 결혼식은 성 바르텔레미 학살사건의 전주곡이 되었다.

유년기의 앙리 4세

잔은 결혼 후에도 며느리 마고가 신교도로 개종하지 않는다는 조건을 수락해야만 했다. 결혼식은 1572년 8월 18일에 열릴 예정이었지만 잔은 참석할 수가 없었다. 그녀는 1572년 6월 9일에 결핵으로 사망했기 때문이다. 성 바르텔레미의 대학살이 벌어지기 전, 위그노(프랑스 신교도)의 세력을 상당히 위축시킨 그녀의 갑작스러운 죽음은 나중에 '독살'이라는 근거 없는 소문을 낳게 되었다. 잔 달브레의 억울한 죽음을 기소하는 첫 번째 비방 팸플릿이 등장한 것은 1574년이었다. 열렬한 신교도 작가인 아그리파 도비네Agrippa d'Aubigné는 자신의 저서《보편적인 역사》에서 피렌체 출신의 조향사인 르네 비앙키René Bianchi가 악독한 왕비 카트린 드 메디치의 사주를 받고서 나바르의 왕비인 잔 달브레에게 독이 든 장갑을 팔았다고 맹비난을 했다. 후일 프랑스 소설가 알렉상드르 뒤마Alexandre Dumas(1802-1870)도 역시 자신의 소설《여왕 마고》(1845)에서 이 그럴듯한 루머를 그대로 재현했다.

19세기까지도 잔 달브레의 독살설은 계속 신교도 역사가들에 의해 꾸준히 재생산되었으나, 오늘날에는 단지 소설이나 공상의 영역에만 남아 있을 뿐 그 어떤 역사가도 이를 인정하지 않는다.

프랑스 역사화가 피에르-샤를 콩트Pierre-Charles Comte가 1852년 살롱전에
출품한 작품으로 카트린 드 메디치의 조향사인 르네의 가게에서 잔 달브레가
문제의 독이 든 장갑을 사는 장면을 그리고 있다. 르네, 잔 달브레, 마그리트 드
발루아, 그리고 앙리의 순서대로 그려져 있다

1572년 8월

성 바르텔레미의 학살사건은 프랑스 역사에서 가장 어두운 한 페이지를
장식하고 있다. 칼뱅운동이 나타난 이후부터, 프랑스는 줄곧 종교분쟁의
소용돌이에 휩쓸리고 있었다. 위그노 교도들은 그들의 종교적 자유를 행
사하기 위해서, 가톨릭에 상응하는 권리를 주장했다. 한편 가톨릭 사제들
은 프랑스 국민의 대다수를 차지하는 가톨릭 교도들의 증오심을 부추기
기 위해, 노상 신교도의 비난을 일삼았다. 1559년 앙리 2세가 마상경기 시
합에서 얻은 부상으로 갑자기 사망하자, 카트린의 어린 두 아들이 차례로
왕위에 즉위했다. 그리하여 정치적 권력은 국왕의 주요 고문의 수중에서

이리저리 오락가락했다. 카트린의 장남 프랑수아 1세(1544-1560)의 치세기에는 완강한 가톨릭의 영수 기즈 가문이 실권을 장악했다. 카트린의 차남인 샤를 9세(1550-1574)의 치세기에는 국왕의 어머니 카트린과 젊은 샤를 9세(1550-1574)의 마음을 교묘히 조종할 줄 알았던 야심 많은 신교도 콜리니 제독의 정치적 영향력이 크게 증대했다. 거기에다 부르봉과 몽모랑시 가문의 세력도 무시 못할 정도로 커졌다. 결국 이 모든 불안정한 정국이 1562년 이래 왕국을 일련의 종교전쟁으로 치닫게 했다. 카트린은 애당초 신교도에게 어떤 증오심도 품지 않았다. 오히려 그녀는 두 종교 간의 평화

샤를 9세
(재위: 1560~1574)

적인 공존을 나름대로 모색하고 있었다. 생제르맹의 화약이 맺어진 후에, 그녀는 신교도와의 화해 무드를 조성하기 위해 자기 딸인 마고와 신교도 왕자 앙리 드 나바르의 결혼전략을 짰다. 그 문제의 결혼식은 1572년 8월로 예정되었다. 결혼식이 발표되자, 신교도 측의 지도급 인사들이 모두 파리로 모여들었다. 그들은 플랑드르 전쟁을 다시 재개하려는 의도를 숨기지 않았으며, 전쟁 참가자들을 모집하는 공고가 파리 곳곳에 나붙었다. 콜리니 제독은 샤를 9세에게 참전을 종용해서 국왕의 승낙을 얻어냈으나, 카트린이 이를 단호히 제지했다. 조속히 결혼식을 끝내고, 요주의 인물인 콜리니 제독을 정권으로부터 멀어지게 하는 것이 이제 그녀의 급선무였다. 가톨릭의 아성 파리의 시민들은 자기들이 오랫동안 투쟁해 왔던 신교도들의 우두머리에게 자기 여동생을 시집보내려는 국왕의 처사를 도무지 이해할 수가 없었다.

　그해 여름은 특별히 무더웠다. 8월 18일 결혼식이 거행되었을 때, 찌

는 무더위가 무엇인가 금방이라도 폭발할 것 같은 불안한 분위기를 조성했다. 신랑과 신부의 종교는 제각기 달랐지만, 그날 결혼식은 장대하고 호화롭기 이를 데 없었다. 그러나 신랑도 신부도 마지못해 억지로 결혼하는 기색이 역력했다. 결혼서약의 교환은 노트르담 성당 밖에서 이루어졌다. 신부 마고는 미사를 보기 위해 성당 안으로 들어갔으나, 같은 시각에 앙리 드 나바르는 성당 주변을 어슬렁거리며 산책을 했다. 결혼식이 끝나고 화려한 축제와 연회, 무도회, 또 다른 행사가 성대하게 치러졌다.

카트린 드 메디치의 자녀들(프랑수아, 마고, 앙리)

콜리니 제독의 암살미수

8월 22일 아침 11시경 콜리니 제독은 루브르 궁을 떠났다. 그는 자신을 따르는 15명가량의 측근들의 호위를 받으며, 자기 저택을 향해 걸어가고 있었다. 그때 난데없이 화승총에서 튀어나온 한 발의 탄환이 그의 손에 박혔다. 측근들은 부상당한 그를 속히 숙소로 옮겼다. 콜리니 제독을 총으로 쏜 이는 바로 기즈 가와 친한 귀족 모르베르였다. 그러나 카트린 역시 이러한 모종의 음모를 미리 알고 있었을 가능성이 컸다. 이러한 사실을 보고받을 때 그녀는 전혀 놀라는 기색 없이 태연했다. 그러나 이 사실을 뒤늦게 알고 크게 진노한 샤를 9세는 당장에 조사를 명했다. 또한 신교도 귀족

그의 암살자들에게 깊은 감동을 주는 콜리니 제독. 벨기에 프랑스 화가 조제프-브누아 쉬베Joseph-Benoît Suvée의 작품

역시 '정의'를 요구하며, 모두 이구동성으로 들고 일어섰다. 조사가 신속하게 진행됨에 따라, 기즈 가는 물론이고 국왕의 동생인 앙리 당주공(앙리 3세)에게까지 수사 범위가 한층 좁혀졌다. 그러자 위기의식을 느낀 카트린은 곧 두려움에 떨기 시작했다.

"자, 이제 신속히 과감하게 행동하지 않으면 안 된다!" 그때부터 그녀는 이미 신교도 우두머리의 집단학살을 계획하고 있었는지도 모른다. 8월

23일 오후에 카트린과 그녀가 가장 애지중지하는 아들 앙리는 튈르리 궁에 몇몇 총신을 불러 모은 다음, 그들의 지지를 확인했다. 마지막으로 국왕의 승인을 받기 위해, 그들은 자정까지 열띤 논쟁을 벌였다. 그들은 마음 약한 국왕에게 이 모든 책임이 위그노 교도들에게 있으며, 국왕의 지위마저 이제 위태롭다며 과장된 허위의 제스처와 언동으로 국왕을 계속 달래고 협박했다. 그래서 드디어 격분한 꼭두각시 샤를 9세는 "모두 다 죽이라!"는 명령을 내렸다. 신교도 중에서 유일하게 앙리 드 나바르와 콩데 공만이 가톨릭으로 개종한 덕분에 가까스로 목숨을 건질 수가 있었다. 나머지는 모두 비참하게 도륙당했다.

성 바르텔레미의 학살

"성 바르텔레미의 학살의 날, 24시간도 채 안 되는 사이에 무려 5천에서 만 명의 신교도들이 도륙을 당했다. 프랑스로부터 이 소식을 전해 들은 로마 교황은 너무도 기쁜 나머지 이 사건을 기념하는 축하기도문을 올린 다음, 조르조 바사리에게 바티칸 궁의 방 하나를 이 학살에 관한 프레스코 벽화로 장식하라는 명을 내렸다. 다신교의 로마제국의 통치 기간을 통틀어도 순교자의 숫자가 이 24시간 동안에 동료 기독교인들에게 학살당한 기독교인들의 숫자보다 많지는 않다."
- 이스라엘 역사가 유발 노아 하라리Yuval Noah Harari, 《사피엔스》 중에서

콜리니와 그를 따르는 무리가 제일 첫 번째 희생타가 되었다. 아직 먼동이 트기도 전에 앙리 드 기즈Henri de Guise(1550-1588) 공이 이끄는 일개 소대가

부상당한 콜리니의 침실로 쳐들어가, 그를 단숨에 죽여 버렸다. 그때 기즈 공은 건물 아래에서 자기 부하들이 죽은 콜리니의 시체를 창 밖으로 집어던지기를 기다리고 있었다. 콜리니의 죽은 몸뚱아리는 잔인한 군중의 손에 맡겨져 다시 갈가리 찢겨졌다. 기즈는 이렇게 부친의 죽음에 잔인한 복수를 했다. 기즈의 부친 프랑수아가 신교도인 폴트로 드 메레Poltrot de Méré에 의해 부상당한 지 엿새 만에 죽어 버리자, 당시 콜리니는 이렇게 중얼거렸다고 한다. "우리는 맹세코 이것이 신의 기적임을 부정할 수가 없다."

콜리니의 죽음

　　루브르에서는 앙리 드 나바르의 측근과 생제르맹의 소수 신교도가 죽임을 당할 차례였으나, 공격의 신호탄인 교회 종소리가 너무 빨리 울리는 바람에 많은 신교도가 도망칠 수 있었다. 카트린의 명령은 이미 군중의 광기에 의해 위험수위를 넘어섰고, 이제 왕국의 모든 신교도가 집단학살이나 약탈을 당할 위기에 놓이게 되었다. 신교도 화가 프랑수아 뒤부아François Dubois(1529-1584)의 작품을 보면 남편 앙리 2세의 죽음 이후 줄곧 검은 상복을 착용했던 카트린이 도륙당한 나체의 시신들을 지켜보며 묵상하는 장면, 또한 기즈 가의 앙리가 창문 밖으로 던져져 참수당한 콜리니 제독의 시신을 바라보는 잔인한 장면 따위를 볼 수 있다. 콜리니는 양손이 모두 잘린 데다, 나중에 유해가 거세당하는 수모를 겪었다. 8월 26일까지 측근들과 함께 루브르 궁에서 은신하던 국

앙리 드 기즈

왕은 뒤늦게 사태수습에 나섰다. 그는 고등법원에 나가, 이번의 불행한 사건은 왕국에 대항한 중대한 음모를 막기 위해 내려진 불가피한 조치였다고 해명했다. 그러나 학살의 붉은 기운은 이미 왕국 전체로 삽시간에 퍼져나가, 가을까지 지속되었다. 그리하여 수천 명의 사망자와 망명객이 줄을 이었다. 이 성 바르텔레미의 참사는 유럽 전체를 동요시켰다. 일국의 군주가 처음으로 자기 백성을 집단살상하도록 명령을 내린 것이다. 그러나 이를 지켜보던 각국의 반응은 제각기 달랐다. 구교국의 맹주 스페인의 엄격한 국왕 필리프 2세는 그의 기쁨을 주체하지 못했고, 환희의 찬송가를 부르게 했다. 로마의 교황 역시 이를 자축해 마지않았다. 신교도 국가에서는 당연히 분노로 들

〈성 바르텔레미의 학살〉(대학살을 피해 스위스로 망명한 파리의 신교도 화가 프랑수아 뒤부아의 작품)

끓었다. 스위스는 망명 신교도들의 끊임없는 행렬을 받아들이느라고 고역을 치렀다. 영국의 엘리자베스 1세Elizabeth I(1533-1603)는 이 사건에 경악을 금치 못했지만, 프랑스와의 관계를 유지하는 데 더욱 주력했다. 왜냐하면 영국과 프랑스 양국은 스페인에 정면으로 대항해야만 했기 때문이다. 그리하여 그녀는 라로셸 지방으로 후퇴한 신교도들의 구원요청에도 묵묵부답했다. 한편 프랑스에서 신교도들은 재기의 발판을 다지기 위해 군대에 가담했으며, 다시 종교전쟁이 발발했다.

죽음이냐 미사냐

"죽음이냐 미사냐?" 무수한 시체 더미의 산을 가리키며, 샤를 9세가 성난 목소리로 외쳤을 때 앙리 드 나바르는 개종을 택했다. 개종 덕분에 겨우 목숨을 건진 앙리는 곧 루브르 궁에 포로로 갇히는 신세가 되었다. 그러나 타고난 사교성 때문에 그는 파리의 궁정 생활에 곧 적응을 했다. 그는 기즈가와도 우정의 친분을 쌓았으며, 당시 궁정에서 벌어지던 모든 퇴폐적인 부도덕에 빠져들었다. 그는 아내 마고의 문란한 성생활을 관대하게 용인했으며, 자신도 이에 지지 않고 맞서 공공연히 애인을 만들었다. 1572~1589년에, 종교전쟁과 평화의 시대가 번갈아 가며 진행되었다. 1576년 앙리 드 나바르는 비밀리에 앙리 3세의 궁을 탈출했다. 연애 사건에서는 물론 예외였지만, 그가 지닌 가장 뛰어난 재능은 분별력이었다. 일단 자유의 몸이 되자 앙리는 날카로운 지성과 정치적 통찰력을 발휘해 신교도의 보호자 역할을 해냈다. 1576년 말 내전이 재발했을 때 그는 이를 입증해 보였다. 위그노가 연패를 당하자 상황을 정확히 판단한 앙리는 교우들에게 싸움을 포기하고, 1577년 9월 17일 신교도에게 희생을 강요하는 벨주락 화약을 받아들이도록 설득했다. 그러는 동안 카트린은 남편에게 버림받은 딸 마고를 남편에게 돌려보내기 위해 기옌 지방으로 갔다. 하지만 보다 중요한 목적은 구교와 신교도 사이의 재평화를 추구하기 위해서였다. 네락에서 이 문제의 협상이 이루어지는 동안, 앙리는 가톨릭 교도가 가론강 연안의 라레올성을 점령했다는 사실을 알았다. 그러자 그는 이의 대응책으로 플뢰랑스를 기습공략하여 전멸시킴으로써, 타고난 군사 지도력을 보여 주었다. 1580년 봄 그는 5일 동안 계속된 치열한 시가전에서 승리를 거둔 뒤 카오르를 점령하고, 그 자신의 표현대로 '온통 피와 화약으로 뒤범벅이 된' 전투에서 벗어났다. 그의 소유지인 몽 드 마르상시가 자신에게 반환되지 않자 1583년 야간공격을 감행했다. 그러나 잠시도 가만히 있지 못하는 이 정력적인 남자는 전쟁과 정치만으로는 만족하지 않았다.

앙리는 영토정복만이 아니라 낭만도 즐겼는데, 1583년 여름 그는 기슈Guiche 백작 부인인 디안 당두앵Diane d'Andoins(1555-1621)과 연애를 시작하여 여러 해 동안 관계를 지속했다. 베아른의 고위귀족인 기슈 백작 부인은 젊고 아름다운 미망인으로서,《수상록》의 저자 몽테뉴Michel de Montaigne(1533-1592)는 그녀를 '위대한 코리장드'라고 예찬했다.

마그리트 드 발루아(마고)

아름다운 코리장드

종교전쟁의 상흔으로 갈가리 찢긴 16세기의 프랑스에서 두 남녀가 사랑을 했는데 남자는 신교도였고 여자는 가톨릭 교도였다. 그는 미래의 앙리 4세였고, 그녀는 기슈 백작 부인, 디안 당두앵이다. 그러나 낭만적인 문학도인 그녀는 자신의 이름 디안이나 기슈 백작 부인이라는 칭호보다는 기사도 문학 소설《아마디 드 골》의 여주인공 이름인 '아름다운 코리장드'la Belle Corisande라는 별칭으로 불리기를 원했다. 사람들은 보통 16세기 프랑스 하면 르네상스, 롱사르의 감미로운 서정시, 라블레 따위를 연상하기 마련이지만, 1540년부터 르네상스의 빛나는 기운은 오랜 전쟁과 학살로 인해 피로 물들게 된다. 당시 가톨릭과 위그노는 서로 융합하기 어려운 앙숙의 관계였으나 앙리와 코리장드는 거의 대등한 연인관계였다. 당시 교육을 받은 귀족 여성들은 읽고 쓸 줄을 알았으며 당당하게 자기 소신을 발언하고 권력을 부릴 줄도 알았다. 또한 자신의 영지나 왕국을 다스리기도 하고 군대도 소집했다. 카트린 드 메디치, 마그리트 드 발루아, 또 디안 당두앵도 역시 이런 최고 상류층 귀족 여성의 범주에 속하는데, 여기서는 아름다운 코리장드라는 닉네임을 지닌 디안 당두앵의 삶을 이야기하기로 한다.

디안 당두앵

코리장드는 샬로스성에서 태어났다. 그녀는 부모의 갑작스러운 죽음으로 말미암아 어린 나이에 고아가 되어 삼촌들의 손에 맡겨졌다. 그러나 삼촌들은 그녀의 보호자 역할은 했지만

앙리의 여동생 카트린 드 부르봉

어린 그녀에게 필요한 따뜻한 애정을 주지는 않았다. 1567년에 12살이 된 그녀는 나바르 왕국에서 매우 유력한 그라몽 가문의 상속자인 기슈 백, 필

리베르 드 그라몽과 정혼하게 되었다. 앙리 4세의 어머니 잔 달브레의 요청에 의해 이 약혼식은 포성城에서 성대하게 거행되었다. 그 후 몇 달 후 그들은 결혼해서 두 명의 자녀를 낳았다. 결혼 후 디안은 평화로운 나날을 보냈으며 몽상적인 로마네스크 문학이나 기사도 문학의 궁정식 연애에 몹시 심취했다. 그녀는 또한 당대 최고의 지성인 몽테뉴와 서로 우정을 교환했으며, 그와 함께 롱사르나 조아생 뒤 벨레Joachim du Bellay(1522-1560)의 감미로운 시작에 대해 오랫동안 심도 있는 의견을 나누었다.

그런데 종교전쟁이 한창 극성을 부릴 때, 남편 필리베르가 갑자기 전쟁터에서 사망했다. 졸지에 과부가 된 그녀는 자신의 아즈트모Hagetmau 성에 정착했다. 나바르 국왕 앙리의 여동생인 카트린 드 부르봉이 이 성을 정기적으로 방문해서 두 사람은 끈끈한 우정을 과시했고 시, 문학, 음악에 대한 취미도 함께 공유했다. 두 여성의 우정은 매우 돈독했지만 카트린은 신교도였고 코리장드는 독실한 구교도였다. 1582년의 어느 날 카트린은 자신의 친구를 포성에 초대했으며, 그때 코리장드는 라로셸에서 방금 돌아온 앙리를 최초로 만나게 되었다. 궁정문학에 조예가 깊은 이 아름다운 백작 부인에게 홀딱 반해 버린 앙리는 그녀에게 끈질기게 구애를 했다. 그들의 연애는 1583년 7월 앙리가 그녀의 아즈트모성에 체류한 것이 외부에 알려지는 바람에 들통이 났다. 두 연인은 열정적인 관계를 유지했고, 코리장드는 앙리에게 무한한 신뢰와 영감을 주는 현명한 조언자 및 인도자가 되었다. 원래 호색가Vert Galant로 소문난 앙리였지만 그녀와 사랑에 빠져 있던 수년간 그는 다른 여성들을 만나지 않았으며 아즈트모성에서 많은 시간을 코리장드와 함께 보냈다. 그녀는 1582년에서 1590년까지 앙리에게 지대한 영향력을 행사했다. 다른 정부들과는 달리, 앙리는 그녀가 국사에 관여하는 것을 특별히 허용했다. 코리장드는 평생을 앙리에게 헌신했으며, 가톨릭 신성동맹과의 전쟁 당시에 그녀는 돈에 쪼들리는 앙리를 위

From the painting by A. P. E. Morlon

HENRY OF NAVARRE AND LA BELLE FOSSEUSE

앙리 4세가 첫 번째 부인 마고의 어린 시녀였던 아름다운 프랑수아즈 드 몽모랑시-포수를 달콤한 사탕과 편도 과자, 장미 잼으로 유혹하고 있다

해 자신이 소장한 값진 다이아몬드 보석들을 팔았고 자신의 재산까지도 저당잡혔으며, 자기 비용부담으로 가스코뉴인 2만 명을 소집해서 전장에 있는 그에게로 보냈을 정도였다! 이에 감격한 앙리는 '자신의 피로' 그녀와 결혼하겠노라는 서약의 편지(혈서)를 보냈으나 그는 끝끝내 그 약속을 지키지 않았다. 그녀는 아마도 앙리의 또 다른 정부인 프랑수아즈 드 몽모랑시-포수Françoise de Montmorency-Fosseux의 '실총'에도 영향을 주었을 것으로 추정된다.[3]

앙리를 둘러싼 많은 신교도 세력들은 국왕에 대한 이 가톨릭 여성의

---

3   그녀는 1579년에서 1581년까지 앙리의 정부였다가 마고에 의해 궁에서 쫓겨났다.

에스테르 임베르

영향력을 심히 우려해 마지않았다. 몇몇 연대기 작가들은 두 사람 사이에 앙토넹이라는 아들이 하나 있었다고 주장을 했으나 그것은 신빙성이 없다. 1584년부터 그는 신교도 군대의 수장으로 원정을 떠나야 했다. 이 떨어져 있는 기간 동안 두 사람은 문학적인 서신을 정기적으로 교환했다. 코리장드는 '의무와 명예'라는 개념에 입각해서 앙리에게 진정 어린 충고와 지지를 아끼지 않았다. 앞서 얘기한 대로 그녀는 앙리가 재정적인 어려움에 처했을 때 자발적인 후원금을 제공했다.

그러나 전쟁을 수행하는 동안에 원래 여성의 매력에 취약한 나바르 국왕 앙리는 젊은 라로셸의 여성 에스테르 임베르Esther Ymbert(1570-1593)에게 반해버렸다. 그녀와의 관계는 1~2년 남짓했다. 둘 사이에는 사생아가 한 명 태어났으나 일 년 만에 죽어버렸다. 아들이 죽었다는 소식을 들었을 때 앙리는 매우 침통해했다. 그는 자신의 공식 정부인 코리장드에게 다음과 같은 서신을 보냈다. "어제 나의 어린 아들이 죽었다는 소식을 들었소. 그대의 의견으로는 이 아이가 과연 적법이었을 것 같소? 그 아이는 이제 겨우 말을 하기 시작했는데…" 그러나 앙리는 얼마 안 있다 에스테르를 매몰차게 버렸다. 그녀는 앙리의 사랑을 애타게 갈구했지만, 가브리엘 데스트레Gabrielle d'Estrées(15731-1599)라는 또 다른 미모의 여성과 사랑에 빠진 앙리는 그녀를 잘 만나주지도 않았다. 16세기 말의 종교 전쟁에서 '붓과 칼'로 맹활약했던 프랑스 시인이자 신교파의 무장인 아그리파 도비녜Agrippa d'Aubigné(1552-1630)의 주장에 따르면 (그는 가톨릭으로 변절한 국왕에게 괘씸죄를 적용, 매우 냉혹하고 싸늘한 평가를 내렸다), 에스테르는 왕과의 짧은 연애 모험담 이후 매우 비참하게 죽었고 그녀의 시체는 공동 묘혈에 던져졌다. 그녀의 묘비에는 "우리나라의 위대한 국왕을 기쁘게 해주기 위해 자신의 육체미를 고스란히 갖다 바친 그녀는 국왕의 충실한 첩으로 영원히 남을지니!"라고 적혀 있다고 한다. 그러나 오늘날에는 그녀가 비록 불규칙하기는 해도 600에퀴의 연금을 왕실로부터 꾸준히 받았다는 사실이 왕실 내무부 기록의 조사를 통해 밝혀졌다.

쿠트라 전투에서 승리한 후 앙리는 베아른으로 귀성했으나, 코리장드와의 연애사는 점점 종말에 가까워지고 있었다. 그래도 이 두 연인은 계속 서신을 주고받았다. 앙리와 코리장드의 결정적인 결별 사유는 부분적으로 앙리의 여동생 카트린과의 깊은 우정 때문이기도 했다. 카트린은 오빠의 주선으로 수아송 백작과 결혼하기로 되어있었으나, 앙리는 갑자기 이 결혼을 성사시키지 않는 쪽으로 결정했다. 그때 코리장드는 수아송 백과 이미 사랑에 빠진 카트린의 편을 들었고, 심지어 앙리의 허락 없이 결혼하라고 카트린을 독려하기까지 했다. 그러나 수아송 백은 베아른에서 추방되기 전에 앙리에 의해 체포되고 말았다. 그때 코리장드가 행한 역할에 대해서 알게 된 앙리는 진노했고, "그 누구도 나와 여동생의 관계를 불화로 이끄는 사람은 결단코 용서하지 않겠소!"라는 내용의 서신을 그녀에게 보냈다. 그가 프랑스 국왕 앙리 4세가 되었을 때, 코리장드는 카트린을 파리까지 수행했는데 그녀 자신도 파리에 정착하기로 결심했다. 점차로 국왕의 호의와 은총을 다시 회복하게 된 그녀는 1610년에 사망할 때까지 국왕의 충실한 친구로 남아있었다. 그녀는 1621년 2월 자신의 성 아즈트모에서 사망했다.

세 명의 앙리의 전쟁

1584년 프랑스 국왕 앙리 3세의 동생인 앙주 공 프랑수아François de

앙주 공 프랑수아. 태어날 때부터
난쟁이로 키가 단신이었지만 세례명은
'헤라클레스'였다

France(1555-1584)가 결핵으로 사망하자, 앙리 드 나바르는 프랑스의 왕위계승자가 되었다. 그러나 '신성동맹'을 결성한 호전적인 가톨릭 교도들은 신교도인 그의 왕위계승에 맹렬히 반대했다. 교황도 그를 파문시키는가 하면, 왕위계승에 관련된 어떠한 권리도 없다고 선언했다. 기즈 공 앙리와 그의 형제들이 이끄는 신성동맹은 조상 대대로 내려오는 프랑스 종교의 수호자임을 자처했다. 그러나 그들은 구교국 스페인의 지원에 점점 더 크게 의존하게 되었다. 이런 외세 의존은 프랑스 독립에 심각한 위협을 제기했다. 그러나 앙리 3세에게는 신성동맹의 압도적인 영향력을 제어할 힘이 없었다.

나바르 국왕으로서 앙리 드 나바르가 기대할 수 있는 도움이란 영국 엘리자베스 여왕의 인색한 지원과 멀리 떨어져 있는 독일 신교도 제후들의 지원뿐이었다. 프랑스에서는 위그노 이외에, 몽테뉴처럼 진보적·계몽적인 몇몇 가톨릭 교도가 그를 지지했다. 그러나 결국 그는 자신에게 의존할 수밖에 없었다. 프랑스의 독립이 위기에 처한 중대한 시점에서 앙리의 활약은 결정적이었다. 그는 평화 시에는 공무를 팽개치고 사적인 쾌락(여자)에 탐닉했지만, 일단 위급한 때에는 그 누구의 추종도 불허할 만큼 훌륭한 지도자였다. 앙리는 모든 상황의 중요성을 재빨리 파악해 신속하게 행동으로 옮겼다. 승리는 분명 그의 대담하고 재빠른 행동으로 얻어진 보상이었다. 그는 뛰어난 전략가는 아니었다. 그러나 말이나 글만이 아니라, 몸소 본보기를 보임으로써 부하들에게 스스로 행동하게 만드는 놀라운 능력을 갖고 있었다. 4세기가 지난 오늘날에도 그의 어록은 여전히 맑은 나팔 소리 같은 명쾌함과 영향력을 지니고 있다. 앙리는 라로셸에 있는 드넓은 군사기지 안에 묶이게 되었다. 라로셸은 요새일 뿐 아니라, 신교도 저항운동의 상징이었다. 그러나 극도로 종교적인 이 도시의 분위기도 앙리의 자유분방한 애정행각(?)을 멈추게 하지는 못했다.

엘리자베스 드 발루아(1545-1568)

1587년 가을, 프랑스 국왕과 나바르 국왕인 두 앙리 사이의 전투가 피할 수 없는 상황으로 임박했다. 갈수록 신성동맹의 영향력 아래 놓이게 된 앙리 3세는 그가 아끼는 총신이며 매제이기도 한 주아이유즈 공에게 군대의 지휘를 맡겼다. 전투는 10월 20일 보르도에서 북동쪽으로 48km쯤 떨어진 쿠트라 교외에서 벌어졌다. 주아이유즈와 그의 부대는 완전히 전멸했다. 한편 신성동맹 측은 스페인 국왕 펠리페 2세와 엘리자베스 드 발루아Elisabeth de Valois(앙리 2세와 카트린의 딸) 사이에서 태어난 여아를 프랑스의 차기 통치자로 받아들였다. 그러자 종교적 갈등으로 처음 시작된 분쟁이, 왕권을 둘러싼 싸움이자 민족 간의 싸움이 되었다.

앙리 3세는 다행히 이런 상황이 지니는 심각성을 파악할 수 있는 능력을 갖고 있었다. 그는 오랫동안 망설인 뒤, 기즈 공을 암살하게 했다. 이 사건으로 말미암아 필연적으로 앙리 3세는 나바르 국왕과 타협할 수밖에 없었다. 그러나 기즈 공을 암살한 앙리 3세도 광신적인 가톨릭 수사에게 목숨을 잃었다. 그는 바로 죽기 직전에 앙리 드 나바르를 자기의 상속자로 지목했다.

프랑스 국왕이 된 앙리 4세

앙리 4세는 이제 프랑스 국왕이 되었다. 그
러나 앙리 3세에게 충성을 맹세한 많은 가
톨릭 교도들이 그를 저버리고 탈주하는
바람에 군대는 차츰 사기를 잃어가고 있
었다. 그는 결국 파리 교외에서 철수할 수
밖에 없었다. 프랑스 왕위에 오른 지 몇 주
일 뒤 그는 노르망디의 아르크성이 바라
다 보이는 곳에서 마이옌Mayenne 공작 샤
를 드 로렌과 싸웠다. 형 기즈 공이 죽은
뒤 신성동맹의 우두머리가 된 마이옌은

가브리엘 데스테레

1590년 3월 14일 이브리에서 더 심한 참패를 당했다. 앙리 4세가 자신의 군
대에게 다음과 같은 유명한 구호를 외친 곳도 바로 이브리였다. "기수를
잃어버린 자들아, 나의 하얀 깃털로 모여들어라. 명예와 승리로 가는 길을
찾게 되리라!" 파리 시민들은 그의 오랜 포위 공격으로 극심한 기아에 허
덕였다. 그러나 끝내 앙리는 그들의 저항을 쳐부수지는 못했다. 그러자 그
는 샤르트르를 포위공격해, 1591년 4월 10일 이 도시를 점령했다.

　　샤르트르를 포위하고 있을 때 앙리 4세는 가브리엘 데스트레Gabrielle
d'Estrées(1573-1599)라는 운명의 여인과 관계를 갖게 되었다. 전설에 따르면
가브리엘은 '지독한 마늘 냄새를 풍기는' 그의 구애를 여섯 달 동안이나
거부하다가 결국 수락을 했다고 한다.

앙리 4세의 개종(1593.7.25)

국왕의 개종

전쟁이 끝없이 지루하게 계속되자, 국왕은 어떤 희생을 치르더라도 전쟁을 끝내야 한다는 사실을 깨달았다. 그는 오랫동안 망설인 끝에, 1593년 7월 25일 프랑스 국왕들의 묘지가 있는 생드니 바실리카 성당에서 칼뱅교를 저버렸다. 많은 사람들이 여전히 그의 진실성을 의심했지만, 그래도 군주의 개종은 신속한 결과를 초래했다. 주요 도시들, 특히 오를레앙과 리용에서 점점 더 많은 사람들이 그에게 복종해 왔다. 그러나 랭스는 여전히 가톨릭의 신성동맹에 충성을 바쳤다. 그래서 국왕은 1594년 2월 27일 샤르트르에서 대관식을 올렸다. 그는 개종으로 모든 반대 구실들을 제거하고, 3월 22일 드디어 파리에 입성했다.

"파리는 미사를 거행할 만한 가치가 있다" 즉, 개종을 해서라도 가질

만한 가치가 있다. 그러나 그가 정말
이런 말을 했는지 그 진위는 알 수 없
지만 어쨌든 그는 박수갈채를 받으며
노트르담 성당에서 찬미가 '테 데움'
을 들었다. 그의 표현대로 그는 이제
'개선 마차를 타고' 있었다.

스페인의 필리페 2세

낭트칙령

봄부터 여름까지 신성동맹에 가담한
많은 도시가 서둘러 국왕의 권위를 인
정했다. 그러나 교황 클레멘스 8세가
앙리 4세의 파문을 취소한 뒤에도, 부
르타뉴 지방은 여전히 기즈 공과 마이엔 공의 동생인 메르쾨르Mercoeur 공
작 필리프 엠마누엘 드 로렌Philippe Emanuel de Lorraine(1558-1602)의 손아귀
에 있었다. 신성동맹이 부르타뉴를 계속 장악할 수 있었던 것은 바로 스페
인의 지원 덕분이었다. 국왕은 이 상황을 종식시키기 위해, 1595년 1월 스
페인과의 전쟁을 선포했다. 6월 5일 부르고뉴의 퐁텐-프랑세즈에서 앙리
는 스페인 기병대를 압도적으로 무찔렀다. 그 보복으로 펠리페 2세Felipe
II(1527-1598)의 군대가 캉브레에 이어, 칼레와 아르드르 등의 도시들을 점
령했다. 앙리는 6개월 동안 라페르를 포위 공격해, 이 도시를 빼앗는 데 성
공했다. 그러나 파리는 공포에 휘말리게 되었다. 스페인이 기습작전으로
아미앵을 점령했기 때문이다. 앙리는 "프랑스 국왕에는 이제 싫증이 났
다. 지금은 나바르 국왕이 되어야 할 때다!"라고 외치면서, 재빨리 이 위기
상황에 대처했다. 병력과 돈이 모두 부족했지만 그는 기적처럼 돈과 병력

오른손을 든 국왕이 고관들 앞에서 서약을 하고 있다. 파리고등법원에 의해
낭트칙령이 통과된 날(1599.2.25)인데, 실제로 앙리 4세는 그날 부재한
상태였다. 파리의 법관들에게 낭트칙령을 자의적으로 강요하는 전제군주가
아니라, 왕관 앞에서 서약하는 입헌군주로 앙리 4세가 묘사되어있다

을 끌어모을 수 있었다. 그의 각료 가운데 네 명의 국왕을 차례대로 섬겼
던 비이루아Villeroy의 영주 니콜라 드 뇌프빌Nicolas de Neufville(1543-1617)은
서신에서, "국왕은 모든 사람에게 나누어 줄 용기를 충분히 갖고 있다"고
칭송했다. 9월 19일 앙리는 스페인 군대를 아미앵에서 몰아내는 데 성공
했고, 1598년 5월 2일에 베르뱅Vervin에서 스페인과 조약을 체결했다. 앙리
는 또한 부르타뉴의 메르쾨르 공을 밀어낼 준비에 착수했다. 그는 자신의
정부 가브리엘 데스테레가 낳은 두 아들 가운데 맏이인 세자르 드 방돔과
(메르쾨르 공의 딸) 프랑수아즈 드 로렌을 약혼시킴으로써, 피 한 방울 흘리

지 않고 메르쾨르와 합의에 이를 수 있었다. 그 당시 세자르는 불과 4세밖에 안 된 어린애였다. 앙리의 이 부르타뉴 방문은 가브리엘이 딸을 출산한 낭트에서 그 절정에 달했다. 1598년 4월 13일 앙리는 이 도시의 이름을 딴 유명한 '낭트칙령'에 서명했다.[4] 낭트칙령에 따라 양심의 자유가 선포되었고, 신교도에게 수많은 예배소와 무려 100여 군데에 이르는 피난처가 마련되었다.

경작과 목축은 프랑스의 두 젖줄

앙리 4세는 왕국을 통일하고 국내외의 평화를 이룩했다. 비록 짧은 통치 기간이었지만, 프랑스의 상처를 치유하는 데 그의 정력을 바쳤다. "신이 나에게 왕관을 내려주셨을 때, 프랑스는 이미 황폐해져 있었다." 이런 정신적·물질적 폐허에서 부르봉 왕조의 시조 앙리는 국토재건이라는 과제를 짊어지고 출발했다. 이 중대한 시기에 앙리 4세를 보좌하게 된 것이 바로 유명한 쉴리Sully 공, 막시밀리앵 드 베튄Maximilien de Béthune(1560-1641)이었다. 그들의 성격을 보면, 앙리 4세는 자유분방하고 호색적인 타입인 데 반해, 쉴리는 근면하고 금욕적인 타입이었다. 재무장관이 된 쉴리는 막대한 부채를 짊어진 국고의 회복을 위해 열성을 바쳤다. 그리고 "경작과 목축업은 프랑스의 두 젖줄"이라면서, 농촌을 재건하려고 애썼다.

　마음씨 좋은 국왕 앙리 4세는 프랑스 농민들에게 '일요일마다 구수한 닭찜 요리'를 선사하겠다고 호언장담을 했다. 그는 생전에 이 약속을 지키지는 못했으나, 프랑스의 국운은 날로 번창해갔다. 그의 뒤를 이어 두 국왕의 치세가 화려하게 꽃을 피운 것도 앙리가 토대를 놓았기 때문이다.

4　당시에는 '낭트칙령'이 아니라, '평화칙령'édit de pacification으로 불렸다.

농가를 방문한 소탈한 앙리 4세

앙리 4세는 결코 조용히 앉아 지내거나, 생각이 깊은 사람은 못 되었다. 그러나 탁월한 정치적 통찰력 덕분에 나라를 효율적으로 다스릴 수 있었다. 그는 해양활동과 식민지 확장에 관심이 많아서, 사뮈엘 드 샹플랭Samuel de Champlain(1567-1635)의 캐나다 탐험을 지원했다.

그의 치적이 유종의 미를 거두기 위해서는 정통성을 가진 후계자를 남길 필요가 있었다. 하지만 그에게는 적자가 없었다. 불운한 열정에 눈이 먼 앙리는 가브리엘 주위에 모여든 친구들의 부추김을 받아, 하마터면 정부에 지나지 않은 가브리엘과 결혼할 뻔했다. 만약 그랬다면 가브리엘은 이중의 간통에서 태어난 아들 세자르를 후계자로 삼았을 것이다. 만약 세자르가 후계자가 되었다면, 국왕이 죽은 뒤 반드시 왕위계승을 둘러싼 전쟁이 벌어졌을 것이다. 그러나 가브리엘이 1599년 4월 10일에 급사하자, 교황 클레멘스 8세는 앙리 4세와 마그리트 드 발루아의 혼인이 무효임을 선언했다. 이 선언 덕분에 국왕은 가브리엘의 사후 새로운 애인인 앙리에트 당트라그Henriette d'Entrague(1579–1633)의 거센 항의에도 불구하고, 1600년 10월 토스카나 공주인 마리 드 메디치와 결혼했다. 새 왕비는 1601년 9월 27일 왕세자(미래의 루이 13세)를 낳았고, 계속해서 네 명을 더 낳았다.

앙리 4세는 정식으로 두 번 혼인했으나 많은 정부를 거느리고 있었다. 또 그 밖에도 정부라고 하기에는 너무나 짧게 끝나 버린 일회성의 관계도 허다했다. 일설에 의하면 그는 평생 50명이나 되는 여성을 만났다고 한다. 앙리 4세는 사생아를 모두 그의 자식으로 인정했다. 그들은 결코 주군이 될 수 없는 신분이었으나, 앙리는 그들에게도 안락함과 지위와 작위 등을 수여했다.

첫 번째 왕비 마그리트 드 발루아(재위: 1572~1599)

앙리 2세와 카트린 메디치의 딸 마그리트 드 발루아(1553-1615)는 앙리 드 나바르와 혼인을 했다. 그러나 이 새로운 한 쌍의 결혼식은 '성 바르텔레미의 학살'이라는 전대미문의 유혈사태로 화해 버린다. 러시아의 무서운 이반 황제조차도 그 잔혹성을 비난했을 정도였다. 결혼 초기에 앙리는 거의 포로나 다름없이 궁궐에 갇힌 신세가 되었다. 1576년에 그는 무사히 감시망을 벗어날 수가 있었다. 곧 뒤이어 마고는 1578년 네락Nérac에서 남편과 다시 합류하게 된다. 그러나 이 두 부부는 결코 남편과 아내로서 살지 않았다. 결혼식 때에도 그들은 결코 서로 마주보는 일이 없이, 똑바로 앞만 응시했다고 전한다. 추기경이 "그대는 앙리 드 나바르를 기꺼이 남편으로 수락하겠는가?"라고 물어보았을 때 그녀

마그리트 드 발루아

는 아무런 대답도 하지 않았다. 그러자 이
를 보다 못한 샤를 9세가 강제로 여동생의
머리에 손을 대고 고개를 끄덕이게 하여
결혼승낙의 표시로 삼았다. 세련된 미녀
마고는 촌스럽고 투박한 사투리를 쓰며,
온종일 마늘 냄새를 풍기는 신교도 앙리
에게 전혀 호감을 느끼지 않았다. 앙리에
게는 여러 정부가 있었고, 마고 역시 숱한
남성과 화려한 염문을 뿌렸다. 언성을 높
이며 서로 다투는 일이 잦았던 그들 사이
에서는 결코 자녀가 탄생하지 않았다. 전
술한 대로 앙리는 마고의 어린 시녀였던
프랑수아즈 드 몽모랑시-포수를 사탕과

앙리 3세와 마고

편도 과자, 장미 잼 따위를 주면서 살살 꼬셨다. 앙리는 그녀를 '나의 딸'이
라고 불렀을 정도였다. 결국, 그녀도 몽토방으로 여행할 때 왕의 유혹에
그만 굴복했다. 그런데 앙리의 총애를 입은 후 기고만장해진 그녀는 자신
의 여주인 마고 앞에서도 매우 거만하게 굴기 시작했다. 자신이 그와 결혼
하려는 헛된 희망을 품고, 그녀는 끊임없이 앙리를 마고와 대척하도록 이
간질을 했다. 결국, 그녀는 임신을 하게 되었다. 앙리에게 떡두꺼비 같은
아들을 낳아줄 거라는 확신 속에서 그녀는 마치 자신이 왕비인 양 행세했
다. 이를 참다못한 마고가 그녀에게 궁에서 멀어지라고 조언을 했으나 그
녀는 오히려 떠나기를 거부하면서 절규했다. 마침내 그녀는 (고대하던 아들
이 아닌) 딸을 낳았는데 안타깝게도 사산하고 말았다. 의사의 조언대로 분
만은 비밀리에 이루어졌으며, 마고가 친절하게도 성심껏 남편 애인의 산
파 역할을 했다. 뒤늦게 모든 정황을 알게 된 어머니 카트린 드 메디치가

영화 〈여왕 마고〉에서 앙리 4세와 마그리트 드 발루아의 결혼식 장면

나서서 마고와 프랑수아즈를 포함한 그녀의 시녀들을 모두 소환했다. 카트린은 마고에게 사산한 프랑수아즈를 그녀의 부모에게 돌려보내라고 조언을 했으며 마고는 이를 따랐다. 1582년에 그녀는 마침내 궁정에서 쫓겨났다. 앙리는 이를 자신에 대한 '모욕'으로 간주했지만 그렇다고 해서 그녀를 다시 불러들이지도 않았다.[5] 곧 그는 '아름다운 코리장드'의 매력의 포로가 되었기 때문이다.

---

5   프랑수아즈는 1596년 3월 11일 생-마르 남작인 프랑수아 드 브록과 혼인했으며 1641년 사망했다.

마고는 곧 정치에 관여하기 시작했다. 그러나 사태는 그녀에게 불리하게 작용하여 그녀는 1584년 위송Usson으로 도망치는 몸이 되었다. 그녀는 자기 오빠인 앙리 3세나 남편인 앙리가 혹시 그녀를 죽이지나 않을까를 몹시 두려워하고 있었다. 그녀는 앙리 3세의 명령으로 위송에 감금되어 있다가, 오르베뉴에서 8년의 세월을 보냈다.

1592년부터 앙리 4세와 그녀의 결혼을 무효화시키려는 시도가 이루어졌으나, 그녀는 이를 수락하지 않았다. 결국, 7년 만에 왕비의 칭호를 그대로 유지한다는 조건 하에, 그녀는 앙리와 이혼을 했다(1599). 그녀의 전남편 앙리는 프랑스에서 가장 사랑받는 군주 중의 한 사람이 되었다. 이 시기에 그녀는 자신의 비망록을 집필하였으며, 1658년에 출판되었다. 그것은 그녀의 두 오빠 샤를 9세와 앙리 3세, 전남편 앙리 4세의 치세기에 대한 내용이었다. 아름답고 강인한 여성 마고는 조제프 보니파우스 드 라몰 Joseph Boniface de La Môle(1526-1574)을 위시하여, 많은 애인을 거느리고 있었다. 그러나 나이가 들어 탈모증세로 하얀 머리가 성글어지고 비만해졌을 때, 그녀는 빚에 쪼들려 수중에 있는 보석을 내다 팔지 않으면 안 되는 딱한 처지가 되었다. 전남편 앙리와 그의 두 번째 부인 마리 드 메디치와 협상을 한 끝에 그녀는 다시 파리로 돌아올 수가 있었다. 말년의 그녀는 예술의 후원자, 빈민들의 보호자를 자처했다. 그리고 궁정의 각종 행사를 도왔으며, 앙리 4세와 마리 드 메디치가 낳은 자녀들의 교육을 성심껏 맡았다. 마고는 1615년 5월 27일 파리에서 사망했다. 그녀의 시신은 발루아 성당에 묻혔다. 수천 명의 사람이 발루아 왕조의 마지막 공주였던 그녀의 죽음을 애도했다. 특히 마고를 진심으로 따랐던 앙리 4세의 어린 장남(미래의 루이 13세)은 몹시 흐느껴 울면서 그녀의 죽음을 슬퍼했다. 소설가 알렉상드르 뒤마는《여왕 마고》를 집필하였으며, 이는 1994년에 프랑스에서 영화로 상영되었다.

두 번째 왕비 마리 드 메디치(재위: 1600~1610)

파리의 루브르 박물관에 가보면, 아주 요염한 눈초리에 풍만한 몸매를 자랑하는 한 여신이 벽면을 온통 장식하고 있다. 그녀가 바로 앙리 4세의 두 번째 정부인인 마리 드 메디치Marie de Medici(1575-1642)다. 마리는 토스카나 대공 프란시스 1세와 잔 도트리시의 딸이었다. 그녀는 상대적인 미모(?)와 피렌체 은행가들의 재산에서 퍼온 막대한 지참금 60만 에퀴를 가지고, 프랑스 왕가에 시집을 왔다. 루이, 엘리자베스, 크레티엔, 니콜라, 가스통 장-밥티스트, 앙리에트-마리 등 여러 명의 자녀를 잉태하였다는 점에서, 그녀는 확실히 전처인 마그리트 드 발루아보다는 결혼생활에 훨씬 성공한 셈이었다. 그러나 그녀는 앙리의 정부들과 심하게 다투었고, 언어 면에서 궁

키가 크고 아름답고 위풍당당한 풍채에다 흰 피부에 밤색 머리를 한 마리 드 메디치

정 조신들에게 적지 않은 쇼크를 주었다. 그녀는 결혼생활 내내 남편의 수많은 정부와 사생아들을 견뎌내지 않으면 안 되었다. 남편 생전에 그녀는 어떠한 정치적 취미나 능력을 보인 적이 없었다.

1610년 4월 14일, 남편이 갑자기 암살을 당하자, 그녀는 섭정으로 임명되었다. 그때 장남인 루이는 스스로 통치를 하기에는 너무 어렸기 때문이었다. 별로 총명하지도 못하고 고집이 무척 세었던 그녀는 갑자기 몸이 비대해지기 시작했다. 그녀는 자신이 고향 피렌체에서 데려온 소꿉친구이면서 검은 머리의 요부로 알려진 레오노라 갈리가이Léonora Galigaï(1568-1617)와 이 여자의 남편이면서 색광으로 알려

갈리가이와 콘치니 부부의 의지에 종속된 마리 드
메디치(19세기 작품)

진 콘치노 콘치니Concino Concini(1569-1617)에게 국정을 맡겼다. 그들은 앙리 4세의 정치를 뒤엎기 시작했다. '이탈리아인의 프랑스 지배'가 시작되어, 앙리가 중하게 기용했던 인물들이 정계에서 대거 축출되었다. 철저한 가톨릭 신자였던 마리는 전에 앙리 4세가 적대했던 구교도 왕국 스페인 왕실과 손잡기로 했다. 그 구체적인 방법의 하나로 14살인 루이 13세와 역시 14살인 스페인 왕녀 안 도트리시를 결혼시켰다. 또한 그녀의 딸 엘리자베트(이사벨)는 스페인의 펠리페 4세와 혼인을 하였고, 앙리에트-마리는 영

국의 찰스 1세에게 시집을 갔다. 1617년 4월, 장성한 아들 루이 13세는 섭
정 마리 일파에게 도전하여, 우선 마리의 총신 콘치니를 루브르 궁 입구에
서 살해하고 그 일파를 궁정에서 몰아냈다. 이때 17살의 루이 13세는 "이
제야말로 내가 왕이다" 하고 큰소리치며 왕권을 장악했다. 그리고 섭정
마리의 소꿉친구이면서 콘치니의 아내였던 유명한 요부 갈리가이는 이
때 마녀로 취급돼서 화형에 처해졌다. 워낙 음모를 좋아했던 성격 탓에 섭
정 마리 역시 결국 아들에 의해 귀양을 가게 된다. 콩피엔에서 브뤼셀로 도
망쳤던 그녀는 다시 콜로뉴로 거주지를 옮겼고, 1642년 7월 3일 그곳에서
궁핍 속에서 늑막염으로 사망했다. 그리고 몇 달 후에 리슐리외도 사망했
다. 1643년 5월 8일 그녀의 유해는 별다른 커다란 의전 없이 생드니로 옮겨
졌으나, 생전에 두 심장이 합쳐지기를 원했던 앙리 4세의 바람대로 그녀의
심장은 라 플레쉬의 생 루이 교회로 옮겨져 남편의 것과 오랜만에 재회했
다. 그녀의 아들 루이 13세도 동년 5월 14일에 사망했다.

　　그녀는 매우 활발한 정치활동을 했다. 그녀는 고향 토스카나를 연상
시키는 뤽생부르 궁을 짓도록 명하였고, 플랑드르 화가 루벤스의 후원자
였다. 루벤스는 마리의 일생을 그린 24점의 작품을 남겼고, 그것은 오늘날
루브르 박물관의 메디치 회랑에 전시되어있다.

호남자 앙리 4세의 연애무용담

호색가Vert galant라는 별명이 붙었을 정도로 자유분방했던 앙리 4세의 사
생활에 대하여 프랑스 사가들은 대체로 관대한 편이다. 앙리 4세는 두 번
혼인했다. 첫 번째는 '마고 여왕'이란 별명을 지닌 마그리트 드 발루아, 두
번째는 마리 드 메디치였다. 두 번의 결혼 모두 다 실패작이었다. 마고와
는 강제된 정략혼이었기 때문이고, 두 번째의 경우는 마리 드 메디치의 나

쁜 성질과 지나친 질투심 때문이었다. 그리하여 인생 말기(그는 57세에 사망했다)까지도 국왕은 미모의 여성들에게 구애를 했으며, 혼외정사를 통해 사생아를 낳았다. 우선 '아름다운 코리장드'라는 별칭의 디안 당두앵부터 시작해 보자. 그녀는 당시 나바르 국왕이었던 앙리와 다정한 연인 사이로 지냈으며 연인 사이가 끝나고 나서도 계속 우정 어린 사이로 남았다. 프랑수아즈 드 몽모랑시-포수는 1579년에 나바르 국왕 앙리의 정부가 되었으나, 정부인 마고에 의해 금세 내쫓겼다.

앙리 4세의 인생에서 가장 중요한 비중을 차지했던 여성은 가브리엘 데스테레(1573-1599)였다. 그녀는 세 명의 사생아를 낳았고, 앙리 4세는 그녀와 정식으로 혼인할 마음까지 먹고 있었다. 그러나 국왕의 아이를 임신하고 있었던 가브리엘이 갑자기 사망했다. 마리 드 메디치와의 혼인을 주장하는 사람들이 죽였다고도 하고(실제로 가브리엘이 사망한 후에, 국왕은 곧 마리 드 메디치에게 장가를 들었다), 가브리엘의 정적들이 죽였다는 소문도 나돌았다. 가령, 쉴리 공은 가브리엘의 존재를 조금도 인정하려 들지 않았다. 그녀가 죽은 후에 앙리 4세는 3개월 동안 상복을 입었으나, 금방 전 애인의 존재를 잊어버리고 앙리에트 당트라그라는 여성에게 열중하기 시작했다. 국왕의 정부들은 정치적인 영향력을 거의 행사하지 않았다. 그러나 가브리엘의 사망 이후에, 야심 많은 음모형 인간 앙리에트 당트라그에 대한 애정은 불행한 결과를 가져왔다. 그는 또한 자크린 드 뷔에유Jacqueline de Bueil(1588-1651)와 샤를로트 데자사르Charlotte des Essarts를 좋아했다. 자크린과의 관계는 매우 단명한 로맨스였으나, 그녀는 앙투안이란 사생아를 한 명 낳았다. 외견상 자크린은 세지 샹발롱과 혼인을 했으나, 그녀와 잠자리를 같이한 것은 바로 앙리 4세였다!

다음은 국왕이 아나이스란 여성에게 직접 보냈던 서신의 일부다. "1604년에 짐은 영국 왕이 짐과 왕세자에게 모종의 음모를 꾸미고 있다는

자크린 드 뷔에유

사실을 알게 되었소. 그런데 진실로 황당했던 점은 나의 아름다운 정부 앙리에트와 그의 가문이 이 사건에 연루되었다는 점이오. 아무리 그녀가 결백을 주장해도 짐은 이 건방진 모사가 앙리에트를 도저히 용서할 수가 없소. 더욱이 그녀는 왕비 마리에게도 너무 적대적이라오. 짐은 그녀와의 이별에 아무런 감정의 동요도 느끼지 않고 있소. 왜냐하면, 짐은 무일푼의 고아인 16세의 젊은 금발 여성 자크린 드 뷔에유와 이미 사귀고 있기 때문이오. 왕비 마리가 '뚜쟁이'라고 부른 자크린은 짐에게 남편과 지참금을 요구하였소. 그리하여 그녀는 3,000에퀴와 샹발롱이란 귀족을 하사받았다오. 그들의 신혼 방에 짐이 들어갔을 때 샹발롱은 공손히 물러났고, 짐은 신부와 정사의 감미로움을 맛볼 수 있었다오." 국왕은 말년에 샤를로트 몽모랑시라는 또 다른 젊은 여성에게 홀딱 반했다.

가브리엘 데스테레

"나의 고통은 비할 데 없이 크다. 후회와 탄식이 무덤까지 나를 동반하는구나! 내 마음의 뿌리는 죽어버렸고, 이제 다시는 자라지 않으리라." 애인 가브리엘이 26세의 젊은 나이로 사망했을 때, 앙리 4세는 다음과 같이 탄식해 마지않았다. 그녀는 앙리의 넷째 아이를 임신한 상태였다. 그는 애인의 죽음을 애도하는 의미에서, 왕가의 장례식을 치르도록 명했다. 가

가브리엘(오른쪽)과 그녀의 여동생이라고 추정되는 작자미상의 작품(1594)

브리엘은 피카르디 귀족 가문의 태생이었다. 그녀는 1573년에 태어나서, 1599년 봄에 갑자기 사망했다. 당시 그녀는 가족과 함께 쾨브르Coeuvres성에서 살고 있었는데, 그의 부친 앙투안 데스테레는 그 성을 가리켜 '창녀들의 매음굴un clapier à putains'이란 극단적인 표현을 썼다. 가브리엘은 결점 하나 없이 완벽한 피부미인이었다. 푸른 눈동자에 금발을 지닌 그녀의 존재는 지성과 부드러움, 찬연한 우아미로 달덩이처럼 빛났다. 그녀는 프랑스 국왕에게 주체할 수 없이 뜨거운 열정을 품도록 하였으나, 그녀의 애인 벨가르드와의 관계를 완전히 청산하지는 않았다. 비록 가브리엘에게 다른 정부가 있었음에도 불구하고, 국왕은 그녀를 열심히 쫓아다녔다. 그녀를 방문하기 위해 가끔 농민 복장을 할 때도 있었다. 결국, 국왕의 헌신적인 열정 덕분에 그녀는 이듬해에 국왕의 정부가 되었다. 가브리엘의 할머니는 프랑수아 1세의 정부이기도 했으므로, 국왕의 정부가 되는 것은 어찌 보면 이 가문의 가풍(?)이기도 했다.

　　그녀의 어머니가 아름다운 가브리엘을 국왕 앙리 4세에게 처음 선보였을 때, 그녀의 나이는 16세였다. 그때 국왕은 자기 취미에는 맞지 않는 여성이란 판단을 내렸다. 그러나 기즈 영양의 평에 따르면, 그녀의 얼굴은 진주처럼 매끈거리고 투명한 광택이 넘쳐흘렀다. 가브리엘이 그날 걸쳤던 하얀 새틴 드레스는 그녀의 하얗고 아름답게 드러난 봉긋한 가슴에 비하면, 오히려 검어 보일 정도였다. 가브리엘의 입술은 진홍 루비색으로 반짝였고, 그녀의 푸른 천상의 눈은 태양이나 별에게 그 오색 찬연한 빛을 빌려 온 것이 아닐까 의심이 들 정도였다. 그녀는 기즈 추기경, 벨가르드 공, 롱그빌 공, 마침내 앙리 드 나바르에 이르기까지, 수많은 연인들을 거느리고 있었다. 가브리엘 부친의 엄중한 질책을 피하기 위해, 국왕은 편의상 그녀를 리앙쿠르라는 귀족에게 시집보냈다. 그는 단지 명목상의 남편일 뿐이었다. 바람둥이 국왕 앙리 4세는 가브리엘에게 최상의 호의를 베풀었다. 전대미문의 사치와 성이 딸린 많은 영토를 하사했다. 그래서 그녀가 사망했을 때, 그녀는 무려 12개나 되는 막대한 영지를 소유하고 있었다.

　　이 (덕이 부족한) '작은 미덕의 위대한 귀부인'grande dame de petite vertu은 그가 관계한 여자들 가운데 가장 큰 영향력을 행사했다. 일단 왕의 여자가 된 후에, 그야말로 열정적인 충성을 바쳤던 가브리엘은 전장까지 앙리를 계속 따라다녔다. 국왕의 아이를 임신해서 배가 상당히 불룩했을 때조차도 그녀는 전쟁터 가까이에 설치된 앙리의 텐트 속에서 같이 살기를 고집했다. 그녀는 과연 앙리의 의복이 깨끗한지, 또 고된 전투를 마친 후에 그가 잘 먹었는지 등을 꼼꼼히 체크하면서, 그가 싸우는 동안 매일 서신들을 손수 처리했다. 그녀는 매우 지적이고 영리한 데다 실용주의적인 여성이었다. 앙리는 그녀에게 자신의 비밀들을 털어놓았고 그녀의 충고를 제법 잘 따랐다. 그는 두 사람이 떨어져 있을 때, 즉 장기여행 중이거나 야영

성장을 한 앙리 4세와 가브리엘 데스테레

할 때는 그녀에게 자주 편지를 쓰곤 했다. 앙리로 하여금 신교를 버리고 가톨릭으로 개종하라고 설득한 것도 바로 그녀였다. 비록 가톨릭으로 태어났지만, 그녀는 종교전쟁을 끝내는 가장 최선의 방법이 앙리가 가톨릭으로 개종하는 것임을 누구보다 잘 알고 있었기 때문이다. 그녀는 후일 프랑스 가톨릭 교도들에게, 신교도들에게 어느 정도 권리를 허락하는 '낭트 칙령'을 수용하라고 촉구하기도 했다.

앙리는 가브리엘 데스테레와 진심으로 결혼할 생각이었지만 이 계획은 프랑스 국왕을 자신의 질녀인 마리 드 메디치와 혼인시키고 싶어 했던 교황 클레멘스 8세(1536-1605)의 반대로 좌절되고 말았다.

앙리는 첫 번째 부인 마고와는 오랫동안 별거 중이었다. 1599년 2월

가브리엘 데스테레의 죽음(1599.4.10)

23일 루브르 궁에서 축제가 열렸을 때 그는 가브리엘에게 자신의 대관식 반지를 선사하면서 그녀와 결혼하겠다는 의사를 공식적으로 밝혔다. 그러자 '거의 왕비'나 다를 바 없었던 가브리엘은 만인의 증오 대상이 되었다. 과격한 가톨릭 세력인 기즈 가문을 편들던 파리 시민들이나 그녀의 호화로운 의상이나 보석, 또 왕이 사준 루브르 궁 앞의 솜베르 저택 등 그녀의 사치를 매우 못마땅하게 여기던 귀족들도 역시 그녀를 미워하기는 마찬가지였다. 그녀는 많은 비방 팸플릿의 단골 주제가 되었다. "명예도 없이 사는 파렴치한 여성, 또 천사인 체하는 매춘부를 섬기는 국왕을 보는 것은 얼마나 기막힌 일인가!"(풍자문 중에서)

국왕에게는 마고라는 정식 부인이 있었지만 두 사람은 공식 석상에서도 공공연한 애정 표현을 했다. 유명한 낭트칙령을 발포할 때에도 가브리엘은 낭트까지 국왕을 대동하여 시장과 사령관의 영접을 받았다. 앙리는 정부인 마그리트 드 발루아와 이혼한 다음에 가브리엘을 프랑스 왕비로 삼을 작정을 하고 있었지만, 그녀는 끝내 국왕의 정부인이 되지는 못했다. 그녀의 갑작스러운 죽음이 모든 딜레마를 해결해주었다. 앙리 4세의 네 번째 아이를 밴 지 4개월이 되었을 무렵이다. 그녀는 금융업자 세바스티앙 자메의 저택에서 만찬을 먹다가 갑자기 폐부를 찌르는 듯한 엄청난 통증을 느꼈다. 자메는 식욕을 돋우기 위해 그녀에게 에피타이저용으로 얼린 신선한 레몬을 건넸는데, 그것을 먹고 난 후 갑자기 그녀의 얼굴이 누구인지 알아보지도 못할 정도로 표정이 일그러지고 안색이 검게 변하기 시작했다. 그리고 며칠 후 그녀는 고통 속에서 사망했다. 그래서 레몬 속에 혹시 유해한 성분을 넣지 않았나 의심한 궁정에서는 즉각 자메의 체포를 명했다. 그러나 오늘날 학자들은 그녀의 사인을 독살설이 아니라 주로 분만할 때 전신의 경련 발작과 의식 불명을 일으키는 '자간'으로 추측하기도 한다.

가브리엘이 이처럼 허망하게 사망한 후 의사는 그녀의 뱃속에서 죽은 태아를 꺼냈다. 어쩌면 '왕비가 될 뻔한 여성' 가브리엘의 장례식은 왕가의 장례식으로 매우 성대하게 치러졌고 그녀의 주검은 모비송 교회에 고이 안장되었다. 그러나 '쓰레기 공작 부인'duchesse d'ordures의 급사 소식이 퍼졌을 때 거리의 파리 시민들은 "가브리엘이 악마와 계약을 맺었으며 그것 때문에 목숨을 잃었다"고 수군거리면서 그들의 잔인한 기쁨을 감추지 못했다. 곧이어 독살설이 항간에 나돌았다. 신의 작품인가 아니면 인간의 소행인가? 그러나 애인의 죽음으로 깊은 상심에 잠긴 국왕 앙리는 자신의 애도를 표하기 위해 3개월간이나 검은 상복을 입었다. 어떤 프랑스 국왕도 자신의 애첩에게 이러한 오마주를 표한 국왕은 없었다! 가브리엘의 사후 앙리 4세는 자신이 하사한 그녀의 영지들을 다시 매입해서, 미래의 루이 13세가 태어났을 때 직계상속자 탄생의 기념으로 두 번째 왕비 마리 드 메디치에게 선물로 하사했다.

앙리에트 당트라그

앙리에트 당트라그. 그녀의 여동생
마리-샤를로트도 역시 국왕의 정부가
되었다. 그녀의 어머니는 샤를 9세의
정부였다

앙리가 그녀를 만났던 것은 가브리엘 데스테
레가 사망한 지, 꼭 6개월이 되었을 때였다. 앙
리에트는 프랑스 왕비가 될 당찬 꿈을 꾸고 있
었으나 국왕의 마리 드 메디치와의 결혼으로,
그녀의 야심은 하루아침에 무너지고 말았다.
그때부터 그녀는 끊임없이 국왕에게 음모를
획책하기 시작했다. 그것은 왕세자(미래의 루이
13세)가 탄생한 지 얼마 안 되어, 곧 태어난 자신
의 아들을 국왕으로 앉히려는 속셈 때문이었
다. 그녀는 다른 여성 경쟁자들을 물리치기 위
해, 심지어 마리 드 메디치와 손을 잡기도 했다.
역경이 닥쳤을 때 여성들은 이처럼 하루아침에
적도 동지가 되는 것이다!

앙리에트에게는 원래 두 명의 아들이 있었
다. 그러나 첫 번째 아이는 사산되어, "아들을 낳아주면 반드시 왕비로 삼
겠다"는 국왕의 약속을 영원히 무용지물로 만들었다. 그녀의 두 번째 아
들 앙리 드 부르봉(1601-1682)은 왕세자가 태어난 지 불과 한 달 뒤에 태어났
다. 그때 앙리 4세는 너무 지나치게 메디치를 닮은 왕세자보다, 자신이 훨
씬 잘생겼다는 농담을 했다. 이 말을 전해 들은 왕비는 그만 분해서 펄펄
뛰었다고 전한다. 앙리에트는 또 가브리엘-앙젤리크(1603-1627)란 딸을 한
명 낳았다. 만일 앙리 4세가 사망하는 경우 앙리에트의 아들인 앙리가 적

자로서 왕위에 오를 수 있도록 앙리에트와 그녀의 가문이 비밀리에 스페인과 공모했다는 사실이 밝혀졌다. 비록 그녀는 앙리 4세와 화해를 했으나, 혹자는 그녀가 1610년 라바이악의 국왕 시해 음모에 연루되었다고 맹렬히 비난하기도 했다.

앙리 4세의 암살

앙리 4세의 외모는 잘 알려져 있다. 유난히 커다란 코와 살아있는 눈, 짙은 수염과 대담무쌍하고 별로 세련되지 못한 성격 등이 그와 관련된 기록에서 자주 등장한다. 그의 왕국이 통일된 뒤에도 앙리 4세의 치세는 별로 순조롭지 못했다. 한 세기가 넘게 계속된 치열한 종교분쟁은 프랑스를 갈기갈기 찢어놓았고, 평화는 쉽게 찾아들지 않았다. 앙리의 목숨을 노리는 암살 기도가 여러 번 발생했다. 1594년 12월 장 샤텔Jean Châte(1575-1594)은 단검으로 국왕에게 상처를 입혔다. 샤텔은 지독한 고문을 당했고, 그의 범죄는 예수회 수도사들을 왕국에서 쫓아

샤를로트 몽모랑시

낼 구실로 이용되었다. 앙리가 이단의 승리를 위해 위선적인 개종의 가면을 쓰고, 국왕 암살 기도를 스스로 연출해냈다는 믿음이 당시에 퍼져있었다. 한편 앙리의 어리석은 연애 행각은 국사에 임하는 그의 지혜와 여전히 대조를 이루었다. 마침내 그는 베르뇌유 후작 부인이 된 약삭빠른 앙리에트 당트라그에게 싫증이 났다. 아니면 젊은 여자들에게 더 끌렸기 때문인지도 모른다. 그는 55세의 나이에 프랑스 총사령관이자 친구의 딸인 방년 15세의 샤를로트 드 몽모랑시Charlotte de Montmorency(1594-1650)에게 빠지고

콩데 공 앙리 2세

말았다. 앙리는 샤를로트를 여자한테 별 관심이 없어 보이는 조카 소小콩데 공 앙리 2세(1588–1646)와 결혼시킬 생각을 품었다.

아나이스에게 보낸 서신에서 앙리는 다음과 같이 적고 있다. "샤를로트 몽모랑시를 알게 된 것은 왕비 마리가 그녀를 발레연습에 초청했기 때문이오. 짐은 그녀를 처음 본 순간, 내 안에 악마가 눈뜨는 것을 느꼈다오. 이 님프는 더할 나위 없는 우아함을 지니고 있다오. 그녀는 권위 있는 가문 몽모랑시의 앙리 사령관의 딸이라오. 그녀는 사랑보다는 유희를 즐기는 위험한 유혹자인 프랑수아 드 바송피에르와 혼인하도록 되어 있었지만, 짐은 이 결혼에 반대했다오. 대신 짐은 콩데 공에게 사랑스러운 그녀를 시집보낼 생각을 했다오." 그러나 일단 결혼하자 콩데 공은 국왕이 자기 아내를 더 이상 만나지 못하도록, 아내를 스페인령 네덜란드의 수도인 브뤼셀로 데려갔다.

앙리 4세는 격분했다. 많은 역사가들은 앙리 4세가 당시 합스부르크 왕가를 대상으로 전쟁을 준비한 것은 이 불행한 연애 사건 때문이었다고 주장하지만, 이 설은 별로 신빙성이 없다. 클레베와 윌리히의 계승 전쟁으로 그의 전쟁준비가 어려움을 겪게 되자, 잠시 망설이던 앙리는 윌리히에서 제국군대를 쫓아내기 위해 원정을 감행하기로 결심했다. 그는 오래전부터 이번의 라인강 원정에 대비해 조직해 놓은 세 부대 중 하나인 동부군을 지휘하기 위해 떠날 날짜를 1610년 5월 19일로 정해 놓고 있었다.

5월 14일 이른 오후, 그는 병상에 누워 있는 쉴리 공을 문병하기 위해 마차에 올라탔다. 루브르 궁전을 떠난 마차가 비좁은 페론느리Ferronnerie 거리에서 교통혼잡으로 길이 막히는 바람에, 마부는 속력을 늦출 수밖에

앙리 4세의 암살

없었다. 그때 갑자기 프랑수아 라바이악François Ravaillac(1577-1610)이라는 미치광이가 뛰쳐나와 앙리의 마차에 올라타더니 장도로 왕을 두 번이나 찔렀다. 그때 국왕은 소리쳤다. "이크, 나 다쳤어Je suis blessé!" 국왕은 그 자리에서 숨졌다. 이 암살자는 모든 것을 체념한 듯, 아예 도망갈 생각도 하지 않았다. 그는 모든 것을 혼자서 계획했다고 주장하면서, 일체 공범 여

국왕 시해범 라바이악의 처형식

부를 부인했다. 그러나 많은 사람들이 왕비의 측근이나 친親스페인파들이 이 암살사건에 연루되었을 것으로 추측했다. 국왕 시해범 라바이악의 말로는 비참하기 이를 데 없었다. 모진 고문으로 망가진 그의 사지를 매단 네 필의 말이 명령이 떨어져 달리기가 무섭게, 그의 몸뚱아리는 비참하게 갈가리 찢겨 나갔다. 그의 시체는 나중에 또다시 화형식에 처해졌다. 이때 장사진을 친 파리의 군중들은 신이 축성한 국왕의 성스러운 신체를 해한 범인의 말로가 과연 어떤지를 똑똑히 목도했다. 앙리는 평생 많은 오해 속에서 살아왔지만, 이 비극적인 종말은 마침내 국민의 눈을 뜨게 해준 것 같았다. 프랑스 국민들은 곧 그에게 '앙리 대왕'이라는 칭호를 주었다.

新 프랑스 왕과 왕비

13 정의로운 국왕 루이 13세

부르봉 왕조의 두 번째 국왕(재위: 1610~1643)

> "나는 그(생-마르 후작)가 교수대 위에서 얼굴을 찡그리는 모습을 보고 싶다."
> - 프랑스 국왕 루이 13세

어린 시절의 루이

1660년 퐁텐블로에서 출생한 루이 13세Louis XIII(1601-1643)는 1643년 5월 14일에 생제르맹-앙-레에서 사망했다. 그는 앙리 4세와 마리 드 메디치의 장남이었다. 루이는 부친이 가브리엘과 앙리에트 등 여러 명의 정부들 사이에서 낳은 사생아 자녀들과 함께 자라났다. 매우 소심한 성격에다 말까지 약간 더듬었던 그는 부친을 몹시 따랐다. 앙리 4세는 일찍부터 이 어린 왕세자에게 군주의 소임을 가르쳤다. 그리하여 부친이 라바이악에게 암살당했을 때, 9세의 소년 루이는 엄청난 충격을 받았다. 1610년 그는 랭스 성당에서 대관식을 올렸다. 그러나 아직 나이

어린 국왕 루이 13세(1611)

왕세자의 승마교육. 국왕의 오른쪽에 있는 인물이 질 드 수브레다

가 어렸기 때문에 모친 마리 드 메디치가 섭정직을 맡았다. 그는 스승 질 드 수브레Gilles de Souvré(1540-1626)에게 오직 피상적인 교육만을 받았다. 그는 음악과 사냥을 무척 좋아했다. 매우 신앙심이 깊고 폐쇄적이며 과묵했던 그는 모친이 자신을 거의 방치해 둔 것에 대한 상실감이나 모친에게 일종의 강박관념으로 상당히 내면적인 고통을 받았다. 모친이 신임했던 총신 콘치니는 단 한 번도 군대지휘봉을 잡아 본 경험도 없이 원수로 승격되었으며, 쉴리 정부 하에서 축적된 국고의 재산을 마음껏 탕진했다.

루이의 쿠데타

마리 드 메디치는 아들이 성인이 되자, 합스부르크가의 공주 안 도트리시Anne d'Autriche(1601-1666)와 혼인시킬 생각을 품었다. 결혼식은 보르도에서 거행되었다. 그러나 부르봉가와 합스부르크가의 관계와 마찬가지로, 이 결혼은 결코 행복한 것은 못 되었다. 이 부부는 결혼 생활의 대부분을

콘치니   갈리가이

떨어져서 살았다. 그때 루이 13세는 14세였다. 섭정 메디치와 콘치니(1569-1617) 양인이 국정을 마음대로 주물렀으며, 그들은 국민에게 전혀 인기가 없었다. 국왕은 그들을 무척 증오했다. 그는 총신들과 힘을 합쳐 쿠데타를 계획했다. 콘치니를 체포하여 그 자리에서 죽여 버렸고, 그의 부인 갈리가이Galigaï(1568-1617)도 마녀로 몰려 사형을 당했다. 루이 13세는 또한 모친을 블루아성에 유폐시켜 버렸다. 이 첫 번째 쿠데타는 루이 13세의 친정을 알리는 서곡이 되었다.

쿠데타에 공을 세운 뤼느 공duc de Luynes(1578-1621)이 그가 가장 아끼는 총신이 되었으나, 안타깝게도 그는 행정적인 능력이 빈약한 인물이었다. 뤼느 공이 사망한 후, 루이 13세는 모후 마리를 다시 국무회의에 복귀시키고 리슐리외 추기경cardinal de Richelieu(1585-1642)을 기용했다. 루이 13세는 처음에 리슐리외를 별로 탐탁지 않게 여겼으나, 꽤나 복잡했던 두 사람의 관계는 점점 신실한 애정으로 발전했다. 루이 13세는 리슐리외를 가리켜, 프랑스가 여태껏 가지지 못했던 가장 위대한 가신(종복)이라고 높이 찬미하게 된다.

요부 갈리가이의 처형식

한 방 먹은 날

'한 방 먹은 날journée des Dupes(1630.11.10)은 실각된 줄 알았던 리슐리외가
루이 13세에 의해 복권된 날이다. 모후 메디치는 정치적 영향력을 다시 회
복할 요량으로, 끊임없이 아들에 대항한 음모를 획책했다. 루이 13세는 초
기에 리슐리외란 인물에게 어떤 매력도 느끼지 못했다. '사방에 불을 붙이
려 하는 위험한 인물'로 보고 몹시 경계했던 것 같다. 그러나 리슐리외는
항상 "나의 제1목표는 국왕을 존경하는 것이고, 제2목표는 왕국의 융성이
다" 하면서, 갑작스럽게 국왕의 신임을 얻고 있었다. 국왕은 그의 천부적
인 정치·행정적인 능력을 간파했다. 결국, 이 두 사람은 일평생 매우 친밀

리슐리외를 해고하라고 요구하는 마리 드 메디치. 프랑스 삽화가 모리스 를르아르Maurice Leloir 작품(1910)

하고 정직한 유대감을 조성했다. 그들은 '프랑스의 위대성'에서도 똑같은 생각을 공유하고 있었다. 루이 13세 치세하의 부르봉 왕가는 앙리 4세가 수립한 왕권을 효율적으로 유지해 나갔으나, 종교의 자유 문제는 여전히 뜨거운 감자였다. 루이 13세는 반항적인 귀족들의 세력을 누르기 위해 중요한 법령을 공포했다. 결투의 금지, 내부요새의 파괴, 원수직의 폐지, 귀족의 특권을 잃는 일 없이 상업에 종사할 권리, 또한 평민이 귀족이 될 수 있는 가능성을 열어 주었다. 만일 귀족이 법을 어기고 결투를 하는 경우에, (귀족의 명예에 더할 나위 없는 치명타인) 교수형에 처할 정도로 엄중히 다스렸다. 이를 사회 위계질서의 전복이라 규정한 귀족들은 거세게 반발했고, 구교와 신교도의 대립이 또다시 고개를 쳐들었다. 그러나 리슐리외는 영

리슐리외 추기경

국과 동맹한 프랑스 신교도들을 신속히 제압했다. 그는 프랑스 국경의 평화보장을 원했다. 그래서 스페인과 오스트리아를 지배하는 유서 깊은 구교 합스부르크가와 싸우기로 했다. 그러기 위해 그는 독일 신교도들과 손을 잡았다. 그는 구 섭정 메디치와 왕제 가스통 오를레앙 공Gaston d'Orléans(1607-1611)과 결탁한 궁정 세력과도 대립하게 되었다. 마리 드 메디치는 자신의 뤽상부르 궁에 아들을 불러, 리슐리외를 내치도록 간청했다. 사태의 심각성을 알아차린 추기경은 밀담이 진행되는 회의실에 들어가려고 했다. 그러나 메디치는 사전에 수비병들에게 "궁의 모든 문을 걸어 잠그라"는 명을 내렸다. 그러나 모두는 아니었다. 문이 하나 닫히지 않았다. 그의 비망록에서 추기경은 다음과 같이 기록했다. "신은 내게 빗장이 걸리지 않은 문을 허락하셨다. 나는 그 덕분에 나를 파멸시키려는 무리들에 대항하여, 나 자신을 변호할 수 있는 절호의 기회를 얻을 수가 있었다." 나중에 메디치 역시 다음과 같이 회고했다. "만일 내가 빗장을 잠그는 일을 소홀히 하지 않았더라면, 그는 반드시 실각했을 것이다." 용의주도하기 이를 데 없었던 리슐리외 추기경은 국왕에게 접근하기 위해 섭정의 시녀 한 사람을 미리 포섭해 두었던 것 같다. 우리는 아들과 단독으로 밀담을 나누는 자리에 갑자기 유령처럼 나타난 추기경의 모습에 놀라는 모후 메디치의 모습을 충분히 상상할 수가 있다. "두 분 전하께서는 아마도 지금 제 말씀을 나누고 계신 것 같군요?" 섭정 메디치는 메마른 목소리로 그렇다고 대답했다. 자신에 대한 맹렬한 비난을 다 경청하고 난 후에, 리슐리외는 국왕 앞에 공손히 무릎을 꿇고 자신의 입장을 간곡히 호소했다. 묵묵부답의 루이 13세는 말의 박차를 가해 베르사유를 향했다. 그 당시 허허벌판의 사냥터 베르사유에는 단지 작은 사냥 휴게소가 하나 있었을 뿐이었다. 나중에 그의 아들 루이 14세가 오늘날 우리가 알고 있는 장대한 베르사유 궁을 세우게 된다. 그때 형세를 관망하던 궁정 조신들은 섭정의 승리를 믿게 되었으며, 그녀에게 모두 머리를 조아렸다. 그러나 뜻밖에도 국왕은 리슐리외를 불러오도록 명하여, 그에게 국왕의 신임을 재확인시켜 주었다. 국왕은 추기경에게 다시는 그를 멀리하는 일이 없을 것이란 굳은 맹세를 약속했다. 그리하여 궁정 조신의 한 사람인 세랑 백은 모두가 '한 방 먹은

가스통 오를레앙

날'이란 유명한 말을 후세에 남겼다. 승리한 리슐리외는 국왕에게 섭정을 멀리할 것을 확약받았다. 모후 메디치는 라샤펠에 정착하기를 원했고, 다시 네덜란드로 망명하는 처량한 신세가 되었다. 결국, 그녀는 콜로뉴에서 사망했다. 30세가 되도록 아이가 단 한 명도 없었던 왕제 가스통 역시, 국왕인 형의 자리를 넘보았다는 죄목으로 궁정을 떠나지 않으면 안 되었다.

독일판 위그노 전쟁

국가이성raison d'État이란 지상명령 하에, 국왕의 두터운 신임을 입은 리슐리외 추기경은 이제 자신이 원하는 대로 전쟁을 리드할 수가 있었다. 이때 그의 외교적 수완은 최대한으로 발휘되었다. '독일판 위그노 전쟁'이라 할 수 있는 30년 전쟁에서, 그의 기본방침은 이러했다. 직접 참전하지는 않

루이 13세

고 주위의 다른 나라를 참전시켜 독일 황제와 싸우게 함으로써 '합스부르크가의 세력을 약화시킨다'는 프랑스 왕실의 숙원을 성취하고, 참전국을 지원한 대가로 라인강 좌측의 토지를 획득하게 된다. 그러나 전쟁에서 차차 종교의 문제가 제거되고, 왕조 대 왕조의 싸움이라는 정치성이 농후해졌을 때, 프랑스는 더 이상 무대의 흑막 노릇만 할 수는 없었다. 1636년 5월부터 프랑스군이 드디어 전선에 출동, 합스부르크가의 군대와 맞섰다. 그러나 당시 유럽에서 최고수준의 육군을 보유하고 있던 스페인군을 당해낼 수는 없었다. 파리가 위협을 받을 정도로 사태는 위태했다. 루이 13세는 리슐리외와 함께 시민들 앞에 나타나서 직접 국가의 위기를 호소했다. 그 결과 파리 시민 사이에서 국가의식이 갑작스럽게 높아지고, 거의 기적적으로 적을 물리칠 수가 있었다. 이때부터 프랑스군은 본격적인 공세를 전개, 외세의 위협을 제압할 수 있었다.

그사이 전투지휘나 무술을 좋아한 루이 13세의 모습을 전해 주는 이런 말이 생겼다. "국왕은 무더위 속에서 계속 17시간이나 말에서 내리지 않았고... 비가 내리건 눈보라가 치건 종일 말을 타고 다니며 솔선수범했다." 그 무렵 재상 리슐리외의 걱정은 루이 13세에게 상속자가 없어서, 혹시 왕제 가스통이 왕위를 계승하게 될지도 모른다는 것이었다. 루이 13세는 아름다운 왕비 안 도트리시를 싫어하고, 정신廷臣의 귀부인들과 플라토닉한 우정에 취해 있기만 했다. 결혼생활 20년 만에, 또한 네 차례의 유산 끝에 왕비는 드디어 1638년에 기다리고 기다리던 옥동자를 낳았다. 이

아들이 바로 태양왕 루이 14세이나, 루이 13세의 친자라는 명백한 증거는 없다.

어린 루이 14세와 안 도트리시

안 도트리시(재위: 1615~1643)[6]

1615년 12월 25일 14세의 소녀였던 안 도트리시(1601-1666)는 루이 13세와 혼인을 했다. 이 결혼은 앙리 4세의 대對스페인 외교정책을 정리하고, 프랑스와 스페인 두 가문의 새로운 화해를 의미하는 것이었다. 키도 훤칠하게 크고 아름다운 왕비는 알렉상드르 뒤마 소설의 주인공이 되기도 했다. 루이 13세는 전혀 왕비를 좋아하지 않았다. 리슐리외 역시 왕비를 불신했다. 왕비의 '숨은 연인'으로 알려진 영국의 버킹검 공(1592-1628)은 생전에 그녀의 찬미자였고, 리슐리외가 자기 후계자로 지목했던 마자랭은 항상 왕비의 전폭적인 지지를 받았다. 리슐리외의 지적에 따르면, 마자랭은 왕비의 죽은 연인 버킹검 공을 그대로 빼어 닮은 용모를 지니고 있었다.

1625년에 프랑스와 영국 간에 결혼동맹이 맺어졌다. 루이 13세의 막내 여동생 앙리에트-마리 드 프랑스Henriette Marie de France(1609-1669)는 5월 11일에 새로 즉위한 영국 왕 찰스 1세Charles I(1600-1649)와 '대리혼'을 거행하고 남편이 기다리는 영국으로 가게 되었다. 그런데 전임 왕 제임스 1세(1566-1625)의 총신이었던 버킹검 공이 이 프랑스 공주를 영국까지 호위하

---

6   그녀의 섭정기간은 1643년에서 1651년까지다.

버킹검 공

는 임무를 맡았다. 프랑스 궁정은 관례에 따라서 앙리에트를 국경까지 동행했다. 이때 안 도트리시도 여행에 참가했으나 루이 13세는 파리에 남아 있었다. 버킹검 공은 이 여행 기간 중에 왕비에게 매우 대담한 구애를 벌였다. 1625년 6월 14일 일행이 아미앵에 도착했을 때의 일이다. 왕비의 절친한 친구인 슈브르즈Chevreuse 공작 부인(1600-1679)은 대주교 교구의 정원에 안과 버킹검 공 이렇게 두 사람만 남도록 몰래 일을 꾸몄다.[7] 당시 왕비의 시종이었던 피에르 드 라 포르트Pierre de la Porte의 《회고록》에 의하면, 버킹검 공은 매우 적극적으로 달려들었으며, 안은 외마디 비명을 질렀다. 프랑스 작가 탈망 데 레오Tallemant des Réaux의 《일화》에 따르면, 그는 왕비를 바닥에 넘어뜨렸으며 심지어 그녀의 허벅지에 찰과상을 입혔다고 한다. 그래서 왕실 수행원들이 급하게 달려오고 버킹검 공은 사라졌다. 1625년 6월 22일 버킹검 공은 영국 왕 찰스 1세의 배우자인 앙리에트-마리를 모시고 블로뉴에서 영국행 선박에 올랐다.

이 불미스러운 아미앵 사건에 대한 소문은 유럽의 모든 궁정에 파다하게 퍼져나갔다. 이미 국왕 부부의 사이는 소원한 데다, 가뜩이나 내성적인 루이 13세의 자존심은 치명적으로 크게 상했다. 그 후로 버킹검 공은 프랑스 땅을 밟는 것이 금지되었다. 프랑스 작가 라 로쉬푸코La Rochefoucauld(1613-1680)는 자신의 《회고록》에서 양 끝에 쇠고리가 달린 다이아몬드

---

7   루이 13세를 무척 싫어했던 슈브르즈 공작 부인은 왕비 안에게 여러 가지 유해한 영향을 미쳤다.

앙리에트-마리 드 프랑스 | 왕비의 페레

의 장식끈 '페레'ferret에 관련된 이야기를 지어냈고, 이 일화는 나중에 알렉상드르 뒤마의 흥미진진한 소설《삼총사》에서 다시 재연된다.

국왕으로부터 버림을 받았던 왕비는 모국 스페인과의 동맹을 옹호했고, 항상 리슐리외 추기경과 대립했다. 스페인 출신 왕비의 충성심(?)을 의문시했던 추기경은 몇 차례나 국왕에 대항한 음모를 꾸몄다고 그녀를 기소했으나, 결코 그 증거를 잡지는 못했다. 그러나 실제로 왕비는 남동생인 스페인 국왕 펠리페 4세와 손을 잡고, 프랑스에 대항한 음모 사건에 수차례 연루된 적도 있었다. 추기경 리슐리외를 암살하기 위해, 국왕의 총신인 미소년 생-마르Cinq-Mars가 꾸민 음모에 왕비가 가담했던 일은 아직도 흑막의 베일에 가려져 있다.

루이 13세가 사망했을 당시, 왕세자의 나이는 겨우 5살밖에 되지 않았다. 왕비는 국왕의 유언을 어기고, 고등법원의 지지를 얻어 섭정직에 올

젊은 시절의 마자랭 추기경

랐다. 그녀는 재상이며 동시에 연인이기도 했던 쥘 마자랭Jules Mazarin(1602-1661) 추기경에게 국사를 맡겼다. 항간에는 국왕 루이 14세의 친아버지가 마자랭이란 소문도 나돌았다. 섭정 도트리시와 재상 마자랭은 귀족인 프롱드 난 (1648-1653)을 누르고, 왕권을 강화시키는 데 성공했다. 그녀는 아들 루이 14세와 조카인 마리·테레즈의 결혼을 성사시켰으며, 항상 그녀 자신과 왕실의 위엄을 지켰다. 1661년 마자랭이 사망한 후 루이 14세는 왕위에 올랐고, 그녀는 수도원으로 물러났다. 그녀는 교회와 독신자를 보호하였으며, 발 드 그라스 성당을 짓도록 명했다. 1666년 1월 20일 그녀는 루브르에서 사망했고 생드니 사원에 묻혔으며, 심장은 발 드 그라스 성당에 안치되었다.

생-마르

루이 13세와 리슐리외를 이야기하면서 빼놓을 수 없는 인물이 바로 생-마르Cinq-Mars(1620-1642)다. 둥근 두 눈, 순진해 보이는 천사 같은 얼굴, 활기 넘치는 발랄한 육체의 보기 드문 미남이었다. 1639년 말에 국왕 루이 13세 (38세)는 왕비 안 도트리시를 섬기는 시녀 마리 드 오트포르Marie de Haute-fort(1616-1691)에게 고고한 플라토닉 러브를 바치고 있었던 동시에, 생-마르라는 젊은 후작과 열정적인 우정(?)을 과시하고 있었다. 국왕은 이 두 사람을 통해, 이전에 정신적 우애를 서로 교환하던 루이즈 드 라파예트Louise de

La Fayette(1618-1665)가 갑자기 수도원에 들어가 버린 것에 정신적인 위안을 삼았다. 그러나 아름답고 잔인한 성격의 마리는 국왕의 총신에게 말실수한 것을 계기로 그녀의 친구인 셰메로 영양과 함께 궁정에서 내쫓기는 신세가 되었다. 당시 마리의 친구에게 치근대던 생-마르는 하는 수 없이, 다시 옛 애인 마리옹의 품으로 돌아갔다.

생-마르

외견상 전지전능해 보이는 리슐리외 추기경은 사실상 겉만 번드르르한 정치적 거인이었다. 그는 자기의 권세가 의심 많은 국왕의 신임에 전격적으로 달려 있다는 것을 그 누구보다도 잘 알고 있었다. 제아무리 '나는 새를 떨어뜨린다'는 권력도, 유럽의 바둑판 위에 세운 그의 원대한 정치적 구상도 국왕의 변덕에 의해 하루아침에 무너질 수 있다. 루이 13세는 중간 정도의 지능에다 교양도 부족한 인물이었다. 그는 변덕스럽고 권위적인 모친의 성격 때문에 마음의 깊은 상처를 받았고, 젊었을 때 중병에 걸렸던 후유증으로 몸도 상당히 쇠약했다. 모후 메디치는 왕제 가스통을 더 사랑했다. 이러한 마더 콤플렉스 때문에 그의 애정 생활은 성인이 되어서도 결코 청소년기 수준을 넘어서지 못했다. 그가 여자 정부들을 거느렸다는 어떤 증거도 없었기 때문에 그는 '순결한 루이'라는 타이틀까지 얻었다. 그러나 몇몇 기록들은 그가 혹시 동성애자가 아니었을까 하는 의구심을 낳게 한다. 마침내 루이 14세가 태어나기 전까지, 거의 20년 동안이나 왕비 안과의 사이에서 자식이 없었던 것도 그의 이성애에 대한 반감 때문이 아니었을까? 그는 틴에이저 시절에 남자 정신廷臣들에게 오히려 관심을 보였다. 그는 자신의 총신이었던 뤼인 공, 즉

린공

샤를 달브(1578-1621)에게 매우 강렬한 감정적인 집착을 보였으나 둘 사이에 관련된 어떤 증거도 없다. 루이 13세는 말을 관리하는 시종 무관 프랑수아 드 바라다François de Baradas와도 친밀한 관계를 유지했으나, 당시 왕실이 금지하던 결투를 한 끝에 그는 국왕의 총애를 잃었다.

물론 동시대인이나 후세로부터 부당한 비판을 받기도 했지만, 그는 일국의 군주로서 어려운 시기에 대처하는 방법을 잘 알고 있었다. 리슐리외의 장점을 인정했던 국왕은 귀족들의 적의나, 두 사람 간의 잦은 불화에도 불구하고 항상 그를 신뢰했다. 국왕 곁에서 리슐리외의 영향력을 제거하려고 호시탐탐 기회를 노렸던 가장 끈질긴 정적 가운데는 왕비도 끼어있었다. 그녀는 이러한 목적을 위해 남편 루이 13세가 자기 각본에 의해 만들어진 '정부들'에게 접근하는 것도 주저 없이 용인했다. 이에 대한 반격으로 리슐리외는 자신의 측근을 궁정에 데려다 놓았다. 그는 국왕의 고해신부로 코생을 추천하였으나 8개월 만에 그를 내치고 말았다. 또 마리 드 오트포르가 위험한 존재라고 느낀 리슐리외는 그녀를 내치고, 그 자리에 대신 자기의 지배력 밑에 있다고 믿었던 생-마르 후작을 내세웠다. 활발한 성격의 매력적인 젊은 미소년은 자기보다 나이도 20세나 많고, 우울증의 위기발작을 일으키며 병들고 질투 많은 남성(국왕)에게 자신의 자유를 희생시키기를 거부했다. 국왕이 이 미남한테 반해서 정신을 못 차린다. 왕비는 국왕의 그 이상한 정열을 제어하기 위해 미녀를 구해다 바쳤다. 그러나 국왕은 여자한테서는 이제 아무런 매력도 느끼지 못한다면서 왕비가 구해 바치는 미녀를 사절했다. 그러고는 문제의 미남을 고관으로 임명하기까지 했다. 사태는 날이 갈수록 희한해졌다. 젊은 총신은 몸치장이나 놀음으로 돈을 물 쓰듯 할 뿐만 아니라, 국왕의 돈까지 가로채서 제 애인한테 갖다 뿌리고 해괴한 곳을 무상 출입했다. 루이 13세는 한때 이런 방자한 녀석을 해임할까 하는 생각을 가졌지만, 국왕이 감히 그런 일을 실행하지 못할 것을 잘 알고 있었던 생·마르는 날이 갈수록 더했다. 때로는 국왕이 그의 옷자락을 붙잡고 애원하는 광경도 보인 듯하다.

마리 드 오트포르

그러나 국왕이 남자 총신들과 동침했다는 설의 신빙성 있는 근거는 없다. 사태가 뜻밖의 방향으로 진전되자 당황한 리슐리외는 국왕을 친구로, 생·마르를 아들처럼 대하면서 두 사람의 관계를 조정해 주려 했다. 그러나 얼마 안 가서 리슐리외는 오히려 생·마르에게 두려움을 느끼기 시작했다. 국왕을 손아귀에 넣고 뒤흔드는 이 철부지가 만약 불평불만이 많은 귀족들과 함께 손잡고 자기에게 저항하면 큰일이다. 하지만 그것은 막연한 두려움은 아니었다. 실제로 그런 일이 있었고 왕제 가스통이 그 음모에 가담, 비밀회담을 가진 일이 있다. 이들은 스페인과 내통하여 쿠데타에 의해 리슐리외를 추방하고, 국정을 저희 멋대로 좌우해 볼 심산이었다. 아직 계속되고 있는 30년 전쟁에서 프랑스 측에서 밀려나 있었던 스페인으로선, 이런 프랑스의 내분이야말로 절호의 찬스였다. 쿠데타가 성공하는 경우, 스페인은 재정적·군사적 원조의 대가로 독·불 국경의 한 요지를 얻기로 하고, 생·마르 일파에게 지원을 약속했다. 여기서 합스부르크가에 완강히 대항해서 승리를 눈앞에 둔 루이 13세와 리슐리외의 이제까지의 노고는 하마터면 물거품처럼 사라질 뻔했다. 딱한 것은 리슐리외가 그런 음모를 눈치채고도 아무런 확증이 없어서 국왕에게 알리

죽음의 침상 위에 누워있는 리슐리외 추기경

지도 못하고 혼자 속을 태웠다는 사실이다. 30년 전쟁은 아직도 계속되고 있었다. 1642년, 침식성 궤양에 의해서 중태에 빠져 있던 리슐리외는 특제의 들것에 실려서 종군했다. 물론 그런 몸으로 싸울 수는 없으니까, 국왕과 문제의 총신 생·마르를 감시해야 한다는 것이 그 무리한 여행의 목적이었다. 그 사이 반대파에서는 그를 암살해 치우려고 했으나 리슐리외의 호위가 엄중한 한편, 암살책임자 가스통이 망설였기 때문에 실패하였다고한다. 그런데 유럽 각국의 궁정에 스파이들을 풀어 놓고 있던 리슐리외는 1642년 6월 마침내 확증을 잡았다. 문제의 생·마르 일파와 프랑스 왕실의 숙적 스페인 사이에 체결된 비밀협정의 서류를 입수한 것이다. 리슐리외는 그것을 24시간에 걸쳐 판독하고 주석을 달아서 국왕에게 보냈다. 그러면서도 그는 국왕한테서 오히려 미움만 사지나 않을까 겁을 먹고 있었다.

그러나 루이 13세는 6월 22일 현명하게 처신, 리슐
리외에게는 "귀하의 요청대로 모든 준비는 다 되
었다"는 답장을 보내 주었다. 생-마르가 처형된
것은 9월이고, 해골처럼 여윈 리슐리외가 죽은 것
은 12월이었다. 루이 13세의 밑에서 리슐리외가
이처럼 국정을 좌우한 것이 20여 년 동안이었다.
그는 '국왕의 존엄'과 '왕국의 융성'이란 그 나름
의 목표를 달성, 루이 14세의 절대왕정의 기초를
마련해주었다.

생-마르의 처형식

루이 13세에 대한 평가

충신 리슐리외가 사망한 지 꼭 한 달 후 국왕도 사망했다. 그의 부친 앙리
4세가 죽은 지 30년 만이었다. 루이 13세는 매우 신앙심이 투철한 가톨릭
교인이었다. 그가 그래도 신교도들에 대하여 관용을 보였다면, 그것은 선
친 앙리 4세가 어렵사리 이룩한 종교적 '화해'에 대한 존중심 때문이었다.
그의 어머니 마리 드 메디치는 매우 엄격한 가톨릭 교육을 그에게 받도록
했다. 루이 13세는 병적일 정도로 죄악에 대한 두려움 내지는 강박관념이
있었다. 그는 잉여로운 삶을 극도로 혐오했다. 국왕은 자신의 고해신부인
니콜라 코생Nicolas Caussin(1583-1651)과 함께 기도서를 만들었을 정도였다.
그의 허약체질과 대단한 종교심은 자신의 어머니가 정해준 배우자 안 도
트리시와 일정 부분 거리를 두도록 만들었다. 자기 부모들의 정치적 알력
이나 부부간의 불협화음에 대한 유년 시절의 안 좋은 기억도, 또한 허영이
나 사치에 대한 거부감도 역시 자신의 부인이나 궁정 조신들에 대한 불신
을 낳았다. 국왕은 마리 드 오트포르와 루이즈 드 라파예트 이 두 여성과

루이 13세의 서원. 프랑스 화가 필리프 드 샹페뉴Philippe de Champaigne(1602-1674)의 작품(1638)

친밀한 관계를 유지했는데, 둘 다 플라토닉하고 우아한 우정의 관계였다. 국왕은 특히 갑자기 수녀가 된 루이즈 드 라파예트와는 베르사유로 은퇴할 생각까지도 품고 있었다.

어쨌든 루이 13세는 총명하고 정력적인 리슐리외의 업적 때문에 절대 군주의 첫 번째 본보기가 되었다. 루이 13세 치세 하에 합스부르크가는 크게 체면을 잃었고, 걸핏하면 반항하던 프랑스 귀족 역시 국왕의 뒤를 조신하게 따르게 되었다. 또한, 그의 치세기에 앙리 4세에 의해 신교도에게 수

여되었던 특권이 폐지되었다. 예술을 장려하고 대외정책 면에서도 여러 가지 공적을 쌓았다. 여담이지만, 남성의 패션 부문에서 루이 13세는 남성들이 가발을 쓰는 풍습을 도입하여 유행시킨 장본인이다(1624). 그것은 프랑스 혁명이 발발하기 전까지, 거의 200년 동안 여러 유럽 국가들 중에서 남성들의 지배적인 패션이 되었다. 그렇지만 루이 13세는 그의 아버지인 위대한 대왕 앙리 4세나, 그의 아들인 루이 14세, 또는 그의 총신인 리슐리외의 후광에 가려져 역사가들로부터 별로 진가를 인정받지 못했다. 그는 또한 알렉상드르 뒤마의 낭만적인 무협소설 《삼총사》의 희생물이기도 했다. 그러나 마자랭과 루이 14세가 프랑스를 유럽 최대의 강국으로 올려놓기 위해 사용하게 될 권력 기구가 바로 그의 치세기에 창설되었다는 점을 잊어서는 안 될 것이다.

14 태양왕 루이 14세

부르봉 왕조의 세 번째 국왕(재위: 1643~1715)

"짐은 가지만 국가는 영원하리라."
- 프랑스 국왕 루이 14세

루이 14세와 마리-테레즈의 결혼식

1660년 6월 9일 생 장 드 뤼즈Saint-Jean-de-Luz에서 루이 14세(1638-1715)와 마리-테레즈 도트리시Marie-Thérèse d'Autriche(1638-1683)의 결혼식이 성대하게 거행되었다. 이 세기의 결혼식은 프랑스 국민의 대단한 자긍심과 경탄을 자아냈다. 식이 끝난 후에 프랑스 국왕 부부가 통과했던 교회문은, 다른 사람이 다시는 그곳을 지나가지 못하도록 입구를 완전히 봉쇄시켰다. 비록 만인의 축복 속에 식을 올리기는 했어도 두 사람은 서로를 잘 알지 못했다. 애당초 이 결혼은 본질적으로 정치적인 것이었다.

이 결혼을 통해 프랑스는 스페인과의 오랜 전쟁을 종결시키는 화약을 맺었고, 프랑스 왕실에는 50만 에퀴라는 막대한 금화가 신부의 결혼 지참금으로 굴러들게 된다. 이 무렵 쇠퇴일로에 있던 스페인 왕실에서 그것을 다 보내주지 않자, 루이 14세는 곧 스페인 왕위계승권을 주장하게 된다. 이 같은 수확은 모두 루이 14세의 대부 격인 마자랭 재상이 남긴 훌륭

| 루이 14세와 마리-테레즈의 결혼식

한 유산목록 중의 하나였다. 자, 절대주의 시대에 왕 중의 왕, 유럽의 모든 왕실이 부러워해 마지않았던 초호화판 베르사유 궁의 주인과 혼인하게 된 스페인 공주 마리-테레즈는 과연 어떤 여성이었을까?

마리-테레즈의 유년시절

마리-테레즈는 1638년 9월 10일 고원의 도시 마드리드에서 태어났다. 그녀는 자신과 사촌지간이며, 미래의 남편이 될 프랑스 국왕보다 불과 5일 늦게 태어난 셈이다. 그녀는 어릴 때부터 루이 14세와 결혼하리라는 부푼 기대감 속에서 성장했다. 아버지는 스페인 국왕 펠리페 4세Felipe IV (1605-1665) 였고, 어머니는 프랑스 국왕 앙리 4세와 마리 드 메디치의 딸이자, 루이 13세(루이 14세의 아버지)의 여동생인 엘리자베트 드 프랑스Elisabeth de France

마리-테레즈의 어머니 엘리자베트 드 프랑스

(1602-1644)였다. 즉 마리-테레즈는 모계에 의해서 호남자 앙리 4세의 손녀딸인 셈이다. 그녀는 자기 어머니를 그냥 쏙 빼닮았다고 전한다. 어린 마리-테레즈는 어머니로부터 경이로운 프랑스 궁정 이야기를 마치 달콤한 자장가처럼 들으며 자라났다.

그녀의 유년기는 불행하게도 형제자매들과 사랑하는 어머니의 죽음으로 이어졌다. 이러한 왕가의 줄초상 덕분에 마리-테레즈는 오랫동안 스페인 왕가의 유일한 상속녀로 지목되었다. 그것은 만일 (마리-테레즈가 루이 14세와 혼인을 하는 경우) 스페인 국왕이 죽고 나면, 장차 왕위가 스페인의 오랜 적국이며 강력한 라이벌인 프랑스에게로 넘어가는 것을 의미했다. 바로 이러한 첨예한 정치적 이해관계 때문에, 프랑스·스페인 두 왕국의 혼사는 오랫동안 지연되었다. 결국, 혼사가 다시 진행되려면 마리-테레즈의 아버지 펠리페 4세의 재혼을 기다릴 수밖에 없었다. 전처인 엘리자베스가 죽고 난 지 5년 만에 펠리페 4세는 바로 자신의 질녀인 마리-안 도트리시Marie-Anne d'Autriche(1634-1696)와 재혼을 했다(1649). 그리고 1657년에 드디어 새 왕비는 옥동자를 낳았다. 그러자 다시 양국의 혼사가 진행되었는데, 여러 가지 골치 아픈 협상 문제로 인해 일이 자꾸만 꼬여갔다. 그러던 차에 다른 좋은 혼처 때문에, 펠리페 4세의 마음이 흔들리기 시작했다.

마리-테레즈에게는 빈에 또 다른 사촌이 한 명 있었다. 그는 바로 대공 레오폴드 1세(후일 신성 로마 황제 레오폴드 2세)였다. 펠리페 4세는 이미 머릿속에서 오스트리아 대공, 스페인 국왕, 신성 로마 제국의 황제를 동시에

지냈던 카를 5세(1500-1588)의 광대한 제국을 구
상하고 있었다. 만일 오스트리아 대공에게 딸
을 시집보낸다면? 만일에 하나 스페인의 상속
자(어린 왕세자)가 사망하는 경우에, 마리·테레즈
는 스페인의 왕위를 물려받을 수 있을 것이다.
그렇다면 이 합스부르크가의 두 가문은 하나
로 합쳐질 것이 아닌가! 결혼과 상속을 통한 이
같은 대제국의 시나리오는 당시 스페인 왕가
의 고도사망률과 어린 왕세자의 허약한 체질
을 감안한다면, 얼마든지 가능한 일이었다. 그
리고 실제로 펠리페 4세의 네 살배기 어린 왕세
자는 1661년에 죽고 말았다. 그러나 왕세자가

펠리페 4세

죽은 지 불과 5일 만에, 동생 카를로스 2세Carlos II(1661-1700)가 탄생했다.

　　그러나 영리하고 교활하기 이를 데 없는 프랑스 재상 마자랭 추기경
은 펠리페 4세의 이러한 속셈을 알아차리고는, 젊은 국왕 루이 14세가 사
부아의 마그리트와 혼인하게 될 것이라는 소문을 재빨리 퍼뜨렸다. 그러
자 이에 당황한 스페인 국왕은 리용에 부랴부랴 대사를 급히 파견했다. 그
리하여 양가의 혼사는 급물살을 타기 시작했다. 드디어 마리·테레즈가 '스
페인 왕위의 모든 권리를 포기하는' 조건으로 양가의 혼인계약이 성사되
었다. 프랑스는 스페인 왕위를 포기하는 대신 지참금 명목으로 5천 에퀴
의 금화를 받기로 했다. 결혼 당사자인 마리·테레즈는 모국 스페인의 전통
과 가치만을 익혔을 뿐, 정치적 역할을 담당해야 하는 미래의 프랑스 왕비
로서의 소양은 전혀 갖추지 못했다. 그녀는 단지 복종적이고 후덕한 배우
자로서의 역할만 배웠을 따름이다. 그러나 이 세기의 결혼은 스페인 왕녀
에게 일종의 해방을 의미했다. 아버지와 재혼한 젊은 새어머니는 그녀보

마리-테레즈의 새어머니
마리-안 도트리시Marie-Anne
d'Autriche(1634-1696)

다 불과 4살 위였다. 이제 결혼을 하게 되면, 더 이상 새어머니와 불편하게 마주칠 일도 없을 것이 아닌가? 스페인 궁정의 어둡고 침침한 분위기는 어렸을 적에 돌아가신 어머니가 들려주었던 환상적인 프랑스 궁정과 비교해 볼 때, 그야말로 답답하기 이를 데 없었다. 그러나 프랑스에 당도했을 때 마리-테레즈는 프랑스어를 한마디도 할 줄 몰랐다. 그래서 그녀는 당시 쟁쟁한 조정 대신에 둘러싸인 프랑스 궁정 생활에 적응하는 데, 많은 어려움을 겪게 된다. 천진난만하고 어리숙하기 이를 데 없는 숫처녀인 마리-테레즈는 루이 14세가 정말로 자신을 사랑하는 줄로 착각했다. 결혼하기 전부터, 그녀의 정혼자는 편지나 선물 같은 사랑의 정표를 계속 보내왔다. 그러나 루이 14세의 정중한 구애는 조부였던 앙리 4세가 두 번째 부인 마리 드 메디치에게 했던 것처럼, 단지 정략적인 애정의 제스처에 불과했다. 결혼협상이 진행되는 사이에 그녀는 루이 14세의 초상화를 받아 보게 되었다. 그녀는 미래 신랑의 젊고 늠름한 모습에 그만 홀딱 반해버렸다. 그리하여 꿈 많고 공상적인 스페인 공주는 결혼하기도 전에 정혼자를 그리워하며, 사랑의 열병을 앓았다. 루이 14세의 이러한 사랑의 유희극은 그나마 기울어가는 스페인 제국의 체면을 어느 정도 살려 주었다. 또한 프랑스 국민들은 새로 탄생하게 될 이 젊은 한 쌍의 돈독한 애정을 대견한 마음으로 우러러보게 된 것이다. 그러나 그것은 불행하게도 쌍방의 애정은 아니었다. 루이 14세는 마자랭의 조카인 마리 만시니Marie Mancini (1639-1715)라는 여성과의 첫사랑 때문에 아직도 마음의 상처가 아물지 않은 상태였다. 결혼식이 거행되기 바로 3일 전에 두 사람은 직접 대면을 했다. 그러나 마리·테레즈는 루이 14세의 취향에 맞는 여성은 아니었다. 그는 측근에게 "미래의 신부가 너무 못생겼군!"이라고 한마디 했다.

젊은 루이 14세(1661)

루이 14세의 첫사랑 마리 만시니

루이 14세는 과연 자기 부인인 마리·테레즈를 진심으로 사랑했던 적이 있었을까? 이 스페인 왕녀는 단 한번도 불어를 제대로 배우려고 노력한 적도 없었을뿐더러, 노상 초콜릿을 끼고 살았다. 또한, 인생의 대부분을 침대에서 자는 것으로 소일했다. 그녀가 프랑스 왕비로서 이렇게 23년 동안 불행한 삶을 살게 된 것도 따지고 보면, 그녀의 지아비인 국왕의 책임이 크다고 할 수 있다. 루이 14세는 단지 부르봉 왕가의 위대한 '종의 번식(?)'을 위해서만 자기 정실부인을 사랑한 셈이었다. 말년에 마리·테레즈의 병환이 악화되었을 때, 바람둥이 국왕은 이를 진심으로 슬퍼했다. 그리하여 그녀의 침상을 한시도 떠나지 않았다. 고향 스페인에 대한 향수, 5명이나 되는 아이들의 잇따른 죽음, 또 남편으로부터 받은 소박으로 인해 거의 자포자기 상태에 빠져 있던 마리·테레즈는 임종 시에 "내 생애의 가장 유일한 행복한 시간"이라고 중얼거렸다. 그러자 국왕은 "그녀가 내게 생전 처음으로 준 상심"이라고 거기에 화답했다. 루이 14세가 처음으로 관계한 여성은 뜻밖에도 카트린 드 보베Catherine de Beauvais라는 외눈박이 추녀였다. 그녀는 지엄한 신분의 프랑스 국왕과 서너 시간을 같이 보내는 일생일대의 영광(?)을 누렸다. 이 기이하고 못생긴 여자는 어머니인 안 도토

마리-테레즈와 어린 왕세자

리시가 아들에게 세상 물정을 알도록 하기 위해, 즉 남녀 간의 성애를 가르치기 위해 특별히 파견한 여성이었다. 비록 용모도 추하게 생기고 한쪽 눈이 없었지만, 카트린은 이 방면의 전문가였다. 국왕은 그녀의 노고를 높이 치하했고, 매우 만족해했다고 전한다. 카트린은 이 은밀한 서비스의 보상으로 왕실로부터 많은 돌을 하사받았다. 그것은 원래 루브르 궁을 증축하기 위한 건축용 석재였는데, 카트린은 이 돌로 파리에 아담한 자기 저택을 지었다.

루이 14세의 첫사랑 상대는 마자랭의 조카 중 하나인 마리 만시니라는 여성이었다. 그녀는 초기에 이탈리아 로마에서 살다가, 삼촌인 마자랭의 권유로 모친과 자매들과 함께 파리에 들어와 살게 되었다. 어린 마리는 항상 언니들이 자기보다 훨씬 더 예쁘다고 생각을 했다. 실제로 루이 14세는 그녀의 언니인 오랑프 만시니에게 끌린 적이 있었다. 그녀는 자신이 너무 말라깽이이며, 머리털이 검고 살갗이 갈색인 데다 우아함이 없다고 스스로 비관하기도 했다. 그러나 청춘기를 지나면서 그녀는 몰라보게 예뻐졌고, 신비감이 감도는 영롱한 미모를 자랑하게 되었다. 결국, 그녀는 젊은 국왕의 마음을 송두리째 사로잡게 된다. 그것은 그 또래의 청춘남녀에게서 볼 수 있는 부드럽고 섬세하며, 아름다운 사랑의 순애보였다. 덩케르크(도버 해협 근처 프랑스 도시)의 공략 이후에 루이 14세는 매우 심한 중병을 잃게 되었다. 그리하여 국왕이 어쩌면 사망할지도 모른다는 예측과 함께, 루이 14세의 동생인 필리프가 곧 왕이 될 것이라는 소문도 은밀하게 퍼져나갔다.

마리 만시니

그때 궁정의 모든 사람들이 마리의 돌연한 행동에 그만 놀라게 된다. 일찍부터 국왕을 남몰래 사모하고 있었던 마리는 이제 더 이상 자신의 감정을 굳이 감추려고 하지 않았다. 만일 국왕이 죽는다면? 그녀는 세상에 두려울 것이 아무것도 없었다. 병상에 누워 있는 동안 소녀의 불타는 열정에 그만 감복한 루이 14세도 역시 거기에 화답했다. 그러나 정작 마리의 삼촌인 마자랭은 국왕의 체면을 깎아내리는 이 귀천상혼을 결코 용납하지 않았다. 그래도 매우 영리하고 민첩한 마리는 결코 그녀의 사랑을 포기하려 들지 않았다. 그 당시 섭정인 모후 도트리시와 마자랭 재상의 영향력 내지 보호권 하에 있었던 국왕은 아직 자기 마음대로 전권을 행사할 힘이 없었다. 그런 젊은 국왕에게 마리는 작은 예배당을 거쳐서 자기 침실로 들어오는 길을 은밀히 가르쳐 주면서, 다음과 같이 야무지게 속삭였다. "만일 폐하

어린 루이 14세와 그의 동생 필리프

가 제 침실에 행차하시려면, 반드시 제가 이 나라의 왕비가 되어야 해요." 삼촌 마자랭은 물론 조카들에게 좋은 혼처를 마련해 주기를 원했다. 그러나 국왕의 결혼은 일개인의 문제가 아니라, 장차 나라의 장래가 걸린 중대한 국사였다. 그는 "폐하의 영광을 위해, 명예

섭정 안 도트리시와 마자랭 추기경

를 위해, 왕국의 행복을 위해"라는 대의적인 명분을 내세워, 국왕에게 스페인 왕녀 마리·테레즈와 결혼할 것을 거의 강요하다시피 했다. 국왕은 이미 마리와 사랑을 굳게 맹세한 몸, 그는 한사코 결혼을 원하면서 섭정과 재상에게 눈물로 애걸도 하고 위협도 했다. 그러나 모후 안 도토리시의 동의하에, 마자랭은 자기 조카인 마리에게 이 시각 이후로 절대 국왕을 만나서는 안 되며, 어떤 형태의 접촉도 허용하지 않는다는 차가운 명령을 내렸다. 사실상 조카가 왕비가 된다고 해도 마자랭에게 득이 될 것은 하나도 없었다. 마리는 자기 삼촌을 몹시 싫어했다. 만일 그녀가 왕비가 된다면? 이 당돌하기 이를 데 없는 철부지 어린 조카는 기꺼이 그를 해고시킬 것이다. 어쩌면 영영 국왕의 총애를 잃게 될지도 모른다. 또한 스페인과의 혼사는 그의 정치적 작품인 동시에 노획물이었다. 그럼에도 불구하고 마리는 일종의 기적이 발생하기를 열렬히 간구했다. 그러나 그 당시 유럽의 국왕과 황제들의 딸인 동시에 손녀였던 유서 깊은 스페인 가문의 마리·테레즈와 경쟁을 하기에는 그녀의 신분이 너무나 초라했다. 어떻게든 상황을 끝까지 되돌려 보기를 기원하면서 국왕과 가슴 아픈 작별을 할 때, 그녀는 울면서 외쳤다. "왕국의 주인인 당신은 이렇게 울고 계시는군요." 그녀는 한마디 더 덧붙였다. "폐하! 당신은 국왕이시고, 나는 이렇게 떠납니다!" 마리가 눈물과 회한 속에서 떠난 후에도 국왕은 그녀에게 계속 서신을 보냈다. 당시 국왕의 심중에는 마리를 자기 정부로 삼으려는 계획도 있었던 듯하다. 그러나 마리 자신은 스스로 종적을 감추었다. 어쩌면 그녀 역시 앙리 4세의 정부 가브리엘 데스트레처럼, 국왕의 정부 역할에 만족할 마음의 태세를 갖추고 있었는지도 모른다. 그러나 미래의 왕비인 스페인 왕녀는 모후 안 도트리시의 강력한 보호 아래 있었고, 프랑스 궁정 역시 혼사가 이루어지기도 전에 그런 관례를 허용할 분위기는 아니었다. 결국, 마리 만시니는 이탈리아 귀족에게 보란 듯이 시집을 가버렸다. 그녀를 데려간 이탈리아의 신랑은 이미 여자가 처녀는 아니려니 해서 막대한 결혼 지참금에나 관심을 가지고 있었지만, 첫날밤 깜짝 놀랐다. 마리 만시니는 숫처녀였기 때문이다. 한편 마리 자신은 비록 국왕과의 절절한 사랑을 이루지는 못했으나, 새 왕비를 평생 불행하게 만들어 버림으로써 나름대로 복수를 한 셈이었다.

루이 14세(1654)

마리 만시니(1663년 작품)

마리-테레즈의 우울한 궁정 생활

마리-테레즈는 별로 재치도 뛰어나지 못한 데다가, 프랑스 왕국의 왕비이면서도 불어를 전혀 사용할 줄 몰랐다. 그녀는 궁정 조신들의 현란하고 세련된 언어 구사나 은근슬쩍 빗대어 하는 조롱을 잘 이해하지 못하고, 그냥 놓쳐 버리는 경우가 많았다. 그녀는 언제나 자신의 든든한 방패막이가 되어 주는 우아한 시어머니를 모방하려고 노력도 해보았으나, 언제나 그것은 역부족이었다. 안 도트리시는 자신의 조카딸이자 며느리인 마리-테레즈에게 왕비로서의 본분과 역할을 가르치기 시작했다. 그러나 마리-테레즈는 금방 주위의 모든 사람들을 실망시켰다. 그녀는 발랄한 기지에 넘치는 언어의 미묘한 뉘앙스를 이해하지도 못했고, 예술 감각이나 취미도 도통 몰랐다. 또한, 왕비로서의 소양과 기품을 갖추기는커녕, 그녀의 정신연령은 언제나 유아상태에 머물러 있었다. 왕비의 평판은 그만 땅에 떨어졌다. 사람들은 이제 그녀를 은근히 '바보'로 취급하기 시작했다. 이제는 안 도트리시조차도 마리-테레즈를 자신의 손주나 손녀를 낳는 여성으로밖에는 보지 않게 되었다. 적어도 마리-테레즈는 애를 낳는 역할만큼은 훌륭하게 수행한 셈이었다. 그녀는 루이 14세에게 도합 6명의 자녀를 선사했다. 그러나 근친 간에 이루어지는 유럽왕가의 결혼풍습 때문에, 단 한 명의 왕세자만 살아남고 나머지는 모두 일찍 죽어버렸다.

원래 재치 있고 영리한 여성들을 좋아했던 루이 14세는 답답하고 멍청하기 이를 데 없는 마리-테레즈에게 곧 싫증을 느꼈다. 국왕은 결혼한 지 불과 6개월 만에 자신의 제수이며 사촌이기도 한 앙리에트-안 당글테르Henriette-Anne d'Angleterre(1644-1670)와 아슬아슬한 애정행각을 벌이기 시작했다.[8] 루이 14세는 비록 바람을 피우기는 했지만, 마리-테레즈의 신분에 합당한 예우를 잃지는 않았다. 또한, 매일 밤마다 그녀와 함께 침대를 사용했다. 그러나 그녀의 존재는 시들어가는 낙엽처럼 금세 희미해졌다. 권력다툼과 음모에 가득 찬 궁정의 살벌한 분위기에 그만 질려 버린 마리-테레즈는 사람들이 보지 않는 자신의 방에 틀어박혀 혼자 지내는 시간이

---

8   영국식 이름으로는 헨리에타 앤 스튜어트Henrietta Anne Stuart인 앙리에트-안 당글테르는 오를레앙 공 필리프 1세의 첫 번째 아내로, 잉글랜드와 스코틀랜드, 아일랜드의 국왕 찰스 2세와 제임스 2세의 여동생이다.

부쩍 많아졌다. 그녀는 다행히 신혼 초에 임신을 했으며, 1661년 11월 1일 퐁텐블로 궁에서 왕세자인 루이를 순산했다. 그녀가 낳은 자녀 중에 오직 맏아들인 루이만이 성년이 될 때까지 생존하였다. 나머지는 모두 요람에서 죽거나 유년기에 사망했다. 마리·테레즈는 자신의 남편이 점점 자기한테서 멀어지는 것을 느꼈고, 그럴 때마다 서러움에 북받쳐 시어머니인 안 도트리시에게 눈물로 하소연을 했다. 그러면 안 도트리시는 부랴부랴 상심한 그녀의 마음을 따뜻하게 어루만져 주었다. 그녀는 며느리의 질투심을 잠재우려고 노력을 기울이는 동시에, 또한 아들에게도 새로운 정부인 앙리에트·안에 대한 열정을 되도록 자제할 것을 당부했다. 그러나 이 새로운 관계를 놓고 사람들은 벌써 이러쿵저러쿵 수군대기 시작했다. 이 연애 사건은 사실상 국왕의 평판에도 하나도 이로울 것이 없었다. 왜냐하면 앙리에트는 바로 자기 동생의 부인이었기 때문이다.

앙리에트-안 당글테르

앙리에트·안 당글테르는 청교도혁명 때[9] '왕국반역죄'로 사형을 당한 불운한 영국 왕 찰스 1세Charles I(1600-1649)의 막내딸이었다. 그녀의 어머니는 앙리 4세와 마리 드 메디치의 딸이며, 루이 13세의 여동생인 앙리에트·마리 드 프랑스(앙리에타 마리아)였다. 앙리에트·마리는 16세 때 찰스 1세에게 시집을 와서 9명의 자녀를 낳았으나, 그중 3명은 유년기에 사망했다. 신혼 초기에 이 두 사람은 성격이나 기질 면에서 매우 상반된 성격을 갖고 있었기 때문에, 부부 사이가 별로 원만하지는 못했다. 찰스는 절도 있고 냉

---

9   영국에서 1640~1660년 청교도를 중심으로 일어난 최초의 시민혁명. 이 과정에서 영국은 일시적으로 군주정치가 무너지고 공화정이 되었다.

앙리에트-안 당글테르

담한 성격이었던 반면에, 앙리에트-마리는 스마트하고 매우 쾌활한 성격의 소유자였다. 찰스는 그의 거만한 총신이자 안 도트리시와도 염문이 있었던 버킹검 공작의 영향으로 인해, 결혼한 지 3년 동안은 부인을 본척만척했으며 시종 냉담한 태도로 일관했다. 그러나 1628년에 버킹검 공이 암살당한 후에, 찰스는 부인에게 서서히 애틋한 애정을 보이기 시작했다. 이 두 사람은 곧 서로에게 헌신적인 좋은 배우자가 되었다. 1630년대에 이 영국 왕 부부는 유럽 전역에서 부러움과 칭송을 받았다. 국왕의 완벽한 예술취미와 장엄한 궁정의식, 또 거기에 댄스와 음악을 좋아하는 왕비의 명랑 쾌활성이 가미되어 영국 왕실에는 우아미와 생기가 가득 넘쳐흘렀다. 왕비를 진정으로 사랑하게 된 국왕은 점점 왕비와 국사를 의논하기 시작했고, 왕비의 의견이나 충고를 높이 평가했다. 그러나 신교도가 대부분인 영국 국민들은 가톨릭 교도인 프랑스 왕비를 언제나 미심쩍은 눈초리로 바라다보았다. 마침 찰스 1세는 스코틀랜드와 벌인 주교전쟁(1639~1640)에서 재정적인 곤란을 겪게 되었다. 그때 왕비는 발 벗고 나서서 교황을 위시한 다른 강대국들에게 도움을 요청했다. 그때 그녀의 요청은 아무런 성과를 거두지 못했으나, 이 일을 계기로 그녀는 영국에 대항한 '교황의 음모'를 몹시 두려워하는 영국 신교도들의 눈총의 대상이 되었다. 1644년에 그녀는 내란의 위험 때문에 부득이 영국을 떠나, 친정인 프랑스로 돌아오게 된다. 그녀는 자금 마련을 위해 품에 지닌 보석을 파는 등 남편의 구명운동에 적극적으로 나섰다. 그러나 결국 찰스 1세는 1649년에 런던의 화이트홀에서 처형을 당했다. 형장에서 사형당하기 바로 직전에 그는 "날씨가 몹시 차니, 따뜻한 옷

찰스 1세의 처형식

을 가져오라!"고 명했다는 일화가 있다. 1660년에 왕정복고가 이루어진 후 그녀의 아들 찰스 2세가 1660~1685년에 영국을 통치했으며, 역시 그녀의 아들인 제임스 2세가 1685~1688년 영국을 다스렸다. 앙리에트-마리는 1699년에 파리 근처의 콜롱브에서 조용히 숨을 거두었다. 청교도혁명이 발생했을 때, 그녀는 내란의 책임이 있다는 여론의 비난을 피해 프랑스로 가는 배에 몸을 실었다. 그녀는 어린 딸 앙리에트-안을 가정교사인 모르톤 부인에게 맡겼다. 그때 찰스 1세는 영국 국교회의 의식에 따라, 어린 공주의 세례식을 거행하도록 명을 내렸다. 또한, 국왕은 왕세자를 대동하고 직접 어린 딸을 방문했다. 1646년에 결국 청교도의 내란이 왕의 적들에게 유리하게 돌아가자, 영국 의회는 모르톤 부인에게 어린 공주를 출두시키라는 명을 내렸다. 그러나 모르톤 부인은 이를 거부했다. 그녀는 몰래 농가의 아낙네로 변장한 다음, 한 '사내아이'를 데리고 도버로 도망을 쳤다. 천신만고 끝에 이 두 사람은 무사히 프랑스에 당도했다. 그러나 정작 어머니인 앙리에트-마리 드 프랑스는 매우 차가운 태도로 자기 딸을 맞이했다.

찰스 1세와 앙리에트-마리 드 프랑스

프랑스 공주이며 섭정의 시누이인 데다, 또한 어린 국왕 루이 14세의 고모인 앙리에트-마리 드 프랑스는 프랑스 궁정이 단지 자기의 지체 높은 신분 때문에, 짐짓 우아한 태도로 그녀를 맞아들였다는 사실을 잘 알고 있었다. 당시 프랑스 왕국은 영국의 일에는 아무런 관심도 없었다.

　그런데 설상가상으로 프랑스에서도 귀족들의 프롱드 난이 일어나자,[10] 이 처량한 신세가 된 두 모녀에게 신경을 쓰는 사람은 아무도 없었다. 1649년, 밖에서 파리의 반란을 철저하게 진압할 계획으로 섭정 안 도트리시와 재상 마자랭은 밤중에 파리를 탈출하여 교외의 생제르맹 이궁으로 갔다. 이때 이 영국 가족은 아무런 재원도 없이, 루브르 궁의 외진 곳에 덩그러니 혼자 남게 되었다. 그리고 1649년 1월 30일, 사랑하는 남편 찰스 1세가 결국 사형을 당했다는 청천벽력의 소식을 듣게 되었다. 졸지에 과

10　　프랑스 부르봉 왕권에 대한 귀족세력의 최후반항으로 일어난 내란. 프롱드는 '투석기'라는 뜻이며 제1회는 고등법원의 프롱드, 제2회는 귀족의 프롱드이다.

부가 된 앙리에트·마리는 딸을 데리고 수도원으로 들어갔다. 앙리에트·안은 거기서 종교교육과 예술 등 일국의 공주가 갖추어야 될 소양을 배웠다. 1658년까지 이 두 명의 앙리에트는 거의 세상에 모습을 드러내지 않았다. 앙리에트·안에게는 처참하게 '목이 잘린 국왕의 딸'이라는 치명적인 꼬리표가 언제나 어두운 그림자처럼 따라다녔다. 드디어 왕정복고 이후에 찰스 2세가 영국 국왕으로 추대되자, 영국 국왕의 여동생인 앙리에트·안의 처지도 몰라보게 달라졌다. 그러나 어떻게 그 뼈아픈

결혼하기 바로 직전의 앙리에트-안의 초상화

과거를 송두리째 잊어버릴 수 있단 말인가? 원래 정략결혼 같은 모사를 꾸미기를 좋아했던 루이 14세는 사촌 앙리에트를 자신의 동생인 필리프 오를레앙 공Philippe d'Orléans(1640-1701)과 혼인시킬 생각을 하게 되었다. 그는 이 결혼을 통해서 앙리에트를 영국과 프랑스를 연결시켜 주는 일종의 가교로 이용할 작정이었다. 또한, 이 왕가의 결혼식은 두 명의 앙리에트가 그동안 겪었던 과거의 슬픈 고초를 어느 정도 상쇄시켜 준다는 배려도 있었다. 어렸을 적에 비쩍 말랐던 앙리에트의 볼품없던 모습을 잘 기억하고 있었던 루이 14세는 동생의 약혼녀가 도착하기 바로 직전에 다음과 같은 농담을 던졌다. "너는 파리의 이노상 공동묘지의 해골과 결혼하게 될 거야!"

앙리에트의 남편 필리프 오를레앙 공

1661년 3월 31일, 드디어 결혼식이 거행되었다. 그러나 놀랍게도 말라깽이 앙리에트는 눈부시게 아름다운 미녀로 성장해 있었다. 싱그러운 5월, 임신한 왕비 마리·테레즈가 해산을 위해 퐁텐블로 궁에 기거하고 있을 때, 루이 14세와 앙리에트 두 사람의 사이는 급속도로 가까워졌다. 모후인 안 도트리시는 이 불쾌한 소문을 듣고 불같이 노여워했다. 국왕이 자기 제수와 함께 놀아난다는 것은 루이 14세 자신의 신상이나 명예에 하나도 득이 될 것이 없었다. 원래 선천적인 모사가였던 앙리에트는 궁정에 떠도는 소문을 일단 잠재우기 위해, 그 방패막이로 젊은 여성을 내세웠다. 루이 14세의 상대역으로 내정된 것은 앙리에트 자신의 들러리였던, 다리를 약간 절뚝거리는 루이즈 드 라 발리에르라는 하찮은 여성이었다. 그런데 이 계획은 앙리에트가 당초 예상했던 것보다 훨씬 잘 진행되었다. 비록 다리를 약간 절뚝거리기는 했지만, 루이즈는 마치 '은빛의 재를 뿌린 듯한 금발과 한없이 부드러운 푸른 눈동자, 또한 연분홍 홍조와 희디흰 살갗으로 눈부시게 빛나는' 사랑스러운 여성이었다. 루이 14세는 루이즈의 청순한 매력에 깊이 빠져들었고, 그녀를 정말 사랑하게 되었다. 그리하여 앙리에트가 꾸민 연애음모는 처음에는 극비에 붙여졌다가, 나중에는 공공연한 비밀이 되었다. 그런데 이 사실을 모르는 사람은 오직 단 한 사람, 임신한 왕비뿐이었다. 이제 '닭 쫓던 개 지붕 쳐다보는' 격이 되어 버린 가엾은 앙리에트는 이 두 연인의 샤프롱(젊은 여자가 사교계에 나갈 때 따라가 보살피는 여자)의 역할에 만족해야만 했다. 내란이라는 역사적 소용돌이에 휩쓸려 왕비가 되지 못한 것도, 또한 국왕의 총애를 잃은 것도 앙리에트에게는 모두 쓰라린 마음의 상처가 되었다. 그러나 그녀는 여기에 굴하지 않고, 마리-테레즈가 없는 장소에서 '축제의 여왕', 또 '예술과 문학의 보호자'가 되기로 굳은 결심을 했다. 그리하여 그녀는 극작가 몰리에르를 적극적으로 후원했다. 앙리에트는 원래 몸이 약한 편인 데다, 또한 잦은 임신으로 건강이 상당히 악화되어 있었다. 남편 필리프 오를레앙 공과 마찬가지로 그녀도 역시 남자 상속자를 열렬히 원했기 때문이다. 그리하여 샤를-필리프란 아들이 탄생했고, 그녀에게는 또 두 명의 딸이 있었다. 그러나 1666년에 아들이 사망하자 거기에서 오는 정신적 충격과 무리한 생활방식 때문에, 그녀의 건강상태는 점점 더 나빠졌다. 앙리에트는 허약한 체질임에도 불구하고 도무지 쉴 줄을 몰랐다.

그녀는 오직 댄스와 사냥의 즐거움을 위해서만 살았다. 또한, 남편과의 골이 깊은 불화 역시, 그녀의 건강을 악화시키는 요인이 되었다. 남편은 병적일 정도로 질투심이 강했다. 그는 아내가 정부情夫인 기시 백작과 함께 어울리며, 일종의 위안을 삼는 것을 도저히 용납할 수가 없었던 것이다. 한편 앙리에트의 결혼식 때 루이 14세와 오빠인 영국 왕 찰스 2세가 원했던 것처럼, 그녀는 두 국왕의 '중재자'라는 정치적 역할을 아주 훌륭하게 수행했다. 1670년 5월 26일, 앙리에트는 도버협약을 체결하기 위해 영국으로 건너갔다. 이 협약을 통해 영국 왕 찰스는 가톨릭이 되었는데, 당시 영국의 정치나 종교적인 정황에서 본다면 이 협약은 당연히 실패였다. 그러나 그녀에게는 빛나는 개인적인 성공을 의미했다. 그래도 그녀가 이런 기쁨을 누린 것은 잠시뿐이었다. 2주가 지난 후에 그녀는 치커리 차를 한 컵 마신 다음에 엄청난 위장의 고통을 호소하기 시작했다. 앙리에트는 새벽에 2시간 반 정도 격심한 고통에 시달리다가, 그만 사망했다. 그때 그녀의

필리프 오를레앙 공의 두 번째 부인 라
팔라틴 공주

나이는 불과 26세였다. 이 갑작스러운 죽음은 많은 사람들의 의심을 불러일으켰다. 혹시 독약에 의한 암살? 루이 14세는 이 모든 입소문을 잠재우기 위해, 그녀의 시체를 해부하라는 명을 내렸다. 그러나 독살을 점쳤던 당시 사람들의 예상과는 달리, 그녀의 허파는 너무도 많이 손상되어 있었다. 복부에는 담즙이 가득 차 있었고, 간은 '다 타서 산산조각이 나' 있었다. 독일 팔츠 선제후의 장녀이며 필리프 오를레앙 공의 두 번째 부인인 라 팔라틴 공주(1652-1722)는[11] 항상 앙리에트의 독살설을 지지했다. 그러나 역사가들은 앙리에트의 사인을 담낭이나 장폐색으로 보고 있다. 한동안 국왕의 사랑을 독차지했던 여성 루이즈 드 라 발리에르를 자세히 소개하기 전에, 젊은 나이에 그만 요절한 앙리에트의 남편, 필리프 오를레앙 공이란 인물을 한번 살펴보자.

왕제 필리프 오를레앙 공

생시몽Saint-Simon(1675-1755)은 필리프 오를레앙 공의 훌륭한 초상화를 후세에 남겼다. 루이 13세와 안 도트리시의 둘째 아들인 필리프는 1640년 9월 21일 생제르맹에서 태어났다. 국왕이 되지 못한 모든 왕자들의 서글픈 운명이 그러하듯이, 그의 일생은 무위도식으로 일관되어 있었다. 그가

11   독일어로는 리젤로테 폰 데어 팔츠 후작 영애.

50세가량 되었을 때 구두의 굽이 어찌나 높았던지, 마치 '죽마 위에 올라탄 키 작은 배불뚝이'라는 우스꽝스러운 인상을 주었다. 그는 항상 여성처럼 차리고 다녔다. 반지와 팔찌, 보석을 온몸에 주렁주렁 달고 다녔으며, 거기에다 향수와 분을 짙게 바르고 치렁치렁한 긴 가발 위에는 사방에 리본을 매달았다. 루이 14세의 동생은 이처럼 복잡미묘하고 매우 기이한 인물이었다. 그는 당시 '이탈리아의 악惡'이라던 남성 간의 우정의 삼매경에 몹시 심취해 있었다. 또한, 시기심이 많고 음모를 즐기며, 병적일 정도로 에티켓을 숭상했다. 어찌 보면 에티켓은 무위도식하는 왕제들이 행사할 수 있는 유일한 권력이자 소일거리였다. 사실상 그가 이 지경이 된 것도 따지고 보면, 프랑스 왕실의 철저히 계산된 교육 덕택이었는지도 모른다. 그가 어렸을 때 모후인 안 도트리시는 그에게 별로 각별한 애정을 표시하지 않았다. 그는 항상 형인 루이 14세의 시기심을 불러일으키지 않도록, "복종적이고 유순하라"는 주입식 교육을 받았을 뿐이었다. 아마도 프롱드 난의 불씨를 제공했던 루이 13세와 왕제 가스통 간의 갈등 내지 알력이라는 전철을 다시 밟

필리프 오를레앙 공

필리프 오를레앙 공의 동성애 연인이라고 소문이 났던 필리프 드 로렌Philippe de Lorraine(1643-1702)

기시 백작

지 않으려는 왕실의 용의주도한 전략이었던 것 같다.

　　그는 '로렌의 기사'라는 별명의 필리프 드 로렌Philippe de Lorraine(1643-1702)이란 미남에게 푹 빠져 있었다. 사람들은 이 문제의 필리프 드 로렌을 가리켜 천사처럼 외모는 아름답지만, 모든 의미의 도덕이 완전히 결핍된 타락한 인물로 보았다. 그는 1665년부터 자기보다 3살 많은 왕제 오를레앙 공의 연인이 되었다. 그리고 오를레앙 공 덕분에 팔레-르와이알 궁에 기거했다. 그는 당연히 오를레앙 공의 부인들과 사이가 좋지 못했으며, 항상 부부 사이가 원만하지 못하도록 중간에서 온갖 음모를 획책했다. 첫 번째 부인 앙리에트의 요구에 의해 로마로 쫓겨 갔던 경력이 있던 그에게는 앙리에트를 독살시켰다는 소문이 항상 따라다녔다. 오를레앙 공은 앙리에트가 죽고 난 후에도 그의 총신인 로렌의 허락하에서, 즉 그가 다시 궁으로 복귀한다는 조건하에서만 재혼을 할 수가 있었다.

　　루이 14세에 의해 결정되고 강요된 두 번의 불행한 결혼은 그의 기이한 성격을 더욱 두드러지게 만들었다. 그의 첫 번째 부인인 아름답고 매혹적인 사촌 앙리에트는 자기 형인 국왕과 그만 시시덕거리며 연애를 하다가, 나중에는 역시 자신의 연인 중 하나였던 잘생긴 기시 백작, 아르망 드 그라몽Armand de Gramont(1637-1673)에게 그만 홀딱 열중해 버렸다. 이 사건은 질투심에 눈먼 왕자를 매우 우스꽝스럽게 희화화시켰으며, 그의 이상스러운 기벽을 더욱 악화시켰다. 그러나 앙리에트의 미심쩍고 극적인 죽음과 더불어, 그의 병적인 질투심과 정신적인 불안도 어느 정도 가라앉는

라 팔라틴 공주와 루이 14세

듯했다.

그는 남자 상속자를 원했기 때문에, 다시 재혼했다. 그 상대가 바로 라
팔라틴 공주였다. 이 결혼 역시 불행했으나, 그는 결국 소원대로 아들을 하
나 얻었다. 그가 바로 후일 섭정 오를레앙 공이다. 루이 14세는 자기 동생
에게 여러 번 모욕을 가했다. 필리프는 1677년에 네덜란드와의 전투에서
기욤 드 오렌지 공을 물리치고 혁혁한 공을 세웠다. 그러나 이를 몹시 시기
질투한 국왕은 동생의 지휘권을 당장에 박탈했다. 이 전투의 승리야말로
1701년 6월 9일 필리프가 사망하기까지 올렸던 단 하나의 개가이며, 그의
유일한 자랑거리였다. 그는 예술적인 감각이 탁월했다. 그는 자신의 저택
인 팔레-르와이얄과 생 클루 궁에서 문예가들을 보호했다. 그는 자신의 궁
을 미화하고 장식하는 데 끊임없는 열정을 바쳤는데, 그것은 베르사유 궁

과 형을 멀리할 수 있는 그의 유일한 핑곗거리였다. 가스통 왕제가 죽고 난 후에도, 루이 14세는 자기 동생에게 랑그독 지방을 통치할 권한을 허락하지 않았다. 그것은 엄연히 동생의 권리였음에도 불구하고, 루이 14세는 "왕제는 반드시 궁에서만 살아야 한다"는 자신의 원칙을 고집했던 것이다. 결국 필리프 오를레앙 공은 죽을 때까지, 왕국의 상속자가 될 희망이 전혀 없는 왕제들의 무료한 삶을 마치 저주받은 운명처럼 감수해야만 했다.

루이즈 드 라발리에르

루이즈 드 라발리에르

루이즈 드 라발리에르Louise de la Valière(1644-1710)는 1644년에 출생했다. 그녀는 17세가 되던 해에, 앙리에트-안 당글테르의 들러리로 궁에 들어갔다. 그녀의 상전 앙리에트는 국왕과의 야릇한 스캔들의 방패막이로 (앙리에트가 보기에) 매우 보잘것없는 이 시녀를 내세웠다. 그러나 국왕은 새로운 여성 루이즈의 신선한 매력에 그만 매료되었다. 국왕은 원래 풍만한 여성을 좋아했다. 그런데 그녀는 좀 마른 체격에다, 빈약한 가슴을 가진 여성이었다. 그리하여 루이즈는 항상 매듭으로 묶은 커다란 스카프를 가슴 속에 잔뜩 쑤셔 넣고 다녔다고 한다. 오늘날에도 프랑스 여성들은 루이즈의 이름을 딴 라발리에르lavalière라는 나비넥타이를 넣고 다닌다. 그녀는 이처럼 야윈 데다 약간 절름발이이기는 했지만,[12] 매우 청순하고 아름다운 여성이었다. 그녀는 곧 국왕이 총애하는 애첩이 되었다. 모후 안 도트리시는 임신한 젊은 왕비의 태아의 안전을 고려해서 이 일을 절대 비밀로 부칠 것을 명했다. 그러나 아이가 탄생한 후에도 이 두 사람의 관계는 더욱 깊은 사이로 발전했다. 왕비는 또 새로운 임신을 했고, 겉으로는 계속 평온한 날이 지나갔다. 아무도 진실을 고해바치는 자는 없었으나, 왕비의 마음속에는 점차로 의혹의 그림자가 드리워졌다. 그녀의 성격은 어두워져 갔고, 질투심은 더욱 커져만 갔다. 왕비는 한동안 시어머니의 배려로 루이

왕비 마리-테레즈와 왕세자

14세의 비밀스러운 관계를 전혀 모른 채 지냈다. 그러나 국왕의 작은 제스처, 사소한 언동 하나에도 일일이 주의를 기울이며, 무언가를 잡아내려고 노력을 했다. 결국, 그녀는 국왕의 마음을 사로잡은 행운의 여성이 누구인지 드디어 알게 되었다. 그리하여 루이즈 드 라발리에르는 첫 번째 공식적인 국왕의 애첩이 되었다. 왕비는 자신의 유일한 방패막이가 되었던 시어머니 안 도트리시가 사망한 후에, 더욱 곤경에 빠지게 되었다.

　　루이 14세는 거기에다 한술 더 떠서 프랑수아즈 드 몽테스팡이란 절세미인을 새로운 애첩으로 삼았다. 이 여인은 매우 야심 많고 영리해서, 곧 국왕의 공식적인 애인이 되었다. 이제 허울뿐인 왕비 마리-테레즈는 두 애첩과 왕실마차를 타고 만찬의 테이블을 공유하며, 또 공식적인 장소에도

12　　루이즈는 한쪽 발이 짧아서 그쪽에는 좀 더 굽이 높은 하이힐을 신었다.

루이즈 드 라발리에르와 두 명의 아이들

함께 나가지 않으면 안 되는 수모를 겪었다. 즉 세 사람, 아니 네 사람의 결혼생활이 된 셈이었다. 이슬람의 술탄이나 술탄이 기거하는 하렘처럼, 왕비의 삶은 국왕의 걷잡을 수 없는 바람기 때문에 서서히 침몰하기 시작했다. 의기소침해진 그녀는 자기 방 안에 틀어박혀 지내는 횟수가 더욱 늘어났으며, 신비주의와 종교적인 신심에 깊이 빠져들었다. 마리·테레즈는 원체 키가 작은 데다 초콜릿을 엄청 좋아해서, 금세 비만하고 땅딸막해졌다. 또한, 계속되는 임신으로 몸매는 더욱 처지고 엉망이 되었다. 결국, 그녀는 피신처의 일종인 도박에 빠졌다. 그러나 이 분야에 별로 재능이 뛰어나지는 못해서, 도박으로 많은 돈을 잃었다. 이제 그녀의 유일한 활동은 환자들과 빈민들, 사회의 불행한 자들을 방문하거나 보살피는 일이었다. 왕비는 생제르맹 엉 레 병원을 자주 찾아갔다. 거기에서 불쌍한 환자들을 돌보고, 가장 천한 빈민들에게 재정적인 도움을 주었다. 또한, 몰락한 가문의

新 프랑스 왕과 왕비

귀족 여성들에게 지참금을 주는 등 남몰래 여러 가지 선행을 베풀었다.

니콜라 푸케

루이즈 드 라발리에르는 본의 아니게 국왕의 첩이 되었으나, 원래 심성이 곱고 여린 여성이었다. "내가 느끼는 이 격렬한 사랑과 (국왕으로부터) 사랑받는 기쁨, 그것은 마치 나를 낭떠러지로 밀어 넣는 성난 말馬들과도 같다!"며 불안하고 복잡한 자신의 심경을 토로했다. 국왕과의 불륜관계를 늘 자책하고 괴로워하던 루이즈는 1662년에 드디어 샤이오의 한 수도원에 은거하기로 결심했다. 그러나 사랑의 열정으로 불타오른 국왕은 그녀를 찾으러 몸소 수도원을 방문했다. 그러나 또 다른 국왕의 애첩 몽테스팡 부인의 주장에 따르면, 루이즈가 수도원행을 결심했을 때 이미 국왕의 마음은 그녀의 곁에서 멀어지고 있었다. 베르사유 궁이 착공된 지 3년 뒤인 1664년의 어느 화사한 봄날. 국왕은 그녀를 위해서 '마법의 성의 환락'이라는 잔치를 성대하게 열었다. 아직 미완성의 궁전에서 축제가 무려 1주일 동안이나 밤낮을 가리지 않고 계속되었는데, 그녀는 이 매머드 축제의 아름다운 여주인공이 되었다. 이 축제는 물론 애인을 위한 동시에, 또한 (자신이 숙청한) 신하 니콜라 푸케Nicola Fouquet(1615-1680)의 성관 보Vaux에서 거창하게 열렸던 축제를 세인들의 기억 속에서 말끔히 지우고 이를 제압하려는 국왕의 정치적 계산도 크게 작용하고 있었다. 1667년에 루이 14세는 루이즈에게 공작부인이라는 호칭을 하사했고, 그녀가 낳은 두 명의 사생아를 모두 정식으로 인정했다. 그러나 궁정의 사람들은 이것이 바로 국왕의 마지막 '이별의 선물'이라고 느끼고 있었다. 이제 그녀의 삶은 골고다 언덕에서 십자가형

을 받은 예수처럼, 고난의 가시밭길이
되었다. 즉 루이즈는 루이 14세와 몽테
스팡 부인의 이중 간통죄를 은폐하기
위한 일종의 방패막이로 다시 이용되
었다(몽테스팡 부인은 국왕을 만나기 전에 이
미 유부녀였다). 1671년에 그녀는 옛날에
수도원에 들어갔다가 재무장관 콜베
르가 다시 끌어냈던 그 수도원으로 되
돌아갔다. 그리고 루이즈 드 미제리코
르드miséricorde란 이름으로 카르멜회의
독실한 수녀가 되었다. '미제리코르드'
란 프랑스어로 연민이나 자비, 긍휼을
의미한다. 루이즈는 1710년 36세에 나

수녀가 된 루이즈 드 미제리코르드

이로 사망할 때까지, 국왕에게 느꼈던 자신의 부도덕한 사랑을 가슴속 깊
이 뉘우치고 속죄하며 살았다.

짐이 곧 국가다!

> "짐은 죽지만 국가는 영원하리라."
> - 프랑스 국왕 루이 14세

1661년 국왕의 대부 격인 재상 마자랭이 죽었을 때, 루이 14세는 음악이
나 사냥, 발레, 연애 같은 유흥을 즐기는 젊은 청년에 불과했다. 이때 루이
14세의 나이는 23세였다. 재무장관 니콜라 푸케(1615-1680), 국방장관 미셸

르텔리에Michel Le Tellier(1603-1685), 외교의 베테랑 위그 드 리온Hugues de Lionne(1611-1671), 대법관 피에르 세귀에Pierre Séguier(1588-1672) 등 마자랭이 키워낸 중신들이 모인 자리에서 젊은 국왕은 군주답게 다음과 같은 선언을 했다. "만사를 도맡아서 처리해 오던 추기경을 잃은 지금, 짐은 혼자서 재상의 일을 도맡기로 결심했다." 즉, 국왕의 명령 없이는 어떤 하찮은 법령에도 대신이 마음대로 서명할 수가 없다는 선언이다. 그러나 이때 23세의 젊은 국왕에게서 미래의 절대군주를 알아보는 혜안을 가진 인물은 없었다. 제아무리 용모가 뛰어나고 체격이 좋고 또 자신만만하다 하더라도, 마자랭이 만사를 도맡아 처리하는 동안

발레의상을 입은 루이 14세

에 겨우 사냥이나 댄스 아니면 연애나 하던 젊은이였기 때문이다. 자, 이런 플레이보이가 국정을 맡아서 한다? 사람들은 기가 차다는 듯이 말이 없었다. 심지어는 20여 년 동안 섭정으로 활약한 모후 안 도트리시조차도 그 중신 회의의 내용을 듣고 코웃음을 쳤다 한다. 루이 14세 자신도 그때는 큰소리를 치면서도, 뭔가 불안해하고 있었고, 뒤에는 이렇게 술회했다. "그것이야말로 내가 기다리고 기다린, 그리고 몹시 두려워한 순간이었다."

그러나 마자랭은 루이 14세가 비범한 인물임을 일찍부터 알아보았다. 루이의 나이 15세 때부터 국무회의에 임석하게 하고, 제왕학 같은 것을 틈틈이 가르쳤다. 루이 14세 자신은 마자랭의 충정이나 은혜를 잘 알고 있던 것 같다. 마자랭이 죽었을 때, 국왕은 눈물을 흘리며 슬퍼했다. 그러나 루이 14세는 모후와 재상 간의 떠도는 이상한 소문 때문인지 자신과 마자

절대주의와 고전주의의 대명사 베르사유 궁의 위대한 전경

랭의 관계를 그리 탐탁하게 생각하지는 않았다. 그는 후일 비서관에게 구술 필기시킨《회고록》에서 이렇게 말하고 있다. "남들이 게으른 국왕이나 궁재를 말하면 나는 벌써 어렸을 때부터 그런 이야기를 듣는 것을 제일 싫어했다. 나는 결심했다. 국왕이란 칭호만 가지고 일을 남에게 맡겨 두는 게으른 국왕이 되지는 않겠다고." 이런 생각이 루이 14세의 친정을 밑받침하고 있었다. "국가, 그것은 곧 짐이다." 이런 말을 비록 루이 자신이 직접 한 것은 아니지만, 그는 절대적인 신권을 가진 위엄 있는 군주로서, 54년 동안 혼자서 왕국을 다스리게 된다. 왕권신수설의 이론가 대사교 보쉬에 Jacques-Bénigne Bossuet(1627–1704)에 따르면, '피와 살을 가진 신' 이것이 곧 국왕이다. 루이 14세는 '만인을 능가하는 최고'라는 좌우명에 따라, 태양을 자신의 고유한 상징물로 삼았다. 호화장대한 것을 무척 좋아했던 루이 14세는 1677년에 자신의 주거지를 전설적인 궁정 베르사유에 정했다. 그러나 국왕이 이 궁에 완전히 정착한 것은 1682년부터였다. 화려하기 이를 데

新 프랑스 왕과 왕비

없는 베르사유 궁 역시 절대주의의 위대한 상
징물이었다. 그리하여 당시 최강대국이었던
프랑스 왕국은 유럽 전역에 깊은 인상을 남겼
고, 많은 나라가 앞을 다투어 이를 모방했다.
루이 14세는 자신의 애첩인 몽테스팡 부인의
미모를 각국의 대사들에게 선보여, 그의 권력
이 얼마나 위대한가를 온 천하에 과시했다.

몽테스팡 부인

몽테스팡 부인

몽테스팡 부인Madame de Montespan(1640-1707)
은 1640년 10월 5일에 프아투 지방의 뤼삭에
서 태어났다. 그녀는 나중에 '아데나이'Athé-
naïs라는 예명을 갖게 된다. 그녀는 1660년 왕
비 마리·테레즈의 결혼식 때, 들러리로 처음
궁정에 들어왔다. 그녀는 1663년에 몽테스팡
후작과 혼인을 했다. 원래 몽테스팡Montespan
이란 '스페인의 산Mont d'Espagne'이란 뜻인데,
몽테스팡 가문은 피레네 지방의 사람들이었
다. 17세기 프랑스 문학의 아이콘 중 하나인
세비네 후작 부인marquise de Sévigné(1626-1696)
은 '비할 데 없이 아름다운 부인' 또는 '의기양

카트린 드 모나코

양한 미모'라며, 몽테스팡 부인의 뛰어난 자
색을 찬미했다. 1667년부터 국왕의 정부가 된 후작 부인은 1670년에 태양
왕 루이 14세의 절정기에 단연 으뜸가는 총비가 되었다.

몽테스팡 부인과 4명의 아이들

　루이 14세는 카트린 드 모나코(1638-1678)와도 약간의 염문을 뿌렸다. 모나코 왕과의 결혼에 의해서 모나코 왕비가 된 그녀는 한동안 루이 14세의 정부 노릇을 했지만 그녀는 다른 많은 여성들과 마찬가지로 그냥 스쳐가는 인연에 불과했다. 카트린은 '소르베 아이스크림처럼 신선하고' 아름다우며 아양이 넘치는 여성이었다. 그러나 국왕은 그녀에게 별로 깊은 관심을 보이지는 않았다.

　국왕은 매우 기품 있고 우아하며, 당당한 풍채를 자랑했다. 그래서 모든 여성이 국왕의 품에 안기기를 원했다. 그런데 언제부터인가 몽테스팡 부인은 자기 주변에서 유심히 그녀를 주시하는 국왕의 존재를 의식하기 시작했다. 처음에 그녀는 매우 정중하고 예절 바른 태도로 이를 사양했다. 그래도 국왕은 그녀를 쉽게 단념하지 않았다. 그리하여 그녀는 남편에게 이렇게 말했다. "제 마음이 아무래도 흔들릴 것 같아요." 그러자 몽테스팡 후작은 "그럼, 흔들리시오"라고 매우 자신만만하게 응수했다. 결국, 그녀가 국왕의 유혹에 저항을 포기했을 때, 그녀의 남편이 했다는 언동은 놀랍기 그지없다. "신神이 세를 들었으니, 이제 우리 집에 돈이 굴러들어오겠군!" 그러나 그는 곧 이 불륜의 관계에 진노하기 시작했다. 그러나 이미 때는 늦었다. 그녀는 국왕에게 가버렸고, 몽테스팡 부인은 그 후 15년 동안이나 국왕의 곁에 머무르게 된다. 몽테스팡 후작이 뒤늦게 이 일을 반대했을 때, 국왕은 그를 바스티유 감옥에 처넣었다.

국왕의 공식적인 애첩이 된 그녀는 6명이나 되는 사생아를 낳았다. 만일 국왕의 첫 번째 애첩인 루이즈 드 라발리에르와의 사랑이 가슴으로 느끼는 부드러운 애정이었다면, 이 아테나이의 경우는 육체적 쾌락의 추구에서 오는 감각적·정열적인 애정을 의미했다. 그녀는 눈부시게 아름다운 미인이었고, 당시로서는 보기 드물게 진주알처럼 희고 치열이 고른 완벽한 치아를 자랑했다. 그 당시에는 대개 서른이 되면, 치아가 거의 없는 경우가 많았다. 사실상 국왕 자신도 치아가 하나도 없었다. 왜냐하면, 외과의사가 몽땅 치아를 뽑아 버렸기 때문이다. 당시 수석의사 앙투안 다켕 Antoine Daquin(1629-1696)은 인간의 몸 가운데 치아처럼 위험한 질병의 원인은 없다고 굳게 믿고 있었다. 그리하여 국왕 폐하의 이가 아직 건강할 때, 모조리 남김없이 뽑아 버려야 한다고 확신하고 있었다. 물론 루이 14세는 처음에는 완강하게 거부했다. 그러나 "폐하의 건강은 곧 폐하의 영광"이란 말에 현혹되어, 결국 "나의 영광을 위해서라면 어떤 일이라도 할 용의가 있다. 죽어도 좋으니 시행하라"며 승낙했다. 루이 14세는 마취도 없이 멀쩡한 이를 다 뽑아내고도 죽지는 않았다. 그러나 일설에 따르면, 의사는 국왕의 송곳니를 뽑다가 턱까지 금이 가게 하고, 윗니와 함께 입 천장의

전설적인 식욕을 지닌 루이 14세

대부분을 제거해 버렸다. 아래턱은 곧 아물었지만, 제거된 입천장은 보충할 도리가 없었다. 그리하여 사람들은 식사 때마다 국왕이 포도주를 마시는 경우, 반 잔 정도가 곧바로 코를 통해 흐르는 묘기를 보게 되었다. 그는 몽테스팡 부인의 후원을 받았으나, 후일 국왕의 후처인 맹트농 부인의 영향력하에 그만 실총하게 된다.

　　몽테스팡 부인은 거의 10년 동안 베르사유 궁의 실질적인 안주인으로써 왕비 역할을 훌륭하게 수행했다. 공식적인 왕비인 마리-테레즈는 성격이 워낙 소심한 데다가 약간 모자란 데가 있다는 소리를 들을 정도로 조롱의 대상이 되었다. 몽테스팡 부인은 그 유명한 '모르트마르Mortemart(처녀 시절의 그녀 이름)의 정신'을 최대한 발휘하여, 극작가 코르네유와 몰리에르, 우화 작가 라퐁텐, 음악가 륄리 등 당대의 기라성 같은 문인과 예술가를 재정적으로 후원했다. 루이 14세는 모든 각국 대사들의 찬미대상이 되는 애첩의 미모와 재치를 정치적으로 매우 분별력 있게 잘 이용했다. 그러나 몽테스팡 부인은 극도로 투기가 심한 여인이었다. 그녀는 국왕이 다른 여인에게 눈길을 주는 것조차도 참지 못할 정도로 질투심이 강했다. 루이 14세는 몽테스팡 후작 부인과 왕비 마리-테레즈에게 똑같은 내용의 작별 인사를 남기고 전쟁터에 나갔다. 그는 프랑스 왕권을 강화시키기 위해 총력을 기울였다.

전쟁터에서 다시 프랑스로 돌아왔을 때, 국왕은 퐁탕주 공비duchesse de Fontanges(1661-1681)라는 새로운 여성을 정부로 삼았다. 오베르뉴 지방의 태생인 퐁탕주는 드 루시 백작의 딸이었다.[13] 백작의 사촌인 페이레 남작은 이 젊은 소녀의 굉장한 미모에 놀란 나머지, 태양왕의 궁정에 그녀를 소개하자는 제안을 했다. 그녀는 우선 태양왕의 제수였던 라 팔라틴 공주의 시녀가 되었다. 당시 루이 14세는 몽테스팡 부인과 그녀가 낳은 사생아들의 옛날 가정교사였던 멩트농 부인 사이에서 마음이 연신 오락가락하는 중이었다. '지상의 천사' 같은 미모의 앙젤리크(퐁탕주 공작 부인의 처녀시절의 이름)는 궁정에 들어가자마자, 불과 1, 2주 사이에 국왕의 눈에 번쩍 띄었다. 1679년 4월까지 국왕은 그녀와의 밀애를 비밀로 하는 데 성공했다. 그러나 이 연애 사건이 세상에 백일천하에 공개되었을 때, 국왕은 앙젤리크를 우선 생제르맹에 있는 별장에 머무르게 했다. 그리고 곧이어 베르사유 궁의 자기 방에서 가장 가까운 방으로 옮기도록 했다. 갑자기 궁정의 분위기가 바뀌었다. 축제와 음악회, 그리고 사냥 같은 궁정의 모든 행사들이 국왕의 새 애인을 위해 열렸다. 그녀는 '퐁탕주 스타일'이라는 유명한 헤어스타일을 후세에 남기기도 했다. 날씨가 화창한 어느 날 퐁탕주는 말을 타고 퐁텐블로 숲을 질주하다가 그만 공들여 치장한 머리가 나뭇가지에

---

13   그녀의 본명은 마리-앙젤리크 드 스코라이 드 루시Marie-Angélique de Scoraille de Roussille다.

퐁탕주 공작 부인

걸렸다. 국왕 앞에 나타나기 전에, 그녀는 말안장 위에서 얼른 리본으로 헝클어진 머리 매무새를 고쳤다. 즉 그녀의 머리를 모두 위로 틀어 올린 것이다. 국왕은 그것을 몹시 매력적이라고 칭찬했고, 그 헤어스타일을 그대로 유지할 것을 명했다. 그다음 날 궁정의 모든 여성이 그 헤어스타일을 모방했다. 이 퐁탕주 헤어스타일은 그 후 20년 동안이나 계속 유행했다. 1679년의 화사한 봄에 그녀는 공식적인 국왕의 애첩이 되었다. 그녀는 이때부터 몹시 사치스럽고 허영적인 성격을 드러냈다. 그녀는 온갖 종류의 비싼 장신구를 구입하는 데 돈을 마치 물 쓰듯 했다. 1679년에 그녀는 아들을 하나 낳았는데, 낳자마자 곧 죽어 버렸다. 이에 그녀는 몹시 절망했으나, 곧 눈물을 거두지 않으면 안 되었다. 국왕이 아녀자의 통곡이나 푸념을 도저히 참지 못했기 때문이다. 그 후로 국왕의 관심은 점차로 시들기 시작했다. 왜냐하면, 국왕은 그녀의 유아적인 성격을 '재치의 결핍'으로 간주했기 때문이다. 1680년 4월에 국왕은 그녀에게 퐁탕주 공작 부인이란 칭호와 8만 리브르의 연금을 하사했다. 이 최후의 은총은 그녀의 몰락을 의미하기도 했다.

그럼에도 불구하고, 국왕은 이 이상한 일부다처제를 그대로 유지하기를 원하는 것처럼 보였다. 국왕은 몽테스팡 부인, 멩트농 부인, 그리고 퐁탕주 영양 사이를 오가며 시간을 보냈다. 그리하여 몽테스팡 부인은 멩트농 부인에게 "나는 그저 명목상의 첩, 퐁탕주는 사실상의 첩, 그리고 당신은 국왕의 마음을 차지한 여인"이란 의미심장한 말을 남겼다. 그러나 퐁탕주는 잘못된 임신으로 인해 너무나 갑작스럽게 죽어버렸다. 사람들은 곧 몽테스팡 부인을 의심하기 시작했다. 즉 질투심에 치를 떤 몽테스팡 부인이 마녀와 공모하여, 퐁탕주 공작 부인을 독살했다는 것이다. 이것이 바로 그 유명한 독약 사건의 전주곡이었다. 그녀는 투기로 인해 국왕에게 심각한 누를 끼치게 되었고, 결국 그것 때문에 국왕의 총애까지 잃게 되었다.

독약 사건

1670~1680년에 발생한 연속적인 독약 사건이 파리와 베르사유 궁을 그만 발칵 뒤집어 놓았다. 1672년경에 기병대 장교 고댕 드 생트-크루아Godin de Sainte-Croix란 인물이 죽고 난 다음에, 그의 서류함 속에서 이상한 내용

물고문을 당하는 블랭비예 후작 부인

라부아쟁

의 편지가 발견되었다. 그것은 자기 정부였던 블랭비예 후작 부인이 상속재산을 전부 가로채기 위해서 자기 친아버지와 두 오빠, 그리고 여동생을 모두 독살시켰다고 고발하는 내용이었다. 이 블랭비예 후작 부인은 일단 도망쳤다가, 리에주의 한 수도원에서 체포되었다. 그녀는 혹독한 고문을 받은 후에 '마녀'라는 죄목으로 1676년에 처형되었다. 조사하는 도중에 유명인사의 이름이 거명되었는데, 그녀는 이를 끝까지 함구했다. 1677년에 이루어진 조사과정에서는 마리 보스Marie Bosse란 여성이 남편을 독살하려는 음모를 꾸미는 고등법관 부인에게 독약을 제공했다는 놀라운 사실이 밝혀졌다. 이 마리 보스란 여성은 라부아쟁La Voisin이란 여성과 하수인, 그리고 다른 관련자를 고발했다. 그런데 조사과정에서 역시 거물급 인사들의 이름이 줄줄이 지목되는 바람에, '독약 법정'이란 특별위원회가 설치되었다. 그 고발자 명단에는 주로 여성들이 많았는데 비본 부인(몽테스팡 부인의 시누이), 라모트 부인, 외이예와 카토라는 여성(몽테스팡 부인의 시녀), 수아송 백작 부인, 폴리냑 자작 부인, 뤽생부르 원수 부인 등이 있었다. 그리고 거기에는 비극 극작가 라신도 포함되어있었다. 그 당시 재판을 담당했던 경찰 총감 라 레이니La Gabriel-Nicolas de la Reynie(1625-1709)는 이 독약에 의한 암살사건이 다른 범죄하고도 깊은 연관이 있다는 것을 밝혀냈다. 방탕한 사제들이 집행하는 검은 미사 때 발생했던 아이들의 돌연한 의문사나, 신에게 바치는 제물의 신성모독, 심지어 위조지폐 사건 등의 전모가 조금씩 그 실체를 드러냈다.

사건의 주모자인 문제의 라부아쟁이란 여성은 이른바 마법의 전문가였다. 그녀는 '성가신' 인물을 제거하
는 조제약의 공급책을 맡았다. 거기에다
사랑 또는 증오심을 일으키는 신비한 약
을 제조하는 동시에, 검은 미사와 그와 유
사한 마법의 제식에 열중했다. 그녀는 당
시에 절대적으로 금지되어 있던 낙태까
지도 시술했다고 한다. 그녀는 드디어 사
형을 언도받았고, 파리의 그레브 광장에
서 산 채로 화형을 당했다. 자신의 어머니
가 처형된 다음에 라부아쟁의 딸은 드디
어 몽테스팡 부인을 고발했다. 즉 몽테스
팡 부인이 국왕의 사랑을 오래 독차지하

몽테스팡 부인

기 위해 자기 몸에 이상한 제식을 하도록
명하고, 또한 그녀의 연적인 고故 퐁탕주 공작 부인을 해하는 마법의 제식
에 참석했다는 것이었다. 이 독약 법정은 36명의 하수인들에게 사형을 언
도했고, 나머지는 모두 갤리선의 노예로 만들어 버렸다. 결국, 주요 인물
들은 모두 재판에서 비켜 갔다. 일이 이 지경에 이르자, 루이 14세는 즉시
서둘러 법정의 해산을 명했다. 사면을 받은 라신의 경우와 마찬가지로, 국
왕은 이 일을 극비에 붙이기를 원했다. 그러나 당사자인 몽테스팡 부인은
국왕의 위세를 믿고, 재판이 진행되는 중에도 자신의 신변을 그다지 염려
하지는 않았다. 그녀의 예상대로 몽테스팡 부인은 국왕의 보호 아래 그대
로 베르사유 궁에 머물러 있게 되었다. 만일 그녀를 추방한다면, 그녀의 죄
상을 온 세상에 공표하는 것이 되기 때문이다. 그러나 몽테스팡 부인은 베
르사유의 초라한 방에 좌천되어 쓸쓸한 여생을 보내야만 했다. 그녀는 그
후 10년 동안 그렇게 살았다. 국왕은 몽테스팡 부인이 낳은 사생아의 가정

나신의 몽테스팡 부인을 상대로 검은 마법의 의식을 행하는 가톨릭 신부 에티엔 기부르Étienne Guibourg와 마녀 라부아쟁

교사였던 멩트농 부인을 만나기 위해서만, 그녀의 방문 앞을 지나갔다. 결국, 몽테스팡 부인은 독약사건에 연루되어 국왕에게 완전히 버림을 받았다. 이제 그녀의 빈자리는 멩트농 부인이 차지하게 되었고, 서서히 태양의 조락기에 접어든 루이 14세는 나머지 여생을 그녀와 함께 보냈다.

멩트농 부인

멩트농 부인

국왕의 첫 번째 사랑이 가슴으로 느끼는 낭만적인 사랑이었다면, 두 번째 사랑은 감각적인 사랑이었고, 그리고 마지막 세 번째 사랑은 바로 이성적理性的인 사랑이었다. 국왕은 독약 사건 이후 몽테스팡 부인을 멀리했다. 왕비 마리·테레즈가 죽고 난 후, 45세가 되던 해에 국왕은 멩트농 부인과 비밀리에 혼인했다.

후일 멩트농 부인이 될 프랑수아즈 도비네 Françoise d'Aubigné(1635-1719)는 1635년 11월 24일, 아버지가 수감되어 있던 니오르의 감옥에서 태어났다. 그녀의 할아버지는 유명한 시인 아그리파 도비네Agrippa d'Aubigné(1552-1630)였다. 그러나 몰락한 귀족 가문에서 태어났기 때문에, 어린 시절에 친척 집을 이리저리 전전해야만 했다. 프랑수아즈는 우여곡절 끝에 대모였던 뇌이앙 부인의 신세를 지게 되었다. 그녀는 원래 가톨릭 교도였는데, 위그노 교도였던 숙모의 영향으로 잠시 신교도가 되었다. 그러나 뇌이앙Neuillant 부인의 집에 살면서부터 다시 가톨릭으로 개종했다.

멩트농 부인

1652년 4월, 16세의 꽃다운 나이의 프랑수아즈는 중풍에 걸린 42세의 시인 폴 스카롱Paul Scarron(1610-1660)에게 시집을 갔다. 그녀의 보호인이었던 뇌이앙 부인이 지참금 한 푼 없는 이 가난한 처녀에게 본인의 의향을 물어보았을 때, 그녀는 이렇게 앙칼지게 대답했다. "저는 수도원에 가느니, 차라리 그와 혼인을 하겠어요!" 그녀의 남편은 비록 중풍에 걸려 몸은 부자유한 상태였지만, 제법 문명이 높은 인기 작가였다. 회상록 작가 생

남편 스카롱

시몽은 당시 그녀의 생활을 빗대어, '빗자루를 굽다rôtir le balai'라는 표현을 썼다. 이는 몹시 방종한 생활을 의미한다. 그러나 초기에 이 표현은 '비참함 속에 사는 것'을 의미했다. 즉, 땔감이 없어 자신의 빗자루를 태울 정도로 궁색하다는 뜻이었다. 그런데 18세기에 이르러 본래의 의미가 바뀌었

다. 아마 '마녀의 빗자루' 때문에, 그 의미가 이처럼 변질된 것으로 보고 있다. 25세에 그녀는 과부가 되었다. 박학다식한 남편 스카롱은 그녀에게 많은 지식과 폭넓은 교양을 가르쳤으나, 땡전 한 푼도 남기지 않은 채 세상을 떠났다. 그러나 프랑수아즈는 이 결혼을 통해 남의 환심을 사고, 또 우호적인 인간관계를 유지하는 기술을 터득했다. 남편의 생전에는 언제나 많은 사람들이 집에 모여들어 여러 가지 환담이나 토론을 즐겼다. 그녀는 이 교양 있는 사람들의 모임인 남편의 친숙한 서클을 통해, 자신의 대인관계를 넓혀나갔다. 그리하여 그녀의 '친구들'은 국왕의 어머니인 안 도트리시에게 간청해서, 비록 적은 액수나마 이 스카롱의 젊은 과부가 연금을 탈 수 있도록 도와주었다. 안 도트리시가 죽고 나서, 국왕의 애인인 몽테스팡 부인이 그녀의 후원자가 되었다. 그러나 이때까지만 해도 몽테스팡 부인은 아직 국왕의 공식적인 총비는 아니었다. 이 두 여인은 남편 스카롱과 가까웠던 달브레 원수의 집에서 처음으로 만났다. 물론 아테나이(몽테스팡 부인의 필명)가 그녀에게 자기 아이들의 가정교사 직을 믿고 맡길 생각을 했다고 할지라도, 그것은 무엇보다 프랑수아즈가 그녀의 비위를 맞추는 요령을 잘 알고 있었기 때문이다. 프랑수아즈는 분별력이 있고, 신중한 성격의 소유자였다. 또한, 그녀는 국왕을 섬기면, 언제나 얻는 것이 많다는 것을 너무나 잘 알고 있었다. 1669년에 국왕과의 사이에서 몽테스팡의 첫 번째 여아가 태어났을 때, 프랑수아즈는 그 첫 아이의 가정교사가 되었다. 그러나 이 여아가 죽은 지 얼마 안 되어, 1670년에 또 다른 사생아가 태어났다. 프랑수아즈는 파리의 보지라르 동네에 살다가 어느 날 갑자기 온데간데없이 종적을 감추었다. 그녀는 그때 몰래 자기 아이들을 만나러 온 국왕을 처음으로 알현했다. 루이 14세는 비록 좋은 남편은 아니었을지라도, 아이들에게는 좋은 아버지였던 것이다. 그녀는 국왕의 사생아들이 합법적인 자녀로 인정을 받은 1673년부터, 궁에 다시 그 모습을 나타냈다.

국왕과의 진정한 관계가 본격적으로 시작된 것은 1675년부터였다. 루이 14세는 자신의 일기에 다음같이 적었다. "며칠 전에 회색 옷을 단정하게 입은 귀족을 꿈속에서 보았지. 숲속을 이리저리 배회하는 이 군주는 남몰래 생제르맹 공원을 산보하는 한 님프를 유혹하려는 것처럼 보였어. 그는 그 님프의 이름을 알고 있었지. 그녀는 아름답고 상냥하고 기지에 가득 찬 데다, 매우 현명한 여성이었어. 이 님프는 스카롱 부인과 매우 비슷하게 생겼더군. 그리고 회색 옷을 입은 군주는 아무래도 나 자신 같았어. 그는 가볍고 경박한 여성들을 싫어하고, 짐짓 정숙한 체하는 여성들에게 창피를 주고, 현명한 여성들을 좋아하는 것 같더군." 국왕은 자기 애인으로부터 늙은 시인 스카롱의 망령이나 그 흔적을 말끔히 지워 버리기 위해, 1675년에 멩트농 후작 부인이란 새로운 칭호를 하사했다. 그 후로 국왕이 베푸는 은총은 더욱 깊어만 갔다. 둘 사이에는 어느덧 아이까지 생겼다. 멘 공작은 국왕과 멩트농 부인 사이에서 태어난 사생아 중의 하나였다. 국왕이 그녀의 지성적인 매력에 반했을 때, 그녀는 국왕이 죄를 짓고 있으며, 이러한 방탕한 생활을 청산할 것을 은근히 암시했다. 즉, 이는 자신을 고용했던 몽테스팡 부인과 국왕과의 불륜관계를 가리키는 것이다. 1680년에 국왕은 마리·테레즈 왕비에게로 다시 돌아갔다. 물론 이것은 왕비에 대한 사랑의 재확인 때문이 아니라, 멩트농 부인의 부드러운 권유로 이루어진 것이었다. 공교롭게도 그녀 역시 국왕의 정부였지만 말이다!

멩트농은 매우 독실한 가톨릭 교도였다. 그녀는 자신의 고해신부로부터 많은 감화를 받았다. 국왕은 멩트농 부인의 충고에 따라, 그동안 왕비에게 단 한번도 보여 준 적이 없었던 깊은 관심을 보였다. 어리석은 왕비는 이에 무척 감격해 마지않았다. 멩트농 부인의 정체를 알고 있었던 많은 사람들의 냉소와 비웃음에도 불구하고, 정작 왕비 자신은 "신은 멩트농 부인을 움직여, 내게 국왕의 사랑을 도로 찾게 해주었다"며 고마워했

멩트농 부인

다. 1683년 7월 30일 왕비가 갑자기 사망했다. 왼팔에 생긴 종양의 부작용으로 4일 만에 숨을 거두었다. 그녀는 죽기 전에 "왕비가 된 이래, 오직 단 하루만 행복했었노라"는 수수께끼 같은 말을 남겼다. 과연 그날이 언제였을까? 아무도 그 말의 뜻을 알거나 대답하는 사람은 없었다. 그때 슬픔에 잠긴 국왕은 다음과 같이 술회했다. "하늘은 짐에게 그녀가 필요했기 때문에, 짐에게 그녀를 하사했다. 그녀는 단 한 번도 짐에게 '아니'라고 거절을 한 적이 없었다." 국왕은 태양왕의 배우자가 완벽한 여성상과는 거리가 매우 멀며, 너무 복종적이고 서투른 데다가 심지어 남의 조롱감이 되었다는 사실을 잘 알고 있었다. 자신의 권위 있는 서클로 궁을 활력에 넘치게 했던 모후 안 도트리시와 비교해 볼 때, 자기 부인인 마리-테레즈는 너무나 부족한 점이 많았다. 적어도 국왕이 생각하기에 일국의 왕비라면, 어머니처럼 지성적이고 현명하며 아름다워야 했던 것이다.

1683년 10월 9일 자정에서 막 새벽으로 넘어가는 시각에, 태양왕은 멩트농 부인과 비밀리에 혼인식을 올렸다. 이 소문은 곧 베르사유 궁에 삽시간에 퍼져나갔다. 많은 사람들이 국왕의 선택에 반신반의하거나, 깊은 의구심을 표명했다. 그러나 좀처럼 납득하기 어려웠던 사람조차도 이제는 국왕이 두터워진 신앙심과 성적 쾌락의 자제, 또 과거의 불륜적인 애정을 참회하여 그런 것이라는 최종적인 결론을 내렸다. 또한, 멩트농 부인과의 사이가 처음에는 플라토닉한 우정에서 비롯된 것이니만큼, 국왕이 과거의 방탕한 생활로 다시 복귀하는 것을 두려워해서 가톨릭 신앙심이 철두

루이 14세의 사망

철미한 안전한 여성(?)을 택했다고 생각한 것이다. 그들은 멩트농 부인이 결코 정식 왕비가 되지 못한 것도 바로 국왕의 이런 심중을 대변하는 것이라 여겼다. 어쨌든, 멩트농 부인이 베르사유 궁의 비공식적인 안주인이 되고 나서부터 궁 안에는 시종 엄격한 종교적 근행의 분위기가 지배적이었다. 역사가들은 낭트칙령의[14] 폐지에 멩트농 부인이 과연 어느 정도로 영향을 미쳤는지 의문을 제기한 바 있다. 사실상 그녀의 존재는 말년의 고독한 국왕에게 적지 않은 영향을 미쳤던 것이 사실이다. 국왕은 그녀를 위해 가난한 귀족 여성들을 위한 생시르 학교를 건설하는 등 많은 배려를 아끼지 않았다. 그러나 유럽 최강의 절대군주였던 루이 14세의 카리스마적인 성격상, 정책결정 면에서 그다지 여성의 영향을 받지는 않았으리라는 것

---

14   1598년 4월 13일 프랑스 국왕 앙리 4세가 국내의 신교파인 위그노에게 신앙의 자유를 인정한 칙령.

루이 14세와 가족

이 학자들의 일반적인 견해다.

　　1715년 국왕이 사망한 후에 멩트농 부인은 생시르 학교로 물러나, 1719년 4월 15일 죽을 때까지 거기서 지냈다. 최상의 정예군대로 유럽을 지배했던 루이 14세는 아우크스부르크 동맹전쟁을 종결지으면서, 1697년 최초의 패배를 인정하는 라이스위크Ryswick조약을 체결했다. 바로 그때가 만인이 우러러보던 지존의 태양왕 인생의 내리막길의 시초였다. 국왕은 스트라스부르를 제외하고, 1678년부터 병합된 영토를 다시 반환해야 했고 오렌지 공 윌리엄 3세를 영국 왕으로 인정했다. 어렵사리 얻어낸 평화는 이미 왕국이 경제적으로나 정치적으로 심각한 위기에 접어들었을 때 이루어졌다. 그러나 이 모처럼의 평화도 일시적 휴전에 불과했다. 국왕은 곧 상속문제로 그의 치세 중에 가장 길었던 전쟁, 즉 스페인 계승전쟁을 강행했다.[15] 1713년 유트레히트 조약을 통해 그는 이 기나긴 전쟁을 종결 지었다.

　루이 14세는 각종의 난관과 어려움에도 불구하고, 놀라울 정도로 강인한 정신력을 유지했다. 왕가에 불어닥친 연이은 줄초상에도 끄떡하지 않았다. 그는 수많은 자손들을 거느리고 있었으나, 이제는 증손자(미래의 루이 15세)밖에 남지 않았다. 그래서 죽기 바로 직전에 부르봉 왕가의 존속을 위협하는 신의 '대량살육'에 화들짝 놀란 국왕은 국법에도 어긋나며, 왕제인 오를레앙 가문의 경멸에도 개의치 않고 멘 공을 위시한 자기 사생아를 모두 합법화시켰다. 그리하여 국왕은 그들의 출생을 정식으로 인정했을 뿐만 아니라, 모두 왕가의 결혼식을 시켰다.

　당시에 굶주린 배를 움켜쥔 프랑스 백성들은 국왕의 화려한 만찬에 참가하지는 못하고, 단지 멀리서 구경할 수 있는 권리가 있었다. 당시 국왕의 손자 부르고뉴 공의 가정교사를 지냈던 사상가이며 성직자인 프랑수아 페늘롱François Fénelon(1651-1715)은 몹시 우려에 찬 목소리로 프랑스에 빵과 돈이 모자란다고 설명했다. "나는 전쟁을 좋아한다"라고 말한 왕의 친정 54년 중에, 31년은 거의 전쟁상태였다. 이제 국고는 피폐해지고, 볼살이 다 빠져서 홀쭉해진 태양왕의 말년은 어둡고 침통하기 이를 데 없었다. 1715년에 국왕은 무릎의 탈저 현상으로 심한 고통을 겪었다. 이제 국왕은 더 이상 걸을 수도 없었다. 그는 곧 자신이 죽으리라는 것을 알고 있었다. 그는 자신이 곧 친구도 없이 혼자서 죽을 것이라고 이야기했다. 그는 건축

15　　1701~1714년 프랑스·스페인과 영국·오스트리아·네덜란드 사이에 일어난 전쟁. 1700년에 프랑스 왕 루이 14세의 손자인 필리페 앙주 공이 펠리페 5세로 즉위하였다. 이에 해상무역 특히 신대륙무역 확보라는 전략에서 프랑스와 스페인의 제휴에 반대하는 영국·네덜란드 및 스페인 왕위계승권을 주장하는 오스트리아 3국은 동맹을 맺고 대항하여 선전포고를 하였다.

가를 불러 물어보았다. "죽어가는 짐에게, 과연 무엇이 남아 있는가?" 건축가는 바로 "베르사유 궁"이라고 대답했다. 그는 마지막으로 증손자인 왕세자를 불러 다음과 같이 타일렀다. "나의 귀여운 증손자여. 너는 위대한 국왕이 될 것이다. 그러나 너의 행복은 신에게 복종하고, 백성들이 겪는 고통을 덜어 주는 데 달려 있다. 그러기 위해서 너는 될 수 있는 한 전쟁만큼은 피해야 한다. 그것은 나의 백성들을 너무도 황폐하게 만들었다. 너는 나의 잘못된 선례를 결코 따라서는 안 된다. 나는 때때로 너무 가볍게 전쟁을 했고, 어떤 때는 허영심 때문에 전쟁을 치른 적도 있었다. 너는 절대로 내 흉내를 내서는 안 된다. 너는 평화로운 군주가 되어야 한다. 그리고 너의 주요임무는 백성들의 고통을 줄여 주는 데 있단다."

9월 1일 아침 8시에 국왕은 브르테이유 후작의 말마따나 촛불이 꺼지듯이 조용히 사망했다. 국왕이 세상에 영원히 작별을 고했을 때, 모든 사람이 국왕의 곁을 물러갔다. 그러나 건축가의 명언대로, 베르사유 궁은 언제나 굳건히 그 자리를 지키고 있었다. 증조부가 사망한 후, 오를레앙 공의 섭정하에 당시 겨우 5살배기 어린 루이 15세 치세기의 막이 올랐다. 루이 15세의 시대로 넘어가기 전에, 루이 15세의 섭정이었던 필리페 오를레앙(1674-1723) 공의 어머니이자, 루이 14세 동생의 두 번째 부인 라 팔라틴 공주를 간단히 소개하기로 한다.

라 팔라틴 공주

필리페 오를레앙의 두 번째 부인 라 팔라틴 공주는 당시 베르사유 궁의 허영과 과시욕에 가득 찬 궁정 여인네들과는 달리, 개성이 매우 강하고 주관이 뚜렷한 여성이었다. 그녀는 지적이고 냉철한 판단력의 소유자였다. 또한, 루이 14세 시대의 궁정 생활에 대한 기록을 후세에 남긴, 당시로서는

매우 보기 드문 여성 중 하나였다. 그녀의
결혼은 다른 왕가나 귀족의 결혼과 마찬
가지로 정치적인 것이었다. 독일 하이델
베르크 출생인 그녀는 솔직하고 직선적
이며, 무엇보다 위선을 참지 못했다. 정열
적이고 강인하며 건장한 체구를 지닌 그
녀는 여러모로 자신의 시아주버니인 루이
14세와 공통점이 많았다. 원래 칼뱅 신교
도였던 그녀는 결혼 당시에 가톨릭으로
개종했다. 그녀가 미래의 신랑과 처음 대
면했을 때, 이보다 더 기묘한 쌍이 세상에
없었다고 한다. 그녀의 남편은 키도 작고
겉멋을 부리기 좋아하는 일류 멋쟁이였던

라 팔라틴 공주

반면에, 그녀는 체구가 크고 소박하며 자연스럽고 가식 없는 성격을 지녔
기 때문이다.

　　라 팔라틴 공주, 즉 오를레앙 공작 부인은 루이 14세와 여러모로 비슷
한 점이 많았다. 열린 대화의 창구를 좋아하고, 베르사유 궁을 오랫동안
산책하기를 즐기며, 둘 다 사냥에 열중했고 먹성 또한 대단했다. 그로 인
해 초기에 두 사람 사이에는 각별한 우정이 싹텄다. 그러나 그것도 잠시뿐
이었다. 왜냐하면, 그녀의 툭하면 거침없는 말투가 점점 국왕의 비위를 거
스르기 시작했기 때문이다. 특히 루이 14세가 사생아의 가정교사였던 맹
트농 부인과 결혼했을 때, 그녀는 귀족사회의 위계질서에 어긋나는 이 '귀
천상혼'을 결코 인정하려 들지 않았다. 또한, 그녀의 솔직한 성격은 태양
왕의 배우자에게 "늙은 쓰레기" 또는 "타락한 늙은 여자"라고 늘 기탄없
는 공격을 해댔다. 너무 솔직한 성격이 결점인 그녀는 다음과 같이 무례하

몽테스팡 부인의 딸 프랑수아즈-마리 드
부르봉

게 기술했다. "국왕은 어제 그 늙은이가 암에 걸린 것 같다고 걱정을 했다. 그것이 만일 사실이라면 얼마나 행복한 일인가! 그러나 나는 도저히 그 사실을 믿을 수가 없다. 나는 지금까지 그 여자가 국왕의 마음이 제 곁에서 떠나가려고 할 때마다, 죽을 정도로 아프다고 연극하는 것을 수차례나 보아 왔기 때문이다. 그 여자는 국왕에게 측은지심을 불러일으키고, 또 국왕의 마음이 자기에게로 다시 돌아오도록 하기 위해, 일부러 그런 일을 꾸며대는 것이다. 그래서 일단 그 목적이 달성되면 그녀는 다시 생기가 돌고 건강이 좋아지는 것이다."

그녀가 이처럼 멩트농 부인을 증오했던 것은 국왕이 자신을 예전보다 훨씬 소홀히 대하고, 또한 국왕의 군대가 자신이 태어난 선거후 영지를 황폐화시켰던 것에서 기인했다. 그러나 그녀에게 가장 치명적인 상처는 국왕이 몽테스팡 부인과의 사이에서 난 사생아인 프랑수아즈-마리 드 부르봉Françoise Marie de Bourbon(1677-1749)을 자기 아들 필리프와 혼인시킨 일이었다. 그녀의 아들이 결국 약혼을 묵인했다는 사실을 알고 난 그녀는 화가 치민 나머지 그만 궁정인들의 면전에서 아들의 뺨을 때렸다. 그리고는 자신에게 고개를 숙여 정중하게 인사하는 국왕에게도 등을 돌렸다. 그녀의 며느리가 될 프랑수아즈-마리는 "그가 나를 사랑하느냐 아니냐 하는 것이 문제가 아니라, 그가 나와 결혼을 하느냐 마느냐가 문제다"라고 말했다고 한다. 결국, 라 팔라틴 공주는 마지못해 이 결혼을 승낙했다. 그러나 왕가의 피를 타고난 그녀로서는 (물론 루이 14세는 자신의 사생아들을 모두 적법화시켰지만) 사랑하는 외아들이 일개 사생아와 결혼한다는 사실이 몹시 견디기 어려운 모욕이었다. 그녀는 끝까지 며느리를 적대시했고, 그 며느리가 낳은 손자들에게도 무관심했다. 처음부터 삐걱거리던 결혼이었기에 이 부부 사이는 끝까지 냉담했고, 젊은 남편 필리프는 곧 자신의 부인을 가리켜 '루시퍼 부인'이라고 비아냥거렸다. 그러나 불행한 결혼임에도 불구하고 둘 사이에는 무려 8명의 아이들이 태어났고, 그중 두 명을 통해서 프랑수아즈-마리 드 부르봉은 19~20세기 유럽의 로마 가톨릭 군주들(벨기에, 이탈리아, 스페인, 프랑스 등)의 조상이 되었다.

라 팔라틴 공주의 아들 필리프 오를레앙

1701년 그녀의 남편인 필리프 오를레앙 공이 사망했을 때, 멩트농 부인은 드디어 복수의 칼자루를 들었다. 오를레앙 공의 과부는 수도원행을 가장 두려워하고 있었다. 그 당시에 결정권은 멩트농 부인의 수중에 있었기 때문에, 모처럼 그녀는 동서에게 모욕을 줄 수 있는 행운을 누리게 되었다. 그러나 일단 라 팔라틴 공주로부터 사과를 얻어내자, 의기양양해진 멩트농 부인은 수도원에 들어가지 않아도 된다고 그녀를 안심시켜 주었다. 그래서 그녀는 베르사유 궁에 그대로 머무르게 되었고, 국왕의 신임도 다시 회복하게 되었다. 그녀는 일흔까지 장수를 누렸다. "내 키는 마치 괴물과도 같고, 얼굴은 네모난 주사위처럼 각이 졌다. 내 살갗은 붉은색과 노란색으로 범벅이 되었으며, 벌써 머리가 희끗희끗해지기 시작했다. 나의 코와 뺨은 작은 발진 부스러기로 온통 장식되어 있고 치아는 거의 다 손상

되었다."(1668) 그러나 비록 용모는 추했을지라도, 그녀의 정신과 신념은 노년기에도 여전히 변함이 없었다. 영원한 적인 맹트농 부인이 사망했을 때, 그녀는 다음과 같이 쾌재를 불렀다. "그 몹쓸 늙은 여자가 결국 생시르에서 뻗었군!"

그녀는 왕가의 가족으로는 유일하게 1722년 10월 25일 루이 15세의 대관식에 참여하는 영광을 누렸다. 또한, 그녀의 아들인 필리프 오를레앙 공이 섭정이 되는 최상의 기쁨을 맛보았다. 그러나 그 기쁨도 잠시뿐, 그녀는 얼마 지나지 않아 곧 마지막 숨을 거두었다(1722.12.8). 그리고 자신의 유언대로 그녀의 유해는 생드니에 매우 검소하게 묻혔다.

15   친애왕 루이 15세

부르봉 왕조의 네 번째 국왕(재위: 1715~1774)

경애하는 국왕

루이 15세(1715-1774)에게는 국민들로부터 '사랑받는' 또는 '경애하는le Bien-Aimé' 국왕이란 별명이 따라다녔다. 그 이유는 그의 가족이 전부 사망했음에도 불구하고, 혼자 기적적으로 살아남았기 때문이다. 그리하여 그는 즉위 초에 모든 프랑스 국민으로부터 극진한 사랑을 받았다. 그러나 프랑스 왕정 개혁의 무능력이나, 유럽 무대에서 신통치 않은 유화정책의 실시 등으로 백성의 지지를 몽땅 잃게 되었다. 결국, 그는 프랑스 국왕 중에서 가장 인기 없는 국왕으로 불명예스럽게 사망했다. 루이 15세는 프랑스 역사에서 가장 애매모호한 성격의 소유자였다. 그래서 사가들은 그를 지나치게 헐뜯는 경향이 있다. 그러나 최근의 연구성과는 그가 지적이고 영리한 군주이며, 유럽에서 가장 큰 왕국을 다스리는 막

대관복을 입은 루이 15세(1762)

루이 15세의 어머니 아델라이드 드 사부아

중한 업무에 헌신적이었다는 사실을 보여 준다. 그러나 그의 우유부단성, 도도한 군주의 마스크 뒤에 숨겨진 지나친 소심성 등으로 인해, 그의 치세 중의 업적은 빈약하기 이를 데 없었다. 그는 여러 가지 면에서 19세기의 낭만주의 시대 부르주아 통치자들과 유사한 점이 많았다. 물론 그의 증조부인 루이 14세의 전형이라 할 수 있는 위대한 군주 역할을 수행하기는 했지만, 루이 15세는 겉치레나 장중한 의식과는 거리가 먼 '사생활'을 무엇보다 소중히 여겼다. 어린 나이에 어머니와 사별했던 그는 항상 잃어버린 모성을 갈구했고, 여성과의 친숙한 서클 가운데서 그것을 찾으려고 끊임없이 노력했다. 그 덕분에 루이 15세는 그의 치세기는 물론이고, 사후에도 세인으로부터 많은 비난을 면치 못했다.

기적의 어린이

프랑스를 무려 50년 동안 통치했던 태양왕 루이 14세의 증손자였던 루이 15세는 1710년 2월 15일 베르사유에서 출생했다. 그는 출생하자마자 앙주 공이라는 칭호를 하사받았다. 그의 부모는 부르고뉴 공과 마리-아델라이드 드 사부아Marie-Adélaïde de Savoie(1685-1712)였다. 마리-아델라이드는 매우 생동감이 넘치는 여성이었다. 말년의 루이 14세는 이 손자며느리를 무척 어여삐 여겼다. 그 당시 정략결혼이 판을 치는 궁정의 상류사회에서는 보기 드문 일이었지만, 이 젊은 부부는 아주 돈독한 부부애를 과시했다. 이 한 쌍의 잉꼬부부는 늙은 국왕의 궁정에 젊은 활력을 불어넣었고, 베르사유 궁에서 인기의 초점이 되었다. 루이 15세는 그보다 3살 위의 형이 하나 있었다. 그의 아버지 부르고뉴 공은 루이 14세의 외동아들이었던 왕세자의 맏아들이었다. 부르고뉴 공은 손아래 형제가 둘이나 있었다. 바로 필리프와 샤를이다. 필리프는 스페인의 펠리페 5세(1683-1746)가 되었고 막내 샤를(1686-1714)은 베리 공이 되었다. 그리하여 1710년까지만 해도 루이 14세는 많은 남성 자손들을 거느리고 있었다. 아들 하나, 손자 셋, 맏손자가 낳은 두 명의 증손자에 이르기까지 대가족을 이루고 있었다. 그런데 갑자기 극적인 사건이 발생했다. 1700년에 앙주 공(필리프)은 펠리페 5세라는 명칭으로 스페인 왕위에 올랐다. 그는 자신의 할머니인 루이 14세의 배우자 마리-테레즈로부터 이 왕관을 물려받게 되었다. 그러나 펠리페 5세는 프랑스 왕위권에 대한 모든 권리를 포기한다는 맹세를 해야만 했다.

1711년 4월 14일 조부가 사망했고, 곧이어 부모마저 모두 세상을 떠났다(1712). 그의 형제들 역시 홍역으로 그만 차례대로 숨지고 말았다. 당시 의사들은 그의 맏형을 살

여아복을 입은 루이 15세. 귀족가문의 소년들은 소녀 복장을 하는 것이 당시 관습이었다

10세의 국왕(1720)

리기 위해 혼신의 노력을 다했으나, 어린 왕세증손은 3월의 부드러운 봄의 입김을 외면한 채 영원히 눈을 감았다. 어린 루이 15세는 프랑스 궁정의 관습대로 7세까지 가정교사인 방타두르Ventadour 공작 부인이 보살펴 주었는데, 이 방타두르 부인 덕분에 그는 기적적으로 목숨을 건질 수가 있었다. 그녀는 자락(피를 뽑는 일)을 하려는 의사들과 필사적으로 싸워 이를 저지했다. 또 왕세증손의 교육을 맡은 것은 루이 14세의 두 번째 배우자인 맹트농 부인이었는데, 그녀는 언제나 왕세증손을 따라다니는 그림자처럼 왕세자의 교육을 매우 용의주도하게 감시했다.

섭정 오를레앙 공

루이 14세가 사망한 후, 5살의 증손자가 루이 15세로 즉위했다. 라 팔라틴 공주의 아들 필리프 오를레앙 공(1674-1723)은 고등법원에 가서 루이 14세의 유언을 취소하고, 자신이 절대적 권력을 지닌 섭정으로 즉위했다. 그는 자신의 집권에 결정적인 역할을 한 고등법원에 그 대가로 많은 힘을 실어 주었다. 그리하여 루이 14세의 치세기에 위축되었던 고등법원의 건의권도 다시 회복되었다. 이 '궁정쿠데타'는 유명한《회고록》의 저자 생시몽이 자세하게 기술하였다. 섭정은 베르사유 궁을 버려두고, 파리에 정부政府를 두었다. 그는 자신의 저택인 팔레 르와이얄Palais Royale에서 정사를 보았다. 젊은 루이 15세는 파리에서 약간 떨어진 뱅센의 중세 요새지에 딸린 근대적인 저택으로 이사했다. 뱅센 숲의 맑은 공기가 허약한 체질의 국왕의 건강을 상당히 호전시켰다. 섭정 말기에 국왕은, 팔레 르와이얄 근처에 있으며, 파리의 중심부에 위치한 튈르리 궁으로 이사했다. 당시 41세였던 섭정은 성격이 온화하고, 웅변과 기억력이 특출하며, 총명하고 남에게 호감을 주고, 음악·미술·과학 등에도 조예가 깊은 별로 나무랄 데 없는 인물

섭정 오를레앙 공이 팔레 르와이알 궁에서 주재하는 내각

이었다. 그러나 섭정이 된 그는 매사를 그의 증조부 앙리 4세식으로 처리하려 하고, 첩을 거의 100여 명이나 거느렸다. 당시에 섭정 오를레앙 공과 그의 맏딸인 마리 루이즈 엘리자베트Marie Louise Élisabeth d'Orléans(1695-1719)가 서로 근친상간이라는 이상한 소문이 나돌고 있었다. 이 루머는 결코 확인된 적이 없었으나 오를레앙 공은 망측한 소문을 잠재우기 위해서 일부러 궁정에서 자신의 딸에게 부친으로서의 자애로운 애정의 제스처를 보냈다. 그의 섭정 시대에 이 불미스러운 소문은 그의 정적들에게 공격의 빌미를 주었고, 시중에서는 이를 풍자하는 시와 비방 가요가 대유행을 했다. 1717년 5월 철학자 볼테르는 경찰정보원에게 베리 공비(오를레앙 공의 장녀 마리 루이즈)가 자신의 친부의 아이를 임신했다고 암시한 후, 바스티유 감옥에 그만 갇히게 되었다. 그는 바스티유에 투옥되어있는 동안에, 1718년 11월 18일 코메디 프랑세즈 극장에서 초연될 〈오이디푸스〉를 부지런이 집

섭정 오를레앙 공과 어린 국왕 루이 15세

필했다. 섭정은 이 초연을 관람했으며 볼테르에게 극의 성공을 축하하는 갈채와 경의를 보냈으며, 아이러니하게도 베리 공비도 역시 그 자리에 있었다.

섭정 오를레앙 공은 루이 14세로부터 물려받은 제도상의 모순이나 사회·경제적 혼란은 제쳐두고서라도 우선 정부의 재정난이나 타개해 볼 심산으로 재정위원회를 설치했다. 이때 섭정이 기용했던 인물이 망명객 존 로John Law(1671-1729)다. 스코틀랜드인 존 로는 원래 그의 고국에서 결투 끝에 살인죄를 범하고 망명, 런던·암스테르담·제네바·피렌체 등지를 방랑하면서 도박으로 큰돈을 모았다는 금융가다. 섭정의 눈에 든 그는 1716년 지폐발행권을 가진 사립은행의 설립을 허락받았다. 이것이 루이 14세 시대 이래의 막대한 부채를 처리하는 데 도움이 되고, 또 그 은행의 지폐가 통화로 유통되기 시작하자, 곧 왕립은행으로 승격했다. 그리고 존 로는 또 북아메리카나 인도의 식민지 무역을 독점하기 위해 주식회사를 설립했다. 선전을 위해서 온몸을 금붙이로 치장한 인디언 여자들이 파리의 시내를 활보하기도 했다. 막대한 투자, 이상한 투기열, 지폐 남발에 의한 인플레이션. 이 소란 속에서 존 로의 주식회사의 주가가 급상승, 액면 500 리브르이던 것이 2만 리브르까지 올라갔다. 그러나 로 자신이 재무총감이 된 1720년 기어이 공황이 일어나고 폭락이 빚어졌다. 은행권 100 리브르가 8월에는 700 리브르로, 다시 9월에는 28 리브르로 폭락해 버렸다. 산업상의 기초라고는 전혀 없는 신용제도의 당연한 붕괴 현상이었다.

섭정 오를레앙 공의 장녀 베리 공비(1718)

주식과 어음을 가지고 있던 사람들은 원금의 반환을 요구하면서 은행에 몰려들고, 이 혼란 속에서 밟혀 죽는 사람까지 생겼다. 로는 알몸으로 이탈리아에 망명한 뒤 1729년 베네치아에서 굶어죽은 듯하다. 그리고 로의 혼란을 수습하지 못한 채 섭정 자신도 1723년 세상을 떠났다. 루이 15세의 친정은 섭정 필리페 오를레앙 공이 죽으면서 시작되었다.

존 로

1720년의 파산. 사람들이 은행 앞에 모여 거세게 항의하고 있다.

마리 레쟁스카

1725년 루이 15세는 폴란드 왕녀 마리 레쟁스카Marie Lezinska(1703-1768)와 결혼했다. 섭정 오를레앙 공이 사망한 후 실권자가 된 부르봉 공(1692-1740)은 젊은 국왕의 건강을 몹시 염려했다. 그것은 국왕이나 부르봉 왕가의 미래를 걱정해서라기보다는, 죽은 섭정 오를레앙 가문이 혹시라도 즉위할까 봐 겁이 나서였다. 그는 오를레앙 가문을 그의 적으로 간주했다. 벌써부터 혼담이 오고 갔던 스페인 공주는 상속자를 낳기에는, 너무 나이가 어렸다. 루이의 나이 11세 때, 세 살배기 어린 공주가 베르사유 궁에 도착했을 당시에 그는 심드렁한 표정을 짓고 있었다. 스페인에 적대적이었던 부르봉 공은 당시 궁에 머무르고 있던 스페인 공주를 본국으로 다시 돌려보내고, 상속자를 낳을 수 있는 나이 든 유럽 공주를 물색하기 시작했다. 기라성 같은 99명의 후보 가운데서, 하필이면 왕위에서 쫓겨난 폴란드 국왕 스타니슬라우스의 딸, 21살의 마리 레쟁스카가 최종적으로 선발되었다. 그것은 자신들의 권력을 유지하기 위한, 부르봉 공과 그의 정부인 프리 후작 부인marquise de Prie(1698-1727)이 짜낸 계략이었다. 그들이 굳이 마리를 선택했던 이유는, 순전히 그녀의 '극빈' 때문이었다. 즉 딱한 처지에 놓여 있던 마리가 유럽 제일의 군주의 배우자로 선택해 준 그들의 은혜에 보답하기 위해, 매우 순응적이고 협조적일 것이라는 계산이 작용했기 때문이었다. 실제로 마리는 부르봉 공의 실각을 막기 위해, 단 한번의 정치적 시도를 한 적이 있었다. 결국, 그 일은 그녀로부터 국왕의 마음이 멀어지는 전주곡이 되었다.

루이 15세의 배우자 마리 레쟁스카

마리의 아버지 스타니슬라우스는 1704년 폴란드 국왕에 즉위했다. 그러나 스위스 국왕 샤를 12세가 폴란드 영토를 점령하여, 1709년 스타니슬라우스는 권좌에서 쫓겨나는 신세가 되었다. 스웨덴 군대가 군사적 지원도 없이 그를 내팽겨 둔 채 떠났을 때, 그는 나라 없는 국왕이 되었다. 스웨덴, 터키 등을 포함하여, 이 나라에서 저 나라로 각지를 유랑하다가 그는 프랑스 왕실의 온정으로 알자스의 작은 마을에 정착하게 되었다. 아버지의 불행한 운명을 물려받은 이 가난한 공주는 그래도 덕을 겸비한 데다가, 꽤 매력적이라는 소문이 있었다. 그녀의 가족이 바르샤바를 탈출했을 때의 일이다. 어찌해서 그녀를 잃어버린 적이 있었는데, 나중에 뒤늦게 마구간에서 발견되었다. 고된

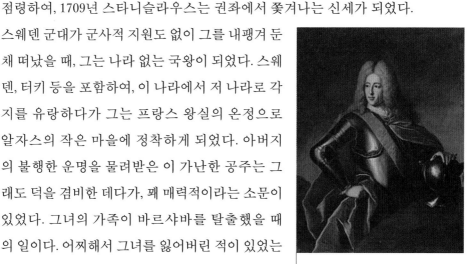

못생기고 애꾸라는 소문이 있던 부르봉 공

프리 후작 부인

망명 생활에서 스타니슬라우스의 유일한 위안은 사랑하는 딸 마리를 교육시키는 일이었다. 그녀는 한번도 프랑스 왕가와 혼인한 적이 없었던 왕가의 출신이었다. 그래서 혹자는 마리가 프랑스 왕가에 새로운 피와 활력을 불어넣어주기를 기대했다. 1725년 9월에 결혼식이 거행되었다. 당시 16세였던 젊은 국왕은 자기보다 7살이나 많은 신부와 곧 사랑에 빠졌다. 그러나 유럽에서 가장 강력한 군주와 이런 보잘것없는 공주와의 결혼은 세인들의 빈축을 샀다. 마리는 조용하고 상냥하며, 독실한 기독교 신자였다. 그녀는 매년 한 명꼴로 아이를 낳아서, 상속자를 낳는 왕비의 소임을 이행했다. 매우 신실한 종교교육을 받았던 소심한 성격의 루이도 역시 결혼한 지 처음 9년 동안은 매우 모범적인 가장이었다. 그러나 1733년 그가 25세가 되었을 때, 국왕은 첫 번째 정부를 두었다. 이 관계는 여러 해 동안 비밀을 유지했다. 1737년에 왕비는 마지막으로 열 번째 아이를 잉태했다. 마리는 매년 아이를 낳느라고 심신이 모두 지쳐 있었던 반면에, 국왕은 왕비의 무조건적인 사랑에 지쳐 있었다. 또 딸만 낳았기 때문에, 그럴 때마다 루이는 역정을 냈다. 두 명만 사내아이였는데, 왕세자만이 살아남았다. 당시 부친을 만나는 것이 유일한 낙이었던 왕비는 처음으로 부친에게 남편의 불성실에 대한 불만을 토로했다. 너무나 헌신적이며, 자신을 마치 신처럼 섬기는 아내의 끝없는 순종에 점차로 싫증을 느꼈던 루이는 자기 부인을 오직 차가운 정중함으로서만 대했다. 누군가 다른 사람이 있는 경우를 제외하곤, 부인에게 단 한마디의 말도 건네지 않았다. 예의상으로 매일 부인을 잠깐 방문했으나, 국왕 부부는 실제로 별거 상태에 들어갔다.

왕비는 자기 방에서 손님들을 접대하
고 공식적인 업무를 이행하는 등, 자기 방식
대로 최선을 다해 궁정 생활을 영위했다. 볼
테르나 프랑스의 여성과학자 에밀리 뒤 샤
틀레Emilie du Châtelet(1706-1749)가 베르사유
를 방문했을 때, 특히 에밀리는 왕비 옆에 앉
아 있는 대단한 특권을 누렸다. 경건한 신
앙심의 소유자였던 마리는 매일 자신의 수
행원들을 거느리고, 새벽 1시 미사에 참가
했다. 이제 마리는 궁정의 일상적인 행사에
서 완전히 제외되었다. 그러나 매사에 싫증
을 느낀 국왕과는 달리, 그녀는 음악을 무척
이나 애호했다. 그녀는 그림도 손수 그리고,
자수를 놓기도 하며, 기타 같은 악기를 연주
했다. 저녁에는 대화를 좋아하는 몇몇 친한
친구들과 함께 식사를 하는 것이 유일한 낙
이었다. 그들은 가끔 카드놀이 같은 도박을
하기도 했다. 왕비는 궁정의 음모에 연루되
지 않고, 죽을 때까지 조용하고 평화로운 삶
을 유지했다. 그녀는 65세에 세상을 떠났다.

왕세자와 함께 있는 마리-레쟁스카(1730)

메츠에서 생긴 일

섭정의 타계 이후 실권을 잡은 부르봉 공의
정치는 신교도 박해, 화폐 조작, 새로운 조

볼테르와 오랜 우정과 연인관계를 유지했던
에밀리 뒤 샤틀레 후작 부인

플뢰리 추기경

세 창출, 높은 곡물가 등이 특징이다. 이 모든 것이 프랑스의 경제적 침체와 혼란을 야기시켰다. 마리와의 결혼을 통해 새로운 건강과 권위를 찾았던 국왕은 극도로 인기 없는 부르봉 공을 해임시키고, 스승 플뢰리Fleury 추기경(1653-1743)을 재상으로 앉혔다. 이 플뢰리 경의 집권기는 프랑스 역사가들이 '회복기'라고 할 만큼, 평화롭고 안정된 시기였다. 플뢰리의 평화정책에도 불구하고, 루이 15세는 장인 스타니슬라우스를 복권시키기 위해, 폴란드 계승 전쟁에 참여했다. 그러나 별로 내키지 않는 프랑스의 개입이, 대세의 흐름을 역전시키지는 못했다. 그래서 스타니슬라우스는 실지를 영영 되찾지는 못했고 폴란드의 왕관 대신, 로렌 공령을 다스리게 되었다. 그러나 그가 죽은 후에는 상속의 절차를 통해 로렌을 다시 프랑스 왕가에 반환하는 것으로 마무리되었다. 플뢰리 경이 사망했을 때, 국왕의 나이는 33세였다.

플뢰리 경이 죽은 지 1년이 지났을 때, 메츠에서 매우 극적인 사건이 발생했다. 그것은 프랑스의 정치 생활이나 국왕의 정신구조에도 치명적인 타격을 남겼다. 그때 국왕은 오스트리아 계승 전쟁에서 싸우는 자신의 친위대의 지휘를 맡기 위해 베르사유 궁을 떠났다. 그런데 메츠에서 갑자기 그가 중태에 빠지는 돌발사태가 생겼다. 당시 의사들은 국왕의 임종이 가까워졌다고 진단을 내렸다. 아직까지 국왕을 사랑하고 있었던 국민들은 그를 '친애왕'이라 불렀으며, 국왕의 생명을 구해달라고 신에게 간청하기 위해 공식 기도사들이 총집합을 했다. 또한, 전선까지 국왕을 수행했던 국왕의 정부 샤토루Châteauroux 공작 부인(1717-1744)은 군중들의 야유 속에서 퇴장당해야 했고, 왕비 마리 레쟁스카가 급히 메츠에 당도했다. 가톨릭 단체의 압력을 받은 국왕의 신부는 국왕이 공중 앞에서 죄를 고해하지 않으면, 면죄를 해주지 않겠다고 버텼다. '교회와 교황령의 보호자'라는 신성한 사명을 물려받은 '매우 기독교적 국왕'Rex Christianissimus이란 칭호에 어울리지 않게, 국왕의

샤토루 공작 부인

행동이 비도덕적이라는 것이 그 이유였다. 국왕의 고해 내용은 성직자들에 의해 전국에 삽시간에 퍼져나갔다. 그 전말을 전해 들은 대중들은 몹시 충격을 받았고, 왕정의 권위도 심한 타격을 입었다. 국왕은 죽음을 면했으나, 자신을 엄습했던 죄의식에서 벗어나기 위해 더욱더 불륜에 깊이 빠져들었다.

샤토루 공작 부인

7번째 딸 루이즈의 탄생 이후, 왕비는 실질적으로 남편 루이로부터 버림을 받았다. 그때 루이는 루이즈 드 마이-넬Louise Julie de Mailly-Nesle(1710-1751), 즉 마이 백작 부인과의 관계를 부인한테 공공연히 얘기했다. 그 후 국왕은 루이즈의 다섯 자매들과 차례대로 관계를 가졌다. 혹자는 국왕이 한꺼번에 다섯 명의 자매들과 관계를 가졌다고 주장하기도 하나, 그 진위는 확실치 않다. 어쨌든 이 넬 후작의 딸들은 국왕에게 쾌락과 후회 또는 불륜

루이즈 드 마이-넬(마이 백작 부인)

의 자책감을 동시에 안겨 주었다. 국왕과 동갑이었던 루이즈가 처음 국왕에게 의도적으로 접근했을 때, 국왕의 나이는 20세였다. 플뢰리 추기경으로부터 엄격한 교육을 받았던 국왕은 그 당시만 해도 여성의 접근을 두려워하는 매우 소심한 청년이었다. 루이즈와 국왕의 불륜관계는 대략 1733년부터 시작된 것으로 추정된다. 그동안 두 사람은 서로 굳게 비밀을 지켜오다가, 1737년에 드디어 들통이 나서 세간의 화젯거리가 되었다.

그 당시 사람들의 평에 따르면, 마이 백작 부인은 결코 미모가 출중한 여성은 아니었다. 그러나 기분 좋고 명랑 쾌활한 성격에다 지성적인 면모도 갖추고 있었다. 요컨대, 그녀는 너무 도덕적이고, 너무 부르주아적이며, 너무 독실한 7년 연상의 왕비에게 싫증을 느끼고 있던 국왕의 마음에 들 만한 소양을 두루두루 갖추고 있었다.

그때부터 마이-넬 자매들의 원무곡의 막이 올랐다. 자신의 위치가 비교적 공고해졌다고 판단을 내린 마이 부인은 자신의 여동생 폴린 드 마이-넬Pauline Félicité de Mailly-Nesle(1712-1741)의 국왕 접근을 허용했다. 뱅티미Vintimille 후작과 혼인했던 폴린은 못생긴 데다 키도 크고, 매우 남성적인 여성이었다. 마이 부인은 이런 동생이 자신의 위험한 경쟁상대가 되리라고는 전혀 생각지 못했다. 그러나 생기 넘치고 활달한 성격의 소유자인 뱅티미 후작 부인은 거침없는 직설화법으로 국왕의 마음을 사로잡았다. 그러자 사리사욕 없이 국왕을 진심으로 사랑하고 있었던 마이 부인은 행여 국왕을 잃어버릴까 봐, 자기 동생과 함께 국왕을 공유하는 것에 동의했다. 그러나 뱅티미 부인의 승리는 짧았다. 왜냐하면, 첫아들을 낳은 지 불과 며칠 만에 그녀는 29세의 젊은 나이로 사 망했기 때문이다. 그녀의 남편은 "전혀 제 몫을 갖지 않겠노라"고 쌀쌀맞게 악담을 했다. 그때 그녀의 죽음으로 충격을 받았던 국왕은 부드러운 마이 부인의 곁에서 따뜻한 위로를 받았다. 그러나 또 다른 세 명의 마이·넬 자매들이 궁에 도착했다. 그중에서도 가장 야심 많고 음모를 즐기며 거만했던 여성은 25세의 과부 라투르넬 후작 부인, 즉 샤토루 공비였다. 그녀는 자기 언니처럼 부드럽고 사랑스러우며 가난한 정부의 신분이 아니라, 돈과 화려한 타이틀을 지닌 위풍당당한 총비가 되기

폴린 드 마이·넬

를 원했다. 그녀는 자기한테 푹 빠져 있는 국왕에게 몸을 허락하기 전에, 차갑게 조건부터 제시했다. 우선 자기 언니를 멀리할 것, 베르사유 궁에 커다란 방을 마련해 줄 것, 또한 상당한 급료와 공작 부인이란 명칭을 제공할 것 등이었다. 이러한 목적을 이루기 위해 그녀는 아양과 토라짐, 위장된 질투, 계산된 분노 등을 다양하게 연출했으며, 무엇보다 국왕의 접근을 단호히 거부했다. 한 달 후에 자기 언니가 떠나는 것을 목격한 라투르넬 후작 부인은 자신의 권력에 확신을 갖게 되었고, 마침내 국왕에게 몸을 허락했다. 의기양양해진 그녀는 국왕으로부터 샤토루 공령을 하사받았다. 만약 그녀가 상속자 없이 죽게 되는 경우에, 그 소유권은 다시 궁정으로 돌아오게 되어있었다. 그녀는 상당한 정치적 영향력도 행사했다. 그러나 운명적인 메츠 사건 이후, 그녀는 국왕의 곁을 물러나야만 했다. 그때 군중들은 그녀가 타고 있던 마차에 야유하며 마구 돌을 던졌다. 나중에 건강을 회복했던 국왕은 수아송 주교와 샤토루 공작 부인의 복귀를 협상했

5명의 마이넬 자매 중에서 유일하게 국왕의 침대를 공유하지 않았던 오르탕스 드 마이-넬Hortense-Félicité de Mailly-Nesle(1715-1799). 그녀의 남편은 만일 오르탕스가 다른 자매들처럼 국왕의 '매춘부'가 된다면 그녀를 죽이겠노라고 협박했다고 전해진다

다. 그러나 11월 25일 국왕이 그녀를 기다린다는 전갈을 받았을 때, 그녀도 역시 몸져누운 상태였다. 그녀는 결코 자기 침대를 떠나지 못했고, 엄청난 고통 속에서 27세의 나이로 세상을 하직했다.

퐁파두르 후작 부인

퐁파두르 부인은 루이 15세의 애첩 가운데 가장 유명하고, 또 가장 영예로운 여성이었다. 잔-앙투아네트 푸아송Jeanne-Antoinette Poisson(1721-1764), 즉 미래의 퐁파두르 부인은 유복한 파리 금융가의 딸로 태어났다. 동시대인들은 꽃잎처럼 작은 입술과 발랄한 생기로 가득 찬 달걀형의 갸름한 그녀를 절세미인이라 칭송했다. 그녀는 자기 스승의 조카였던 샤를-기욤 르노르망 데투

폼파두르 부인

왈Charles-Guillaume Le Normant d'Etioles(1717-1799)이란 청년과 결혼했다. 젊은 신랑은 아리따운 신부에게 홀딱 반해 버렸고, 그녀는 그때부터 파리의 상류 사교계에 출입하기 시작했다. 그녀는 아들을 하나 낳았는데 이내 곧 죽어버렸고 또다시 알렉상드린이란 여아를 출산했다.

　　당시 애인 샤토루 공작 부인의 죽음으로 상심해 있던 루이 15세가 그녀를 처음 만난 것은 왕세자의 결혼을 축하하는 왕실의 화려한 가면무도회에서였다. 군계일학처럼 단아한 용모의 그녀를 대번에 주목했던 국왕은, 그녀를 데려다가 베르사유 궁에 정착시켰다. 루이는 그녀에게 후작 부인이란 칭호를 내렸고, 또 그녀의 남편과는 법적으로 별거시켰다. 아름답고 지적이며 교양과 품위가 넘쳐흐르고, 또 국왕에게도 진실한 애정을 바쳤던 완벽한 그녀였지만, 대중들의 눈에 비친 그녀는 치명적인 결함이 있었다. 그것은 그녀가 귀족 출신이 아닌, '평민'이라는 점이었다. 더욱이 이 부르주아 출신의 평민 여성은 정치에도 관여했다.

그때까지 여론은 일반적으로 루이 14세의 정부들을 인정했다. 멩트농 부인을 제외한 나머지 정부들은 모두 상류 귀족 출신들이었으며, 정부에 영향력을 행사한 적이 거의 없었다. 곧 대중들은 밉살스러운 퐁파두르 후작 부인에게 '생선 스튜'poissonades라는 고약한 별명을 붙여 주었다. 그것은 퐁파두르 후작 부인의 가문 이름이 공교롭게도 불어로 '생선'을 의미하는 푸아송poisson이었기 때문이다. "극도의 거만으로 베르사유 궁에서 잘난 체 뻐기며, 한 치의 겁이나 두려움도 없이, 민중들의 생활고나 국왕의 수치는 전혀 안중에도 없는 거머리의 딸, 아니 거머리 그 자체인 푸아송(생선)"이라고 그녀를 비방했다. 그러나 이러한 혹평에도 불구하고, 그녀는 루이 15세 치세기 예술의 번영에 커다란 기여를 했다. 예술의 후원자였던 후작 부인은 여러 영지의 저택에 상당한 양의 값비싼 가구와 예술품을 소장하고 있었다. 그녀는 세브르 도자기의 최대고객으로, 프랑스 도기 산업의 발전에 결정적인 역할을 했다. 그 덕택에 세브르의 자기제품은 명실공히 유럽에서 최상의 도기로 확고히 자리매김했다. 그녀의 주문은 수년 동안 많은 예술가와 공예가들을 먹여 살렸다. 또한, 그녀는 루이 15세의 광장(현재 콩코드 광장)을 짓는 데도 중요한 역할을 하여, 건축부문에도 기여했다. 루이 15세의 광장과 사관학교를 세운 것은 앙주-자크 가브리엘Ange-Jacques Gabriel(1698-1782)이었는데, 그는 퐁파두르 후작 부인의 보호를 받고 있었다. 그녀는 가난한 귀족 가문에서 유능한 장교들을 선발하도록 국왕에게 청원했으며, 이 사관학교의 생도였던 보나파르트 나폴레옹은 후일 황제의 지위까지 오르게 된다.

내심 자유주의자였던 퐁파두르 부인은 계몽주의 철학을 후원했다. 그녀는 교회의 공격에 대항하여 백과전서를 보호했다. 비록 소기의 성과를 거두지는 못했으나, 계몽주의라는 새로운 사상을 받아들이도록 국왕을 여러 차례 설득시키기도 했다. 여러 영지에서 그녀가 보여 준 현란한 사치의 과시는 미움의 대상이 되었다. 그러나 그녀는 원래 재력가 집안의 출신이었기 때문에, 정부에게 여러 차례 돈을 꾸어 주었으며, 왕정을 파산의 위기로부터 구출해 내기도 했다. 또한, 국가로부터 그녀가 받았던 재산은 그녀의 사후에 모두 왕정에 반환되었다. 그녀는 공식적으로 베르사유 궁의 3층에 거주했다. 오늘날 파리 여행객들은 작지만, 매우 아늑한 그녀의 방을 방문할 수가 있다. 거기서 그녀는 국왕과 정선된 손님들을 위한 수페

프랑스 화가 프랑수아 부셰의 퐁파두르 부인(1759)

souper(야찬)를 정성껏 준비했다. 그녀는 국왕이 싫어했던 겉치레와 복잡한 궁정 에티켓과는 거리가 먼, 아담하고 조촐한 파티를 자주 열어 국사에 지친 국왕의 심신을 달래주었다. 루이 15세는 증조부인 루이 14세와는 달리, 부르주아적인 생활방식을 선호했다. 국왕은 자기 사무실과 침실 위에 위치한 퐁파두르의 사실私室에서, 더할 나위 없는 친밀감과 유년기에 잃어버렸던 모성성을 되찾았다. 원래 약골 체질이었던 그녀가 국왕과 잠자리를 같이한 것은 불과 몇 년밖에 되지 않았다. 그러나 그녀는 '필요불가결한 여자친구'로 죽을 때까지, 국왕과 좋은 관계를 유지했다.

그녀는 누구보다도 국왕의 자기본위적인 까다로운 성격을 잘 이해

폰파두르 부인의 딸 알렉상드린

했다. 그러나 명목적인 총비(?)의 지위를 계속 유지하기 위해, 그녀는 기꺼이 국왕에게 젊은 처녀들을 갖다 바치는 일종의 뚜쟁이(?) 역할도 했다고 전해진다. 그녀는 왕비와도 우호적인 관계를 유지했으며, 국왕의 대신들을 자기 방으로 오게 해서 그들과 함께 국왕의 서류들을 준비했다. 그녀는 베르니 추기경과 쇼아즐 공을 밀었으며 정치에도 많이 간여했다.

전남편 르노르망 데투왈과의 사이에서 난 자식은 이제 딸 하나밖에 남지 않았다. 폼파두르는 이 어린 딸을 '알렉상드린 영양'이라 부르며, 공주와 똑같은 방식으로 금지옥엽으로 키웠다. 그녀는 루이 15세의 사생아 중 하나와 딸을 혼인시키기를 소원했다. 그러나 국왕의 반대로 하는 수 없이 피퀴니 공과 약혼을 시켰다. 알렉상드린은 6살에 상류 귀족층의 딸들이 다니는 수도원에 들어가서 교육을 받았으나, 열살이 되었을 때 그만 복막염으로 사망하고 말았다. 후작 부인은 국왕과의 관계에서 두 차례 가임신을 했을 뿐, 단 한 명의 자녀도 잉태하지 못했다. 전언에 따르면, 폼파두르 후작 부인은 호박색의 초콜릿 찻잔에 담긴, '정신과 정열에 생기를 북돋아 주는' 송로와 샐러리 수프를 무척 좋아했다고 전해진다.

녹원

1750년부터 국왕은 일련의 무수한 짧은 연애 사건의 늪 속에 깊이 빠졌다. '녹원'parc aux cerfs이라는 하렘에 젊은 여성들을 숨겨 두고 육적인 쾌락에 탐닉하였는데, 가장 유명한 여성이 바로 마리-루이즈 오뮈르피Louise

O'Murphy(1737-1814)였다. 마리-루이즈는 1737년 10월 21일 루앙에서 태어났다. 식구가 많은 아일랜드 혈통의 가정에서 태어난 그녀는 국왕의 화가인 프랑수아 부셰François Boucher(1703-1770)의 모델이 되었다. 1752년 어느 날, 국왕의 방을 담당하는 시종이었던 르벨은 우연히 이 아름다운 여성과 마주치게 된다. 카사노바에 따르면 그녀는 금발이고, 또 다른 사람의 증언에 따르면 그녀는 갈색 머리의 미녀였다. 르벨은 주인에게 이 미녀를 보고했고, 국왕은 그녀를 몰래 만나 보았다. 그녀의 미모뿐만 아니라, 자연 그대로의 유치하고 도발적인 매력에 국왕은 흠뻑 매료되었다. 매사에 권태를 느끼던 국왕을 기쁘게 할 줄 알았던 그녀는 곧 국왕의 정부가 되었다. 볼테르의 친구이자 국무대신을 지냈던 르네-루이 다르장송René-Louis d'Argenson(1694-1757)은 자신의 일기장에 "국왕이 새로운 정부를 얻었다. 그녀는 매춘부와 강도 집안의 태생이다"라고 신랄하게 적었다.

    퐁파두르 부인은 아무것도 모르는 척했다. 심지어 마리-루이즈가 아가트-루이즈란 딸을 낳았을 때도 여전히 마찬가지로 도도한 반응이었다. 이에 참다못한 마리-루이즈는 강력한 퐁파두르 후작 부인에게 도전장을 내밀었다. 그녀의 이처럼 무모한 행각은 국왕의 애정에도 치명적인 일격을 가하여, 결국 이 짧은 연애 사건은 종지부를 찍게 되었다. 국왕은 철부지인 그녀를 멀리 쫓아버리는 동시에, 결혼시킬 생각을 하게 되었다. 그리하여 오베르뉴 지방 출신의 젊은 귀족 자크 드 보프랑셰Jacques de Beaufranchet가 마리-루이즈의 남편감으로 선정되었다. 그때 국왕이 하사했던 신부의 지참금은 엄청난 금액이었다. 2만 리브르, 보석 1천 리브르, 또한 결혼식 비용을 위한 1천 리브르가 별도로 주어졌다. 다르장송의 증언에 따르면, 그녀는 새벽 4시에 몰래 궁을 떠나도록 명령을 받았다. 파리에서 결혼을 한 즉시 남편이 살고 있는 오베르뉴 지방으로 가야만 했다. 그래서 마리-루이즈는 1755년 11월 27일 생 이노상 교구에서 혼인식을 올린 다음, 부

프랑스 화가 프랑수아 부셰의 〈루이즈 오뮈르피〉(1752)

랴부랴 아이야Ayat 지방에 도착했다. 그녀는 거기서 루이 드 보프랑셰라
는 옥동자를 하나 낳았다. 그녀가 아들을 해산할 당시, 공교롭게도 남편
자크 드 보프랑셰가 전투에서 사망했다는 비보가 날아들었다. 그녀의 아
들은 마리-루이즈의 인생에서 '불행과 전설의 여운'을 남겼다. 왜냐하면,
남편 보프랑셰의 가문은 그녀의 아들의 정체성에 대하여 끊임없이 의문
을 제기했기 때문이다. 후일 국왕의 장교가 된 마리-루이즈의 아들 루이는
공화국 시절에는 장군이 되었고, 제정기에는 의원직을 지냈으며 1812년
에 비시에서 사망했다. 이미 베르사유 궁의 화려함과 영광의 절정을 맛본
과부 마리-루이즈에게는 이 아이야성에서의 무료한 일상이 고문처럼 참
기 어려운 것이었다. 그래서 그녀는 리옴Riom 지방을 방문하기를 좋아했
다. 그녀는 거기서 잠시나마 지난 과거의 향수를 맛볼 수 있었다. 그때 그

녀는 직접세 타이유taille(인두세)의 입금수령
자인 프랑수아 르노르망François Le Normant
이란 남성을 만났다. 1759년에 마리-루이즈
는 생-장 드 리옴 교구에서 이 르노르망과
재혼했다. 그녀는 리옴에서 딸을 하나 낳았
고, 이 딸은 나중에 콩스탕 르노르망과 혼
인을 했다.[16] 이는 퐁파두르 부인이 처음에
결혼했던 집안이기도 해서, 역사의 반전과
도 같은 사건이 아닐 수 없었다. 1782년에
두 번째 남편인 프랑수아 르노르망도 사망
했다. 벌써 두 번째 과부가 된 마리-루이즈

퐁파두르 후작 부인

는 국왕의 연금으로 생계를 유지했다. 드디
어 혁명이 발생하였을 때, 그녀는 감옥에 갇히는 신세가 되었다. 거의 60세
가 다 된 그녀는 칼바도스의 국민의회 의원 루이-필리프 뒤몽Louis-Philippe
Dumont(1765-1853)과 결혼을 선언했다. 그때 새신랑의 나이는 불과 33세였
다! 이 범상치 않은 하루살이 결혼은 금시 파경을 맞이하여, 곧 이혼을 선
언하게 되었다. 국왕의 사랑을 받았고, 카사노바의 찬미대상이었으며, 프
랑수아 부셰의 화폭에서 불멸의 여인이 된 마리-루이즈도 역시 세월의 압
력에는 어쩔 수 없었던지 77세가 되던 해에 파리에서 조용히 눈을 감았다.

　　역사의 '과학성'에 의문을 제기했던 알렉상드르 비알라트Alexandre
Vialatte는 역사를 소설보다 우위에 놓여 있는 '예술'로 간주했다. 그에게는
두 가지 종류의 역사가 있다. 즉, 공정한 역사와 불공정한 역사다. 그의 지

16　　그녀는 이 두 번째 결혼에서 마그리트라는 딸을 낳았는데, 그녀도 역시 루이
15세의 사생아라는 말도 있다.

녹원

론에 따르면, 최상의 역사는 기만과 허위만이 존재하는 불공정한 역사다. 사람들이 공정하다고 믿는 역사보다, 진실할 수 있는 확률이 더욱 높기 때문이다. 그것은 정열적이기 때문에 매우 흥미롭다. 낭만주의 시인 알프레드 뮈세Alfred Musset(1810-1857)도 역시 "역사는 인간이 만드는 것이 아니라, 역사가가 만든다. 만약에 역사가에게 비범한 재능이 있다면, 그 역사는 훌륭하다"라고 말한 적이 있다. 그러나 그 논의의 대상이 루이 15세의 '녹원'이라면, 문제는 말처럼 그렇게 간단하지는 않다. 하렘인지, 매춘굴인지, 궁전인지 아니면 일개 오두막이었는지 그 정체가 분명치 않은 이 녹원의 전설은 국왕의 명예에 치명적인 누가 되었다.

"내가 여러분에게 말할진대, 바로 여기에 진실이 있다. 회색 옷을 입은 익살스럽고 천박한 계집들이 쥐들보다 커다란 소음을 냈다. 우아하기 이를 데 없는 퐁파두르 후작 부인은 매우 귀족적인 일을 상상했다. 즉 국왕의 쾌락을 위해 봉사할 젊은 과부들의 수도원을 구상해 낸 것이다. 그리하여 1756년 11월 25일 녹원이라는 동네에, 작은 저택을 하나 사들였다. 그러나 국왕은 특히 겨울밤, 인적이 드문 동네를 출입하기를 싫어했다. 그래서 1756년 2월, 녹원에서 국왕의 침실로 15세의 소녀를 직접 데려왔다. 미처 타락시키거나, 어떤 교육을 주입시킬 새도 없이 강제로 끌려온 이 불쌍한 여자애는 잔뜩 겁을 집어먹은 상태라, 필사적인 저항을 했다. 당시 국왕은 47세였다. 술과 여색을 지나치게 탐한 나머지 안색이 우중충한 납빛으로 변질되었다. 그는 이런 계집애들을 상대할 때마다, 천박한 비속어를 쓰기를 즐겼다. 그는 잔인하지는 않았으나, 냉담하고 거만한 자세로 그 버둥거리는 장난감을 망가뜨렸다. 국왕은 마치 죽은 사람처럼 창백했으며, 기꺼이 장례식을 이야기하곤 했다. "누군가 다리를 부러뜨렸소"라고 이야기하면, 국왕은 큰소리로 웃기 시작했다. 그의 얼굴은 장의사처럼 음산했다. 당시 그의 초상화를 보면 생기나 광택이 없는 회색 눈이 사람들에게 공포감을 주었다. 그는 피도 눈물도 없는 동물이었다. 고약하다고? 아니 냉혹한 인물이었다. 이러한 무자비한 남성 앞에서 겁에 질린 계집아이는 그제야 희생양이 되었

루이 15세(1763)

다는 사실을 알아차렸다. 그는 어떤 온정이나 부드러움도 없이, 인간 사냥감에 달려들었다. 그가 땅에 묻힐 때까지 이러한 숫처녀 사냥은 계속되었다. 국왕의 이러한 비행은 이제 모두가 다 아는 공공연한 비밀이 되었다. 궁정은 애써 웃으려고 했으며, 파리는 분노해 마지않았다. 그리고 모든 어머니들은 자기 딸들을 숨기기에 바빴다. 유럽과 프랑스에서 많은 사람들이 "누군가 곧 그를 죽이리라"고 떠들었다. 궁에서 그가 돌아왔을 때, 생선 장수 여자들은 "자락이 있을거야!"라고 이구동성으로 수근거렸다. 또 어떤 이들은 "혁명이 있을 거야!"라고 말할 정도였다."(미슐레의《프랑스사》중에서)

우리는 위의 인용문을 통해, 프랑스의 국민사가 쥘 미슐레Jules Michelet(1798-1874)가 얼마나 루이 15세에게 신랄한 공격을 가했는지 알 수 있다. 그렇다면 동시대인 다르장송의 기록을 다시 살펴보자. "1756년 2월 20일

루이 15세의 초상화(1748)

국왕은 자연에 탐닉했다. 파리로 데려오게 한 동녀童女들을 통해 다시 싱싱한 젊음을 회복하기를 원했다. 그는 15세의 소녀들을 정복한 것을 스스로 대견해했다. 며칠 전 국왕에게 거의 옷을 입히지 않은 15세의 소녀를 데려왔다. 국왕은 침대 안팎으로 도망다니는 소녀를 잡으려고 쫓아다니다가, 그만 감기에 걸렸다. 그는 호색한처럼 행동했으나, 결코 인간의 존엄성을 손상시키려는 뜻은 없었다. 아마도 이러한 소녀들을 국왕에게 조달하는 역할을 맡은 시종 르벨이, 국왕의 명예를 실추시킨 주범인 것 같다." 다르장송의 일기 속에서는 자신이 모시는 국왕을 폄하하거나, 비난하려는 기색을 별로 찾아볼 수가 없다. 동시대인이나 후세인 모두 여색에 빠진 국왕을 비평했지만, 사실상 루이 15세의 복잡한 여자관계는 영국 왕 헨리 8세는 말할 것도 없고, 프랑수아 1세나 앙리 4세의 그것과 크게 별다른 차이가 없었다. 그런데도 이 두 프랑스 국왕은 오늘날에도 존경을 받고 있지만, 루이 15세는 '친애왕'이란 호칭이 무색할 정도로 가장 미움을 받는 국왕이 되었다.

암살 기도

세간을 떠들썩하게 했던 연애 사건 때문에, 국왕이 결코 국사를 소홀히 했던 것은 아니었다. 그러나 그에게는 증조부였던 루이 14세의 지칠 줄 모르는 정력적인 에너지가 없었다. 그는 오랫동안 재상 플뢰리의 조언에 따라 국사를 결정하고 처리하는 데 익숙해져 있었다. 플뢰리 정부가 17년 동안 집권하는 사이에 국왕으로서 최종판단은 내렸지만, 결코 자기 의지를 형성한 적은 없었다. 1743년 플뢰리 경이 사망한 후에 국왕은 재상 없이 친정을 시작했다. 그때 그는 증조부의 다음과 같은 유언을 따랐다. "백성들의 말을 들어라, 그리고 평의회에 자문을 구하라. 그러나 결정은 반드시 혼자서 하도록 해라." 그는 확실히 증조부 루이 14세보다, 지성적이고 교양 있는 인물이

루이 15세(1774)

었다. 그러나 루이 15세는 근본적으로 자기 확신이 결핍되어 있었다. 국왕이 쓴 정치적 서신을 보면, 그가 얼마나 국사에 심오한 지식을 지니고 있었는지를 알 수가 있다. 그러나 국왕은 "자신이 틀리고, 다른 사람들이 옳을지도 모른다"는 생각에 단호한 결정을 내리는 것을 내심 두려워했다. 그는 사태가 극단으로 치닫거나, 또는 너무 늦었을 때 갑자기 예고도 없이 강단의 조치를 내려서 백성들을 놀라게 했다. 항상 겉으로는 대신들에게 우호적이고 지지적인 태도를 보였지만, 사전에 어떤 암시도 없이 그들을 별안간 해임시켜 버렸다. 그래서 국왕은 가식적인 성격의 소유자라는, 또 다른 불명예스러운 평판을 얻게 된다. 사실상 대신들에게 국왕의 심중을 해독하는 것은 골치 아픈 난제였다. 그들 자신도 그들의 행동이 과연 국왕이 생각하는 것과 진정으로 일치하는지 전혀 오리무중이었기 때문이다. 각 부서의 장관들은 독립을 유지했다. 국왕은 한번도 그들에게 어떻게 하라고 지시한 적이 없었다. 국왕의 '실총'이라는 날벼락이 그들의 머리 앞에 떨어지기 전까지 어떤 경고 사인이나 상부 지시도 받지 못하는 경우가 다반사였다. 국왕은 '국왕의 비밀'secret du roi이

주피터로 묘사된 루이 15세의 조각상.
니콜라 쿠스투Nicolas Coustou(1658–
1733)의 작품

라는 흑색 내각을 운영하기도 했다. 이 극비의 외무성은 총 32명의 인원을 고용하였는데, 그 설립취지는 대신들을 감시하고 동쪽까지 프랑스 영향력을 확대시키는 데 있었다. 20년 이상이나 운영되었지만, 이러한 비밀기관의 존재가 세상에 알려진 것은 국왕이 사망한 지 며칠 후였다고 한다.

당시 프랑스는 해외에서 영국과 무역 및 식민지 경쟁으로 대립했다. '7년 전쟁 (1756~1763)'의 결과 패배하여 인도·캐나다령을 잃었다. 국내에서도 국왕의 정치적 무능력과 궁정의 헤픈 씀씀이로 인해, 백성들의 불만이 고조되었다. 루이 15세 시대에 계몽사상이 형성되었고, 몽테스키외·볼테르 같은 계몽철학자들이 정부와 제도에 대한 공격의 선봉장이 되었다. 그러나 근대 사가들의 연구에 따르면, 루이 15세는 비록 우유부단하기는 했으나 결코 무능한 인물은 아니었다. 또한, 그의 치세기에 특별히 궁정 지출비용이 높았던 것도 아니었다. 상트페테르부르크의 주변에 화려한 궁궐들을 짓기 위해 엄청난 경비를 투자한 러시아의 표트르 대제나 영국의 엘리자베스 여왕에 비하면 오히려 낮은 편이었다. 당시 프랑스 궁정의 지출은 '루이 15세 양식'의 문화를 그 절정에 달하게 했으며, 많은 예술가와 직인들의 가족들을 먹여 살렸다. 18세기 프랑스 예술은 만인의 찬미대상이 되었으며, 유럽 전역에 널리 퍼져나가 각국이 앞을 다투어 이를 모방했다. 250년 지난 후에도 루이 15세 양식은 여전히 세계의 유명한 부호들로부터 찬사를 받고 있다. 그러나 중세와 생활고에 지친 프랑스 민중들은 왕정의 무능력과 사치에 극도로 실망했다. 1740년대 중반부터 국왕과 퐁파두르 후작 부인을 공격하는 격렬한 비방문이 시중에 나돌기 시작했다.

민심이 이렇게 흉흉한 가운데, 국왕의 암살 기도사건이 발생했다. 범인은 지능이 약간 모자란 로베르 다미앵Robert Damiens(1715-1757)이란 자였다. 1757년 1월 5일, 매일 수천 명의 사람들이 국왕에게 청원을 하기 위해 궁에 들어가듯이, 문제의 암살범도 별다른 의심을 받지 않고 베르사유 궁에 들어갔다. 저녁 6시경, 해가 떨어진 베르사유 궁은 소복한 여인처럼

로베르 다미앵

하얀 눈에 덮여 있었다. 그때 국왕은 딸을 만나고 트리아농 궁으로 돌아가는 중이었다. 횃불을 높이 쳐들고 두 줄로 늘어선 수비대의 호위를 받으며 국왕이 마차에 타려는 순간, 쏜살같이 검은 그림자가 나타나서 그만 "앗" 하는 사이에 주머니칼로 국왕을 찔렀다. 8.1cm(3.2인치)의 칼날이 국왕의 네 번째와 다섯 번째 늑골 사이로 들어갔다. 비록 피를 많이 흘렸지만, 국왕은 침착과 평정의 상태를 잃지는 않았다. 그는 혹시 칼날에 독이 묻어 있을지도 모른다는 의구심 때문에, 자신이 곧 죽을 것이라고 생각했다. 그는 고해신부를 급히 불러오도록 명했다. 그때 연락을 받고 부랴부랴 달려온 왕비를 보고, 국왕은 그동안 자신이 저지른 과오를 뉘우치고 용서를 빌었다. 그러나 국왕은 죽지 않고 살아남았다. 추위를 막기 위해 국왕이 걸쳤던 털 코트의 두꺼운 층이, 예리한 칼날에 완충작용을 해서 목숨을 건진 것 같았다. 그러나 국왕의 몸에 들어간 칼날의 깊이는 겨우 1cm밖에 되지 않았다는 소문이 돌았다. 볼테르의 풍자적인 표현에 따르면, 겨우 '핀

에 찔린' 정도의 경상이었다고 한다.

암살미수범 다미앵의 처형식

도망치지도 않고 그 자리에서 순순히 체포된 다미앵은 약간 정신상태가 불안정한 사람이었다. 그는 고등법원 법관의 하인이었는데, 거기서 국왕에 대한 비난을 수도 없이 들어왔다. 그 당시 시중에 떠도는 국왕에 대한 격렬한 비방문과 맞물려, 다미앵은 '프랑스를 구하기 위해' 자신이 국왕을 시해하지 않으면 안 된다는 결심을 굳히게 되었다. 다른 기록에 의하면, 그는 애당초 국왕을 시해할 의도가 없었다. 단지 국왕이 개과천선하도록, 약간의 경고를 준 것에 불과했노라고 진술했다. 어쨌든 프랑스 전국을 동요시킨 이 사건은 1610년 라바이악에 의해 앙리 4세가 살해된 이후 처음으로 발생한 국왕 시해 사건이었다. 국왕은 다미앵을 사면해 주고 싶어 했지만, 국왕 시해범의 재판을 피해갈 수는 없었다. 고등법원의 재판을 받았던

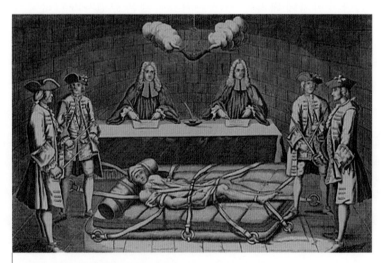

재판관들 앞에서 묶여 있는 다미앵

다미앵은 3월 28일 그레브 광장에서 처형되었다. 여러 가지 지독한 고문 끝에 이미 몸이 만신창이가 된 그는 처형장으로 끌려갔다.

3월의 오후인데, 그날은 날씨가 매우 쌀쌀했다. 우선 형리가 문제의 주머니칼을 들었던 다미앵의 손을 유황으로 태웠다. 또한, 그의 가슴을 열어, 그 상처 속에 뜨거운 납 물을 쏟아부었다. 마지막으로 네 마리의 말에 묶인 그의 사지는 채찍의 명령을 받은 말들이 사납게 질주하는 순간, 잔인하게 여러 갈래로 찢겨나갔다. 그래도 아직 살아서 숨쉬는 그의 처참한 몸뚱어리는 불구덩에 던져졌다. 모골이 송연한 이 처형식 장면을 지켜보기 위해 모여든 군중들로 그날 그레브 광장은 인산인해를 이루었다. 147년 동안 아무도 이렇게 끔찍한 장면을 목격한 적이 없었다. 그래서 귀족 여성들은 100 리브르(700달러)라는 엄청난 돈을 주고, 처형식이 잘 바라보이는 그레브 광장 위에 있는 높은 건물의 발코니를 빌렸다고 한다.

국왕의 인기는 이미 하락한 지 오래였다. 그러나 암살미수사건으로 국왕에게 어느 정도 연민의 정을 가졌던 사람들도, 이 끔찍한 처형 광경을 보고는 그만 마음이 돌아섰다. 특히 계몽주의 철학자들은 이를 중세암흑기의 잔존물로 보고 신랄한 공격을 퍼부었다. 사실상 국왕 자신은 이 잔인한 처형방식과 직접적인 관련은 없었다. 국왕의 의지에 반해 얀센주의자를 옹호하고,[17] 십이조 세금징수를 반대한 후에 국왕과의 화해를 모색하고 있었던 고등법원의 법관들이 국왕을 위로한답시고 이렇게 야만적인 처형식을 거행한 것이었다. 민중들은 다미앵이 보낸 명백한 신호에도 불구하고, 아직까지도 정신을 못 차리고 퐁파두르 후작 부인을 내치지 않은 국왕에게 분노와 배신감을 느꼈다. 파리의 벽에는 다음과 같은 신랄한 풍

---

17   얀센주의자들jansénistes은 파리 교외의 포르-르와이얄Port-Royal 수도원을 본거지로 하여 초기의 교회, 바울, 아우구스티누스로의 회복에 의한 종교적인 쇄신을 꾀했다.

다미앵의 공개처형식

자의 포스터가 나붙었다. "제대로 일격을 당하지 않은 루이가 두 번째는 반드시 일격을 당하기를!" 오스트리아 대사는 빈에 다음과 같은 서신을 썼다. "공중들의 불만은 일반적이다. 이제 모든 대화가 죽음과 독뿐이다. 베르사유 궁의 거울의 방에도 국왕의 생명을 위협하는 오싹한 포스터가 여러 개 붙어 있을 정도다."

제도상의 위기

암살의 시도가 이루어지던 날 국왕은 침착함을 잃지 않고 국왕다운 위엄을 보여 주었다. 그러나 몇 주 후에 그는 심각한 우울증세를 보였다. 그는 자신이 분명히 잘못된 길을 가고 있다는 것을 깨달았다. 모든 개혁의 시도가 갑자기 중단되었다. 그는 퐁파두르 후작 부인의 사주에 의해, 두 명의 대신을 해임시켰다. 군무대신 다르장송과 사법 대신 마쇼 다르누빌Machault d'Arnouville(1701-1794)이었다. 그
는 퐁파두르 부인이 미는 에티엔 드 쇼아즐
Etienne de Choiseul(1719-1785) 공작을 정부에 불러
들였으나, 정작 개혁은 르네 드 모페우René de
Maupeou(1714-1792)와 더불어 이루어진다. 루이
15세는 프랑스를 일반적인 침체와 재정적인 혼
란으로 밀어 넣었다. 그는 불행하게도 만성적
인 우유부단성과 실천력 부족으로 인해 재정문
제를 극복하지 못했다. 베르사유에서 국왕과
국왕을 둘러싼 귀족들은 왕정의 조락의 분위기
를 반영하는 일종의 나른한 권태와 식상함의 극
치를 보여 주고 있었다. 그의 부르봉 가문의 통

쇼아즐 공작

치를 위협하는 '반反왕정주의'의 불온한 기운을 느끼고 있으면서도, 루이
는 그것을 저지하기 위해 무언가를 하는 데 실패했다. 세간의 소문에 따르
면, 루이 15세는 이런 말까지 했다고 한다. "우리 뒤에는 아마 큰 홍수(재난)
가 있을 거야!" 1774년 5월 10일 베르사유 궁의 한 방에서 루이 15세가 죽
었다. 천연두에 의한 참혹한 최후였다. 죽기 며칠 전부터 육신이 썩는 냄새
때문에 언제나 창을 열어 놓고 있었다. 게다가 민중은 어느 누구도 이 국
왕의 죽음을 슬퍼하지 않았다. 사냥과 여색에만 빠져 지내며, 정치적·사회
적 혼란을 가중시킨 국왕에게 보내는 냉혹한 복수였다. 그는 부르봉 왕가
에서 최초로 심장을 도려내 특수한 궤에 넣지 않았던 유일한 국왕이 되었
다. 그 대신 그의 관에 알코올을 부어 넣고, 나머지 유해는 생석회에 담가
서 굳혔다. 남의 이목을 피해 자정에 거행된 장례식에는 오직 한 명의 궁정
조신이 참가했다고 한다. 국왕의 시신은 생드니의 바실리카 성당에 안치
되었다. 왕세자가 9년 전에 사망했기 때문에, 국왕의 손자가 루이 16세로

죽기 1년 전의 루이 15세의 초상화

즉위했다. 그러나 국왕의 미숙한 행정, 재정적 파탄, 복잡한 사생활의 스캔들로 인해 프랑스 왕정의 위신은 전체적으로 크게 실추되었다. 그래서 루이 15세가 남기고 간 문제는, 그의 계승자인 루이 16세와 마리 앙투아네트의 생명까지도 위협하게 된다.

뒤바리 부인

루이 15세는 여색을 추구하는 데 상당한 정력을 바쳤다. 마리 레쟁스카와의 결혼을 통해 많은 자녀들을 낳았으나, 국왕은 악명이 높을 정도로 바람을 피우는 부정한 남편이었다. 그의 정부들 중에는 샤토루 공작 부인을 포함한 4명의 마이-네 자매와 퐁파두르 후작 부인 말고도, 고급 창부 출신의 뒤바리 백작 부인Comtesse du Barry(1743-1793)이 있었다. 1743년 8월 19일, 이 미래의 백작 부인은 잔 베퀴Jeanne Bécu란 이름으로 보쿨레르 지방에서 평균보다 훨씬 가난한 환경에서 태어났다. 이 지방은 잔 다르크의 영웅적인 공적 때문에, 15세기에 유명해졌다. 그녀의 어머니 안 베퀴Anne Bécu는 재봉사였으나, 아버지에 대해서는 거의 알려진 바가 없다. 아마 픽퓌 수도원에서 온 수도사였을 것으로 추정하고 있

뒤바리 부인

다. 사생아였던 잔은 어머니의 성을 따랐다. 극심한 가난에 쪼들렸던 잔과 어머니는 보다 나은 환경에서 살기 위해, 파리로 이사했다. 어머니 정부의 도움으로 그녀는 파리의 생토르 수도원에서 교육을 받았다. 15세에 교육을 마친 잔은 여러 가지 직업을 전전하면서, 소규모의 연애 행각을 벌였다. 1763년에 그녀는 뒤바리 백작을 만났고, 그의 정부가 되었다. 그는 난봉꾼으로 알려진 자였다. 그 당시 경찰기록에 의하면, 그는 자기 애인들에게 매춘을 시켰으며, 그 명단에는 잔도 포함되어있었다. 근대적 용어로 표현한다면, 그는 매춘부

뒤바리 부인. 프랑스 초상화가 프랑수아-위베르 드루에François-Hubert Drouais(1727-1775)의 작품

의 기둥서방, 즉 '포주'였던 셈이다. 그는 잔을 이용해서 일확천금을 벌 궁리를 했다. 그는 유명한 퐁파두르 부인을 대신하여, 국왕 루이 15세에게 잔을 바칠 생각을 했다. 그런데 리슐리외 원수와 국왕의 시종 르벨의 공모 덕택에, 뒤바리 백작의 야심 찬 꿈이 드디어 현실로 이루어졌다.

1768년에 잔은 국왕을 만났다. 국왕은 잔의 생기발랄함, 경쾌하고 탄력 있는 대화, 또 기쁨에 가득 찬 웃음소리 등의 매력에 반했다. 국왕은 이 여성 모자 제조인을 진심으로 사랑하게 되었다. 처음에는 국왕의 시종도 잔의 존재를 그저 일시적으로 희롱하다 버릴 장난감 정도로밖에 생각하지 않았다. 그러나 국왕의 감정은 진지한 열정으로 바뀌었다. 국왕은 체면상 그녀를 뒤바리 백작의 형제인 기욤 드 뒤바리와 혼인을 시켰으며, 그녀

장-오노레 프라고나르Jean-Honoré Fragonard(1732-1806)의 〈밀회〉(1771). 이전에 뒤바리 부인의 소장품 중 하나다

에게 백작 부인이란 칭호를 하사했다.

新 프랑스 왕과 왕비

뒤바리 백작 부인이 된 잔은 드디어 베르사유 궁에 정착했다. 그러나 궁정의 에티켓상 그녀는 1769년 4월 2일까지 다른 사람들 앞에 모습을 나타내지 않았다. 드디어 국왕이 그녀를 국왕의 가족과 궁정 사람들에게 소개하는 날이 왔다. 그러나 백작 부인은 웬일인지 늑장을 부리며 등장하지 않고 있었다. 그래서 목이 빠지게 기다리던 사람들은 모든 것이 실패했다고 생각하며 속으로 쾌재를 불렀다. 머리 손질이 아직 정교하게 안 되어서, 이렇게 꾸물거리는 것일까? 사람들이 거의 포기한 순간에, 마지막으로 그녀가 나타났다. 화사한 화장에 흠잡을 데 없이

퐁파두르 부인에 이어 프랑스의 공식 정부가 되려고 했던 쇼아즐 공의 여동생 그라몽 백작 부인

세련된 복장, 또 영롱하게 반짝이는 커다란 다이아몬드로 장식을 한 뒤바리 부인의 의기양양한 자태에 그녀의 적들도 그만 현혹되어 혀를 내둘렀다. 타의 추종을 불허하는 그녀의 아름다움은 당대 예술가들의 찬미대상이 되었다. 뒤바리 부인은 퐁파두르 부인이 정계에서 행사했던 상당한 권력을 추구하지는 않았다. 그녀는 자신이 태생적으로 정치 음모나 공적 생활을 위해, 고위층 대신이나 대사들과 협상을 벌이는 데 그리 적합지 않다는 것을 잘 알고 있었다. 그러나 정치적 야심이 없다는 것 때문에, 오히려 그녀는 국왕에게 상당한 영향력을 행사할 수가 있었다. 퐁파두르 부인의 지배에 싫증을 느끼고 있던 국왕은, 당시 모든 여성의 후견이나 감독에 저항했다. 오직 사랑과 연애놀음을 위해 태어난 뒤바리 부인은 방종한 사치의 노예가 되었다.

그녀는 정치에 별로 관여하지는 않았으나, 다음 두 사건에서는 적지

않은 영향력을 행사했다. 쇼아즐 공의 해임과 파리고등법원의 해산이었다. 물론 양 케이스 모두 뒤바리 부인은 외부의 의지에 의해 교묘히 조종된 도구에 불과했다. 그녀는 쇼아즐 공과 싸웠다. 왜냐하면, 그녀를 국왕의 침실로 인도한 도당들이, 즉 그녀의 출세의 은인이라고 할 수 있는 정치세력이 쇼아즐 공의 몰락에 상당한 이해관계를 갖고 있었기 때문이다. 쇼아즐 자신도 역시 자기 여동생 그라몽 공작 부인Béatrix de Gramont(1729-1794)을 내세워, 뒤바리 부인의 심기를 몹시 불편하게 했던 것도 사실이다. 영리하고 야심 많은 그라몽 공작 부인은 루이 15세의 정부가 되기 위해, 온갖 방법을 다 강구했을 정도로 당찬 여인이었다. 고등법원에 대한 그녀의 미움은 성직자 집단에 의해 불붙었다. 성직자들은 종교를 부흥시키고, 쫓겨난 예수회 교단을 다시 프랑스에 복귀시켜야 한다고 그녀를 부추겼다.

이 두 사건은 매우 심각한 것이었다. 그러나 뒤바리 부인은 철딱서니 없는 여학생이나 유쾌하게 장난치는 아이처럼 행동했다. 그녀는 하인 하나를 해고시켜 버렸다. 그리고는 국왕에게 다음과 같이 말했다. "나는 나의 쇼아즐을 내쫓았어요. 그러니 전하도 당신의 사람들을 내보내야겠지요?" 그녀는 오렌지를 가지고 놀다가 공중에 휙 던져 버리고는 다음과 같이 외쳤다. "뛰어, 쇼아즐. 어서 뛰어!" 그러나 무엇보다 그녀는 여성용 모자류와 몸단장에 가장 많은 시간을 할애했다. 매일 아침 그녀의 방문 앞에는 재단사와 보석상인들이 줄을 이었다. 그들은 앞을 다투어 그녀에게 새로운 물건을 선보이기에 바빴다. 경솔하고 변덕스러운 성격의 뒤바리 부인은 그림, 조각, 대리석, 자기, 보석, 가구 등 무엇이든지 아름다운 것만 보면 참지 못하고 당장에 다 사들였다. 그녀는 자신의 보물창고를 만물상으로 만들었다. 진귀한 물건들을 가득 쌓아놓은 그녀의 호화저택이나 방들은 실제로 박물관이나 다를 바 없었다. 그녀는 파리의 금속세공업자, 보석상, 화가, 조각가들을 모두 소집시켰다. 또한, 그들은 뒤바리 부인이 가장 값비싼 주문을 마칠 때까지는 절대로 물러나지 않았다. 그녀는 자기 고유의 '뒤바리 스타일'을 창조하거나, 패션 리더가 되기보다는 당시 유행만을 쫓아갈 따름이었다. 그러나 18세기 말까지 그녀는 줄무늬 모양의 고급 천들을 유럽 전역에 유행시켰다.

뒤 바리 부인(1782)

그녀의 지출 총액에 대해서는 전혀 알려진 바가 없으나, 이 미친 듯한 헤픈 씀씀이를 감당하기 위해서는 팩톨러스 강의[18] 무진장한 금맥이 필요했다. 그녀는 국고에 손을 깊숙이 뻗치기 시작했다. 그녀는 궁정 은행가 니콜라 보종Nicolas Beaujon(1718-1786)에게 재정적으로 의지했다. 당시 재무총감 조제프 테레Joseph Terray(1715-1778)도 그녀가 사인한 무수한 영수증들을, 마치 국왕의 것인 양 두말 않고 모두 결재해 주었다. 그러나 갑자기 루이 15세가 사망해 버리자, 그녀는 하루아침에 엄청난 빚더미에 앉게 되었다. 그녀는 몹시 후회막급이었으나, 이미 때는 늦었다. 그녀는 자신의 값비싼 소장품들을 내다 팔지 않으면 안 되는 처지가 되었다. 새로운 국왕 루이 16세는 뒤바리 부인을 브리 지방에 있는 퐁토담 수도원에 귀양을 보내 버렸다. 이 아름다운 죄인(?)은 하녀들을 데리고 수도원으로 출발했다. 그녀는 1년 동안 수도원에서 무료하고 적적한 생활을 보냈다. 그녀에게 유일한 낙은, 이따금 자신의 부름을 받고 파리에서 당도한 보석상들을 만나는

18   소아시아의 고대 리디아에 있었던 작은 강으로 그 사주(砂州)에서 금이 채취된 것으로 유명함.

일이었다. 그녀는 여러 차례 청원을 한 끝에, 드디어 국왕의 사면을 얻어냈다. 그녀가 별로 정치적 중요성이 없다고 판단한 국왕은 뒤바리 부인에게 샤르트르 근처에 있는 그녀의 영지에서 살도록 허락했다.

그때부터 그녀는 디너와 향연, 쾌락 등 옛날의 즐거운 사교생활을 영위해 나갔다. 진정한 사랑의 여사제였던 그녀는 영국 정치가 헨리 세이무어Henry Seymour(1729-1807) 경과 곧 사랑에 빠졌다. 그러나 그녀는 세이무어 경을 헌신짝처럼 버리고, 코세-브리삭Cossé-Brissac 백작(1734-1792)의 품에 안겼다. 이 남성은 뒤바리 부인이 아직도 20대 처녀인 양, 그녀의 가슴을 마냥 설레게 했다. 1792년 9월 베르사유에서 코세-브리삭이 처형을 당하기 전까지, 그녀의 애정은 변함없이 유지되었다. 백작 부인은 그의 죽음을 몹시 슬퍼했다. 그녀는 죽은 애인과 자신의 친구였던 로앙-로쉬포르 공과 함께 눈물을 흘렸다. 그러다가 어느새 그녀는 자연스럽게 로앙-로쉬포르의 애인이 되었다.

혁명이 발생하였을 때, 그녀의 저택 앞에도 위험이 거세게 불어닥쳤다. 누군가 국민공회에 다음과 같은 사실을 고해바쳤다. "그녀가 자기 재산을 루이 16세에게 갖다 바쳤다. 부상 당한 경호대에게 피난처를 제공했으며, 도둑맞은 보석들을 찾으러 간다는 핑계로 세 차례나 런던을 다녀왔는데, 여행의 진정한 목적은 망명 귀족들과 서로 짜고 반혁명을 공모하는 데 있다." 그녀는 가차 없이 투옥되었고, 이미 정해진 각본대로 사형선고를 받았다. 왕비 마리 앙투아네트도 갇혔던 콩시에주리 감옥에 구금되어, 이제나저제나 죽을 날만 기다리게 되었다. 그녀는 어떻게든 살기 위해 필사적인 몸부림을 쳤다. 그녀는 자기 전 재산을 국가에 바쳤으며, 여기저기 보석을 몰래 숨긴 비밀장소들을 모두 다 실토했다. 그녀를 처형장으로 호송하기 위해 마차가 당도했을 때도, 또 성급한 말들이 발굽으로 땅을 진동시킬 때에도 그녀는 계속 집행유예를 간청했다. 강제로 단두대에 올라갔을 때도 그녀는 살려달라고 마구 고함을 쳐 군중들의 시선을 집중시켰다. 그녀의 목에 칼이 떨어지는 순간까지도 그녀는 이렇게 외쳐댔다. "형리 나으리. 제발 잠깐만이라도, 단 일 순간만이라도." 그때 그녀의 나이는 50세였다.

MADAME DUBARRY.

형장에 끌려가는 뒤바리 부인

16 앙시앵레짐기의 마지막 국왕 루이 16세

부르봉 왕조의 5번째 국왕(재위: 1774~1792)

> "짐은 나의 권위를 나눌 의사가 없노라!"
>
> - 프랑스 국왕 루이 16세

왕세자의 결혼식

어린 루이 16세(베리 공, 오른쪽)와 그의 동생 프로방스 백(미래의 루이 18세).
초상화가 프랑수아-위베르 드루에의 작품(1757).

루이 16세(1754-1793)는 1754년 여름 베르사유 궁에서 태어났다. 1774년에서 1792년까지 프랑스 국왕으로 재위했으며, 혁명 중에 국외 망명을 기도한 죄로 체포되어 국민공회의 재판을 받았다. 곧 '반역죄'로 기소되어 1월 21일 단두대의 이슬로 사라졌다. 그의 처형식은 프랑스 절대 왕정의 종말과 나폴레옹의 등장을 가져왔다. 처음에 그는 국민의 사랑을 받았으나 우유부단성과 보수주의로 인해 백성들로부터 외면을 당했다. '혁명의 희생양'이 된 이 불운한 국왕에 대한 평가는 오늘날까지도 역사가에 따라 명암이 서로 엇갈리고 있다. 그런데 영국의 찰스

마리아 테레지아 여제

1세, 프랑스의 루이 16세, 러시아의 니콜라이 2세 등 근대혁명에서 처형된 국왕들이 모두가 평판 나쁜 왕비를 두고 있었다는 것은 무슨 연유일까?

　　루이 16세의 왕비 마리 앙투아네트는 유명한 오스트리아의 여제 마리아 테레지아(1717-1780)의 딸이다. 그녀가 루이 16세의 배우자가 된 것은 그녀의 나이 15세 때의 일이다. 프랑스 왕가와 오스트리아 합스부르크가의 화해를 시도했던 쇼아즐 공의 노력은 왕세자 루이(미래의 루이 16세)와 마리 앙투아네트의 혼인으로 결실을 맺는다. 그러나 양국의 동맹은 프랑스 국민 사이에서 인기를 얻지 못했다. 프랑스인들은 '외국인 왕비'를 못마땅하게 여겼기 때문이다. 마리 앙투아네트가 오스트리아를 출발해서 프랑스 국경에 당도했을 때, 그녀는 프랑스어를 한마디도 할 줄 몰랐다. 그녀는 베르사유 궁에서 미래의 시할아버지인 국왕 루이 15세와 다른 왕실 가족들을 처음으로 대면했다. 그녀보다 한 살 더 먹은 신랑은 꽤 수줍음을 타는 성격인 데다, 보기에도 약간 꼴사납고 거리감이 느껴졌다. 1770년

젊은 시절의 루이 16세

5월 16일, 왕실 예배당에서 결혼 미사가 성대하게 거행되었다. 결혼식이 이루어지기 바로 직전에 마리는 시가 200만 리브르가 넘는 왕가의 보석들을 결혼예물로 받았다. 그 보석은 카트린 드 메디치, 스코틀랜드의 메리 여왕, 또 안 도트리시가 소장했던 귀중품이었다. 왕세자와 마리는 궁정 앞에서 혼인식을 올렸다. 그날 신부는 다이아몬드와 진주로 온통 장식된 거대한 후프가 달린, 멋진 백색 드레스를 걸쳤다. 그리고 나서, 공중들 앞에서 공개 식사시간이 있었다. 그때 새신랑 루이는 엄청나게 많은 양의 식사를 했다. 좀 적게 먹으라고 조부 루이 15세가 충고를 했을 때, 왕세자는 다음과 같이 반문했다. "왜요? 저는 배가 부를 때, 잠을 더 잘 자는 걸요." 식사를 마친 후 궁정 조신들은 이 젊은 한 쌍을 침실로 인도했다. 또한, 대주교의 축복기도가 있었다. 그러나 이 신혼부부는 그날 합방을 하지 않았다. 루이가 '성적 불능'이란 소문이 곧 나돌았고, 성미 급한 사람들은 왕가의 결혼이 '사기'라고 입방아를 찧었다. 왕가의 혼인식을 축하하기 위해, 파리에서도 화려한 불꽃놀이 축제가 열렸다. 그때 구경을 위해 몰려든 군중의 혼잡으로, 132명이나 죽는 불상사가 발생했다. 후일 사람들은 이를 왕세자 부부의 불운한 앞날을 계시하는 불길한 전조로 받아들였다.

왕세자비의 따분한 궁정생활
신혼 초기에 어린 신부는 잠시나마 궁정의 인기를 한 몸에 독차지했다. 동시대인의 평에 따르면, 그녀는 '감미로운 매력을 지닌 작은 귀부인'이었다. 작고 호리호리한 체구, 금발에 눈꽃처럼 살결이 희고 장미처럼 발그레한 볼, 또 백조처럼 길고 우아한 목선을 자랑했다. 미래의 국왕 부부는 합방을 하지 않았기 때문에, 결혼한 지 처음 7년 동안은 단 한 명의 아이도 태어나지 않았다. 비난을 일삼기 좋아하는 사람들은 자식이 생기지 않은 것을 모두 마리 앙투아네트의 탓으로 돌렸다. 심지어 이혼을 시켜, 친정인 오스트리아로 돌려보내야 한다고 궁시렁거리는 사람도 있었다. 또한 왕세자비라는 지엄한 신분도 국왕의 애첩인 뒤바리 부인의 미움을 사는 것을 막아 주지는 못했다. 문제의 뒤바리 부인은 루이 15세의 눈에 띄기 전까지는 단지 창녀에 불과했던 여성이었다. 마리 앙투아네트는 유서 깊은 합스부르크가의 왕녀인 자신이, 그런 천박한 과거를 지닌 여성과 함께 이야기를 한다는 것은 존엄성을 잃는 일이라 생각했다. 이에 잔뜩 앙심을 품은 뒤바리 부인은 왕세자비의 궁정 생활을 가능한 한 비참하게 만들려고 잔재주를 부렸다. 그녀는 자기 애인인 국왕의 마음을 손자며느리로부터 점점 멀어지도록 이간질했다. 자기 방의 열린 창 아래에서 마리 앙투아네트가 일행과 함께 산책하는 모습을 지켜보던 뒤바리 부인은 일부러 더러운 오물이 가득 든 양동이를 머리 위로 쏟아 버리기도 했다.

　마리 앙투아네트의 일과는 더욱 우울했다. 아침에 그녀가 기상하면, 옆에서 시중을 드는 고위층 귀족 여성들이 항상 대기하고 있었다. 이들은 왕세자비가 침대에서 일어나는 것을 부축하였으며, 화려한 성장을 시켰다. 저녁 만찬은 공개식사였다. 누구든지 단정한 복장을 한 사람이면, 왕가의 사람들이 식사하는 모습을 구경할 수가 있었다. 남편 루이는 언제나 많은 양의 식사를 했다. 그러나 공개 식사인 경우에 마리는 거의 음식에 손을 대지 않았다. 그녀는 이런 구경거리를 무척 싫어했다. 그녀는 오스트리아 여제에게 다음과 같은 서신으로 불평을 터뜨렸다. "난 만인 앞에서 입

마리 테레즈 드 랑발

가브리엘 드 폴리냑

술연지를 바르고 손을 씻었어요." 향수병과 우울증에 동시에 걸린 그녀는 자기 언니 마리아 카롤리나와 나누었던 따뜻한 교의를 몹시 그리워했다. 그녀는 상냥한 마리 테레즈 드 랑발Marie Thérèse de Lamballe(1749~1792) 공비에게서 대신 위안을 얻었다. 또한, 아름답고 야심 많은 귀족 여성 가브리엘 드 폴리냑Gabrielle de Polignac 백작 부인(1749-1793)과도 친해졌다. 가브리엘은 혁명 이전에 베르사유 궁에 붙어 기식하던 귀족들의 전형이었다. 그녀는 통치계급의 자기 방종과 건망증, 그리고 배타성을 대표하는 화신이었다. 재능 있고 아름다운 가브리엘은 곧 젊은 왕세자비를 중심으로 형성된 배타적인 사교모임의 리더가 되었다. 그녀의 허락 없이는 아무도 이 모임에 들어갈 수가 없을 정도였다. 그녀는 나중에 국왕의 아이들의 가정교사가 되었다. 영리한 가브리엘 덕분에 폴리냑 가문은 왕비로부터 막대한 호의를 입었다. 날이 갈수록 눈덩이처럼 불어나는 이 가문의 재산은, 다른 귀족들의 시기심과 분노의 대상이 되었다. 가브리엘과 그 가문에 대한 왕비의 지나친 편애는 일반 대중들에게서도 미움을 샀다. 그래서 후일 왕당주의자나 공화주의자 모두, '폴리냑 세트'라고 부르며 이 파렴치한 가문을 경멸했다. 가브리엘은 단두대의 형벌을 피해 스위스로 운 좋게 망명을 했으나, 거기서 곧 암으로 사망했다.

마리 앙투아네트는 시동생인 다트루아 백(미래의 샤를 10세)과도 사이가 무척 좋았다. 가브리엘의 아름다운 여동생 루이즈 Louise de Polastron(1764-1804)는 평생 다트루아 백의 정부가 되었다. 새파랗게 젊은 왕세자비는 프랑스 궁정의 당파싸움이나 음모에 말려드는 것을 일체 거부했다. 그것은 단순히 그녀가 정치에 지식이 없거나, 관심이 없어서였다. 당시 그녀는 어머니가 보낸 대사의 감시를 받고 있었다. 프랑스 궁정에서 오스트리아의 세력을 확장시키는 데 아무런 노력도 하지 않은 마리의 무사태평한 태도에 극도로 실망한 대사는, 본국에 이를 우려하는 전갈을 보냈다.

샤를 10세의 연인 루이즈

1774년 5월 10일 오후 3시경에 국왕 루이 15세가 천연두로 사망했을 때, 왕세자 부부의 인생이 갑자기 바뀌어 버렸다. 궁정의 조신들은 새로운 국왕 루이 16세와 그의 오스트리아 부인에게 충성을 맹세하기 위해, 마리 앙투아네트의 방으로 우르르 몰려들었다. 새 국왕 부부는 기도를 드리기 위해 무릎을 꿇었다. "주님, 우리를 인도하고 보호해 주소서. 우리는 나라를 통치하기에는 너무 나이가 어립니

« Guidez nous, protegez nous, mon dieu ! nous régnons trop jeunes. »

Paris: Richard Bentley and Son: 1883

무릎을 꿇고 기도를 올리는 왕세자 부부

다." 루이는 이렇게 기도를 드렸다. 왕비는 흐르는 눈물을 씻고, 남편 곁에 서서 새로운 국왕을 축하하러 온 사람들을 맞이했다.

대관식

파리에서 빵의 결핍이 절정에 달했을 때, 루이 16세는 랭스에서 대관식을 거행했다. 이때부터 마리 앙투아네트가 "빵이 없으면, 브리오시(케이크)를 먹으면 되잖아!"라고 쏘아붙였다는 좋지 않은 소문이 나돌았다. 그러나 왕비 자신은 결코 이런 오만방자한 이야기를 발설한 적이 없었다. 오히려 태양왕의 부인이었던 스페인 출신의 어리숙한 왕비 마리·테레즈가 이런 주책없는 소리를 했다고 한다. 기근에 의한 식량부족에 관한 소식을 들

루이 16세의 랭스에서의 대관식

었을 때, 그녀는 다음과 같이 일기를 썼다. "그들의 불행에도 불구하고 우리를 너무 잘 대해 주는 국민을 보면, 우리는 좀 더 그들의 행복을 위해 일하지 않으면 안 될 의무가 있다. 국왕도 이러한 진실을 이해하고 있는 것 같다. (내가 100년을 산다고 할지라도) 나의 전 생애에서 대관식의 날을 정녕 잊을 수는 없을 것이다." 루이 16세를 위한 새로운 왕관을 만들기 위해, 무려 7천 리브르라는 거액의 돈이 지출되었다. 또한, 마리 앙투아네트의 화려한 가운 역시 당대 최고 디자이너였던 로즈 베르탱Rose Bertin(1747-1813)으로부터

로즈 베르탱

엄청난 돈을 주고 주문한 것이었다. 그러나 대관식의 막대한 비용에도 불구하고, 국민들은 열광의 도가니 속에서 새로운 국왕 부부를 환호했다. 특히, 이때 젊고 아리따운 왕비는 만인의 우상이 되었다. 다가오는 혁명의 시대를 고대하면서, 또 한편으로는 불안하고 두려워하던 민중들은 루이 16세에게 "혹시나" 하는 기대를 걸었다. 이때 국왕의 나이는 20세. 살집이 좋고, 보통 키, 큰 코에 두툼한 입술을 가진 평범한 인물이었다. 그의 인물 스케치를 모아 보면, 성격은 온순한 편이었지만, 한 나라의 국왕으로서는, 더구나 시련기의 국왕으로서는 한마디로 부적당한 인물이었다. 그의 의형에 해당하는 오스트리아의 황제 요제프 2세(1741-1790)조차도 이렇게 평했다. "그 사내는 좀 모자란 데가 있다. 그러나 저능은 아니다." 국민의 기대는 이 국왕의 모습에서 이미 어긋나고 있었다.

이 범용한 국왕은 그의 선조들과는 달라서 여색에 빠지지는 않았지만, 사냥과 전래의 공개식사 외에 자물쇠 만드는 일에 열심이었다. 그중에

오스트리아 대공 막시밀리앙 프란츠(1756-1801)와 루이 16세, 그리고 왕비 마리 앙투아네트

성장을 한 루이 16세

서도 가장 즐긴 것이 사냥. 어느 학자의 계산에 의하면, 루이 16세는 혁명이 일어나기 직전까지 3일에 1회꼴로 사냥을 나갔다 한다. 그의 일기는 더욱 기가 막힌다. 사냥이 없는 날은 아예 "아무 일도 없었다"로 기록되어 있다. "1789년 7월 11일, 아무 일도 없었다." 사실은 재무총감이 추방된 날이다. "7월 13일, 아무 일도 없었다. 14일 (공백)." 그러나 14일은 혁명이 일어난 날이다. "8월 4일, 사슴 사냥 가서 한 마리 잡았다. 갈 때와 올 때, 모두 말을 탔다." 이날은 봉건제를 폐지하기로 결정한 날이다. "10월 5일 사냥 가서 8두頭를 잡았지만, '사건' 때문에 중단되었다." 이날은 파리의 민중이 베르사유에 쇄도하여, 왕실이 파리 시내로 자리를 옮긴 날이다.

개혁의 실패

당시 프랑스는 여러 가지 난관에 봉착하고 있었다. 프랑스의 국가재정은 거의 파산할 지경에 이르렀다. 루이 14세와 루이 15세 등, 선왕들이 벌인 장기적인 대외전쟁은 프랑스를 유럽에서 그 유례가 없을 정도로 심각한 빚더미 위에 올려놓았다. 루이 16세를 포함해서 왕실 전체의 권위와 평판은 급속도로 추락했지만, 처음 즉위했을 때는 앞서 이야기한 대로 국민의 기대가 대단히 컸다. 그것은 새로 즉위한 젊은 국왕에게 거는 막연한 기대가 아니라, 선왕 루이 15세를 죽인 천연두를 새로운 국왕에게 전염시킬 염려가 있다는 위생상의 이유로, 전대의 썩은 정신들이 모조리 축출되었기 때문이다. 그래서 궁정에서는 갑자기 정치적 새바람이 일어나고 있었다. 이 개혁의 바람을 몰고 튀르고Turgot(1727-1781)가 재무총감에 취임했을 때, 제3신분의[19] 납세능력은 이미 한계에 달해 있었다. 그런데도 특권 신분은 막무가내로 면세의 특혜를 고집, 재정난을 타개할 수 있는 방책은 그야말로

튀르고

묘연했다. 당시의 사정을 보면, 정부의 수입은 불과 2억 8,000만 리브르인데, 지출은 3억 3,000만 리브르로 무려 5,000만 리브르가 적자였다.

튀르고는 "파산도 하지 않고, 증세도 하지 않고, 더 빚을 지지도 않기 위해" 국왕의 협력을 요청했다. 우선 국왕의 절약, 다음에는 조세수입의 암적 존재로 문제되고 있는 징세청부제의 감독을 강화하고, 곡물 가격

---

19   성직자와 귀족에 속하지 않는 평민 신분.

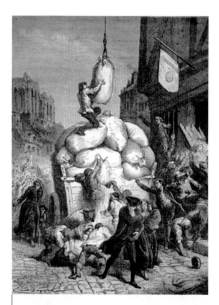

밀가루 전쟁

의 안정을 기하기 위해 유통기구에 제약을 가했다. 즉시 반발이 일어났다. 이렇게 긴장이 고조된 가운데, 설상가상으로 1775년 봄에는 식량 폭동까지 일어났다. 그것은 원래 비싼 밀가루를 팔면서 저울눈을 속이는 상점들을 상대로 한 민중 폭동에 불과했는데, 이를 전주곡으로 파리 인근 지역에서 폭동이 거의 잇달아 발생했다. 기어이 5월 2일에는 베르사유에서, 그다음 날에는 파리에서도 발생했다. 이 소란 속에서 체포된 사람이 약 400명, 사람들은 이 사건을 '밀가루 전쟁'이라고 했다. 그 사이 튀르고 측에서 단행한 개혁, 즉 궁정비 삭감, 자유 사상의 보호, 자유주의적 언론정책, 과세 평등, 징세청부제의 감독강화, 금융기구의 개혁, 곡물 가격의 자유화 등은 비록 루이 16세와 진보적인 지식인들 또는 하층 부르주아나 농민들의 호감은 샀지만, 그에 못지않게 왕비 마리 앙투아네트·성직자들·불우한 귀족들·금융업자를 비롯한 상층 부르주아의 반감을 사고 있었다. 이러한 반대파 속에는 루이 16세가 즉위한 뒤 부활한 파리고등법원의 '법복귀족'들도 포함되어있었다. 이 반대세력 중에서 국왕을 움직인 것은 단 한 사람, 왕비였다. 젊은 왕비는 다른 것은 다 제쳐놓고서라도, 우선 궁정비가 삭감돼서 궁색해진 것과 총신 한 사람이 영국대사의 직위에서 해임된 것은 참을 수 없다는 그녀 나름대로의 '분노'를 느끼고 있었다. 1776년 4월, 왕비는 기어이 국왕을 움직였고, 광범위한 개혁을 단행해 온 튀르고는 곧 실각할 것이라는 소문이 나돌았다. 결국, 국왕은 튀르고를 파면시켰다. 그야말로 치맛바람의 승리였다. 이 소식이 전해지자, 볼테르는 이렇게 썼다. "파멸이다. 우리에게 남은 것은 죽음뿐이다."

확실히 튀르고의 실각은 절대왕정의 파멸을 의미했다. 절대왕정이 혁명을 회피하면서 근대국가로 전환하려면, 국왕이 튀르고의 개혁을 꾸준히 지지하는 길밖에 없었기 때문이다. 계몽전제주의에 의해 혁명을 회피할 수 있는 기회는 이것으로 사라졌다. 이 혼란의 와중에도 궁정의 반反영국파는 조지 3세로부터의 독립을 위해 싸우는 미국인을 도우라고 국왕을 설득시켰다. 이 미국 독립전쟁의 참전은 프랑스에게는 일종의 '재앙'이었다. 왜냐하면, 전쟁비용이 막대하게 들었기 때문

살롱에서 하프를 연주하는 왕비 마리 앙투아네트

이다. 그래서 프랑스는 별다른 이득도 없이, 가뜩이나 많은 빚만 더욱 늘리게 되었다.

왕비의 비방 팸플릿

다시 국왕 부부의 신혼 초로 돌아가 보자. 시동생 다트루아 백의 부인인 마리-테레즈Marie-Thérèse de Savoie(1756-1805)가 첫 아이를 잉태하였을 때, 파리 시장의 아낙네들은 자녀를 생산하지 못하는 왕비에게 야유의 휘파람을 보냈다. 다음 날 그녀는 자기 방에 틀어박혀, 하루종일 울면서 지냈다. "정말 애처로워서 못 보겠어요"라고 왕비를 시중드는 귀부인이 한마디 거

샤를 10세의 배우자 마리-테레즈 드
사부아

들었다. 일상의 지루함을 피하겠다는 왕비의 굳은 결심에 따라, 왕비의 서클 모임은 세속적·지적인 대화를 일절 하지 않기로 했다. 왕비의 시중을 드는 캄팡 부인의 증언에 따르면 "희가극에서 나온 최신 유행곡, 적시의 조크나 재담, 경구, 또 재미있는 가십이나 스캔들"만이 화제의 중심이 되었다. 이 왕비 친구들의 모임은 매우 배타적이었기 때문에, 궁정의 분노를 자아냈다. 궁정 조신들은 왕비가 일부러 자기들을 제외시켰다고 믿었다. 곧 왕비는 베르사유 궁의 좋지 못한 소문의 주인공이 되었으나, 정작 왕비 자신은 이를 깨닫지 못하고 있었다.

다트루아 백의 권유로 마리 앙투아네트는 변장을 한 채, 파리 오페라의 무도회에 나다니기 시작했다. 곧 사람들은 왕비가 비밀리에 여러 명의 애인들을 만나러 다닌다고 수근거렸다. 그녀는 점점 낭비벽이 심해졌다. 그녀는 원래 세 가지 약점을 지니고 있었다. 그것은 의상과 도박, 그리고 다이아몬드였다. 21번째 생일날, 그녀는 3일간 연속으로 도박 파티에 참가했다. 거기서 엄청난 액수의 돈이 참가자들의 수중에서 오고 갔다. 그녀는 궁정보다는, 작은 트리아농 궁에서 시간을 보내는 횟수가 늘었다. 그러자 곧 마리 앙투아네트가 시동생과 몰래 잠자리를 같이하기 위해, 트리아농 궁을 찾는다는 흉흉한 소문이 나돌았다. 그 당시 시중에 떠돌았던 《샤를로와 앙투아네트》라는 첫 번째 비방 팸플릿은 그녀가 시동생 아트루아 백과 함께 궁의 살롱에서 항문성교를 갖는다는 추악한 내용을 담고 있었다. 그 후에 나온 팸플릿은 왕비가 수간이나 동성애에 빠졌다는 내용을 암시하고 있었다. 이러한 비방문들은 사실상 전혀 근거가 없는 악성 루머에 불과했지만, 백성들로부터 인기 없는 왕비에 대한 혐오감을 더욱 부추기는 요인이 되었다.

왕비에 대한 비방 팸플릿. 국왕이 뒤에서 지켜보는 가운데 서로 희희낙락하는 왕비와 시동생 아트루아 백을 풍자하고 있다

모성애

1777년 4월 마리 앙투아네트의 오빠인 요제프 2세가 그녀를 방문했다. 그는 국왕 부부의 결혼생활을 조사차 온 것이었다. 두 사람은 작은 트리아농 궁의 안마당을 다정하게 거닐면서 오랫동안 진지한 대화를 나누었다. 요제프 2세는 왕비의 도박과 그녀가 어울리는 친구들을 부드럽게 나무랐다. 그는 국왕도 만나서, 국왕 부부의 성생활의 문제점을 신중히 토론했다. 정확하게 무슨 이야기가 오고 갔는지는 알 수 없으나, 국왕 부부는 합방을 하였고, 드디어 1778년의 신록이 우거진 4월에 왕비는 첫 딸을 낳았다. 왕비는 수백 명의 궁정 조신들이 지켜보는 가운데, 공개적으로 해산하는 수모(?)를 겪어야만 했다. 산욕으로 인한 고통과 여러 사람들이 지켜본다는 당혹감 때문에 왕비는 그만 도중에 실신해 버렸다. 이 기이한 궁중의 공개의식은 그 후로 다시는 재현되지 않았다. 왕비가 이를 단호히 거부했기 때문이다. 왕가에서는 아들을 원했지만, 그녀는 딸을 몹시 원했다. 첫 딸 마리·테레즈 드 프랑스Marie-Thérèse de France(1778-1851)를 '왕가의 귀부인'이라 부르면서 몹시 기뻐했다. "아들은 국가에 속하지만, 너는 진정으로 나의 것이

요세프 2세

트리아농의 정원에서 첫째 딸 마리-
테레즈와 왕세자 루이-조제프와
함께 있는 마리 앙투아네트

다. 너는 나의 행복을 공유할 것이며, 또 나의 슬픔을 가라앉혀 줄 것이다." 그녀는 많은 조신들이 원통하게 여겼음에도 불구하고 가브리엘, 즉 폴리냑 후작 부인에게 아이들의 가정교사 직을 맡겼다. 또한, 아이들이 성장함에 따라 그녀의 사치벽도 덜해졌다. 그녀는 아이들에게 많은 시간을 할애했다. 막내아들 루이 샤를을 가리키면서, 그녀는 이렇게 이야기했다. "내 귀여운 아기는 너무 매력적이에요. 나는 그 애를 미친 듯이 사랑하고, 그 애도 역시 제 나름의 방식대로 나를 몹시 좋아해요."

그녀는 자선사업에 더 많이 몰두했다. 1785년 나이 서른이 되었을 때, 왕비는 엄격한 복장의 스타일을 따르기 시작했다. 그녀는 화려한 보석과 깃털로 장식된 정교한 가발의 사용도, 또한 개인용 수집을 위한 보석의 구매도 그만두었다. 그럼에도 불구하고, 왕비는 1786년 베르사유 궁의 마당에 그녀 자신을 위한 작은 오두막을 지었다고 해서 맹렬한 비난의 대상이 되었다. 이러한 목가 풍의 시골집은 당시 귀족 여성들 사이에서 상당한 인기가 있었다. 자기 영지에서 시골 풍의 낭만과 여유를 즐기려는 이러한 전통은 루이 14세의 애첩이었던 몽테스팡 부인으로부터 시작되었다. 왕비의 옹호자들은 왕비에게 쏟아지는 이처럼 악랄한 비평을 납득하기가 어려웠다.

"다른 사람들은 자기 정원에 그보다 더 많은 비용의 돈을 쓴단 말이에요!"

인공 호수에 둘러싸인 왕비의 오두막집

자신의 인기가 이미 땅으로 추락했다는 것을 감지하고 있었던 왕비조차도 그 오두막 사건이 얼마나 자기 명예에 손상을 입혔는지는 미처 알지 못했다. 이제 많은 사람들이 왕비를 힘든 생활고에 찌든 진짜 농부들의 현실에는 전혀 아랑곳없이, 철부지 양치기 소녀 놀이를 좋아하는 돈 씀씀이가 헤픈 우둔한 바보 정도로 취급했다.

다이아몬드 목걸이 사건

그러나 마리 앙투아네트의 평판에 치명적인 타격을 가한 것은 그 유명한 목걸이 사건이었다. 이웃 나라 독일에서 '혁명의 시대'를 주시하고 있었던 괴테는 "목걸이 사건이야말로 프랑스 혁명의 서곡이다"라는 함축성 있는 표현을 했다. 혁명 직전 궁정 생활의 부패를 이만큼 잘 드러낸 사건이 없었기 때문이다. 사건의 주역은 미남이면서 경박한 야심가인 로앙Louis René de Rohan(1734-1803) 추기경이었다. 그는 오스트리아의 대사로 파견되었는데, 그의 개인 서신 중의 일부가 외부에 유출되었다. 그것은 고국에 돌아간 친구에게 오스트리아 궁정 여자들의 반 이상과 함께 잠자리를 같이했다는 것, 또한 이 사실을 알게 된 오스트리아 여제도 자기에게 제발 함구해 줄 것을 '간청'하더라는 제법 파격적인 내용을 담고 있었다. 그는 한술 더 떠 마리 앙투아네트를 모욕하는 비방 팸플릿을 오스트리아 궁정 친구

로앙 추기경

라모트 백작 부인

들에게 보여 주면서 자랑하고 다녔다. 이에 발끈 한 마리 앙투아네트는 귀국 후에 리슐리외 추기 경처럼 재상이 되기 위해 요직을 넘보던 그의 관계 진출을 철저히 봉쇄시켜 버렸다. 그제서야 로 앙은 자신의 경솔함을 뉘우쳤지만 이미 물은 엎 질러졌고, 사태는 자기에게 불리할 뿐이다.

　자, 어떻게 해야만 좋단 말인가? 고민에 싸여 있던 로앙은 1783년경에 몰락한 귀족 잔 드 라모트Jeanne de la Motte(1756-1791) 백작 부인을 알게 되었다. 철두철미하게 부도덕한 잔은 곧 로앙의 연인이자 가까운 동반자가 되었다. 로앙 추기경의 충실한 종복인 제오르겔Géorgel 신부의 평에 따르면, 잔은 호리호리한 체격에 작은 가슴을 지니고 있었다. 그녀는 흰 살결에 밤색 머리, 맑고 푸른 눈동자, 또 '애교 있는 미소'를 흘리면서 '키르케의 간계'를[20] 부릴 줄 아는 영악한 여성이었다. 그녀는 로앙이 자나 깨나 왕비의 호의를 얻으려 한다는 사실을 간파하고서는 자신의 이익을 위해 그를 충분히 이용할 계획을 단단히 세우고 있었다. 라모트 백작 부인은 왕비와의 놀라운 친분을 과시하면서,[21] "혹시 왕비와 화해하고 싶은 생각은 없나요?"라고 로앙에게

20　키르케는 호머의 《오디세이》에서 남자를 돼지로 만든 마녀다.

21　그녀는 로앙에게 자신이 왕비의 동성애 연인임을 암시했다고 한다.

속삭였다. 야심가 로앙이 그것을 마다할 리 없다. 그는 즉시 과거의 잘못을 변명하는 글을 써서 라모트 백작 부인에게 주어 왕비에게 보냈다. 그러자 왕비는 그 백작 부인을 통해서 15만 리브르의 돈을 꾸어 달라는 부탁을 해왔다. 로앙은 일이 잘 풀려나가는 것만을 좋아하면서, 그 돈을 즉시 보냈다. 그다음 왕비와 로앙은 역시 백작 부인을 통해서 데이트를 약속하게 되었다. 1784년의 가을밤, 근위병으로 변장한 로앙은 베르사유 정원의 약속장소에 가서 비너스 상의 그늘에 숨어 있었다. 그러자 약속대로 왕비가 나타나서 이렇게 말했다. "과거는 이제 다 잊어버립시다. 자꾸 생각해 보아야 쓸모가 없습니다." 로앙은 뛸 듯이 기뻤다. 하지만 로앙은 그때까지 라모트 백작 부인의 연극에 깨끗이 속아 넘어간 것에 불과하다. 처음부터 왕비의 필적을 흉내 내서 로앙에게 답장을 보낸 것은 라모트 백작 부인의 젊은 정부(제비족)이자 위조범인 레토 드 빌레트Rétaux de Villette(1754-1797)란 자였다. 또 로앙과 데이트한 것은 왕비와 비슷한 모습을 가진 매춘부 니콜 르케Nicole Lequay란 여자에 불과했다. 라모트 백작 부인의 스릴과 서스펜스가 있는 연극은 좀 더 진행된다.

그 무렵 왕실의 보석상이 200만 리브르짜리의 다이아몬드 목걸이를 왕비에게 팔려다가 실패한 적이 있었다. 그때 왕비는 다이아몬드가 너무 비싸다며, 현재 왕실은 해군에 많은 돈을 쓰고 싶어 한다고 말했다. "이런 보석을 주문한 적도 없고, 재차 말씀드리지만 나는 더 이상 내 개인 소장용 다이아 콜렉션에 더 많은 캐럿의 다이아를 추가하고 싶은 생각이 없답니다. 나 자신을 위해 당신의 목걸이를 사지는 않겠어요. 국왕이 나를 위해 사주겠다고 제안했지만, 나는 이를 선물로서 거절했어요. 그러니 더 이상 이 문제는 거론하지 맙시다." 이 소문을 듣게 된 라모트 백작 부인은 왕비의 절친한 친구인 척 가장하고, 우선 보석상에게 왕비의 생각이 달라져서 그 목걸이를 다른 사람의 명의로 사려 한다고 통보했다. 또 로앙에게는

문서위조범에 공갈범, 포주인 레토
드 빌레

문제의 다이아 목걸이의 복제품

"왕비가 국왕 몰래 그 목걸이를 사고 싶어 하기 때문"이라면서, 그의 명의로 샀으면 한다고 왕비를 끌어다 붙였다. 왕비의 호감을 사서 요직을 차지하고 싶은 생각뿐이던 로앙이 이 청탁을 거절할 리가 없다. 로앙은 (그녀가 왕비에게 이 돈을 전달해 줄 것이라고 생각하면서) 200만 리브르라는 거액의 돈을 주었다. 또 보석상은 (그녀가 목걸이를 왕비에게 전달할 것이라고 생각하면서) 그녀에게 물건을 넘겨 주었다. 그러나 백작 부인은 보석과 돈과 함께 그만 종적을 감추어 버렸다. 백작 부인과 로앙 추기경이 나중에 법정에 끌려왔을 때, 왕정의 적들은 이 희대의 스캔들을 왕비를 공격할 수 있는 절호의 기회로 삼았다. 이런 졸속 사기극이 통할 만큼, 왕비의 평판이 형편없었다는 것이 그들의 지론이었다. 로앙은 사면되었지만, 이 사건의 가장 큰 피해자였던 왕비는 이 모든 사건을 뒤에서 조종한 주동 인물로 의심을 받게 되었다. 로앙 추기경과 라모트 후작 부인, 이 두 사람과 동시에 불미스러운 연애 행각을 벌이는 왕비의 모습을 암시하는 비방 팸플릿이 시중에서 신나게 돌아다녔다. 이 다이아몬드 사건 이후 왕비에게 보낸 민중의 증오심은 더욱 악화되었다. 세상은 이 사건에서 드러난 매관제의 폐습과 왕실의 사치와 일부 귀족들의 부정에 신랄한 비판을 가했다. 국왕과 왕비의 위신은 여지없이 손상되었다. 하지만

왕세자 루이-조제프를 소개하는 루이 16세와 마리 앙투아네트

사건은 여기에서 그치지 않는다. 태형·낙인·종신금고 등에 처해진 라모
트 백작 부인이 곧 파리에서 탈출, 영국에 간다. 프랑스 왕실에서는 라모
트 부인이 런던에서 이상한 소리를 할까 봐 겁낸 나머지, 총신을 런던으로
보내서 백작 부인에게 20만 리브르를 주고 아무 말도 하지 말라고 당부했
다. 그러나 그 돈을 받아먹고도 그녀는 연극을 벌였다. "자기는 무죄이며,
모든 잘못은 왕비 자신에게 있다. 로앙을 비밀리에 만난 것도 문제의 목걸
이를 받은 것도 왕비 자신이다"라는 거짓 회고록을 집필하여, 프랑스 왕
실의 위신을 더욱 추락시켰다. 만인이 왕비를 손가락질했다. 연속적인 흉
작으로 인해 민중들의 생활고가 심해진 것도 바로 그녀 때문이다. 1787년
국고가 파산한 것도 바로 그녀 때문이다. 당시에 왕비의 유일한 위안은
1774년부터 사귀게 된 스웨덴 장교 악셀 드 페르젠Axel de Fersen(1755-1810)뿐
이었다. 그들의 사랑은 왕비가 사망할 때까지 계속되었다.

자, 혁명의 카운트다운

다이아몬드 사건의 악재와 맞물려, 왕실에는 개인적 불행이 연속적으로 불어닥쳤다. 1787년 마리 앙투아네트의 가장 어린 딸이 첫 돌을 넘기고, 그만 사망했다. 왕비는 갓난아이의 시체 앞에서 피눈물을 흘리면서 애통해 마지않았다. 그리고 얼마 지나지 않아서 궁의들은 왕비에게 왕세자 루이-조제프가 폐결핵에 걸려 곧 사망할 것이라는 암울한 진단을 내렸다. 이제 왕비는 아들의 병간호에 정성을 다했다. 그러는 사이 프랑스 정부는 비효율적인 조세징수와 무모한 대외전쟁 때문에 산더미 같은 부채를 짊어지고, 시급한 대책 마련에 부심하고 있었다. 그리하여 이른바 '명사회'가 소집되었지만, 무능한 명사회는 이름 그대로 정부의 재정위기 해결에 아무런 도움도 되지 못했다.

그래서 궁지에 몰린 국왕 루이 16세는 1789년 5월 '삼부회'를 소집하기로 했다. 이 삼부회는 프랑스의 삼신분을 대표하는 대의기관이었지만, 1614년 루이 13세 때 소집된 이후로 단 한번도 열린 적이 없었다. 삼부회

1789년 5월 5일 삼부회의 개막

가 개최되는 동안 각 신분의 대표들은 왕
정과 왕정의 정책을 비판하고 철저한 개혁
의 단행을 요구했다. 그러나 왕가의 관심은
다른 데 있었다. 6월 4일, 왕세자가 7세의 어
린 나이로 사망했다. 국왕은 산발적인 우
울 발작 증세를 보였고, 왕비 역시 깊은 상
심에서 헤어나지 못했다. 그때 왕비의 적들
은 그녀가 아들을 독살시켰다는 악성루머
를 유포시켰다. 베르사유의 극우 왕당주의
자들은 삼부회를 두려워하고 증오했다. 마
리 앙투아네트 역시 삼부회가 왕정을 무너

마리 앙투아네트(1787)

뜨리기 위해, 비밀리에 모종의 공작을 하고
있다는 의심을 품게 되었다. 7월 1일 왕비와 왕제 다트루아 백은 루이 16세
에게 자유주의적인 재무총감 자크 네케르Jacques Necker(1732-1804)를 파면
시키라고 종용했다. 그리하여 네케르 대신 왕비의 동지였던 부르테이유
Breteuil(1730-1807) 후작이 그 자리에 임명되었다. 부르테이유 후작은 독실한
로마 가톨릭이며 왕당주의자였다. 비록 반대자들도 인도적으로 대한다
는 명망이 있는 인물이었음에도 불구하고, 왕정의 적들은 그를 피도 눈물
도 없는 잔인한 폭군으로 묘사했다. 그는 바스티유 감옥의 습격이 이루어
지기 전까지 단 100시간 동안 임명된 부르봉 왕가의 마지막 재상이었다.
정치적 선동이 연일 기승을 부렸고, 왕당주의자들이 군대를 동원하여 도
시를 공격할 것이라는 소문 때문에 파리 시민들은 겁을 집어먹었다.

그리하여 1789년 7월 14일, 성난 군중들의 한 떼가 '압제의 상징'인 바
스티유 감옥으로 우르르 몰려가, 바스티유를 점령했다. 그날 밤은 비가
내렸다. 베르사유에서는 사냥 갔다 와서 자던 국왕이 잠을 깨서, 바스티

바스티유 함락

유가 함락되었다는 보고를 받았다. "그렇다면 또 폭동이 일어났는가?" "아니, 폐하 혁명이 일어났나이다." 공포가 궁을 엄습했고, 많은 조신들이 생명을 부지하기 위해 도망을 갔다. 다르투아백 역시 해외로 망명했다. 그는 혹시라도 암살당할까 두려워했기 때문이었다. 마리 앙투아네트의 총애를 받던 폴리냑 백작 부인도 스위스로 도망쳤다. 그녀는 거기서 계속 왕비와 서신을 교환했다. 왕비는 그녀 대신에 투르젤 후작 부인을 두 아이(마리·테레즈 공주와 새 왕세자 루이 샤를)의 가정교사로 삼았다. 이 투르젤 부인은 폴리냑 부인보다 훨씬 잘된 선택이었다. 그녀는 매우 독실한 가톨릭에다 사리 분별력이 뛰어나고, 또 충성스러우며 훈련이 잘된 여인이었기 때문이다. 다급해진 마리 앙투아네트 역시 도망가기를 원했다. 그녀는 이런 혼란한 시국에 파리에서 가까운 데 머무는 것이 현명치 않다고 판단을

新 프랑스 왕과 왕비

내렸다. 그래서 그녀는 국왕이 생·클루성이나 콩
피엔에 있는 다른 성들로 옮기라고 명령해 주기
를 바랐다. 왕비는 이미 자기 짐과 아이들의 것까
지 모두 꾸린 상태였다. 그러나 국왕은 베르사유
에 그대로 남아 있기로 결정을 내렸다. 나중에 루
이 16세는 이 일을 두고두고 후회했다. 왜 도망갈
찬스가 있었을 때 베르사유 궁을 떠나지 않았던
가! 그대로 궁에 남아 있으라고 명을 내린 것이 결
국 전 가족의 생명과 안전을 위협하는 화근이 되
었다.

새로운 왕세자 루이 샤를(1790)

베르사유의 함락

파리의 폭도들이 베르사유 궁에 몰려올 것이라는 소문이 퍼져나갔다. 왕
비는 다시 한 번 국왕에게 도망할 것을 간청했지만, 국왕은 여전히 묵묵부
답이었다. 그녀는 왕가에서 가장 인기 없는 사람이 자신이라는 것을 누구
보다 잘 알고 있었다. 다음 날 새벽녘에 군중들이 베르사유 궁에 들이닥쳤
다. 왕비의 수비대들은 벌써 폭도들에 의해 죽임을 당했다. 군중들이 왕비
의 방에 침입하여 마구 약탈을 시작하기 전에, 왕비는 가까스로 피신할 수
가 있었다. 왕비와 시녀들은 모두 국왕의 침실로 도망했다. 국왕의 여동생
인 엘리자베트도 이미 거기에 와 있었다. 두 아이가 무사히 도착한 다음,
왕비의 일행은 안에서 침실의 문을 굳게 잠갔다. 그러는 사이 많은 군중들
이 궁정의 안마당에 벌떼처럼 운집했다. 그들은 왕비에게 발코니로 나와
줄 것을 이구동성으로 요청했다. 그때 그녀는 나이트가운을 입은 채, 두
아이를 데리고 발코니에 섰다. 군중들은 아이들을 안으로 들여보내라고

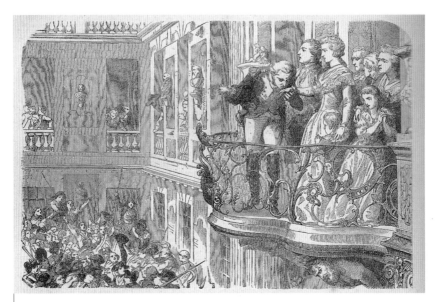

베르사유 궁의 발코니에 선 라파예트와 왕실 가족

요청했다. 그래서 그녀 혼자서 10분가량 거기에 의연히 서 있었다. 그때 군중들 속에서 많은 사람들이 머스켓 총(구식 보병총)을 그녀에게 겨누고 있었다. 왕비는 머리를 숙여 공손히 인사를 한 다음, 다시 안으로 들어갔다. 그때 그녀의 용기에 감탄한 몇몇 사람들은 "왕비 만세"를 불렀다.

"빵집 주인, 빵집 마누라와 그 아들"을 데리고 군중들은 이제 파리로 향했다. 대검에 빵을 꿰어 치켜든 국민위병과, 왕실에서 내놓은 밀가루를 가득가득 실은 마차들과 국왕의 군대와, 왕족을 태운 마차와, 국민의회 의원들을 태운 마차와, 수만 명의 군중으로 이루어진 전대미문의 행렬이었다. 국왕 일행은 파리 시청에 들렀다가, 시내 서쪽의 튈르리 궁으로 갔다. 그러자 국내에서는 어디에도 의지할 수 없게 된 반동적인 귀족과 200명의 보수적인 의원들이 일제히 파리에서 자취를 감추었다. 당시 조지 워싱턴을 위해 미국 독립전쟁에서 싸워 신대륙의 영웅이 된 자유주의

적 귀족 마리-조제프 뒤 모티에Marie-Joseph du Motier(1757-1834), 즉, 라파예트 후작이 왕가를 수비하는 총책임을 맡았다. 그가 튈르리 궁에서 왕비와 마주쳤을 때, "이제 왕비마마는 포로가 되셨군요!"라는 말을 무례하게 기탄없이 건넸다.

라파예트 후작

다른 왕가의 '포로' 중에는 루이 16세의 여동생 엘리자베트 공주, 그리고 다른 왕제 프로방스백이 있었다. 왕비는 오스트리아 대사에게 "난 괜찮아요. 걱정하지 말아요"라는 간단한 서신을 보냈다. 다시 공중에 나타난 왕비의 모습은 본래의 평정을 되찾은 침착한 모습이었다. 그러나 그녀는 돌이킬 수 없는 내면적 충격을 받았고, 이제 프랑스 왕정 자체의 존립이 어려워졌다는 사실을 깨달았다.

아니, 공화 군주국이라구요?

혁명 초기부터 마리 앙투아네트는 타협의 가능성에 회의적이었다. 그렇지만 위기의 평화적 해결의 희망을 완전히 버린 것은 아니었다. 앙투안 바르나브Antoine Barnave(1761-1793) 같은 공화주의자들은 왕비가 처한 곤경에 연민을 느꼈다. 그녀가 경멸했던 오노레 드 미라보Honoré de Mirabeau(1749-1791) 백작조차도, 왕비의 용기와 '남성다운' 강인한 성격에 얼마나 깊은 인상을 받았는지를 여러 사람에게 떠들고 다닐 정도였다. 왕비는 조속한 정상화를 기원하는 마음에서 튈르리 궁에 자선단체들을 불러모았고, 파리의 빈민 아동을 위한 구제 활동도 했다. 그녀는 아이들, 특히 그녀가 '나의 사랑스러운 양배추'란 별명을 붙였던 어린 왕세자를 정성스레

마리 앙투아네트(1792)

돌보았다. 당시 왕비에 대한 군중들의 증오심이 격렬했던 만큼, 공주의 첫 성체 배령식에는 변장을 하고 참석했을 정도였다. 원래 전통에 따르면, 이날은 공주가 훌륭한 다이아몬드 세트를 선물로 받는 날이었다. 그러나 국왕 부부는 민중들이 빵 없이 지내듯이, 공주도 다이아몬드 없이 지내는 편이 낫겠다는 결론을 내렸다. 그러는 사이 국민의회는 프랑스를 입헌군주정으로 만드는 헌법을 만들었다. 그때 러시아의 에카테리나 여제는 마리 앙투아네트에게 다음과 같은 편지를 썼다. "개가 짖는 소리에도 아랑곳없이 달이 운행을 계속하듯이, 왕가는 백성들의 불평을 싹 무시해 버려야 한다."

1790년 7월 14일 샹 드 마르스의 연병장에서 '바스티유 점령' 1주년을 기념하는 행사가 거행되었다. 국왕 부부도 의무적으로 참가했는데, 왕비는 "매사가 잔인하고 서글프다"는 평가를 내렸다. 그때 영국에서 돌아온 급진적 자유주의 성향의 국왕 사촌 필리프 오를레앙Louis Philippe d'Orléans(1747-1793)은 공공연히 혁명세력을 지지했다. 왕비에 대한 그의 증오심은 너무 극단적이었기 때문에, 왕비는 오를레앙 공이 제 스스로 국왕이 되기 위해 혁명을 조장했다고 믿을 정도였다. 극우 왕당주의자 역시 필리프 오를레앙 공이 왕비 마리 앙투아네트가 암살당하기를 바라는 마음에서, 베르사유 공략을 조장했다고 야유했다. 당시 오를레앙 공은 파리 시민들 사이에서 엄청난 인기를 누리고 있었다. 프랑스혁명 기간 중에 그는 자신의 이름을 '평등한 필리프'로 바꾸었다.[22] 그러나 그의 정부였던 스코틀랜

---

22   그는 1789년의 혁명을 열렬히 지지했고, 절대왕정 대신에 입헌군주정을 강력히

샹 드 마르스의 대혁명 1주년 기념 축제(1790.7.14)

드 여인 그레이스 엘리어트Grace Elliott(1754-1823)는 왕당주의자로, 나중에 왕비를 위해 벨기에로 비밀사명을 완수하러 간 적도 있었다고 실토했다.

　　당시 국왕 루이 16세는 심각한 우울증 증세와 만성적인 무력감에 빠져 있었다. 그래서 국왕 대신에 왕비가 공식서류를 작성하고, 국왕이 친필로 사인한 것처럼 이를 통과시켰다. 1790년 성직자 법의 통과로 왕당주의자와 혁명가 사이의 화해의 가능성은 무너졌다. 공화주의자들은 로마 가톨릭 교회가 전통적으로 누려온 특권을 신랄하게 공격했다. 이 소식이 왕실에 전해졌을 때, 왕비는 다음과 같이 중얼거렸다. "교회, 교회, 그다음은 바로 우리 차례일 거야!"

　옹호했다. 그는 나중에 루이 16세의 처형에도 찬성투표를 던졌으나 1793년 11월에 그도 역시 공포정치기에 단두대의 이슬로 사라졌다. 그 이후 '오를레앙주의자'는 프랑스에서 입헌군주정을 옹호하는 자들과 동일시되었으며, 그의 아들 루이 필리프는 1830년 7월 혁명 이후 프랑스 국왕이 되었다.

평등한 필리프 | 그레이스 엘리어트

국왕 일가의 탈출

국왕 부부는 혁명이 프랑스를 파멸시키려 한다고 결론지었다. 얼마 전 배덕자 미라보가 "왕가에서는 왕비 한 사람만이 남성이다"란 말을 했던 것처럼, 이제 국왕의 행동 일체를 왕비가 좌우했다. 오스트리아에서도 루이 16세 일가의 파리 탈출만이 위기를 해소할 수 있는 최선의 방책이라 생각했다. 국왕의 도망을 도운 중요한 관계자는 3명이었다. 스위스에 망명 중이던 부르테이유 남작, 낭시 사건으로 유명해진 부이에 장군, 그리고 왕비의 애인인 스웨덴 귀족 페르젠이었다. 밤 10시에 왕족은 몇몇 시녀들과 함께 튈르리 궁을 탈출, 생 마르탱 거리에서 페르젠이 준비한 마차에 올라 21일 오전 2시 반 파리를 떠났다. 이와 같은 탈출이 가능했던 이유는 국민위병 사령관인 라파예트가 왕비의 환심을 사려고, 왕비의 애인인 페르젠만은 궁전을 자유롭게 드나들도록 궁전의 출입구 하나에 경비병을 배치하지 않았기 때문이란 말이 있다.

프랑스 혁명가 장 밥티스트 드루에

국왕 일행은 파리에서 무사히 탈출, 기분이 좋아지자마자 샹파뉴의 들판에서 산책을 해가며 늑장을 부렸다. 이런저런 일로 예정보다 늦게 도착한 약속장소에는 아무도 없었다. 사실은 먼저 와서 부이에 장군의 부하 기병대 40명을 데리고 4시간이나 기다리던 쇼아즐 공은 국왕 일행의 도착이 늦어지니까, 탈출에 실패한 줄 알고 이미 철수한 뒤였다. 그런 줄도 모르고 호위대를 찾던 국왕 일행은 제아무리 변장을 하고 또 보석을 운반 중인 척했어도 근위병 출신인 장 밥티스트 드루에Jean-Baptiste Drouet(1763-1824)란 시골 사람의 눈에 띄고 말았다. 밤 10시경, 국왕 일행은 바렌에 도착, 이곳의 분견대에서 잠시 쉬게 되었다. 분견대도 국왕의 신분을 다만 '보석을 운반 중인' 부이에 장군의 친지인 줄로만 알았다. 그때 국왕의 뒤를 바싹 추격했던 드루에와 마을 사람들이 들이닥쳤다. 그때부터 드루에의 주장대로 '국왕이다, 또 아니다'라는 실랑이가 팽팽하게 벌어졌다. 그래서 국왕 일행은 마을 사람들한테 에워싸여 면장 집으로 갔다. 잠시 후, 판사가 와서 "오 오 폐하!" 했을 때는 드루에의 말이 옳았다는 것이 판명되었다. 25일 저녁 도망치려다 실패한 국왕 일행을 태운 마차는 시민들의 분노와 증오 때문에 냉랭한 침묵에 싸인 파리 시내에 들어선다. 이때 시민들은 누구 한 사람 모자를 벗지 않았고, 국민위병은 장례식 때처럼 총을 거꾸로 들고 있

바렌에서 루이 16세 일가의 체포(1791.6.22)

었다. 9월 21일 국민공회는 왕정을 폐지해 버렸다.

국왕 루이의 처형식

국왕 일가가 투옥된 뒤로 파리에는 갖은 폭력이 난무했다. 폭도들은 감옥
을 습격했으며, 누구든지 왕당주의자의 기색이 보이면 무차별 학살을 했
다. 마리 앙투아네트의 절친한 친구였던 랑발 공비도 체포되었다. "왕비
에의 충성을 부인하라"는 명령을 받았을 때, 공비가 이를 거부하자 누군
가 그녀의 머리를 여러 번 쇠망치로 후려쳐 그 자리에서 즉사시켰다. 그녀
의 시체는 여러 토막으로 나뉘었고, 머리는 창 위에 올려놓았다.

이 광경은 왕비가 투옥된 창을 통해서도 구경할 수 있었으며, 외부에
도 공개되었다. 왕비가 이 광경을 목도했을 때, 그녀는 그 자리에서 기절
하고 말았다. 국왕 루이는 12월 11일 반역죄로 기소되었고, 1월 17일 사형
을 언도받았다. 그는 사촌 필리프 오를레앙 공으로부터도 배반을 당했다.

마리-테레즈 랑발의 죽음

마리 앙투아네트가 늘 의심했던 대로, 필리프는 국왕의 처형에 찬성표를 던졌다. 국왕은 죽기 전에 가족과 함께 마지막 고별식사를 하도록 허락을 받았다. 그는 어린 아들에게 자기 죽음에 복수를 하지 말라고 부드럽게 타일렀다. 왕비는 아들의 손을 꽉 잡은 채, 남편에게 머리를 기대고 있었다. 사형 당일은 날씨가 춥고 음산했다. 루이는 새벽 5시에 일어났다. 8시에 1,200명의 수비대가 이전의 국왕을 호위하기 위해 도착했다. 당시 프랑스에 살고 있던 한 영국인 성직자가 국왕을 가까이서 대동하고 있었다. 그의 기록을 한번 인용해 보자. "수레에 탄 국왕은 그 누구와도 이야기하지 않고, 오직 깊은 묵상에 잠겨 있었다. 나는 그에게 내가 가지고 있던 유일한 기도서를 보여 주었다. 그는 기꺼이 나와 함께 시편을 낭송했다. 수비병들은 이전에는 한번도 이렇게 가까이서 본 적이 없었던 자기네 국왕의 경건함에 매우 놀라는 눈치였다. 국왕의 수레는 몰려든 군중과 호위하는 수비병에 둘러싸여 거의 두 시간 동안이나 느린 행진을 계속했다. 드디어 국왕

탕플 감옥에서 아들 루이 샤를을
교육시키는 루이 16세

을 실은 수레가 루이 15세의 광장(콩코드 광장)에 도착했다. 국왕이 수레에서 내리자마자 세 명의 수비병이 그를 에워싸며 옷을 벗기려고 했다. 그러나 국왕은 당당하게 이를 제지하며 스스로 옷을 벗고 목도리를 풀고 셔츠를 열어젖혔다. 국왕의 결연한 표정에 주춤했던 수비병들은 다시 용기를 내어 그에게 달려들었다. 루이는 그래도 군주답게 위엄 있고 용감한 태도로 죽음에 임했다.

"프랑스인들이여! 나는 아무 죄도 없이 죽노라. 그러나 나는 나의 적들을 모두 용서하노라. 신께 기도하노니, 너희들이 흘리게 될 피가 다시는 이 프랑스를 찾지 않기를 바라노니." 그의 마지막 말들은 죽음을 알리는 요란한 북소리에 의해 공중으로 그만 허무하게 흩어지고 말았다. 마리 앙투아네트는 국왕의 죽음에 환호성을 올렸다는 군중의 소식을 전해 듣고, 그 자리에 주저앉은 채 말문을 잃었다.

왕비의 처형식

왕비는 남편의 죽음에 대한 충격에서 아직도 헤어나지 못하고 있었다. 그녀의 딸의 증언에 따르면, 어머니는 어떤 희망도 가슴에 남아 있지 않은 채 이미 생사의 경계를 넘어선 상태였다. 왕비는 발작과 졸도의 증상 때문에 고통을 겪고 있었다. 식욕을 완전히 잃었을 뿐만 아니라, 체중도 눈에 띄게 줄었다. 1793년 7월 3일, 몇몇 위원이 왕비가 있는 감옥에 들어와서 왕비를 가족들과 격리시켰다. 공화정부는 8세의 어린 왕세자를 독방에 넣기로

루이 16세의 처형식

결정했다. 히스테리컬하게 울면서 어머니 곁을 한사코 안 떨어지려는 아이를 내주지 않으려고 왕비는 필사적인 방어를 했다. 아이의 손을 놓지 않으면 그녀를 죽이겠다고 협박하는 병사들의 말을 듣고서도 그녀는 꿈쩍도 하지 않았다. 그때 딸 마리-테레즈를 죽이겠다고 협박을 하자, 그제야 왕비는 저항을 해보았자 아무런 소용이 없다는 사실을 깨달았다. 두 시간 후에 병사들이 다시 들어왔고, 왕비는 아들과 작별을 고하지 않으면 안 되었다. 그녀는 그날 이후로 아들을 영영 다시 보지 못했다.

왕비는 카페 왕조의 창시자인 위그 카페의 이름을 따서 지은 '카페의 과부'란 별명을 얻었다. 사람들은 더 이상 '마리 앙투아네트'란 이름을 부르지 않았다. 단순히 '앙투아네트 카페' 또는 '죄수 280호'라고 불렀다.

9월 2일. 급진적인 공화주의 기자이며 정치가였던 자크 에베르Jacques Hébert(1757-1794)가 공안위원회에다가 "나는 독자들에게 앙투아네트의 머리를 약속했다. 만일 조금이라도 사형이 지체된다면, 내가 직접 가서 내 손

혁명 법정에 선 왕비

탕플 감옥에 갇힌 왕비의 모습

으로 왕비의 목을 치겠다!"고 외쳤다. 대부분의 공화주의자들은 이처럼 왕비에게 참을 수 없는 분노를 느꼈다. 10월 14일. 그녀가 재판정에 들어섰을 때 거기 모인 사람들은 말할 수 없는 충격을 받았다. 그녀의 몸이 너무 쇠약하고 초췌해진 데다가, 갑자기 늙어 보였기 때문이다. 40명의 증인이 출두되었다. 그들은 다이아몬드 사건을 들춰내다가, 궁궐이 점령당하던 날 왕비가 스위스 병사들에게 술을 마구 권했다는 주장을 했다. 그러나 가장 끔찍한 기소는 에베르가 왕비가 자기 아들과 근친상간을 했다고 고발하는 대목이었다. 왕비가 대답을 하지 않자, 대답을 하라는 독촉이 떨어졌다. 그러자 왕비는 "내가 대답을 하지 않은 것은, 자연도 어머니를 모독하는 그런 언사에는 대답하기를 거부하기 때문이오"라고 침착하게 대답했다. 그녀는 결국 반역죄로 사형을 언도받았다.

　　그녀는 시누이인 엘리자베트 공주에게 보내는 마지막 서신에서, 가

사형장으로 끌려가는 마리 앙투아네트

족과 친구들에게 진정 어린 애정을 표시하고, 아이들에게 그녀의 죽음에 대하여 복수를 하지 말라는 당부를 했다. 10월 16일 아침. 그녀의 머리를 자르기 위해 수비대가 도착했다. 혁명의 광장에 도착하기 전까지, 그녀는 거의 한 시간 동안 천천히 움직이는 마차 위에서 모여든 군중의 따가운 눈총을 받아야만 했다. 전설에 의하면 왕비가 죽기 전에 형리에게 "나는 당신의 용서를 청합니다. 나는 일부러 그러지 않았어요."라는 말을 남겼다 한다. 당시 그녀의 나이는 38세, 그러나 왕비는 60세 되는 노인처럼 늙어 보였다. 바렌에서 돌아온 이후로 그녀의 머리는 모두 하얗게 셌다.

악셀 드 페르젠

그는 1755년 스코틀랜드 출신의 유명한 스웨덴 귀족 가문에서 태어났다.

마리 앙투아네트가 그를 처음으로 만났던 것은 두 사람 모두 나이가 16세 였을 당시였다. 잘생긴 페르젠의 위트와 우아함에 젊은 왕세자비는 그만 홀딱 반해 버렸다. 그 잘생긴 용모는 페르센 가문의 전통이었다. 그는 모 든 여성의 우상이 되었다. 페르젠은 스웨텐으로 돌아갔다가, 1778년에 다 시 프랑스를 방문했다. 마리 앙투아네트 덕분에 그는 연대장으로 임명되 었다. 또한, 장-밥티스트 로샹보Jean-Baptiste de Rochambeau(1725-1807)의 보좌 관이 되었으며, 같은 해에 독립전쟁에 참여하기 위해 미국으로 건너갔다. 미국에서 돌아온 후에도 그는 왕비의 덕분에 스웨텐 왕실부대의 사령관 으로 승진되었다. 그는 한때, 제르멘 네케르Germain Necker(1766-1817), 즉 미 래의 스탈 부인Madame de Staël과 혼인할 생각을 한 적이 있었다. 그러나 진

정으로 사랑하는 왕비를 위해 페르젠은 그 냥 자유롭게 지내기로 결심했다. 1780년에 그는 국왕 일가의 파리 탈출을 도왔다. 그 는 국왕 일가를 마차에 태우고, 처음 중계 역까지 직접 동행을 하기도 했다. 그는 마 리 앙투아네트의 형제인 레오폴드 2세(1747-1792)와 스웨텐 국왕 구스타프 3세를 만나 서 프랑스에 선전포고를 하도록 두 사람을 설득시켰다. 그의 계획은 완벽한 것이었으 나, 프랑스혁명에 대항하여 싸우려던 레오 폴드 2세가 갑자기 죽는 비운이 생겼다.[23] 결국, 페르젠은 왕비의 목숨을 구하지 못하

마리 앙투아네트의 남자 페르젠(1789)

---

23   1792년 3월에 레오폴드는 갑자기 빈에서 사망했다. 그래서 그가 독살당했거나 비밀리에 살해되었다고 믿는 자들이 적지 않았다.

폭도들에 의해 죽임을 당하는 페르젠

고 스웨덴으로 귀국했다. 그는 여러 차례 대사직을 맡았다. 그때 스웨덴 왕가의 상속자가 사망했는데, 페르젠이 그를 독살시켰다는 근거 없는 소문이 나돌았다. 1810년 공의 장례식이 거행될 때, 군중이 페르젠을 비난하면서 그를 돌로 쳐 죽였다.

그는 과연 소문대로 영영 행방불명이 된 가엾은 어린 루이 17세의 친부였을까? 모든 역사가가 마리 앙투아네트와 페르젠이 진정으로 사랑했다는데 동의한다.

1784년 6월 스웨덴 국왕 구스타프 3세를 기념하는 성 요한의 불꽃놀이 축제가 열렸다. 페르젠도 물론 거기에 있었다. 그리고 나서, 9개월 후에 왕비는 미래의 루이 17세를 낳았다. 그때 국왕 루이 16세는 마치 자기 일이 아닌 것처럼, 다음과 같은 내용을 일기에 썼다. "왕비는 노르망디 공을

노르망디 공 루이
샤를(루이 17세)

해산했다. 모든 일이 마치 내 아들을 낳은 것처럼 지나갔
다." 그러나 일부 사가들은 루이 17세가 페르젠의 아들이
란 사실을 거부했다. 그들의 주장에 따르면, 루이 16세는
"첫아들을 낳을 때와 마찬가지로"란 의미에서 그런 표현
을 썼으며, 루이 17세의 용모는 부르봉 왕가의 두 사람을
무척 닮았다고 한다. 즉, 삼촌인 미래의 샤를 10세와 친할
머니인 마리-조제프 드 삭스Marie-Josèphe de Saxe(1731-1767)
였다.[24]

　　살아생전에 마리 앙투아네트와 페르젠은 수없이 많
은 서신을 교환했다. 그러나 오늘날은 거의 다 사라졌고,
현재 보관된 편지들은 페르젠이 부친과 여동생에게 보낸
서신들뿐이다. 이 편지들은 1930년에 책으로 출판되었는데, 독자들은 왕
비를 사랑하는 페르젠 백작의 뜨거운 정열을 고스란히 느낄 수가 있다.

24　　루이 16세의 어머니

에필로그:《新 프랑스 왕과 왕비》를 마치며

카페 왕조의 루이 7세부터 부르봉 왕조의 마지막 국왕 루이 16세에 이르기까지, 각 국왕의 생애와 배우자, 애인들의 역사를 살펴보았다. 프랑스에 초대된 영국의 찰스 황태자에게 한 기자가 물어보았다. "오늘날 왕국의 진정한 의미는 무엇입니까?" 그때 잠시 생각하던 황태자는, "모든 왕국에는 성스러운 것sacré이 존재한다는 사실을 잊어서는 안 될 것입니다"라고 대답했다. 그렇다면 '성스럽다'는 것의 구체적인 의미는? 그것은 성聖과 속俗의 '속스럽다'의 반대어다. 속세의 생활은 일상과 인간세계를 말하며, 자연이나 공용세계에 존재하는 지극히 평범한 사실과 사상을 의미한다. 그래서 피와 살을 가진 인간만이 속세의 토대가 되는 것이다. 반면에 성스러운 것은 초인적인 세계, 즉 신과 종교인들의 세계를 의미한다. 그것은 무엇인가 다른 것, 현세에 속하지 않는 그 무엇의 발현을 의미한다. 그러므로 신성성은 인간을 초월한다. 그 모든 것이 초월성의 영역에 속하는 것이다. 성스러움을 의미하는 불어의 '사크레'sacré는 원래 라틴어에서 유래한 형용사였다.

두 가지 의미를 담고 있는데 하나는 자기 내면 속의 성스러움의 발현, 또 다른 하나는 (속세인과 구분된 성직자의) 행위에 의해 축성된 물건이나 성스러운 종교기관을 의미한다. 즉 신이나 종교적인 불멸의 상징성을 대표하

프랑수아 1세가 볼로냐에서 교황 앞에서 연주창 환자의 몸에 손을 대서
치유하는 장면(1515)

고 있다. 현재 영국 왕실을 따라다니는 도덕적 혼란과 추문(?)에 상관없이,
찰스 황태자는 유럽 기독교 왕국의 기본적인 특질을 잘 요약해 준 것이다.
영국, 스페인, 벨기에, 룩셈부르크, 네덜란드, 스웨덴, 노르웨이, 덴마크 등
유서 깊은 유럽 왕가를 언급하는 경우에 국민은 아직도 한결같은 애정과
존경심을 표시한다. 그 이유는 과연 무엇인가? 그들이 국왕으로 태어났기
때문에? 그들의 가족을 통해 한 나라의 역사를 대표하기 때문에? 왕가의
화려한 생활이 인간의 상상력을 만족시켜 주기 때문에? 그것은 유럽 국민
들의 무의식 속에는 아직도 신성성의 존재가 느껴지기 때문이다. 물론 그
들이 케케묵은 왕권신수설의 신봉자는 아니지만, 그들의 의식 저변에는
'왕국의 번영을 위해 신이 무엇인가 역사를 하리라'는 내재적인 신념이 자
리하고 있기 때문이다.

오늘날처럼 국왕이 실질적인 권력을 행사하지 않는 경우에도, 그저
국왕으로 태어나기만 하면 되는 것이 아니다. 국민의 동의와 국민의 애정

폭도들이 튈르리 궁으로 몰려들자 두 아이를 방어하는 왕비 마리
앙투아네트(1792.6.2)

으로 한 나라를 구현하기 위해서는 왕국의 여명기부터 위대한 신이 직접
손으로 그들을 축성했다는 것, 또 국민이 그것을 알고 인정했다는 암묵적
인 동의를 전제로 한다. 그런 의미에서 루이 16세의 죽음은 '성속의 분리'
를 위한 상징적인 피의 제식이며, 또한 세속적인 계약의 전주곡이다. 바로
그러한 이유 때문에, 혁명 재판정에서 (국왕이 없는) 공화국의 시민들은 가
장 증오의 대상이었던 왕비를 마음껏 비웃고 욕하며, 기독교 왕국의 '탈신
성화'에 박차를 가했던 것이다.

혁명의 노래 '라 마르세예즈'의 피 끓는 함성에 의해 사라진 프랑스 절
대왕정을 언급하는 경우, 왕권신수설보다는 오히려 성사聖事에 관련된 모
두 직무를 수반하는 '성스러운 은총'grâce divine이 더욱 적합한 용어인지도
모른다. 국왕의 인간적인 결점과 실수투성이에도 불구하고, 그들은 신이

선택한 자이기 때문에 권력의 정통성을 인정받았다. 그러므로 신성성 없이는 국왕도 없다. 왕정복고기에 (루이 16세의 동생) 샤를 10세는 미사 도중에 연주창 환자를 낮게 하는 기적을 일으켜, 참석했던 사람의 눈을 모두 휘둥그레지게 만들었다.

　　왕정이란 말은 '하나'를 의미하는 그리스어의 모노스monos와 '통치한다'는 아르케인archein에서 유래했다. 즉 국가의 수장으로 국왕을 가진 정치체제를 가리킨다. 대부분 선거제에 의한 공화정과는 달리, 왕정은 혈통에 의한 '세습제'와 '종신제'를 그 기본적인 특징으로 한다. 왕정은 가장 오래된 정부체제 중의 하나이며, 그 국왕이 혁명 이전의 프랑스를 만들었기 때문에, '지속성과 국가'statehood의 상징인 왕정에 대한 판단은 읽는 독자들에게 달려 있다. 오늘날에도 유명인을 소개하는 잡지 갈라를 펼쳐보면 영화배우나 패션모델의 현재 근황 외에도, 유럽 왕가의 결혼식이나 행사를 소개하는 글이 비중 있게 지면을 장식하고 있다. 오늘날에는 대중스타들이 패션과 유행을 리드하지만, 대중사회가 도래하기 전에는 왕가의 귀족들이 모든 상류층의 문화를 이끌고 창조하는 선두주자였다. 우리가 모 가수나 영화배우의 스캔들에 귀를 쫑긋 기울이듯이, 국왕과 최고의 권력자를 둘러싼 아름다운 여인들의 권력과 연애의 궁정사는 무엇인가 새로운 역사적 취미를 유도하는 진지한 탐구열을 제공하지 않을까? 그것이 한 나라 그리고 더 나아가 유럽대륙의 역사를 바꾸는 동인이 되었다면, 훨씬 더 흥미롭지 않겠는가? 다음에 기회가 허락된다면, 왕정복고기나 나폴레옹 제정 이야기도 다루고 싶다. 그러나 가장 프랑스적인 국왕들이 등장하는 시기는 중세와 르네상스, 그리고 절대왕정기가 아닌가 한다.